SOBRE HISTÓRIA

ERIC HOBSBAWM

SOBRE HISTÓRIA

Ensaios

Tradução
Cid Knipel Moreira

6ª reimpressão

Copyright © 1997 by Eric Hobsbawm

Grafia atualizada segundo o Acordo Ortográfico da Língua Portuguesa de 1990, que entrou em vigor no Brasil em 2009.

Título original
On History

Capa
Jeff Fisher

Foto de capa
© Sebastião Salgado/ Amazonas images

Preparação
Cristina Penz

Revisão
Juliane Kaori
Renato Potenza Rodrigues

Índice remissivo
Gabriela Morandini

Atualização ortográfica
Verba Editorial

Dados Internacionais de Catalogação na Publicação (CIP)
(Câmara Brasileira do Livro, SP, Brasil)

Hobsbawm, Eric J., 1917-2012
   Sobre história / Eric Hobsbawm ; tradução Cid Knipel Moreira.
— São Paulo : Companhia das Letras, 2013.

   Título original: On History.
   ISBN 978-85-359-2218-9

   1. História — Filosofia 2. Historiografia I. Título.

12-15538 CDD-901.07

Índice para catálogo sistemático:
1. História : Filosofia e teoria : Estudo e ensino 901.07

Todos os direitos desta edição reservados à
EDITORA SCHWARCZ S.A.
Rua Bandeira Paulista, 702, cj. 32
04532-002 — São Paulo — SP
Telefone: (11) 3707-3500
www.companhiadasletras.com.br
www.blogdacompanhia.com.br
facebook.com/companhiadasletras
instagram.com/companhiadasletras
twitter.com/cialetras

SUMÁRIO

Prefácio 7

1. Dentro e fora da História *13*
2. O sentido do passado *25*
3. O que a história tem a dizer-nos sobre a sociedade contemporânea? *44*
4. A história e a previsão do futuro *61*
5. A história progrediu? *86*
6. Da história social à história da sociedade *106*
7. Historiadores e economistas: I *136*
8. Historiadores e economistas: II *157*
9. Engajamento *178*
10. O que os historiadores devem a Karl Marx? *200*
11. Marx e a história *221*
12. Todo povo tem história *240*
13. A história britânica e os *Annales*: Um comentário *250*
14. A volta da narrativa *260*
15. Pós-modernismo na floresta *268*
16. A história de baixo para cima *280*
17. A curiosa história da Europa *301*
18. O presente como história *315*
19. Podemos escrever a história da Revolução Russa? *332*
20. Barbárie: Manual do usuário *347*
21. Não basta a história de identidade *364*
22. Introdução ao Manifesto Comunista *380*

Notas *401*
Índice remissivo *417*
Sobre o autor *435*

PREFÁCIO

Os historiadores menos inclinados à filosofia quase não podem evitar reflexões gerais sobre sua matéria. Mesmo quando podem, talvez não sejam incentivados nesse sentido, já que a procura para conferências e simpósios, que tende a aumentar à medida que o historiador envelhece, é mais facilmente atendida por abordagens gerais que por pesquisas concretas. Em todo caso, o viés do interesse contemporâneo está voltado para questões conceituais e metodológicas da história. Teóricos de todos os tipos circulam ao redor dos tranquilos rebanhos de historiadores que se alimentam nas ricas pastagens de suas fontes primárias ou ruminam entre si suas publicações. De vez em quando, até os menos combativos se sentem impelidos a enfrentar seus detratores. Não que os historiadores, entre os quais este autor se inclui, não sejam combativos, pelo menos quando tratam dos textos uns dos outros. Algumas das controvérsias acadêmicas mais espetaculares foram travadas nos campos de batalha dos historiadores. Dessa forma, não é de admirar que alguém há cinquenta anos na atividade tenha produzido, ao longo do tempo, reflexões sobre sua matéria, agora reunidas nesta coleção de ensaios.

Por mais curtos e assistemáticos que possam ser — em muitos deles transparecem os limites do que pode ser dito em uma conferência de cinquenta minutos —, estes ensaios constituem, no entanto, uma tentativa de embate direto com um conjunto coerente de problemas. Esses problemas são de três tipos que se sobrepõem. Em primeiro lugar, estou preocupado com os usos e abusos da história, tanto na sociedade quanto na política, e com a compreensão e, espero, transformação do mundo. Mais especificamente, discuto o valor da história para as outras disciplinas, especialmente na área das ciências sociais. Nesse sentido, estes ensaios, se o leitor preferir, são anúncios para o meu negócio. Em segundo lugar, dizem respeito ao que tem acontecido entre os historiadores e outros pesquisadores acadêmicos do passado. Incluem levantamentos e avaliações críticas de várias tendências e modas em história, além de intervenções em debates, como, por exemplo, sobre pós-modernismo e cliometria. Em terceiro, dizem respeito a meu próprio tipo de história, ou seja, aos problemas centrais com que todo historiador sério deve se defrontar, à interpretação histórica que achei mais útil quando os enfrentei, e, também, à maneira pela qual a história que tenho escrito traz as marcas, antecedentes, convicções e experiência de vida de um homem de minha idade. É provável que os leitores descubram que cada ensaio, de um modo ou de outro, é relevante a todos os demais.

Minhas opiniões sobre todos esses assuntos devem estar claras no texto. Não obstante, quero acrescentar uma palavra ou duas de esclarecimento sobre dois temas deste livro.

Primeiro, sobre *contar a verdade sobre a história*, para usar o título de um livro de amigos e colegas do autor.[1] Defendo vigorosamente a opinião de que aquilo que os historiadores investigam é real. O ponto do qual os historiadores devem partir, por mais longe dele que possam chegar, é a distinção fundamental e, para eles, absolutamente central, entre fato comprovável e ficção, entre declarações históricas baseadas em evidências e sujeitas a evidenciação e aquelas que não o são.

Nas últimas décadas, tornou-se moda, principalmente entre pessoas que se julgam de esquerda, negar que a realidade objetiva seja acessível, uma vez que o que chamamos de "fatos" apenas existem como uma função de conceitos e problemas prévios formulados em termos dos mesmos. O passado que estudamos é só um constructo de nossas mentes. Esse constructo é, em princípio, tão válido quanto outro, quer possa ser apoiado pela lógica e por evidências, quer não. Na medida em que constitui parte de um sistema de crenças emocionalmente fortes, não há, por assim dizer, nenhum modo de decidir, em princípio, se o relato bíblico da criação da terra é inferior ao proposto pelas ciências naturais: apenas são diferentes. Qualquer tendência a duvidar disso é "positivismo", e nenhum termo desqualifica mais que este, exceto empirismo.

Em resumo, acredito que sem a distinção entre o que é e o que não é assim, não pode haver história. Roma derrotou e destruiu Cartago nas Guerras Púnicas, e não o contrário. O modo como montamos e interpretamos nossa amostra escolhida de dados verificáveis (que pode incluir não só o que aconteceu mas o que as pessoas pensaram a respeito) é outra questão.

Na verdade, poucos relativistas estão à altura plena de suas convicções, pelo menos quando se trata de responder, por exemplo, se o Holocausto de Hitler aconteceu ou não. Porém, seja como for, o relativismo não fará na história nada além do que faz nos tribunais. Se o acusado em um processo por assassinato é ou não culpado, depende da avaliação da velha evidência positivista, desde que se disponha de tal evidência. Qualquer leitor inocente que se encontrar no banco dos réus fará bem em recorrer a ela. São os advogados dos culpados que recorrem a linhas pós-modernas de defesa.

O segundo esclarecimento diz respeito à abordagem marxista da história, com a qual sou associado. Embora o rótulo seja vago, não o rejeito. Sem Marx eu não teria desenvolvido nenhum interesse especial pela história, que, conforme ensinada na primeira metade dos anos 1930 em um *Gymnasium* alemão conservador e por um admirável mestre liberal em uma escola secundária de Londres, não era uma matéria inspiradora. Era quase certo que eu não iria ganhar a vida como historiador acadêmico profissional. Marx e os campos de atividade dos jovens radicais marxistas forneceram meus temas de pesquisa e influenciaram o modo como escrevi sobre eles. Mesmo que eu achasse que grande parte da abordagem da história por Marx precisasse ser jogada no lixo, ainda assim continuaria a levar em consideração, profunda mas criticamente, aquilo que os japoneses chamam de um *sensei*, mestre intelectual para quem se deve algo que não pode ser retribuído. Acontece que continuo considerando (com qualificações que serão encontradas nestes ensaios) que a "concepção materialista da história" de Marx é, de longe, o melhor guia para a história, como o grande erudito do século XIV, Ibn Khaldun, a descreveu:

> o registro da sociedade humana, ou civilização mundial; das mudanças que acontecem na natureza dessa sociedade [...]; de revoluções e insurreições de um conjunto de pessoas contra outro, com os consequentes reinos e Estados dotados de seus vários níveis; das diferentes atividades e ocupações dos homens, seja para ganharem seu sustento ou nas várias ciências e artes; e, em geral, de todas as transformações sofridas pela sociedade em razão de sua própria natureza.[2]

É certamente o melhor guia para aqueles como eu, cujo campo tem sido o da ascensão do capitalismo moderno e as transformações do mundo desde o fim da Idade Média europeia.

Mas o que exatamente é um "historiador marxista" em comparação com um historiador não marxista? Ideólogos de ambos os lados das guerras religiosas seculares, em meio às quais vivemos durante grande parte do século XX, tentaram estabelecer claras demarcações e incompatibilidades. Por um lado, as autoridades da extinta URSS não se dispuseram a traduzir nenhum de meus livros para o russo, embora seu autor fosse sabidamente membro de um Partido Comunista e editor da edição inglesa das *Obras escolhidas* de Marx e Engels. Pelos critérios de sua ortodoxia, os livros não eram "marxistas". Por outro lado, mais recentemente, nenhum editor francês "respeitável" até agora se dispôs a traduzir meu livro *Era dos extremos*, presumivelmente por considerar o livro por demais chocante em termos ideológicos para os leitores parisienses, ou, o que é mais provável, para aqueles que decerto fariam a resenha do livro, caso fosse traduzido. Entretanto, conforme meus ensaios tentam mostrar, a história da disciplina que investiga o passado, a partir do fim do século XIX, pelo menos até que a nebulosidade intelectual começasse a pairar sobre a paisagem historiográfica nos anos 1970, foi uma história de convergência e não de dispersão. Constantemente se observou o paralelismo entre a escola dos *Annales* na França e os historiadores marxistas na Grã-Bretanha. Cada lado via o outro empenhado em um projeto histórico similar, ainda que com uma genealogia intelectual diferente, e entretanto, ao que se presume, a política de seus expoentes mais destacados estava longe de ser a mesma. Interpretações outrora identificadas exclusivamente com o marxismo, e até com o que chamei de "marxismo vulgar" (ver adiante, pp. 206-9), penetraram na história convencional em um grau extraordinário. É seguro dizer que, há meio século, pelo menos na Inglaterra, apenas um historiador marxista teria sugerido que o aparecimento do conceito teológico de purgatório na Idade Média europeia era mais bem explicado pela mudança na base econômica da Igreja, que se apoiava nas doações de um pequeno número de nobres ricos e poderosos, para uma base financeira mais ampla. No entanto, quem chegaria ao ponto de classificar o eminente medievalista de Oxford, Sir Richard Southern, ou Jacques Le Goff — cujo livro o primeiro resenhou nessa linha nos anos 1980 — como adepto ou simpatizante ideológico, e muito menos político, de Marx?

Penso que essa convergência seja evidência salutar de uma das teses centrais destes ensaios, ou seja, que a história está empenhada em um projeto intelectual coerente, e fez progressos no entendimento de como o mundo passou a ser como é hoje. Naturalmente não quero sugerir que não se possa ou não se deva distinguir entre história marxista e não marxista, apesar da heterogeneidade e imprecisão da carga que os dois recipientes carregam. Historiadores na tradição de Marx — e isso não inclui todos os que assim se intitulam — têm uma contribuição importante a fazer para esse esforço coletivo. Mas não estão sozinhos. Nem deveria o seu trabalho, ou o de quem quer que seja, ser julgado pelas etiquetas políticas que eles ou outros afixam em suas lapelas.

Os ensaios aqui reunidos foram escritos em momentos diferentes nos últimos trinta anos, principalmente como conferências e contribuições apresentadas em congressos ou simpósios, às vezes como resenhas de livros ou contribuições para esses estranhos cemitérios acadêmicos, os *Festschriften* ou coletâneas de estudos dedicados a um colega acadêmico em alguma ocasião que pede celebração ou apreciação. O público para o qual escrevi varia de plateias gerais, principalmente de universidades, até grupos especializados de historiadores ou economistas profissionais. Os capítulos 3, 5, 7, 8, 17 e 19 estão sendo publicados pela primeira vez, embora uma versão do capítulo 17 no texto alemão original, na forma de uma conferência para o *Historikertag* alemão anual, tenha sido publicada em *Die Zeit*. Os capítulos 1 e 15 foram publicados inicialmente na *New York Review of Books*; os capítulos 2 e 14, na revista de história *Past and Present*; os capítulos 4, 11 e 20 apareceram na *New Left Review*; o capítulo 6, em *Daedalus*, a revista da Academia Norte-americana de Artes e Ciências, e os capítulos 10 e 21, em *Diogenes*, publicada sob os auspícios da UNESCO. O capítulo 13 foi publicado na *Review* com patrocínio do Centro Fernand Braudel da Universidade Estadual de Nova York em Binghamton, e o capítulo 18 foi publicado como folheto pela Universidade de Londres. Detalhes sobre o *Festschriften* para os quais foram escritos os capítulos 9 e 16 encontram-se no cabeçalho dos capítulos, bem como, em geral, as datas dos textos originais e, onde necessário, o motivo de sua redação original. Agradeço a todos, também onde necessário, pela permissão para publicar novamente.

E. J. Hobsbawm
Londres, 1997

1. DENTRO E FORA DA HISTÓRIA

Este ensaio foi apresentado como conferência inaugural do ano acadêmico de 1993-4 na Universidade da Europa Central em Budapeste, ou seja, destinava-se a um grupo de estudantes basicamente oriundos de ex-países comunistas da Europa e da antiga URSS. Foi publicado posteriormente como "A nova ameaça para a História" na New York Review of Books, *16 de dezembro de 1994, pp. 62-5, e, em tradução, em vários outros países.*

É uma honra ter sido chamado para inaugurar este ano acadêmico da Universidade da Europa Central. Fazer isso proporciona também uma sensação curiosa, já que, apesar de ser um cidadão britânico de segunda geração, também sou centro-europeu. De fato, como judeu, sou um dos membros típicos da diáspora centro-europeia. Meu avô chegou a Londres vindo de Varsóvia. Minha mãe era vienense, tal como minha esposa, embora ela hoje fale melhor o italiano que o alemão. A mãe de minha esposa ainda falava húngaro quando pequena, e os pais dela, em uma fase de suas vidas na velha monarquia, tinham uma loja na Herzegovina. Minha esposa e eu fomos uma vez até Mostar para localizar a loja, nos tempos em que ainda havia paz naquela região infeliz dos Bálcãs. Eu mesmo mantive alguns contatos com historiadores húngaros dos tempos passados. Dessa forma, venho aqui como alguém de fora que também é, de um modo oblíquo, alguém de dentro. O que posso dizer a vocês?

Desejo dizer três coisas.

A primeira diz respeito à Europa central e oriental. Se vocês são de lá, e suponho que quase todos o sejam, são cidadãos de países cuja situação é duplamente incerta. Não estou afirmando que a incerteza seja monopólio da Europa central e oriental. É provável que hoje ela seja mais universal do que nunca. No entanto, seu horizonte está particularmente nublado. Durante toda a minha vida, cada país na área da Europa a que vocês pertencem foi assolado pela guerra, foi conquistado, ocupado, libertado e reocupado. Cada Estado dessa área possui uma forma diferente da que possuía quando nasci. Apenas seis dos 23 Estados que agora preenchem o mapa entre Trieste e os Urais existiam no momento em que nasci, ou teriam existido se não tivessem sido ocupados por algum exército: Rússia, Romênia, Bulgária, Albânia, Grécia e Turquia, pois nem a Áustria pós-1918, nem a Hungria pós-1918, são realmente comparáveis à Hungria e à Cisleitânia dos Habsburgo. Vários deles passaram a existir depois da Primeira Guerra Mundial, e ainda outros depois de 1989. Entre esses, alguns nunca tiveram em sua história a condição de Estado independente na acepção moderna, ou a tiveram por um breve período — durante um ano ou dois, uma ou duas décadas — e depois a perderam, ainda que mais tarde a tenham recuperado: os três pequenos Estados do Báltico, a Bielo-Rússia, Ucrânia, Eslováquia, Moldávia, Eslovênia, Croácia, Macedônia, para não ir mais para o leste. Alguns nasceram e morreram no período de minha existência, como a Iugoslávia e a Tchecoslováquia. É perfeitamente comum para o morador mais velho de uma cidade da Europa central ter tido, sucessivamente, documentos de identidade de três Estados. Uma pessoa com a minha idade, de Lemberg ou Chernovtsy, viveu sob quatro Estados, sem contar as ocupações dos períodos de guerra; uma pessoa de Munkacs pode até ter vivido sob cinco, se contarmos a autonomia momentânea da Rutênia subcarpácia em 1938. Em tempos mais civilizados, como em 1919, por exemplo, essa pessoa poderia ter tido a opção de escolher uma nova cidadania, mas, a partir da Segunda Guerra Mundial, é mais provável que tenha sido obrigada a sair ou a se integrar ao novo Estado. A que país pertence um europeu central e oriental? Quem é ele ou ela? A pergunta, para um grande número deles, era e ainda é uma pergunta real. Em alguns países é uma questão de vida ou morte, afetando quase tudo e por vezes determinando seu estatuto legal e expectativas de vida.

Porém, há outra incerteza mais coletiva. O grosso da Europa central e oriental encontra-se naquela parte do mundo para a qual os diplomatas e peritos das Nações Unidas, a partir de 1945, tentaram divisar eufemismos gentis: "subdesenvolvida" ou "em desenvolvimento", ou seja, relativa ou absolutamente pobre e atrasada. Em certos aspectos não há nenhuma divisão clara entre as duas Europas, mas, antes, um declive para leste e para oeste daquilo que poderíamos chamar pico ou crista do dinamismo econômico e cultural europeu, que corria do Norte da Itália, atravessando os Alpes até o Norte da França e Países Baixos, e se prolongava até o outro lado do canal da Mancha, na Inglaterra. Pode-se acompanhá-la nas rotas de comércio medievais e no mapa de distribuição da arquitetura gótica, bem como nas cifras para o PNB regional da Comunidade Europeia. De fato, essa região ainda hoje é a espinha dorsal da Comunidade Europeia. Porém, se existe uma linha histórica de separação entre a Europa "avançada" e a Europa "atrasada", ela passava aproximadamente pelo meio do Império Habsburgo. Sei que as pessoas são sensíveis a essas questões. Liubliana se considera bem mais próxima do centro civilizado que, digamos, Skopje; Budapeste, mais próxima que Belgrado, e o atual governo de Praga nem mesmo quer ser chamado de "centro-europeu" por recear ser contaminado pelo contato com o Leste. Insiste pertencer exclusivamente ao Ocidente. Porém, o que importa é que nenhum país ou região na Europa central e oriental se considerava situado naquele centro. Todos buscavam em outra parte um modelo de como realmente ser avançado e moderno, até mesmo, desconfio, a classe média educada de Viena, Budapeste e Praga. Olhavam para Paris e Londres, da mesma maneira que os intelectuais de Belgrado e Ruse olhavam para Viena — embora, pelos padrões mais aceitos, a atual República Tcheca e áreas da atual Áustria participassem do setor industrial avançado da Europa e, em termos culturais, Viena, Budapeste e Praga não tivessem motivo nenhum para se sentirem inferiores a nenhuma outra cidade.

15

A história dos países atrasados nos séculos XIX e XX é a história da tentativa de alcançar o mundo mais avançado por meio de sua imitação. Os japoneses do século XIX tomavam a Europa como modelo; os europeus ocidentais, depois da Segunda Guerra Mundial, imitavam a economia norte-americana. A experiência da Europa central e oriental no século XX é, genericamente falando, a de tentar atualizar-se mediante a sucessiva adoção e fracasso de vários modelos. Depois de 1918, quando a maioria dos países sucessores constituía-se de países novos, o modelo foi o da democracia e do liberalismo econômico do Ocidente. O presidente Wilson — a estação principal de Praga está batizada novamente com o seu nome? — era o santo padroeiro da região, menos para os bolcheviques, que seguiam seu próprio caminho. (Na verdade, também eles tinham modelos estrangeiros: Rathenau e Henry Ford.) Isso não funcionou. Nos anos 1920 e 1930, o modelo entrou em colapso, em termos políticos e econômicos. A Grande Depressão acabou destruindo a democracia multinacional até mesmo na Tchecoslováquia. Diversos desses países, então, por um breve período, experimentaram ou flertaram com o modelo fascista, que parecia o exemplo de sucesso econômico e político dos anos 1930. (Temos a tendência de esquecer que a Alemanha nazista alcançou um sucesso notável na superação da Grande Depressão.) A integração a um grande sistema econômico alemão também não deu certo. A Alemanha foi derrotada.

Depois de 1945, a maioria desses países adotou, ou se viu forçada a adotar, o modelo bolchevique, um modelo essencialmente voltado a modernizar economias agrárias atrasadas mediante a revolução industrial planejada. Consequentemente, nunca foi pertinente ao que é hoje a República Tcheca e ao que era até 1989 a República Democrática Alemã, mas era pertinente à maioria da região, inclusive a URSS. Não preciso falar a vocês das deficiências econômicas e falhas do sistema que acabaram levando ao seu colapso; muito menos sobre os sistemas políticos intoleráveis, cada vez mais intoleráveis, que o modelo impunha à Europa central e oriental. Tampouco preciso lembrar a vocês o incrível sofrimento que impunha aos povos da antiga URSS, particularmente na era férrea de Stálin. Entretanto, embora muitos não irão gostar de ouvir isso, devo dizer que até certo ponto funcionou melhor que qualquer outro desde o esfacelamento das monarquias em 1918. Para os cidadãos comuns dos países mais atrasados da região — a Eslováquia, por exemplo, e grande parte da península balcânica —, provavelmente foi o melhor período de sua história. Fracassou porque, em termos econômicos, o sistema se tornava cada vez mais rígido e inexequível, e principalmente porque, na prática, mostrava-se incapaz de gerar ou dar aproveitamento econômico à inovação, sem falar na repressão da originalidade intelectual. Além disso, tornava-se impossível ocultar das populações locais o fato de que outros países tinham obtido mais progresso material que os países socialistas. Se preferirem dizer isso de outro modo, o modelo desabou porque os cidadãos comuns eram indiferentes ou hostis, e porque os próprios regimes tinham perdido a fé no que estavam pretendendo fazer. Entretanto, seja como for que considerem, fracassou da maneira mais espetacular no período 1989-91.

E agora? Existe um outro modelo que todo mundo se apressa a adotar: na política, a democracia parlamentar e, na economia, os extremos do capitalismo de livre mercado. Na sua forma atual não é realmente um modelo, mas principalmente uma reação contra o que veio antes. Pode ser ajustado para que se torne algo mais exequível — se lhe for permitido que se ajuste. Porém, mesmo que assim seja, à luz da história após 1918 não há muita probabilidade de que essa região, guardadas possíveis exceções marginais, consiga ingressar no clube dos países "realmente" avançados e modernos. Os resultados da imitação do presidente Reagan e da sra. Thatcher se mostraram decepcionantes até mesmo em países que não se consumiram em guerra civil, caos e anarquia. Devo acrescentar que os resultados da adoção do modelo Reagan-Thatcher nos países em que o mesmo se originou tampouco teve um sucesso brilhante, se me permitem um comentário britânico de passagem.

Dessa forma, no geral, as populações da Europa central e oriental continuarão a viver em países decepcionados com o passado, provavelmente decepcionados em grande parte com o presente, e incertos quanto ao futuro. É uma situação muito perigosa. As pessoas procurarão alguém a quem atribuir a culpa por seus fracassos e inseguranças. Os movimentos e ideologias que mais tendem a se beneficiar desse clima não são, pelo menos nesta geração, aqueles que desejam um retorno a alguma versão dos tempos anteriores a 1989. É mais provável que sejam movimentos inspirados pelo nacionalismo xenófobo e pela intolerância. É sempre mais fácil culpar os de fora.

Isso me remete à segunda questão principal que tem relação muito mais direta com o trabalho de uma universidade, ou pelo menos com aquela parte do trabalho que me concerne como historiador e professor universitário. Ora, a história é a matéria-prima para as ideologias nacionalistas ou étnicas ou fundamentalistas, tal como as papoulas são a matéria-prima para o vício da heroína. O passado é um elemento essencial, talvez *o* elemento essencial nessas ideologias. Se não há nenhum passado satisfatório, sempre é possível inventá-lo. De fato, na natureza das coisas não costuma haver nenhum passado completamente satisfatório, porque o fenômeno que essas ideologias pretendem justificar não é antigo ou eterno mas historicamente novo. Isso é válido tanto para o fundamentalismo religioso em suas versões atuais — a versão do aiatolá Khomeini de um Estado islâmico não é anterior ao início dos anos 1970 — quanto para o nacionalismo contemporâneo. O passado legitima. O passado fornece um pano de fundo mais glorioso a um presente que não tem muito o que comemorar. Eu me lembro de ter visto em algum lugar um estudo sobre a civilização antiga das cidades do vale do Indus com o título *Cinco mil anos de Paquistão*. O Paquistão nem mesmo era cogitado antes de 1932-3, quando o nome foi inventado por alguns militantes estudantis. Apenas se tornou uma demanda política séria a partir de 1940. Como Estado apenas existiu a partir de 1947. Não há nenhuma evidência de haver mais conexão entre a civilização de Mohenjo Daro e os atuais governantes de Islamabad que entre a Guerra de Troia e o governo de Ancara, que no momento reivindica o retorno, ainda que apenas para a primeira exibição pública, do tesouro de Schliemann do rei Príamo de Troia. Mas, de certo modo, 5 mil anos de Paquistão soam melhor do que 46 anos de Paquistão.

Nessa situação os historiadores se veem no inesperado papel de atores políticos. Eu costumava pensar que a profissão de historiador, ao contrário, digamos, da de físico nuclear, não pudesse, pelo menos, produzir danos. Agora sei que pode. Nossos estudos podem se converter em fábricas de bombas, como os seminários nos quais o IRA aprendeu a transformar fertilizante químico em explosivos. Essa situação nos afeta de dois modos. Temos uma responsabilidade pelos fatos históricos em geral e pela crítica do abuso político-ideológico da história em particular.

Pouco preciso dizer sobre a primeira dessas responsabilidades. Não teria nada a dizer, não fosse por duas circunstâncias. Uma delas é a moda atual de os romancistas basearem seus enredos na realidade constatada em lugar de inventá-los, confundindo com isso a fronteira entre fato histórico e ficção. A outra é a ascensão das modas intelectuais "pós-modernas" nas universidades ocidentais, particularmente nos departamentos de literatura e antropologia, as quais implicam que todos os "fatos" com existência pretensamente objetiva não passam de construções intelectuais — em resumo, que não existe nenhuma diferença clara entre fato e ficção. Mas existe, e para nós, historiadores, inclusive para os antipositivistas mais intransigentes, a capacidade de distinguir entre ambos é absolutamente fundamental. Não podemos inventar nossos fatos. Ou Elvis Presley está morto ou não. A questão pode ser resolvida inequivocamente com base em evidências, na medida em que se disponha de evidências confiáveis, o que, às vezes, é o caso. Ou o governo turco atual, que nega a tentativa de genocídio dos armênios em 1915, está correto ou não. A maioria de nós não consideraria como discurso histórico sério uma negação desse massacre, embora não haja nenhuma maneira igualmente inequívoca de escolher entre modos diferentes de interpretar o fenômeno ou de enquadrá-lo no contexto mais amplo da história. Recentemente, fanáticos hindus destruíram uma mesquita em Aodhya, a pretexto de que a mesquita havia sido imposta aos hindus por Babur, o conquistador muçulmano mongol, em um local particularmente sagrado por ser onde se deu o nascimento do deus Rama. Meus colegas e amigos nas universidades indianas publicaram um estudo demonstrando que (a) ninguém até o século XIX tinha sugerido que Aodhya fosse o local de nascimento de Rama e que (b) era quase certo que a mesquita não fora construída no tempo de Babur. Gostaria de poder dizer que isso teve muitas consequências para o crescimento do partido hindu que provocou o incidente, mas pelo menos cumpriram seu dever como historiadores, em benefício daqueles que podem ler e estão expostos à propaganda de intolerância, hoje e no futuro. Vamos cumprir o nosso.

Poucas ideologias de intolerância estão baseadas em simples mentiras ou ficções para as quais não há nenhuma evidência. Afinal de contas, houve uma batalha de Kosovo em 1389, os guerreiros sérvios e seus aliados foram derrotados pelos turcos, e isso deixou cicatrizes fundas na memória popular dos sérvios, embora não se depreenda que isso justifique a opressão dos albaneses, que hoje representam 90% da população da região, ou a reivindicação dos sérvios de que a terra seja essencialmente sua. A Dinamarca não reivindica a enorme área da Inglaterra oriental, povoada e governada por dinamarqueses antes do século XI, que continuou a ser conhecida como Danelaw e cujas aldeias ainda possuem nomes filologicamente dinamarqueses.

O abuso ideológico mais comum da história baseia-se antes em anacronismo que em mentiras. O nacionalismo grego recusa à Macedônia até mesmo o direito ao seu nome a pretexto de que toda a Macedônia é essencialmente grega e parte de um Estado-nação grego, presumivelmente desde que o pai de Alexandre, o Grande, rei da Macedônia, se tornou o monarca das terras gregas na península balcânica. Como tudo sobre a Macedônia, isso está longe de ser um assunto meramente acadêmico, mas é preciso um bocado de coragem para um intelectual grego dizer que, em termos históricos, isso é tolice. Não havia nenhum Estado-nação grego ou nenhuma outra entidade política isolada para os gregos no século IV a.C., o Império Macedônico em nada se parecia a um Estado grego ou outro Estado-nação moderno, e em todo caso é altamente provável que os gregos antigos considerassem os monarcas macedônicos como bárbaros e não como gregos, ainda que sem dúvida fossem muito educados ou cautelosos para dizer isso. Além disso, historicamente, a Macedônia é uma mistura tão inextricável de etnias — não foi à toa que deu seu nome a saladas de frutas francesas (*macédoine*) — que nenhuma tentativa de identificá-la com uma única nacionalidade seria correta. Por sua vez, os extremos do nacionalismo macedônico emigrante também deveriam ser desqualificados pelo mesmo motivo, bem como todas as publicações na Croácia, que de algum modo tentam transformar Zvonimir, o Grande, em ancestral do presidente Tudjman. Mas é difícil se contrapor aos inventores de uma história nacional de livros didáticos, embora existam historiadores na Universidade do Zagreb, os quais me orgulho de ter como amigos, que têm coragem bastante para fazer isso.

Essas e muitas outras tentativas de substituir a história pelo mito e a invenção não são apenas piadas intelectuais de mau gosto. Afinal de contas, podem determinar o que entra nos livros escolares, como sabiam as autoridades japonesas quando insistiram em uma versão asséptica da guerra japonesa na China para uso em salas de aula do Japão. Mito e invenção são essenciais à política de identidade pela qual grupos de pessoas, ao se definirem hoje por etnia, religião ou fronteiras nacionais passadas ou presentes, tentam encontrar alguma certeza em um mundo incerto e instável, dizendo: "Somos diferentes e melhores do que os Outros". São elas que nos preocupam nas universidades porque as pessoas que formulam aqueles mitos e invenções são cultas: professores primários laicos ou clericais, professores de colégio ou universidade (não muitos, espero), jornalistas, produtores de rádio e televisão. Hoje, a maioria delas terá ido para alguma universidade. Não se enganem a respeito. História não é memória ancestral ou tradição coletiva. É o que as pessoas aprenderam de padres, professores, autores de livros de história e compiladores de artigos para revistas e programas de televisão. É muito importante que os historiadores se lembrem de sua responsabilidade, que é, acima de tudo, a de se isentar das paixões de identidade política — mesmo se também as sentirmos. Afinal de contas, também somos seres humanos.

A importância da questão é demonstrada em um recente artigo do escritor israelense Amos Elon sobre o modo como o genocídio dos judeus por Hitler foi convertido em um mito legitimador da existência do Estado de Israel. Mais que isso: nos anos de governo da direita, foi transformado em uma espécie de afirmação ritual nacional da identidade e superioridade do Estado israelense e um elemento central do sistema oficial de crenças nacionais, ao lado de Deus. Elon descreve a evolução dessa transformação do conceito de "Holocausto" e, concordando com o recém-empossado ministro da Educação do novo governo trabalhista israelense, afirma que a história precisa agora ser separada do mito, do ritual e da política. Como não israelense, ainda que judeu, não manifesto nenhuma opinião a respeito. Porém, é como historiador que constato, pesaroso, uma observação de Elon. A de que as contribuições principais para a historiografia erudita do genocídio, seja de judeus ou não judeus, ou não foram traduzidas para o hebraico, como a grande obra de Hilberg, ou apenas foram traduzidas com considerável atraso, e nesse caso às vezes com renúncia aos direitos autorais. A autêntica historiografia do genocídio não o converteu em nada menor que uma indizível tragédia. Simplesmente estava em desacordo com o mito da legitimação.

Todavia, é nesse mesmo caso que encontramos base para a esperança, pois estamos diante da história mitológica ou nacionalista criticada de dentro. Noto que a história da fundação de

Israel deixou de ser escrita em Israel essencialmente como propaganda nacional ou polêmica sionista aproximadamente quarenta anos depois de o Estado começar a existir. O mesmo notei na história irlandesa. Aproximadamente meio século depois de a maioria da Irlanda conquistar sua independência, os historiadores irlandeses já não escreviam mais a história de sua ilha em termos da mitologia do movimento de libertação nacional. A história irlandesa, tanto da República quanto da Irlanda do Norte, está atravessando um período de grande exuberância porque igualmente obteve êxito em sua libertação. Trata-se de uma questão que ainda possui implicações e riscos políticos. A história hoje escrita rompe com a velha tradição que se estende dos fenianos até o IRA, que ainda luta com armas e bombas em nome dos velhos mitos. Mas o surgimento de uma nova geração que pode se distanciar das paixões dos grandes momentos traumáticos e formativos da história de seus países é um sinal de esperança para os historiadores.

Porém, não podemos esperar a passagem das gerações. Temos de resistir à *formação* de mitos nacionais, étnicos e outros, no momento em que estão sendo formados. Isso não nos fará populares. Thomas Masaryk, fundador da República Tcheca, não era popular quando ingressou na política como o homem que provou, com pesar mas sem vacilação, que os manuscritos medievais nos quais se apoiava grande parte do mito nacional tcheco eram falsos. Mas isso tem que ser feito, e espero que os historiadores aqui presentes o façam.

Isso é tudo que eu queria dizer sobre o dever dos historiadores. Porém, antes de terminar, quero lembrar mais uma coisa. Como estudantes desta universidade, vocês são pessoas privilegiadas. As perspectivas são as de que, como bacharéis de um instituto conhecido e prestigiado, irão obter, se assim escolherem, uma ótima condição na sociedade, carreiras melhores e ganhos maiores que os de outras pessoas, embora não tanto quanto os de prósperos homens de negócios. O que eu quero lembrar a vocês é algo que me disseram quando comecei a lecionar em uma universidade. "As pessoas em função das quais você está lá", disse meu próprio professor, "não são estudantes brilhantes como você. São estudantes comuns com opiniões maçantes, que obtêm graus medíocres na faixa inferior das notas baixas, e cujas respostas nos exames são quase iguais. Os que obtêm as melhores notas cuidarão de si mesmos, ainda que seja para eles que você gostará de lecionar. Os outros são os únicos que precisam de você."

Isso não vale apenas para a universidade mas para o mundo. Os governos, o sistema econômico, as escolas, tudo na sociedade não se destina ao benefício das minorias privilegiadas. Nós podemos cuidar de nós mesmos. É para o benefício da grande maioria das pessoas, que não são particularmente inteligentes ou interessantes (a menos que, naturalmente, nos apaixonemos por uma delas), não têm um grau elevado de instrução, não são prósperas ou realmente fadadas ao sucesso, não são nada de muito especial. É para as pessoas que, ao longo da história, fora de seu bairro, apenas têm entrado para a história como indivíduos nos registros de nascimento, casamento e morte. Toda sociedade na qual valha a pena viver é uma sociedade que se destina a elas, e não aos ricos, inteligentes e excepcionais, embora toda sociedade em que valha a pena viver deva garantir espaço e propósito para tais minorias. Mas o mundo não é feito para o nosso benefício pessoal, e tampouco estamos no mundo para nosso benefício pessoal. Um mundo que afirme ser esse seu propósito não é bom e não deve ser duradouro.

2. O SENTIDO DO PASSADO

Os capítulos seguintes tentam esboçar as relações entre passado, presente e futuro que interessam ao historiador. O presente capítulo está baseado em meu texto introdutório à conferência de 1970 sobre "O sentido do passado e a história", promovida pela revista Past and Present. *Foi publicado em seu número 55 (maio de 1972) sob o título "A função social do passado: algumas questões".*

Todo ser humano tem consciência do passado (definido como o período imediatamente anterior aos eventos registrados na memória de um indivíduo) em virtude de viver com pessoas mais velhas. Provavelmente todas as sociedades que interessam ao historiador tenham um passado, pois mesmo as colônias mais inovadoras são povoadas por pessoas oriundas de alguma sociedade que já conta com uma longa história. Ser membro de uma comunidade humana é situar-se em relação ao seu passado (ou da comunidade), ainda que apenas para rejeitá-lo. O passado é, portanto, uma dimensão permanente da consciência humana, um componente inevitável das instituições, valores e outros padrões da sociedade humana. O problema para os historiadores é analisar a natureza desse "sentido do passado" na sociedade e localizar suas mudanças e transformações.

I

Em história, na maioria das vezes, lidamos com sociedades e comunidades para as quais o passado é essencialmente o padrão para o presente. Teoricamente, cada geração copia e reproduz sua predecessora até onde seja possível, e se considera em falta para com ela na medida em que falha nesse intento. Claro que uma dominação total do passado excluiria todas as mudanças e inovações legítimas, e é improvável que exista alguma sociedade humana que não reconheça nenhuma delas. A inovação pode acontecer de dois modos. Primeiro, o que é definido oficialmente como "passado" é e deve ser claramente uma seleção particular da infinidade daquilo que é lembrado ou capaz de ser lembrado. Em toda sociedade, a abrangência desse passado social formalizado depende, naturalmente, das circunstâncias. Mas sempre terá interstícios, ou seja, matérias que não participam do sistema da história consciente na qual os homens incorporam, de um modo ou de outro, o que consideram importante sobre sua sociedade. A inovação pode ocorrer nesses interstícios, desde que não afete automaticamente o sistema e, portanto, não se oponha automaticamente à barreira: "Não é desse jeito que as coisas sempre foram feitas". Seria interessante investigar que tipos de atividades tendem a permanecer assim relativamente flexíveis, além daquelas que parecem negligenciáveis em um dado momento mas podem se mostrar diferentes numa ocasião posterior. Pode-se sugerir que, ficando as outras coisas como estão, a tecnologia no sentido mais amplo pertença ao setor flexível, e a organização social e a ideologia ou sistema de valores, ao setor inflexível. Porém, na ausência de estudos históricos comparativos, a pergunta deve permanecer em aberto. Certamente existem muitas sociedades extremamente voltadas para a tradição e sociedades ritualizadas que no passado aceitaram a introdução relativamente súbita de novas culturas agrícolas, novos meios de locomoção (como os cavalos entre os índios norte-americanos) e novas armas, sem nenhum sentido de perturbação do padrão fixado pelo passado. Por outro lado, provavelmente existam outras, ainda pouco investigadas, que resistiram até mesmo a uma inovação dessa ordem.

O "passado social formalizado" é claramente mais rígido, uma vez que fixa o padrão para o presente. Tende a ser o tribunal de apelação para disputas e incertezas do presente: a lei é igual ao costume, sabedoria dos mais velhos, em sociedades iletradas; os documentos que consagram esse passado e que, com isso, adquirem certa autoridade espiritual, fazem o mesmo em sociedades letradas ou parcialmente letradas. Uma comunidade de índios norte-americanos pode justificar seu direito a terras comunais pela sua posse desde tempos imemoriais, ou pela memória de sua posse no passado (quase com certeza transmitida sistematicamente de uma geração para a seguinte), ou por escrituras ou decisões judiciais da era colonial, sendo as mesmas preservadas com extremo cuidado: ambas têm valor como registros de um passado considerado como norma para o presente.

Isso não exclui uma certa flexibilidade ou até inovação *de facto*, na medida em que o vinho novo possa ser vertido no que, pelo menos na forma, são velhos recipientes. Negociar carros usados parece ser uma extensão bastante aceitável de negociar cavalos para ciganos que ainda mantêm o nomadismo, pelo menos teoricamente, como único modo adequado de vida. Estudiosos do processo de "modernização" da Índia no século XX investigaram os modos pelos quais os poderosos e rígidos sistemas tradicionais podem ser estendidos ou modificados, seja na consciência ou na prática, sem serem oficialmente rompidos, ou seja, nos quais a inovação pode ser reformulada como não inovação.

Em tais sociedades, também é possível a inovação consciente e radical, mas pode-se supor que existam apenas poucas maneiras de legitimá-la. Ela pode ser disfarçada como retorno ou redescoberta de alguma parte do passado erroneamente esquecida ou abandonada, ou pela invenção de um princípio anti-histórico de força moral superior prescrevendo a destruição do presente/passado, como, por exemplo, uma revelação religiosa ou profecia. Não está claro se em tais condições até mesmo princípios anti-históricos podem prescindir de todo apelo ao passado, isto é, se os "novos" princípios são normalmente — ou sempre? — a confirmação de "velhas" profecias, ou de um "antigo" gênero de profecia. A dificuldade dos historiadores e antropólogos é que todos os casos registrados ou observados de tal legitimação primitiva de grandes inovações sociais ocorrem, quase por definição, quando sociedades tradicionais são lançadas em um contexto de mudança social mais ou menos drástica, ou seja, quando a rígida estrutura normativa do passado é tensionada até o ponto de ruptura e pode ser então incapaz de funcionar "adequadamente". Embora a mudança e inovação que surgem por imposição e importação de fora, aparentemente desvinculadas de forças sociais internas, não precisem necessariamente afetar o sistema de ideias que uma comunidade mantém acerca da novidade — já que a questão de sua legitimidade é resolvida por *force majeure* — em tais ocasiões, mesmo a sociedade extremamente tradicionalista deve chegar a algum tipo de acordo com a inovação circundante e invasora. É claro que ela pode decidir rejeitá-la *in toto*, e dela se afastar, embora essa solução raramente seja viável durante longos períodos.

A crença de que o presente deva reproduzir o passado normalmente implica um ritmo positivamente lento de mudança histórica, pois, caso contrário, não seria nem pareceria realista, exceto à custa de imenso esforço social e do tipo de isolamento que acabamos de mencionar (como acontece nos EUA com os amish e outras seitas modernas semelhantes). Enquanto a mudança — demográfica, tecnológica ou outras — for suficientemente gradual para ser absorvida, por assim dizer, por incrementos, pode ser absorvida no passado social formalizado na forma de uma história mitologizada e talvez ritualizada, por uma modificação tácita do sistema de crenças, pela "distensão" da estrutura normativa, ou por outras maneiras. Até passos muito drásticos e isolados de mudança podem ser absorvidos dessa maneira, ainda que talvez a um grande custo psicossocial, como aconteceu na conversão forçada de índios ao catolicismo após a conquista espanhola. Não fosse assim, seria impossível ocorrer o significativo grau de mudança histórica cumulativa experimentado por toda sociedade documentada, sem destruir a força desse tipo de tradicionalismo normativo. Todavia, ele ainda dominava grande parte da sociedade rural do século XIX e mesmo do século XX, embora "o que sempre fizemos" deva ter sido claramente muito diferente, mesmo entre os camponeses búlgaros de 1850, do que havia sido em 1150. A crença de que a "sociedade tradicional" seja estática e imutável é um mito da ciência social vulgar. Não obstante, até um certo ponto de mudança, ela pode permanecer "tradicional": o molde do passado continua a modelar o presente, ou assim se imagina.

Como se sabe, concentrar o foco no campesinato tradicional, por maior que seja sua importância numérica, é enviesar um pouco a discussão. Em muitos aspectos, esses campesinatos muitas vezes são apenas uma parte de um sistema socioeconômico — ou mesmo do sistema político — mais abrangente, no qual, *em algum lugar*, as mudanças ocorrem livres da versão camponesa de tradição, ou no quadro de tradições que possibilitam maior flexibilidade, como, por exemplo, as tradições urbanas. Enquanto a mudança rápida em algum lugar do sistema não alterar as instituições e relações internas de maneiras para as quais o passado não forneça nenhuma orientação, as mudanças localizadas podem ocorrer rapidamente. Podem até ser reabsorvidas em um sistema estável de crenças. Os camponeses menearão a cabeça em relação aos moradores da cidade, com o notório e proverbial "sempre buscando algo novo"; os respeitáveis moradores da cidade farão o mesmo em relação à nobreza na corte, diante da busca leviana de uma moda sempre mutável e imoral. O domínio do passado não implica uma imagem de imobilidade social. É compatível com visões cíclicas de mudança histórica, e certamente com a regressão e a catástrofe (ou seja, o fracasso em reproduzir o passado). É incompatível com a ideia de progresso contínuo.

II

Quando a mudança social acelera ou transforma a sociedade para além de um certo ponto, o passado deve cessar de ser o padrão do presente, e pode, no máximo, tornar-se modelo para o mesmo. "Devemos voltar aos caminhos de nossos antepassados" quando já não os trilhamos automaticamente, ou quando não é provável que o façamos. Isso implica uma transformação fundamental do próprio passado. Ele agora se torna, e deve se tornar, uma máscara para inovação, pois já não expressa a repetição daquilo que ocorreu antes, mas ações que são, por definição, diferentes das anteriores. Mesmo quando se tenta realmente retroceder o relógio, isso não restabelece de fato os velhos tempos, mas meramente certas partes do sistema formal do passado consciente, que agora são funcionalmente diferentes. Prova disso foi a tentativa mais ambiciosa de restabelecer a sociedade camponesa de Morelos (México) sob Zapata àquilo que havia sido quarenta anos antes — apagar a era de Porfírio Diaz e retornar ao *status quo ante*. Em primeiro lugar, não podia restabelecer realmente o passado, já que isso envolvia certa reconstrução do que não podia ser rememorado com precisão ou objetividade (por exemplo, os limites exatos das terras comuns em disputa entre comunidades diferentes), para não falar da construção do "que deveria ter sido" e portanto se acreditava, ou pelo menos se imaginava, ter existido de fato. Em segundo lugar, a odiada inovação não era um mero corpo estranho que de algum modo havia penetrado o organismo social como alguma bala alojada na carne e que poderia ser cirurgicamente removida, deixando o organismo substancialmente o mesmo que era antes. Representava um aspecto de uma mudança social que não podia ser isolado dos demais e, por conseguinte, apenas poderia ser eliminado à custa de se mudar muito mais do que o visado na operação. Em terceiro lugar, o mero esforço social de retroceder o relógio mobilizava, de modo quase inevitável, forças que possuíam efeitos de alcance mais longo: os camponeses armados de Morelos se tornaram um poder revolucionário fora de seu Estado, ainda que seus horizontes fossem locais ou, no máximo, regionais. Dadas as circunstâncias, a restauração se transformou em revolução social. Dentro das fronteiras do Estado (pelo menos enquanto durou o poder dos camponeses) provavelmente ela girou os ponteiros do relógio mais para trás do que estavam realmente na década de 1870, cortando vínculos com uma economia de mercado mais ampla que existia, mesmo naquela época. Considerada na perspectiva nacional da revolução mexicana, seu efeito iria produzir um México novo e sem precedentes históricos.[1]

Dado que a tentativa de restabelecer um passado perdido não pode ter sucesso completo, exceto em formas triviais (como a restauração de edifícios em ruínas), tentativas nesse sentido ainda serão feitas e normalmente serão seletivas. (O caso de uma região camponesa atrasada que tenta restabelecer tudo que ainda existia na memória viva é, em comparação, analiticamente irrelevante.) Que aspectos do passado serão selecionados para o esforço de restauração? Os historiadores tendem a observar a frequência de certos clamores por restauração — em favor da antiga lei, da velha moralidade, da religião de antigamente e assim por diante — e bem poderiam ser tentados a generalizar a partir daí. Mas antes de o fazerem talvez devam sistematizar suas próprias observações e buscar orientação de antropólogos e outros cientistas sociais cujas teorias poderiam ser pertinentes. Além disso, antes de assumirem uma visão superestrutural do assunto, deveriam se lembrar de que as tentativas de restabelecer uma determinada estrutura econômica agonizante ou morta não são, de modo algum, desconhecidas. O sonho de um retorno a uma economia de pequenas propriedades camponesas, ainda que pudesse ser pouco mais que uma pastoral de cidade grande na Inglaterra do século XIX (ela não era, pelo menos inicialmente, partilhada pelos trabalhadores rurais sem terra), foi, contudo, um elemento importante de propaganda radical e, de vez em quando, perseguido com mais decisão.

Entretanto, deve-se fazer uma distinção, mesmo na ausência de um modelo geral útil de tal restauração seletiva, entre tentativas simbólicas e efetivas desse tipo. O clamor por uma restauração da velha moralidade ou religião visa ser efetivo. Se for bem-sucedida, então, teoricamente, *nenhuma* garota terá, digamos, relações sexuais pré-conjugais ou *todo mundo* irá à igreja. Por outro lado, o desejo de restaurar, literalmente, os edifícios bombardeados de Varsóvia depois da Segunda Guerra Mundial, ou inversamente derrubar determinados registros de inovação como o monumento a Stálin em Praga, é simbólico, mesmo admitindo nisso certo elemento estético. Poder-se-ia supor que isso acontece porque o que as pessoas desejam realmente restaurar é muito vasto e vago para atos específicos de restauração, como, por exemplo, a antiga "grandeza" ou a antiga "liberdade". A relação entre restauração efetiva e simbólica pode realmente ser complexa, e ambos os elementos podem estar sempre presentes. A restauração concreta do prédio do Parlamento, na qual Winston Churchill insistia, poderia ser justificada em bases efetivas, ou seja, a preservação de um projeto arquitetônico que favorecia um padrão particular de política parlamentar, debate e ambiente essenciais ao funcionamento do sistema político britânico. Não obstante, como a escolha anterior do estilo neogótico para os edifícios, ela sugere também um forte elemento simbólico, talvez até uma forma de magia que, ao restabelecer uma parte pequena mas emocionalmente carregada de um passado perdido, de algum modo restabelece o todo.

Porém, mais cedo ou mais tarde, é provável que se atinja um ponto em que o passado já não possa mais ser concretamente reproduzido ou mesmo restaurado. Nesse momento o passado fica tão distante da realidade atual ou mesmo lembrada que no final pode se transformar em pouco mais que uma linguagem para definir em termos históricos certas aspirações de hoje que não são necessariamente conservadoras. Os anglo-saxões livres antes do Jugo Normando, ou a *Merrie England* antes da Reforma, são exemplos conhecidos. Assim é também, para dar um exemplo contemporâneo, a metáfora de "Charlemagne", usada já desde Napoleão I, para propagar várias formas de unidade europeia parcial, seja por conquista pelo lado francês ou alemão, seja por federação, e que visivelmente não pretende recriar nada parecido, ainda que remotamente, com a Europa dos séculos VII e IX. Nesse caso (quer seus proponentes realmente acreditem ou não), a demanda de restabelecer ou recriar um passado tão remoto que possui pouca relevância para o presente pode ser igual a inovação total, e o passado assim invocado pode se tornar um artefato ou, em termos menos lisonjeiros, uma fabricação. O nome "Ghana" transfere a história de uma parte da África para outra, geograficamente distante e historicamente bastante diferente. A pretensão sionista de retornar à pré-diáspora passada na terra de Israel era, na prática, a negação da história *real* do povo judeu por mais de 2 mil anos.[2]

História fabricada é bastante comum, ainda que devamos distinguir entre suas utilizações meramente retóricas ou analíticas e as que implicam uma genuína "restauração" concreta. Os radicais ingleses dos séculos XVII a XIX dificilmente pretendiam voltar à sociedade da pré-conquista; o "jugo normando" para eles era basicamente um dispositivo explicativo, os "anglo-saxões livres", no máximo, uma analogia ou a busca de uma genealogia, como será considerado adiante. Por outro lado, movimentos nacionalistas modernos que quase podem ser definidos, nas palavras de Renan, como movimentos que esquecem a história, ou melhor, entendem-na mal, porque seus objetivos não encontram precedentes históricos, apesar disso insistem em defini-los, em maior ou menor grau, em termos históricos e, na verdade, tentam realizar partes dessa história fictícia. Isso se aplica mais obviamente à definição do território nacional, ou melhor, às pretensões territoriais, mas várias formas de arcaísmo deliberado são bastante conhecidas, desde os neodruidas galeses até a adoção do hebraico como língua secular falada e os *Ordensburgen* da Alemanha Nacional Socialista. Todas elas, é preciso repetir, não são, em sentido algum, "restaurações" ou mesmo "renascimentos". São inovações que usam ou pretendem usar elementos de um passado histórico real ou imaginário.

Que tipos de inovação procedem dessa maneira, e sob que condições? Movimentos nacionalistas são os mais óbvios, já que a história é a matéria-prima mais fácil de trabalhar no processo de fabricar as "nações" historicamente novas em que estão engajados. Que outros movimentos operam dessa maneira? Podemos dizer que certos tipos de aspiração são mais propensos que outros a adotar esse modo de definição, como, por exemplo, aqueles relativos à coesão social de grupos humanos, aqueles que encarnam o "sentido da comunidade"? A pergunta deve ser deixada em aberto.

III

O problema de se rejeitar sistematicamente o passado apenas surge quando a inovação é identificada tanto como inevitável quanto como socialmente desejável: quando representa "progresso". Isso levanta duas questões distintas: como a inovação em si é identificada e legitimada, e como a situação que dela deriva será especificada (isto é, como um modelo de sociedade será formulado quando o passado já não puder mais fornecê-lo). A primeira é mais fácil de responder.

Sabemos muito pouco sobre o processo que transformou as palavras "novo" e "revolucionário" (conforme empregadas na linguagem publicitária) em sinônimos de "melhor" e "mais desejável", e nesse ponto há muita necessidade de pesquisas. Porém, parece que a novidade ou mesmo a inovação constante é aceita mais prontamente na medida em que se refira ao controle humano sobre a natureza não humana, por exemplo, à ciência e à tecnologia, já que grande parte desse controle é obviamente vantajoso mesmo para os mais tradicionalistas. Será que já houve algum caso sério de luddismo dirigido contra bicicletas ou radiotransistores? Por outro lado, conquanto certas inovações sociopolíticas possam parecer atraentes a alguns grupos de seres humanos, pelo menos numa visão prospectiva, as implicações sociais e humanas da inovação (inclusive inovação técnica) tendem a encontrar maior resistência, por razões igualmente óbvias. A mudança rápida e constante na tecnologia material pode ser saudada pelas mesmas pessoas que se contrariam profundamente com a experiência de mudança rápida nas relações humanas (sexuais e familiares, por exemplo), e que poderiam, na verdade, achar difícil conceber mudança constante em tais relações. Nos casos em que até a inovação material de "utilidade" palpável é rejeitada, geralmente, talvez sempre, a explicação está no medo da inovação social, ou seja, da ruptura que ela acarreta.

A inovação, tão obviamente útil e socialmente neutra que é aceita quase automaticamente por pessoas de algum modo familiarizadas com a mudança tecnológica, praticamente não suscita nenhum problema de legitimação. É de se supor (mas terá sido o tema efetivamente investigado?) que mesmo uma atividade tão essencialmente tradicionalista como a religião institucional popular tenha encontrado pouca dificuldade em aceitá-la. Temos conhecimento de resistência violenta a qualquer mudança nos textos sagrados antigos, mas parece não ter havido nenhuma resistência equivalente, digamos, ao barateamento de imagens e ícones sagrados por meio de processos tecnológicos modernos, tais como impressões tipográficas e oleográficas. Por outro lado, certas inovações requerem legitimação, e em períodos em que o passado deixa de fornecer precedentes às mesmas, surgem dificuldades muito sérias. Uma dose única de inovação, por maior que seja, não é tão problemática. Pode ser apresentada como a vitória de algum princípio positivo permanente contra o seu oposto, ou como um processo de "correção" ou "retificação", o triunfo da razão sobre o absurdo, do conhecimento sobre a ignorância, da "natureza" sobre o "antinatural", do bem sobre o mal. Mas a experiência básica dos últimos dois séculos foi a da mudança constante e contínua, que não pode ser assim considerada exceto ocasionalmente, à custa de considerável casuísmo, como a aplicação constantemente necessária de princípios permanentes a circunstâncias que sempre mudam de modo um tanto misterioso, ou do exagero na resistência das forças do mal.[3]

Paradoxalmente, o passado continua a ser a ferramenta analítica mais útil para lidar com a mudança constante, mas em uma nova forma. Ele se converte na descoberta da história como um processo de mudança direcional, de desenvolvimento ou evolução. A mudança se torna, portanto, sua própria legitimação, mas com isso ela se ancora em um "sentido do passado" transformado. A *Física e política* (1872), de Bagehot, é um bom exemplo disso no século XIX; conceitos correntes de "modernização" ilustram versões mais singelas da mesma abordagem. Em suma, o que agora legitima o presente e o explica não é o passado como um conjunto de pontos de referência (por exemplo, a Magna Carta), ou mesmo como duração (por exemplo, a era das instituições parlamentares), mas o passado como um processo de tornar-se presente. Diante da realidade avassaladora da mudança, até mesmo o pensamento conservador se torna historicista. Talvez porque a retrovisão seja a forma mais persuasiva de sabedoria do historiador, ela se ajuste melhor a eles que à maioria.

Mas e quanto aos que também requerem previsão, para especificar um futuro diferente de tudo do passado? Fazer isso sem algum tipo de exemplo é extraordinariamente difícil, e muitas vezes aqueles mais dedicados à inovação são tentados a procurar algum, por mais implausível que seja, inclusive no próprio passado, ou, o que vem a dar no mesmo, na sociedade "primitiva" considerada como uma forma do passado humano que coexiste com seu presente. Socialistas dos séculos XIX e XX indubitavelmente empregavam "comunismo primitivo" meramente como um suporte analítico, mas o fato mesmo de empregarem o termo indica a vantagem de se poder dispor de um precedente concreto até mesmo para o que não tem precedentes, ou pelo menos um exemplo de modos de resolver problemas novos, por mais inaplicáveis que sejam as efetivas soluções dos problemas análogos do passado. É claro que não há nenhuma necessidade teórica de especificar o futuro, mas na prática a demanda de prever ou montar um modelo para ele é forte demais para ser desconsiderada.

Uma espécie de historicismo, ou seja, a extrapolação mais ou menos sofisticada e complexa de tendências passadas para o futuro, foi o método mais conveniente e popular de previsão. Em todo caso, a forma do futuro é vislumbrada mediante a procura de pistas no processo de desenvolvimento passado, de forma que, paradoxalmente, quanto mais esperamos inovação, mais a história se torna essencial para descobrir como ela será.

Esse procedimento pode ir desde o muito ingênuo — a visão do futuro como um presente maior e melhor, ou um presente maior e pior, tão característica das extrapolações tecnológicas ou antiutopias sociais pessimistas — até o intelectualmente muito complexo e intenso; mas, essencialmente, a história continua a ser a base de ambos. Entretanto, nesse ponto surge uma contradição, cuja natureza é sugerida pela convicção de Karl Marx na suplantação inevitável do capitalismo pelo socialismo e, simultaneamente, da extrema relutância em fazer mais que algumas declarações muito gerais sobre como seriam realmente as sociedades socialista e comunista. Não se trata somente de bom senso: a capacidade de discernir tendências gerais não implica a capacidade para prever seu resultado preciso em circunstâncias futuras complexas e, em muitos aspectos, desconhecidas. Também indica um conflito entre um modo essencialmente historicista de analisar como o futuro virá, que supõe um processo contínuo de mudança histórica, e o que até agora tem sido a exigência universal de modelos programáticos de sociedade, ou seja, uma certa estabilidade. A utopia é, por natureza, uma situação estável ou autorreprodutora, e seu a-historicismo implícito só pode ser evitado por aqueles que se recusam a descrevê-la. Mesmo os modelos menos utópicos da "sociedade boa" ou do sistema político desejável, por mais que concebidos para atenderem circunstâncias mutáveis, também tendem a ser concebidos para fazer isso mediante uma estrutura relativamente estável e previsível de instituições e valores, que não será perturbada por tais circunstâncias. Não há nenhuma dificuldade teórica para definir sistemas sociais em termos de mudança contínua, mas, na prática, parece haver pouca demanda para isso, talvez porque um grau excessivo de instabilidade e imprevisibilidade nas relações sociais seja particularmente desorientador. Em termos comtianos, a "ordem" acompanha o "progresso", mas a análise de uma nos diz pouco sobre o padrão desejável do outro. A história deixa de ser útil no instante mesmo em que mais precisamos dela.[4]

Dessa forma, podemos ainda ser obrigados a remontar ao

passado, de certo modo análogo ao seu uso tradicional como repositório de precedentes, ainda que agora fazendo nossa seleção à luz de modelos ou programas analíticos que nada têm a ver com ele. Isso é particularmente provável na concepção da "sociedade boa", já que a maior parte do que sabemos sobre o bom funcionamento de sociedades é o que foi aprendido empiricamente no curso de alguns milhares de anos de convivência em grupos humanos em uma variedade de modos, talvez complementado pelo estudo recentemente em moda do comportamento social de animais. O valor da investigação histórica sobre "o que de fato aconteceu" para a solução desse ou daquele problema específico do presente e do futuro é inquestionável, e tem dado novo alento a algumas atividades históricas um tanto antiquadas, desde que essas sejam associadas a problemas bem modernos. Assim, o que aconteceu aos pobres deslocados pela intensa construção de estradas de ferro do século XIX para os corações das grandes cidades pode e deve lançar luz às possíveis consequências da intensa construção viária urbana no final do século XX, e as várias experiências de "poder estudantil" em universidades medievais não deixam de ter relação com projetos para mudar a estrutura constitucional de universidades modernas.[5] Entretanto, a natureza desse processo muitas vezes arbitrário de mergulhar no passado para auxiliar a previsão do futuro requer uma análise maior do que a que tem recebido até hoje. Por si só, não substitui a construção de modelos sociais adequados, com ou sem investigação histórica. Meramente reflete e talvez em alguns casos atenue a insuficiência presente.

IV

Estas observações casuais estão longe de esgotar os usos sociais do passado. Porém, embora não se possa empreender aqui nenhuma tentativa de discutir todos os outros aspectos, dois problemas específicos podem ser sucintamente mencionados: os do passado como genealogia e como cronologia.

O sentido do passado como uma continuidade coletiva de experiência mantém-se surpreendentemente importante, mesmo para aqueles mais concentrados na inovação e na crença de que novidade é igual a melhoria: como testemunha a inclusão universal da "história" no programa de todos os sistemas educacionais modernos, ou a busca de ancestrais (Espártaco, More, Winstanley) pelos revolucionários modernos cuja teoria, se são marxistas, supõe sua irrelevância. O que exatamente os marxistas modernos ganharam ou ganham com o conhecimento de que havia rebeliões de escravos na Roma Antiga — que, mesmo supondo-se que tivessem metas comunistas, estavam, segundo a própria análise desses marxistas, fadadas ao fracasso ou a produzir resultados que trariam escasso suporte às aspirações dos comunistas modernos? É evidente que a sensação de pertencer a uma tradição antiquíssima de rebelião fornece satisfação emocional, mas como e por quê? Será ela análoga à sensação de continuidade impregnada nos currículos de história e que aparentemente torna desejável que os estudantes aprendam sobre a existência de Boadiceia ou Vercingetórix, rei Alfredo ou Joana d'Arc como parte daquele corpo de informações que (por razões supostamente válidas mas raramente investigadas) "devam saber a respeito" como ingleses ou franceses? A atração do passado como continuidade e tradição, como "nossos antepassados", é forte. Mesmo o padrão do turismo presta testemunho disso. Nossa simpatia espontânea pelo sentimento não deve, porém, nos levar a negligenciar a dificuldade de descobrir por que isso deve ser assim.

Essa dificuldade naturalmente é muito menor no caso de uma forma mais familiar de genealogia, aquela que busca sustentar uma autoestima incerta. Os novos burgueses buscam pedigrees, as novas nações ou movimentos anexam à sua história exemplos de grandeza e realização passadas na razão direta do que sentem estar faltando dessas coisas em seu passado real — quer esse sentimento seja ou não justificado.[6] A pergunta mais interessante relativa a tais exercícios genealógicos é se ou quando tornam-se dispensáveis. A experiência da moderna sociedade capitalista sugere que podem ser ao mesmo tempo permanentes e transitórios. Por um lado, os *nouveaux riches* do final do século XX ainda aspiram às características da vida de uma aristocracia que, apesar de sua insignificância política e econômica, continua a representar o status social mais elevado (o château rural, o diretor-executivo da Renânia que caça alces e javalis nos ambientes implausíveis de repúblicas socialistas, e assim por diante). Por outro, os edifícios e o décor em estilo neomedieval, neorrenascentista e Luís XV da sociedade burguesa do século XIX, em certa etapa, deram lugar a um estilo deliberadamente "moderno", que não só se recusava a recorrer ao passado mas desenvolvia uma analogia estética duvidosa entre inovação artística e técnica. Infelizmente a única sociedade na história que até hoje fornece material adequado para o estudo da relativa atração de ancestrais e da novidade é a sociedade capitalista ocidental dos séculos XIX e XX. Seria arriscado generalizar com base em uma amostra única.

Finalmente, consideremos o problema da cronologia, que nos leva ao extremo oposto da possibilidade de generalização, uma vez que é difícil pensar em alguma sociedade conhecida que, para determinados objetivos, não ache conveniente registrar a duração do tempo e a sucessão dos eventos. Claro que existe, como observou Moses Finley, uma diferença fundamental entre um passado cronológico e um passado não cronológico: entre o Ulisses de Homero e o de Samuel Butler, que é concebido de modo natural e nada homérico como um homem de meia-idade voltando para uma esposa idosa depois de vinte anos de ausência. Certamente a cronologia é essencial ao sentido histórico moderno do passado, já que a história é mudança direcional. O anacronismo é uma campainha de alarme imediato para o historiador, e seu valor de choque emocional em uma sociedade totalmente cronológica é tal que se presta à fácil exploração nas artes: Macbeth em roupagem moderna hoje se vale disso de uma maneira que um Macbeth jacobino obviamente não conseguia.

À primeira vista a cronologia é menos essencial ao sentido

tradicional do passado (padrão ou modelo para o presente, depósito e repositório de experiência, sabedoria e preceito moral). Em semelhante passado os eventos não são tidos necessariamente como dotados de existência simultânea, como os romanos e mouros que lutam entre si nas procissões espanholas da Páscoa, ou até mesmo fora do tempo: a relação cronológica recíproca é meramente irrelevante. Se Horácio da Ponte contribuiu com seu exemplo para romanos mais recentes antes ou depois de Mucius Scaevola é algo que só interessa a pedantes. De modo similar (para tomar um exemplo moderno), o valor dos macabeus, os defensores de Masada e Bar Kokhba, para os israelenses modernos nada tem a ver com sua distância cronológica em relação a eles e entre um e outro. No momento em que o tempo real é introduzido nesse passado (por exemplo, quando Homero e a Bíblia são analisados pelos métodos da moderna erudição histórica) ele se transforma em alguma outra coisa. Esse processo é socialmente perturbador e um sintoma de transformação social.

No entanto, para certos objetivos, a cronologia histórica, na forma de genealogias e crônicas, por exemplo, é evidentemente importante em muitas (em todas, talvez?) sociedades letradas, ou mesmo iletradas, ainda que a habilidade das letradas para manter registros escritos permanentes lhes possibilite inventar usos para os mesmos que pareceriam impraticáveis naquelas que recorrem apenas à transmissão oral. (Porém, embora se tenham investigado os limites da memória histórica oral do ponto de vista das exigências do estudioso moderno, os historiadores prestaram menos atenção à pergunta sobre até que ponto são inadequados às exigências sociais das próprias sociedades.)

No sentido mais extenso, todas as sociedades possuem mitos de criação e desenvolvimento que implicam sucessão temporal: as primeiras coisas eram assim, depois mudaram assim. Inversamente, uma concepção providencial do universo também implica algum tipo de sucessão de eventos, pois a teleologia (mesmo se os seus objetivos já foram alcançados) é um tipo de história. Além disso, ela se presta de modo excelente à cronologia, onde existir tal concepção: como testemunham as várias especulações milenares ou os debates acerca do ano 1000 d.C., que giram em torno da existência de um sistema de datação.[7] Em um sentido mais preciso, o processo de comentar textos antigos de validade permanente ou de descobrir as aplicações específicas da verdade eterna implica um elemento de cronologia (por exemplo, a procura de precedentes). Quase não vale a pena mencionar que cálculos cronológicos ainda mais precisos podem ser exigidos para uma diversidade de objetivos econômicos, legais, burocráticos, políticos e rituais, pelo menos em sociedades letradas que podem manter um registro deles, entre os quais, naturalmente, a invenção de precedentes favoráveis e antigos para objetivos políticos.

Em alguns casos, a diferença entre essa cronologia e a da história moderna é bastante clara. A procura de precedentes realizada por advogados e burocratas é inteiramente orientada pelo presente. Seu objetivo é descobrir os direitos legais de hoje, a solução de problemas administrativos modernos, ao passo que para o historiador, ainda que interessado por sua relação com o presente, o que importa é a diferença de circunstâncias. Por outro lado, isso não parece esvaziar o caráter da cronologia tradicional. A história, unidade de passado, presente e futuro, pode ser algo universalmente apreendido, por deficiente que seja a capacidade humana de evocá-la e registrá-la, e algum tipo de cronologia, ainda que irreconhecível ou imprecisa segundo nossos critérios, pode ser uma mensuração necessária disso. Mas mesmo que assim deva ser, onde traçar as linhas de demarcação entre o passado não cronológico e o cronológico coexistentes entre as cronologias históricas e não históricas? As respostas não são, de modo algum, claras. Talvez possam lançar luz não só sobre o sentido do passado de sociedades anteriores, mas sobre nosso próprio sentido, no qual a hegemonia de uma forma (mudança histórica) não exclui a persistência, em diferentes meios e circunstâncias, de outras formas de sentido do passado.

É mais fácil formular perguntas que respostas, e este ensaio tomou o caminho mais fácil em lugar do mais difícil. E no entanto, pode ser que fazer perguntas, principalmente sobre as experiências que tendemos a tomar como dadas, não seja uma ocupação sem valor. Nadamos no passado como o peixe na água, e não podemos fugir disso. Mas nossas maneiras de viver e de nos mover nesse meio requerem análise e discussão. Meu objetivo foi o de estimular ambas.

3. O QUE A HISTÓRIA TEM A DIZER-NOS SOBRE A SOCIEDADE CONTEMPORÂNEA?

Este capítulo foi originalmente apresentado como conferência na Universidade da Califórnia, Davis, por ocasião de seu septuagésimo quinto aniversário em 1984. Ainda era inédito e, onde necessário, alterei os tempos verbais do presente para o passado e eliminei possíveis repetições de outros capítulos.

O que pode a história nos dizer sobre a sociedade contemporânea? Ao fazer essa pergunta não estou simplesmente reincidindo na habitual autodefesa dos acadêmicos que se dedicam a assuntos interessantes mas aparentemente inúteis como o latim e o grego antigos, crítica literária ou filosofia, sobretudo quando estão tentando obter recursos junto a pessoas que só admitem despender um bom dinheiro em coisas que tenham uma compensação prática óbvia, tais como aperfeiçoar armas nucleares ou ganhar alguns milhões de dólares. Estou formulando uma pergunta que todo mundo faz e sempre fez desde que a humanidade passou a registrar suas experiências.

A postura que adotamos com respeito ao passado, quais as relações entre passado, presente e futuro não são apenas questões de interesse vital para todos: são indispensáveis. É inevitável que nos situemos no *continuum* de nossa própria existência, da família e do grupo a que pertencemos. É inevitável fazer comparações entre o passado e o presente: é essa a finalidade dos álbuns de fotos de família ou filmes domésticos. Não podemos deixar de aprender com isso, pois é o que a *experiência* significa. Podemos aprender coisas erradas — e, positivamente, é o que fazemos com frequência —, mas se não aprendemos, ou não temos nenhuma oportunidade de aprender, ou nos recusamos a aprender de algum passado algo que é relevante ao nosso propósito, somos, no limite, mentalmente anormais. "Gato escaldado tem medo de água fria", diz o velho provérbio — acreditamos em seu aprendizado a partir da experiência. Os historiadores são o banco de memória da experiência. Teoricamente, o passado — todo o passado, toda e qualquer coisa que aconteceu até hoje — constitui a história. Uma boa parte dele não é da competência dos historiadores, mas uma grande parte é. E, na medida em que compilam e constituem a memória coletiva do passado, as pessoas na sociedade contemporânea têm de confiar neles.

O problema não é se elas confiam. É o que exatamente esperam obter do passado, e, nesse caso, se é isso que os historiadores deveriam lhes dar. Tome-se como exemplo um modo de usar o passado que seja difícil de definir, mas que todos achem importante. Uma instituição como uma universidade, por exemplo, celebra seus 75 anos de existência. Por que exatamente? Afora um sentimento de orgulho, ou a ocasião para passar algumas horas agradáveis, ou alguns outros eventuais benefícios, o que obtemos de tal celebração de um marco cronológico arbitrário na história de uma instituição? Necessitamos e utilizamos a história mesmo quando não sabemos por quê.

Mas o que pode a história nos dizer sobre a sociedade contemporânea? Durante a maior parte do passado humano — na verdade, mesmo na Europa ocidental, até o século XVIII — supunha-se que ela pudesse nos dizer como uma dada sociedade, qualquer sociedade, deveria funcionar. O passado era o modelo para o presente e o futuro. Para fins normais, ela representava a chave para o código genético pelo qual cada geração reproduzia seus sucessores e organizava suas relações. Daí o significado do velho, que representava sabedoria não apenas em termos de uma longa experiência, mas da memória de como eram as coisas, como eram feitas e, portanto, de como deveriam ser feitas. O termo "senado" como designação do setor sênior do Congresso dos EUA e de outros parlamentos é um registro dessa suposição. Em certos aspectos isso ainda é assim, como testemunha o conceito de precedente em sistemas legais baseados no direito consuetudinário (ou seja, costumeiro, tradicional). Mas se hoje "precedente" é, principalmente, algo que tem de ser reinterpretado ou contornado a fim de se adequar a circunstâncias que obviamente não são como as do passado, costumava ser, e às vezes ainda é, realmente obrigatório. Existe uma comunidade indígena na região central dos Andes no Peru que desde o final do século XVI se mantém em constante disputa em torno da posse de certas terras com as fazendas ou (a partir de 1969) cooperativas vizinhas. Geração após geração, anciãos analfabetos levam meninos analfabetos para as pastagens em disputa, nas terras altas dos puna, e lhes mostram os limites da terra comunal então perdida. Aqui, a história é, positivamente, a autoridade para o presente.

Esse exemplo nos remete a outra função da história. Se o presente era, em algum sentido, insatisfatório, o passado fornecia o modelo para reconstruí-lo de uma forma satisfatória. Os tempos passados eram definidos — muitas vezes ainda o são — como os bons tempos do passado, e é para lá que a sociedade deveria voltar. Essa concepção ainda está muito viva: no mundo inteiro as pessoas e os movimentos políticos definem a utopia como nostalgia: um retorno à boa e velha moralidade, aquela religião de antigamente, os valores da América das cidadezinhas de 1900, a crença literal na Bíblia ou no Corão — que são documentos antigos — e assim por diante. Mas é claro que hoje existem poucas situações em que um retorno ao passado seja, ou até mesmo pareça, concretamente possível. O retorno ao passado ou é o retorno a algo tão distante que tem que ser reconstruído, uma "ressurreição" ou "renascimento" da Antiguidade Clássica, depois de muitos séculos de oblívio — como o consideravam os intelectuais dos séculos XV e XVI —, ou, o que é mais provável, um retorno a algo que nunca existiu realmente, mas foi inventado para tal fim. O sionismo, ou, nesse sentido, qualquer nacionalismo moderno, não poderia ser concebido como retorno a um passado perdido, porque o tipo de Estados-nações territoriais, dotados do tipo de organização que ele visava, simplesmente não existiu até o século XIX. Teve de ser inovação revolucionária que se fantasiava de restauração. De fato, teve de inventar a história da qual dizia resgatar a fruição. Como Ernest Renan disse há um século: "Entender mal a história é parte essencial de se tornar nação". A atividade profissional dos historiadores é desmantelar essas mitologias, a menos que se contentem — e receio que os historiadores nacionais muitas vezes se contentam — em ser os servos dos ideólogos. Essa é uma contribuição importante, ainda que negativa, que a história pode nos dar a respeito da sociedade contemporânea, e os políticos não costumam agradecer aos historiadores por ela.

Atualmente, esse tipo de lição da história, de experiência acumulada e coagulada, não é mais relevante. É evidente que o presente não é, nem pode ser, uma cópia-carbono do passado; tampouco pode tomá-lo como modelo em nenhum sentido operacional. Desde o início da industrialização, a novidade daquilo que toda geração traz é muito mais marcante que sua similaridade com o que havia antes. Entretanto, há ainda uma parte muito grande do mundo e dos assuntos humanos na qual o passado retém sua autoridade, e onde, portanto, a história ou a experiência, no genuíno sentido antiquado, opera do mesmo modo como operava no tempo de nossos antepassados. E, antes de passar para questões mais complexas, penso que devo insistir um pouco mais sobre isso.

Tomemos um exemplo concreto e extremamente atual: o Líbano. Durante 150 anos, o que mudou não foi apenas a situação básica daquelas minorias religiosas, reunidas e armadas em torno de um território montanhoso inóspito, mas os detalhes de sua política. Os drusos eram comandados por um Jumblatt quando massacraram os maronitas em 1860, e se dermos nomes aos principais políticos libaneses que figuram em uma foto realizada a qualquer momento desde então, descobriremos que são os mesmos nomes sob diferentes rótulos políticos e costumes. Alguns anos atrás, um livro sobre o Líbano, de autoria de um russo da metade do século XIX, foi traduzido para o hebraico e um militar israelense disse: "Se houvéssemos tido acesso a esse livro, não teríamos cometido todos aqueles enganos no Líbano". O que ele queria dizer era o seguinte: "Tínhamos que saber como era o Líbano". Um pouco de história elementar teria ajudado a descobrir. Mas devo acrescentar que a história não era o único modo de descobrir, embora fosse um dos mais fáceis. Nós, professores, somos inclinados a colocar muita coisa na conta da ignorância. Meu palpite é que havia muitas pessoas em Jerusalém e Washington, ou nas proximidades, que poderiam fornecer e forneceram sólidas informações sobre o Líbano. O que elas disseram não se ajustava ao que Begin, Sharon e o presidente Reagan e o secretário de Estado Shultz (ou quem quer que tenha tomado as decisões) queriam ouvir. São necessárias duas pessoas para aprender as lições da história ou de qualquer outra coisa: uma para dar a informação e outra para ouvir.

O caso do Líbano é extraordinário porque, no fim das contas, existem poucos países para os quais os livros escritos um século atrás ainda podem servir de orientação para as políticas correntes — e mesmo para os líderes políticos. Por outro lado, a mera experiência histórica sem muita teoria sempre pode nos dizer muita coisa sobre a sociedade contemporânea. Isso em parte acontece porque os seres humanos são quase os mesmos, e as situações humanas são, de tempos em tempos, recorrentes. Da mesma forma que os mais velhos podem frequentemente dizer "já vi isto antes", assim também os historiadores, com base no registro acumulado de muitas gerações. E isso é muito relevante.

Isso acontece porque a ciência social moderna, a política e o planejamento adotaram um modelo de cientificismo e manipulação técnica que, sistemática e deliberadamente, negligencia o humano e, acima de tudo, a experiência histórica. O modelo de análise e previsão em moda é fornecer todos os dados correntes disponíveis para algum supercomputador imaginário ou real e deixar que ele apresente as respostas. A experiência humana direta e o entendimento não se prestam a isso — ou ainda não, ou apenas para propósitos muito específicos. E esse cálculo histórico, ou até mesmo anti-histórico, muitas vezes não tem consciência de ser cego, e é inferior até mesmo à visão assistemática dos que podem usar os olhos. Tomemos dois exemplos de certa importância prática.

O primeiro é econômico. A partir dos anos 1920 — na verdade, aproximadamente a partir de 1900 — alguns observadores ficaram impressionados por um padrão secular da economia mundial de períodos de cerca de vinte a trinta anos de expansão econômica e prosperidade que se alternam com períodos de dificuldades econômicas com a mesma duração aproximada. Esses períodos são mais conhecidos pelo nome de "ciclos de longa duração de Kondratiev". Ninguém até hoje os explicou ou analisou satisfatoriamente. Sua existência foi rejeitada por estatísticos e outros cientistas. Entretanto, eles se encontram entre as poucas periodicidades históricas que permitem previsão. A crise dos anos 1970 foi prevista dessa maneira — eu mesmo arrisquei uma previsão dessa ordem em 1968. E quando a crise chegou, os historiadores, mais uma vez com base na experiência de Kondratiev, rejeitaram as análises de economistas e políticos que previam uma rápida mudança para melhor a cada ano depois de 1973. E nós tínhamos razão. Além disso, e novamente na mesma base, quando proferi esta conferência pela primeira vez em 1984, eu estava preparado para expor meu pescoço e prever que um retorno ao período longo de crescimento econômico global era extremamente improvável antes do fim dos anos 1980 ou início dos 1990. Eu não dispunha de nenhuma justificação teórica para isso: só a observação histórica de que esse tipo de padrão parece ter operado, adicionando ou excluindo algumas distorções devidas a guerras maiores, desde, pelo menos, os anos de 1780. E mais: cada um dos "Kondratievs" do passado não só constituía um período em termos estritamente econômicos, mas também — como era de se esperar — tinha características políticas que o distinguiam muito nitidamente de seu predecessor e de seu sucessor, tanto em termos de política internacional quanto da política interna de vários países e regiões do planeta. É provável que isso também continue.

Meu segundo exemplo é mais específico. Durante a Guerra

Fria houve um momento em que os instrumentos sensíveis do governo dos EUA registraram o que parecia ser o lançamento de mísseis nucleares russos na direção da América. Certamente algum general se preparou para a ação imediata, enquanto esperava que outros instrumentos sensíveis automaticamente examinassem essas leituras, na velocidade da luz, para verificar se houvera falha de funcionamento, ou se alguns sinais inofensivos tinham sido mal interpretados — de fato, se a Terceira Guerra Mundial tinha começado ou não. Concluíram que estava tudo bem, pois o processo todo era, inevitavelmente, cego. A própria programação tinha de se basear na suposição de que o pior poderia acontecer a qualquer momento, pois, se acontecesse, praticamente não haveria tempo para contra-ataques. Mas, independentemente do que diziam os instrumentos, o certo é que, em junho de 1980, quando esse incidente aconteceu, ninguém apertou deliberadamente o botão nuclear. A situação simplesmente não era para isso. Eu — e espero que todos nós — teria feito essa avaliação, não por alguma razão teórica, pois um ataque de surpresa não era teoricamente inconcebível, mas simplesmente porque, ao contrário dos outros instrumentos, o computador em nossas cabeças tem, ou pode ter, experiência histórica embutida.

É o bastante quanto ao que se poderia chamar de uso antiquado ou experiencial da história — o tipo que Tucídides e Maquiavel teriam reconhecido e praticado. Consideremos agora o problema muito mais complexo, ou seja, o do que a história pode nos dizer sobre sociedades contemporâneas, na medida em que são totalmente *distintas* do passado; na medida em que não encontram precedentes. Não quero dizer apenas diferentes. A história, mesmo quando generaliza com muita eficácia — e em minha opinião ela não vale muita coisa se não generaliza —, sempre está atenta à dessemelhança. A primeira lição que um historiador profissional aprende é ficar à espreita de anacronismo ou de diferenças naquilo que à primeira vista parece ser a mesma coisa, como a monarquia britânica em 1797 e 1997. Seja como for, a historiografia tradicionalmente se desenvolveu a partir do registro de vidas e eventos específicos e irrepetíveis. Estou me referindo a transformações históricas que fazem do passado um guia direto fundamentalmente inadequado para o presente. Embora a história do Japão de Tokugawa seja relevante para o Japão atual, e a dinastia T'ang o seja para a China de 1997, não adianta nada fingir que uma e outra possam ser entendidas simplesmente como prolongamento modificado de seu passado. E essas transformações rápidas, profundas, radicais e contínuas são características do mundo a partir do final do século XVIII, e especialmente a partir da metade do XX.

Tal inovação é agora tão geral e evidente que é considerada regra básica, particularmente em sociedades como a dos EUA, cuja história, em sua maior parte, transcorre na era das transformações revolucionárias constantes, e pelo jovem em tais sociedades, para quem — em vários momentos de seu desenvolvimento — tudo é, de fato, uma nova descoberta. Nesse sentido, todos nós crescemos como Colombo. Uma das funções menores dos historiadores é mostrar que a inovação não é e não pode ser absolutamente universal. Nenhum historiador dará um segundo de crédito à afirmação de que alguém hoje de algum modo descobriu um jeito absolutamente novo de desfrutar do sexo, um pseudo "ponto G" que era anteriormente desconhecido da humanidade. Dado o número finito de coisas que podem ser feitas entre parceiros sexuais de qualquer espécie, a extensão de tempo e o número de pessoas que a esteve praticando na face da Terra, e o interesse persistente dos seres humanos em explorar o assunto, pode-se supor seguramente que a novidade absoluta esteja fora de questão. As práticas sexuais e as atitudes diante das mesmas certamente mudam, tal como a roupagem e o cenário do que frequentemente é uma forma de teatro particular de alcova de simbolismo social e biográfico. Por razões óbvias, o sadomasoquismo na indumentária motociclística não poderia fazer parte desse simbolismo no tempo da rainha Vitória. Provavelmente o ciclo da moda sexual muda hoje mais rapidamente que no passado, como todos os outros ciclos de moda. Mas a história é uma advertência útil contra a confusão entre moda e progresso.

Além disso, o que mais a história pode dizer sobre o inédito? No fundo, essa é uma pergunta sobre a direção e o mecanismo da evolução humana. Goste-se ou não — e há abundância de historiadores que não gostam — há uma pergunta central na história que não pode ser evitada, no mínimo porque todos nós queremos saber a resposta. Ou seja: como a humanidade passou do homem das cavernas para o astronauta, de um tempo em que éramos assustados por tigres-dentes-de-sabre para um tempo em que somos assustados por explosões nucleares — isto é, não assustados pelos perigos da natureza mas por aqueles que nós mesmos criamos? O que faz desta uma pergunta essencialmente histórica é que os seres humanos, embora recentemente bem mais altos e pesados que nunca, são biologicamente quase os mesmos que no início do registro histórico, o qual não está de fato muito distante: talvez há 12 mil anos desde a primeira cidade, talvez um pouco mais desde a invenção da agricultura. É quase certo que não somos mais inteligentes que os antigos mesopotâmios ou chineses. Entretanto, o modo como as sociedades humanas vivem e operam foi totalmente transformado. Daí, a propósito, a irrelevância da sociobiologia para esse objetivo em particular. Daí também, poder-se-ia acrescentar com um pouco mais de hesitação, a irrelevância de um certo tipo de antropologia social que se concentra naquilo que os diversos tipos de sociedades humanas têm em comum: tanto esquimós como japoneses. Se fixamos nossa atenção naquilo que é permanente, não podemos explicar o que obviamente foi transformado, a menos que acreditemos que não possa haver nenhuma mudança histórica, mas apenas combinação e variação.

Para deixar bem claro: o objetivo de se traçar a evolução histórica da humanidade não é antever o que acontecerá no futuro, ainda que o conhecimento e o entendimento históricos sejam essenciais a todo aquele que deseja basear suas ações e projetos em algo melhor que a clarividência, a astrologia ou o franco voluntarismo. O único resultado de uma corrida de cavalos que os historiadores podem nos contar com absoluta confiança é o de um páreo que já foi corrido. Menor ainda é a possibilidade de descobrirem ou inventarem legitimações para nossas esperanças — ou receios — quanto ao destino humano. A história não é uma escatologia secular, quer concebamos seu objetivo como um progresso universal interminável, como uma sociedade comunista ou o que seja. Isso são coisas que lemos nela, mas não podemos deduzir dela. O que ela pode fazer é descobrir os padrões e mecanismos da mudança histórica em geral, e mais particularmente das transformações das sociedades humanas durante os últimos séculos de mudança radicalmente aceleradas e abrangentes. Em lugar de previsões ou esperanças, é isso que é diretamente relevante para a sociedade contemporânea e suas perspectivas.

Ora, um projeto dessa ordem exige uma estrutura analítica para a análise da história. Essa estrutura deve estar baseada no único elemento observável e objetivo de mudança direcional nos assuntos humanos, independentemente de nossos desejos subjetivos ou contemporâneos e juízos de valor, isto é, a capacidade persistente e crescente da espécie humana de controlar as forças de natureza por meio do trabalho manual e mental, da tecnologia e da organização da produção. Sua realidade é demonstrada pelo crescimento da população humana do globo ao longo da história, sem retrocessos significativos, e o crescimento — particularmente nos últimos séculos — da produção e da capacidade produtiva. Pessoalmente, não me incomodo de chamar isso de progresso, tanto no sentido literal de um processo direcional, quanto porque poucos de nós não o consideraríamos como uma melhoria potencial ou concreta. Mas, não importa como o chamemos, qualquer tentativa genuína para dar sentido à história humana deve tomar essa tendência como ponto de partida.

Aqui reside a importância crucial de Karl Marx para os historiadores, porque ele construiu sua concepção e análise da história sobre essa base — e até agora ninguém mais o fez. Não quero dizer que Marx esteja certo, ou mesmo que seja adequado, mas que sua abordagem é indispensável, como afirmou Ernest Gellner (e ninguém era menos marxista que esse notável erudito):

> Quer as pessoas acreditem ou não positivamente no esquema marxista, ainda não surgiu nenhum padrão rival coerente e bem articulado, no Ocidente ou no Oriente, e quando as pessoas precisam muito colocar seu pensamento em algum tipo de coordenada, mesmo (ou talvez principalmente) aqueles que não aceitam a teoria marxista da história tendem a apoiar suas ideias quando desejam dizer aquilo em que realmente acreditam.[1]

Em outras palavras, não é possível nenhuma discussão séria da história que não se reporte a Marx ou, mais precisamente, que não parta de onde ele partiu. E isso significa, basicamente — como admite Gellner —, uma concepção materialista da história.

Dessa forma, uma análise do processo histórico suscita uma série de questões que nos são diretamente relevantes. Para tomar apenas uma, óbvia: durante a maior parte da história registrada, a maioria dos seres humanos esteve envolvida na produção de alimentos básicos, digamos, 80 a 90% da população. Hoje, como demonstra a América do Norte, uma população agrícola da ordem de 3% dos habitantes de um país pode produzir comida suficiente não só para alimentar os outros 97%, mas também uma fatia enorme do restante da população mundial. Da mesma forma, durante a maior parte da era industrial, a produção de bens manufaturados e serviços, mesmo quando não de mão de obra intensiva, exigia uma vasta e crescente força de trabalho, mas hoje isso está rapidamente deixando de acontecer. Pela primeira vez na história não é mais necessário que o grosso da humanidade, na frase bíblica, "coma o pão com o suor de seu rosto". Acontece que isso é um desenvolvimento histórico muito recente. O declínio do campesinato no mundo ocidental, embora há muito previsto, não chamou a atenção até os anos 1950, e o declínio da força de trabalho produtiva socialmente necessária fora da agricultura — embora curiosamente intuído, quem diria, por Marx — é ainda mais recente, e ainda mascarado, ou mais que compensado, pela ascensão do emprego terciário. E, é claro, ambos são ainda fenômenos mais regionais que globais. Ora, uma transformação básica dessa ordem na estrutura ocupacional secular da humanidade não pode senão produzir consequências de longo alcance, uma vez que todo o sistema de valores da maioria dos homens e mulheres, pelo menos desde o fim da era Marshall Sahlins de "afluência da Idade da Pedra", foi engatado na necessidade do trabalho como fato inevitável, fator crucial da existência humana.

A história não tem nenhuma fórmula simples para descobrir as consequências exatas dessa mudança ou as soluções para os problemas que provavelmente gerará, ou já gerou. Mas ela pode definir *uma* dimensão urgente do problema, a saber, a necessidade de redistribuição social. Durante a maior parte da história, o mecanismo básico para o crescimento econômico foi a apropriação do excedente social gerado pela capacidade do homem de produzir por meio de um ou outro tipo de minoria para fins de investimento em melhoria adicional, ainda que nem sempre assim utilizado. O crescimento operava por meio da desigualdade. Então, até agora, isso foi compensado até certo ponto pelo enorme crescimento na riqueza total que, como mostrou Adam Smith, tornou até mesmo o trabalhador em economias desenvolvidas materialmente melhor que o cacique pele-vermelha, e que, em geral, tornou cada geração mais aquinhoada que suas predecessoras. Mas essas minorias partilhavam desses benefícios, por modesta que fosse sua forma, mediante a participação no processo produtivo — isto é, mediante a posse de empregos ou, como camponeses e artesãos, a capacidade de obter rendas vendendo sua produção no mercado. Para o camponês, a autossuficiência se reduziu drasticamente no mundo desenvolvido.

Suponhamos agora que a maioria da população não seja mais necessária para a produção. Do que se mantém? E —

igualmente importante em uma economia empresarial — o que acontece para o mercado de massa que se baseia nas compras, das quais essa economia passou a depender cada vez mais, primeiro nos EUA, depois em outros países? De uma maneira ou de outra, a maioria tem de viver da transferência de recursos públicos, como pensões, e outras formas de seguridade e bem-estar social — ou seja, por um mecanismo político e administrativo de redistribuição social. Nos últimos trinta anos esse mecanismo de bem-estar conheceu uma enorme expansão e, em virtude do maior surto de crescimento econômico da história, em uma escala extraordinariamente generosa em uma série de países. O crescimento enorme do setor estatal — em outras palavras, emprego público, do qual grande parte é também uma forma de distribuição —, tanto no Ocidente quanto no Oriente, também exerceu efeitos análogos. Por um lado, os gastos em bem-estar social para manutenção de renda, saúde, educação e assistência social representam hoje — ou, de qualquer modo, em 1977 — algo entre metade e dois terços dos gastos públicos totais nos principais países da OCDE e, por outro lado, nesses países, alguma coisa entre 25 a quase 40% do total dos rendimentos domésticos provém de emprego público e seguro social.

Nesse sentido já começou a existir um mecanismo de redistribuição e, onde existe, é seguro afirmar que as chances de que seja desmantelado são quase nulas. O mesmo vale para o sonho da era Reagan de voltar à economia do presidente McKinley. Mas observem-se duas coisas. Primeiro, como se pode perceber, esse mecanismo, pelo ônus tributário que impõe, cria pressões genuínas sobre o que no Ocidente ainda é o motor principal de crescimento econômico, isto é, os lucros empresariais, especialmente durante um período de dificuldades econômicas. Daí as pressões atuais em favor de seu desmantelamento. Mas, em segundo lugar, esse mecanismo não foi projetado para uma economia na qual a *maioria* poderia ser excedente às necessidades produtivas. Ao contrário, foi construído para um período inédito de pleno emprego e por ele sustentado. E, em terceiro lugar, é projetado, como toda lei deficiente, para prover uma renda mínima, embora esta seja hoje mais generosa do que jamais se imaginou mesmo nos anos 1930. Assim, mesmo que admitamos que funciona bem e seja ampliado, é provável que o mecanismo, nas condições aqui consideradas, aumente e intensifique a desigualdade econômica e outras, como a desigualdade entre a maioria supérflua e os demais. Então, o que acontece? A hipótese tradicional de que o crescimento econômico, ainda que destrua parte do emprego, crie ainda mais emprego em outros lugares já não tem mais fundamento.

Em certos sentidos, essa desigualdade interna é análoga à conhecida e crescente desigualdade entre a minoria de países ricos e desenvolvidos ou em desenvolvimento e o mundo pobre e atrasado. Em ambos os casos, o abismo está se alargando, e parece se alargar ainda mais. Em ambos os casos, o crescimento econômico mediante uma economia de mercado, ainda que impressionante, evidentemente não foi um mecanismo automaticamente eficaz para diminuir as desigualdades internas ou internacionais, embora tendesse a aumentar o setor industrializado do planeta, e pode se encontrar no processo de redistribuir riqueza e poder em seu interior — por exemplo, dos EUA para o Japão.

Deixando agora a moralidade, a ética e a justiça social de lado, essa situação cria, ou intensifica, problemas sérios — econômicos e políticos. Uma vez que as desigualdades embutidas nesses desenvolvimentos históricos são desigualdades de poder, bem como de bem-estar, é possível desconsiderá-las no curto prazo. É o que, de fato, a maioria dos Estados e classes com poder se inclina a fazer hoje. Populações pobres e países pobres são fracos, desorganizados e tecnicamente incompetentes: relativamente mais fracos hoje do que no passado. Dentro de nossos países podemos deixá-los cozinhar em guetos, ou como uma subclasse infeliz. Podemos resguardar a vida e o meio ambiente dos ricos atrás de fortificações eletrificadas protegidas por forças privadas — e públicas — de segurança. Podemos, para usar a frase de um ministro britânico sobre a Irlanda do Norte, tentar estabelecer "um nível aceitável de violência". Internacionalmente, podemos bombardeá-los e derrotá-los. Como escreveu o poeta do período imperialista do início do século XX:

> *Nós temos*
> *A metralhadora e eles não.*

A única potência não ocidental que o Ocidente receava era a única que poderia derrotá-lo em casa: a URSS, e esta deixou de existir.

Em resumo, supõe-se que a economia de algum modo irá se organizar uma vez que a presente crise dê lugar a outra fase de surto de crescimento global, porque ela sempre o fez no passado; e que os pobres e descontentes, internamente e no estrangeiro, possam ser permanentemente contidos. A primeira talvez seja uma suposição razoável: mas só se reconhecermos também que é praticamente certo que a economia mundial, as estruturas e políticas do Estado e o padrão internacional do mundo desenvolvido que emergirá da atual fase "Kondratiev" serão profunda e radicalmente diferentes do padrão das décadas de 1950 a 1970, como foi o caso após o último período secular de crise geral entre as duas guerras mundiais. Isso é uma coisa que a história pode nos dizer, em bases teóricas e empíricas. A segunda não é, de modo algum, uma suposição razoável, exceto no curto prazo. Pode ser razoável supor que os pobres não mais se mobilizem em protesto, pressão, mudança e revolução social, em nível nacional ou internacional, como o fizeram entre as décadas de 1880 e 1950, mas não que permaneçam eternamente ineficazes enquanto forças políticas, ou até mesmo militares — principalmente quando não puderem ser comprados pela prosperidade. Isso é outra coisa que a história pode nos dizer. O que ela não pode nos dizer é o que acontecerá: apenas quais problemas teremos que resolver.

Passemos à conclusão. Admito que, na prática, a maior parte do que a história pode nos dizer sobre as sociedades contemporâneas baseia-se em uma combinação entre experiência histórica e perspectiva histórica. É tarefa dos historiadores saber consideravelmente mais sobre o passado do que as outras pessoas, e não podem ser bons historiadores a menos que tenham aprendido, com ou sem teoria, a reconhecer semelhanças e diferenças. Enquanto a maioria dos políticos nos últimos quarenta anos, por exemplo, interpretava o perigo internacional de guerra em termos dos anos 1930 — uma repetição de Hitler, Munique e o resto —, a maioria dos historiadores interessados na política internacional, conquanto naturalmente admitisse que era um perigo *sui generis*, ficou sombriamente impressionada com suas semelhanças com o período anterior a 1914. Já mais recentemente, em 1965, um deles escreveu um estudo sobre a corrida armamentista pré-1914 sob o título "A dissuasão de ontem". Infelizmente uma coisa que a experiência histórica também ensinou aos historiadores é que ninguém jamais parece aprender com ela. No entanto, temos que continuar tentando.

Mas, em termos mais gerais, e esta é uma razão pela qual as lições da história raramente são aprendidas, ou são desprezadas, o mundo se defronta com duas forças que turvam a visão. Uma eu já mencionei. É a abordagem a-histórica, manipuladora, de solução de problemas, que se vale de modelos e dispositivos mecânicos. Ela produziu resultados esplêndidos em uma série de campos, mas não tem nenhuma perspectiva e não consegue levar em conta algo não introduzido no modelo ou dispositivo desde o início. E uma coisa que os historiadores sabem é que não alimentamos o modelo com todas as variáveis, e as outras coisas que ficam de fora nunca são iguais. (Isso é uma coisa que a história da URSS e seu colapso deveria ter ensinado a todos nós.) A outra razão eu também já mencionei. É a distorção sistemática da história para fins irracionais. Por que, para voltar a uma questão que levantei anteriormente, todos os regimes fazem seus jovens estudarem alguma história na escola? Não para compreenderem sua sociedade e como ela muda, mas para aprová-la, orgulhar-se dela, serem ou tornarem-se bons cidadãos dos EUA, da Espanha, de Honduras ou do Iraque. E o mesmo é verdade para causas e movimentos. A história como inspiração e ideologia tem uma tendência embutida a se tornar mito de autojustificação. Não existe venda para os olhos mais perigosa que esta, como o demonstra a história de nações e nacionalismos modernos.

É tarefa dos historiadores tentar remover essas vendas, ou pelo menos levantá-las um pouco ou de vez em quando — e, na medida que o fazem, podem dizer à sociedade contemporânea algumas coisas das quais ela poderia se beneficiar, ainda que hesite em aprendê-las. Felizmente, as universidades constituem a única parte do sistema educacional em que os historiadores foram autorizados e até encorajados a fazer isso. Nem sempre foi dessa forma, pois a profissão de historiador em grande parte se desenvolveu como um agrupamento de pessoas para servir e justificar os regimes. Isso não é mais, de modo algum, tão universal assim. Mas na medida em que as universidades se tornaram os locais onde mais facilmente se pode praticar uma história crítica — uma história que é capaz de nos ajudar na sociedade contemporânea —, uma universidade que comemora seu aniversário é um bom lugar para expressar essas opiniões.

4. A HISTÓRIA E A PREVISÃO DO FUTURO

Este ensaio foi apresentado na London School of Economics, na primeira David Glass Memorial Lecture, e foi publicado separadamente pela LSE e na New Left Review, *125 (fevereiro de 1981), pp. 3-19. Encontra-se aqui ligeiramente resumido.*

Esta é a primeira de uma série de conferências destinadas a homenagear David Glass. Foi ele um dos mais ilustres estudiosos a lecionar na LSE, à qual seu nome esteve por tanto tempo associado e cuja reputação deve muito à sua presença. Eu poderia acrescentar que ele representou as melhores tradições dessa escola numa época em que nem todos ali o faziam: as tradições de compreender a sociedade a fim de torná-la melhor, de um radicalismo espontâneo, de uma instituição cujos estudantes, como ele mesmo, não nasceram em berço de ouro. É sintomático que ele tenha concluído seu primeiro livro sobre demografia — ciência de que foi em sua existência o mais eminente profissional na Inglaterra — com o apelo para que se "propiciem condições nas quais a classe trabalhadora seja capaz de educar os filhos sem com isso passar dificuldades econômicas e sociais". Ele se orgulhava de ser o primeiro cientista social a ser eleito para a Royal Society desde o grande dr. William Farr em 1855, porque se considerava (como Farr) um cientista social na sociedade e para a sociedade, e não apenas sobre a sociedade.

Dessa forma, é natural que as conferências dedicadas à sua memória sejam sobre "tendências sociais", que entendo significar, no sentido amplo, a investigação sobre o rumo do desenvolvimento social, e o que podemos fazer a respeito. Isso implica olhar o futuro, na medida do possível. Trata-se de uma atividade arriscada, muitas vezes decepcionante, mas, também, uma atividade necessária. E toda a previsão sobre o mundo real repousa em grande parte em algum tipo de inferência sobre o futuro a partir daquilo que aconteceu no passado, ou seja, a partir da história. O historiador, portanto, deve ter algo pertinente a dizer sobre o assunto. Reciprocamente, a história não pode se esquivar do futuro, no mínimo porque não há nenhuma linha separando os dois. O que acabei de dizer agora pertence ao passado. O que estou prestes a dizer pertence ao futuro. Em algum lugar entre os dois há um ponto imaginário mas constantemente móvel que, se preferirem, podem chamar de "presente". É possível que haja razões técnicas para se diferenciar passado e futuro, como sabe qualquer editor de livros. Também pode haver razões técnicas para distinguir o presente do passado. Não podemos pedir ao passado respostas *diretas* para quaisquer perguntas que já não lhe tenham sido feitas, embora possamos usar nossa inventividade como historiadores para ler respostas indiretas naquilo que ele deixou para trás. Reciprocamente, como sabe todo pesquisador de opinião, podemos fazer ao presente qualquer pergunta passível de resposta, embora, no momento em que ela seja respondida e registrada, também pertença, estritamente falando, ao passado, ainda que ao passado recente. Não obstante, passado, presente e futuro constituem um *continuum*.

Além disso, até mesmo quando historiadores e filósofos desejam fazer uma distinção clara entre passado e futuro, como fazem alguns, isso fica apenas entre eles. Todos os seres humanos e sociedades estão enraizados no passado — o de suas famílias, comunidades, nações ou outros grupos de referência, ou mesmo de memória pessoal — e todos definem sua posição em relação a ele, positiva ou negativamente. Tanto hoje como sempre: somos quase tentados a dizer "hoje mais que nunca". E mais, a maior parte da ação humana consciente, baseada em aprendizado, memória e experiência, constitui um vasto mecanismo para comparar constantemente passado, presente e futuro. As pessoas não podem evitar a tentativa de antever o futuro mediante alguma forma de leitura do passado. Elas precisam fazer isso. Os processos comuns da vida humana consciente, para não falar das políticas públicas, assim o exigem. E é claro que as pessoas o fazem com base na suposição justificada de que, em geral, o futuro está sistematicamente vinculado ao passado, que, por sua vez, não é uma concatenação arbitrária de circunstâncias e eventos. As estruturas das sociedades humanas, seus processos e mecanismos de reprodução, mudança e transformação, estão voltadas a restringir o número de coisas passíveis de acontecer, determinar algumas das coisas que acontecerão e possibilitar a indicação de probabilidades maiores ou menores para grande parte das restantes. Isso implica um certo grau (admitidamente limitado) de previsibilidade — mas, como todos nós sabemos, isso não é, de modo algum, o mesmo que presciência. Além disso, cumpre ter em mente que a imprevisibilidade se afigura maior principalmente porque as discussões sobre previsão tendem a se concentrar, por razões óbvias, nas seções do futuro em que a incerteza parece ser maior, e não naquelas em que ela é menor. Não é necessário que os meteorologistas nos digam que a primavera virá depois do inverno.

Minha opinião é a de que é desejável, possível e até necessário prever o futuro até certo ponto. Isso não implica que o futuro seja determinado nem, ainda que o fosse, que ele seja cognoscível. Não implica que não haja nenhuma escolha ou resultado alternativos, e muito menos que os previsores tenham razão. As perguntas que tenho em mente são diferentes: Quanto de previsão? De que tipo? Como ela pode ser melhorada? E onde entram os historiadores? Mesmo que alguém possa responder a essas perguntas, ainda haverá muitas coisas do futuro de que nada podemos saber, por razões teóricas ou práticas, mas pelo menos podemos concentrar nossos esforços com mais eficácia.

Porém, antes de considerar essas perguntas, é preciso refletir por um momento sobre as razões pelas quais não só a função do prognóstico é tão impopular entre muitos historiadores, mas também por que se tem dedicado tão pouco esforço intelectual em seu aprimoramento, ou na consideração de seus problemas, até mesmo entre os historiadores francamente empenhados em seu caráter desejável e praticável, como os marxistas. A resposta, vocês poderão dizer, é óbvia. A trajetória da previsão histórica é, numa afirmação moderada, desigual. Todos nós que fazemos previsões frequentemente fracassamos diante da tarefa. O mais seguro é evitar a profecia afirmando que nossas atividades profissionais param no ontem, ou confinarmo-nos às ambiguidades estudadas que costumavam ser a especialidade de oráculos antigos e ainda fazem parte do repertório dos astrólogos de jornal. Mas, na verdade, esses pobres antecedentes preditivos não impediram que outras pessoas, disciplinas ou pseudodisciplinas previssem. Atualmente há uma indústria enorme dedicada a isso e que não se detém por seus fracassos e incertezas. A Rand Corporation, desesperada, recriou até uma versão atualizada do Oráculo de Delfos (não estou brincando; o nome desse jogo peculiar é "técnica de Delfos") pedindo a grupos selecionados de peritos que consultem as entranhas de sua galinha e depois tirem conclusões a partir do consenso que possa ou não emergir. Além disso, há inúmeros exemplos de boas previsões entre historiadores, cientistas sociais e observadores academicamente inclassificáveis. Se vocês não querem ouvir citações de Marx, permitam que me reporte a Tocqueville e Burckhardt. A menos que admitamos, o que é improvável, que sejam acertos meramente fortuitos, devemos aceitar que suas previsões estejam baseadas em métodos dignos de serem investigados, se desejarmos concentrar fogo em alvos que podemos esperar acertar e melhorar nosso coeficiente de desvios em relação à mosca. E, inversamente, as razões para fracassos notórios também são dignas de serem investigadas com o mesmo objetivo.

Um desses conjuntos de razões, infelizmente, é a força do desejo humano. Tanto a previsão humana quanto a meteorológica são iniciativas precárias e incertas, ainda que não possam ser descartadas. Por outro lado, aqueles que se valem da meteorologia sabem que não podem — ou, se vocês preferirem, ainda não podem — mudar o clima. Seu objetivo é planejar suas ações de modo a fazer o melhor uso daquilo que não podem mudar. Seres humanos individuais provavelmente utilizam previsões de um modo muito parecido nos casos comparativamente raros em que efetivamente atuam a partir delas. Meu falecido sogro, tendo concluído acertadamente que a Áustria não poderia fazer nada contra Hitler, transferiu seu negócio de Viena para Manchester em 1937 — mas poucos outros judeus vienenses foram tão lógicos quanto ele. Porém, coletivamente, os seres humanos tendem a recorrer às previsões históricas para conhecerem aquilo que lhes permitirá alterar o futuro; não só, por exemplo, sobre quando aumentar o estoque de loção de bronzear, mas quando criar luz solar. Uma vez que algumas decisões humanas, grandes ou pequenas, claramente fazem diferença para o futuro, essa expectativa não deve ser inteiramente desconsiderada. Porém, ela afeta o processo de prever, em geral adversamente. Assim, diferentemente da meteorologia, as previsões históricas são acompanhadas por um comentário daqueles que julgam, em diversas bases, serem elas impossíveis ou indesejáveis, geralmente porque não gostamos do que elas nos dizem. Os historiadores sofrem a desvantagem adicional de carecerem de grupos sólidos de clientes que, independentes de ideologia, necessitam de previsões do tempo com regularidade e urgência: marinheiros, fazendeiros e outros.

Estamos rodeados de pessoas, notadamente políticos, que proclamam a necessidade de aprender as lições do passado — quando não proclamam que já as descobriram —, mas uma vez que o interesse principal de praticamente todos eles está em utilizar a história para justificar o que gostariam de fazer de qualquer maneira, infelizmente se dispõe de pouco incentivo para melhorar as capacidades preditivas dos historiadores.

Porém, não podemos culpar apenas os clientes. Os profetas também precisam assumir sua cota de culpa. O próprio Marx estava empenhado em uma meta específica da história humana, o comunismo, e em um papel específico para o proletariado, *antes* de desenvolver a análise histórica que, conforme acreditava, demonstrou seu caráter ineluctável — na verdade, antes de saber muita coisa acerca do proletariado. Na medida em que suas previsões antecederam sua análise histórica, aquelas não podem ser ditas baseadas nesta, ainda que isso não as torne necessariamente errôneas. Na pior das hipóteses devemos tomar o cuidado de distinguir entre previsões baseadas em análise e previsões baseadas em desejo. Assim, na famosa passagem sobre a tendência histórica da acumulação capitalista, a previsão de Marx da expropriação do capitalista individual por meio das "leis imanentes de produção capitalista em si" (isto é, mediante a concentração de capital e a necessidade de uma forma cada vez mais social do processo de trabalho, do uso consciente da tecnologia e da exploração planejada dos recursos do planeta) está baseada em uma análise histórico-teórica diferente e mais significativa que a previsão de que o próprio proletariado como classe será o "expropriador dos expropriadores". As duas previsões, embora vinculadas, não são idênticas, e podemos realmente aceitar a primeira sem aceitar a segunda.

Todos nós que fizemos previsões — e quem não fez? — conhecemos essas tentações psicológicas, ou, se preferirem, ideológicas. Tampouco as evitamos. Se aqueles que fazem previsões históricas fossem tão neutros em suas previsões de depressões e anticiclones sociais quanto os meteorologistas, o prognóstico histórico seria mais avançado do que é. Junto com a mera ignorância, é este, a meu ver, o principal obstáculo no caminho do previsor. É um obstáculo muito mais sério que o fato de as previsões poderem ser falsificadas pelas ações conscientes das pessoas que estão cientes das mesmas. Existe pouca evidência empírica de que tais ações tenham sido até agora empreendidas com frequência ou eficácia. A generalização empírica mais segura sobre a história ainda é a de que ninguém presta muita atenção a suas lições óbvias — como confirmará qualquer estudioso das políticas agrárias de regimes socialistas ou das políticas econômicas da sra. Thatcher. Infelizmente Édipo continua a ser uma parábola da humanidade confrontada com o futuro, mas, que tristeza, com uma importante diferença: Édipo desejou sinceramente evitar matar seu pai e casar com sua mãe (como o Oráculo corretamente previu), mas não conseguiu. A maioria dos profetas e seus clientes é capaz de sustentar que as previsões desagradáveis são, em certos sentidos, evitáveis porque são desagradáveis, que elas não significam aquilo que dizem, ou que algo irá acontecer para invalidá-las.

Conforme sugeri, já existe uma grande indústria da previsão. A maior parte dela está preocupada com o efeito de desenvolvimentos futuros em atividades bastante específicas, principalmente nos campos da economia e da tecnologia civil e militar. Ela está voltada, portanto, para um conjunto bastante específico e restrito de perguntas que podem até certo ponto ser isoladas, embora naturalmente possam ser afetadas por uma ampla gama de variáveis. Há ainda uma quantidade enorme de previsões que, afetem ou não a prática pública ou privada, não pretendem prever o futuro real, mas confirmar ou falsificar. Daí serem feitas, em geral, na forma condicional. Em princípio não importa se ocorre verificação no futuro real ou em um futuro especialmente construído como uma situação de laboratório da qual se eliminaram todos os elementos extrínsecos à matéria sob controle. Também há proposições, principalmente do tipo lógico-matemático, que definem consequências. Se, por acaso, uma situação real corresponder a tais proposições, pode-se dizer que elas preveem tais consequências.

A previsão histórica difere em dois sentidos de todas as outras formas de previsão. Em primeiro lugar, os historiadores se preocupam com o mundo real no qual as outras coisas nunca são iguais ou negligenciáveis. Nesse sentido, sabem que não há nenhum laboratório global ideal — já que teoricamente concebível — no qual poderíamos construir uma situação em que os preços de mercado teriam uma relação previsível com a oferta monetária. Os historiadores estão, por definição, preocupados com conjuntos complexos e mutáveis, e até as questões definidas de modo mais específico e estrito apenas fazem sentido nesse contexto. Ao contrário, digamos, dos previsores das grandes agências de viagem, os historiadores estão interessados em tendências futuras nas férias não porque elas sejam nossa preocupação primária — ainda que possamos fazer pesquisas especializadas nesse campo — mas em relação ao restante da sociedade e cultura britânicas em transformação em um mundo mutável. Nesse aspecto, a história se assemelha a disciplinas como a ecologia, embora seja mais ampla e mais complexa. Conquanto possamos e devamos isolar fios específicos da malha contínua de interações, se não estivéssemos primordialmente interessados na malha em si, não deveríamos estar fazendo ecologia ou história. A previsão histórica, portanto, está voltada, em princípio, a fornecer a estrutura e a textura gerais que, pelo menos potencialmente, incluem os meios para responder a todas as perguntas específicas de previsão que as pessoas com interesses particulares possam desejar fazer — claro que até onde possam ser respondidas.

Em segundo lugar, como teóricos, os historiadores não estão preocupados com a previsão enquanto confirmação. Muitas de suas previsões não poderiam ser testadas de modo algum no âmbito da existência desta geração ou das seguintes, não mais que as previsões de disciplinas históricas nas ciências naturais — as dos climatologistas, por exemplo, no tocante a futuras eras glaciais. Podemos confiar mais nos climatologistas que nos historiadores, mas ainda não podemos verificar suas previsões. Dizer que as análises das tendências de mudança social devem "ser formuladas como proposições preditivas verificáveis" demonstra gentileza para com nossos filhos e netos, mas descortesia para com os pobres velhos Vico, Marx, Max Weber e, de quebra, Darwin, porque isso restringe o escopo da análise social e interpreta mal a história, cuja essência é estudar transformações complexas ao longo do tempo. Alguém poderia dizer que se trata de uma questão de conveniência o fato de que a história se concentre nos dados já disponíveis, e não naqueles que o futuro ainda não tornou disponíveis. Pode ou não ser desejável testar a previsão, mas ela emerge automaticamente da formulação de proposições sobre o *continuum* entre passado, presente e futuro, porque tal formulação implica referências ao futuro; mesmo que muitos historiadores possam até preferir não levar mais adiante suas formulações. Para adaptar a frase de

Auguste Comte, *savoir* não é *pour prévoir* mas *prévoir* é parte do *savoir*, prever faz parte do saber.

E os historiadores estão constantemente prevendo, ainda que apenas retroativamente. Seu futuro passa a ser o presente ou um passado mais recente comparado a um passado mais remoto. Os historiadores mais convencionais e "anticientíficos" estão perpetuamente analisando as consequências de situações e eventos, ou possibilidades contrárias alternativas, o aparecimento de uma era a partir de sua predecessora. Alguns que o fazem com frequência, como Lord Dacre (Hugh Trevor-Roper) em seu discurso de formatura em Oxford, fazem-no para argumentar contra a previsibilidade, mas para tanto utilizam técnicas de previsão. Ora, os métodos elaborados para analisar causas, consequências e alternativas históricas com a ajuda da arma final mas inacessível dos futurologistas, a saber, a retrovisão, são relevantes ao previsor, desde que sejam em princípio similares. Seu valor não reside apenas na enorme acumulação de experiências históricas concretas de todos os tipos úteis na orientação do presente; não só no registro de previsões passadas que podem ser testadas contra consequências reais para determinar por que estavam certas ou erradas; e não só na experiência e avaliação práticas bastante consideráveis que os historiadores adquiriram em relação a gerações que prosseguiam em suas atividades. Reside principalmente em duas coisas. Primeiro, as previsões dos historiadores, conquanto retrospectivas, dizem respeito justamente à realidade complexa e abrangente da vida humana, às outras coisas que nunca são iguais, e que de fato não são "outras coisas", mas o sistema de relações do qual nunca podem ser inteiramente separadas as declarações sobre a vida humana em sociedade. E, segundo, qualquer disciplina histórica digna desse nome tenta descobrir precisamente os padrões de interação em sociedade, os mecanismos e tendências de mudança e transformação, e os rumos da transformação na sociedade, que por si sós forneçam um arcabouço adequado para a previsão que é mais do que aquilo que foi chamado de "projeções estatísticas baseadas em compilações de dados empíricos em categorias de significado teórico talvez pequeno". Mais ainda que o do tipo de palpite imaginativo ou *Ahnung*, para empregar o termo de Burckhardt, que, para o historiador, é o equivalente do voo por instinto e sem instrumentos. Eu não subestimo isso: mas não é o bastante. E nisso reside, se me perdoam um breve comercial, o valor singular de Marx e daqueles que, marxistas ou não, adotam uma abordagem similar para o desenvolvimento histórico.

Essas previsões por meio da história utilizam dois métodos, geralmente conjugados: a previsão de tendências por meio de generalização, também chamada de modelagem; e a previsão de eventos ou consequências concretas por meio de uma modalidade de análise de trajetória. Prever o declínio contínuo da economia britânica é um exemplo do primeiro método, e prever o futuro do governo da sra. Thatcher é um exemplo do segundo. Prever algo como as Revoluções Russa ou Iraniana (que, por acaso, conhecemos em um caso, mas ainda não no outro) combina os dois métodos. Ambos são necessários, no mínimo porque eventos concretos têm muita importância pelo menos em relação a algumas tendências, como a que a divisão da Alemanha em 1945 tem para a análise de tendências sociais naquilo que são hoje dois países muito diferentes [como ficou evidente depois que foram reunificados em 1990]. Todavia, a margem presente de incerteza sobre os eventos futuros é tão grande — mesmo quando posteriormente se possa demonstrar que estavam longe de serem incertos, como uma luta de boxe "arranjada" — que apenas podemos limitar a um conjunto de cenários alternativos. Também podemos menosprezar alguns imponderáveis como triviais, mas isso normalmente implica uma avaliação de importância à luz de nossas perguntas. Além disso, muitos desses imponderáveis são hoje aceitos como irrelevantes: pode ser que não saibamos se um presidente norte-americano será assassinado, mas a análise e a experiência sugerem que é improvável que isso faça muita diferença. Outros são aceitos comumente como triviais e podem ser deixados para o tipo de político para o qual uma semana é muito tempo em política e para o tipo de historiador que tem sede de saber o que Sir Stafford Northcote escreveu para R. A. Cross no dia 8 de outubro de 1875. Outros evidentemente não podem. Não obstante, podemos fazer mais que meramente apresentar ao cliente um leque de cenários igualmente prováveis, preferivelmente divididos em uma série de escolhas binárias, como nas piadas judias em que toda situação contém duas possibilidades. É aí que os exercícios de previsão retrospectiva do historiador podem fornecer orientação.

Neste ponto, talvez seja útil examinar a essa luz um exercício particular de previsão retrospectiva: a Revolução Russa, um episódio em que a retrovisão pode ser de fato confrontada com a previsão de seus contemporâneos. Uma vez que isso inevitavelmente envolve certa consideração de coisas do tipo poderia-ter-sido, essa previsão retrospectiva poderia ser considerada como uma forma de história contrafactual (isto é, a história que poderia ter acontecido mas não aconteceu). Ela assim é, mas deve ser distinguida, contudo, da forma mais comum e propalada de especulação contrafactual nesse campo, a dos "cliometristas". Não é meu objetivo negar o interesse de tais análises de custo-benefício do passado — pois é nisso que elas resultam — ou discutir sua validade. Simplesmente constato que, na forma que virou moda na história econômica quantitativa, normalmente não têm nada a ver com a avaliação das probabilidades históricas. Uma economia escravista pode ter sido economicamente viável, eficiente e uma boa proposta empresarial — não estou entrando nesse debate —, mas a questão sobre a probabilidade de sua permanência não é afetada por essas proposições, apenas os argumentos sobre sua capacidade de permanência. De fato, ela desapareceu em todos os lugares no século XIX, e seu declínio e queda foram previstos de modo confiável e correto. A previsão, retrospectiva ou não, diz respeito à avaliação de probabilidades, ou não diz respeito a nada.

Uma revolução russa era amplamente esperada, independentemente das circunstâncias particulares e imprevisíveis de sua eclosão efetiva em 1905 e 1917. Por quê? Claramente porque uma análise estrutural da sociedade russa e suas instituições levou à convicção de que era improvável que o czarismo superasse suas fraquezas e contradições internas. Se correta, tal análise em princípio anularia certos tipos menores de poderia-ter-sido — como na verdade o fez. Mesmo concedendo que, teoricamente, política acertada e governantes capazes poderiam ter produzido o que se esperava, apenas o poderiam fazer, por assim dizer, empurrando a pedra de Sísifo montanha acima para que ela rolasse montanha abaixo na direção certa. De fato, o czarismo, de tempos em tempos, teve políticas efetivas e bons estadistas e um recorde surpreendente de crescimento econômico, o que levou alguns liberais a crer que tudo poderia ter dado certo não fosse por acidentes como a guerra e Lênin. Não era o bastante. As chances estavam contra o czarismo, mesmo se Lênin como político tivesse a prudência de deixar em aberto a possibilidade de que, por exemplo, a política agrária de Stolypin pudesse se mostrar bem-sucedida.

Por que uma série de pessoas, contra a maioria das aspirações e expectativas do Ocidente (incluindo as de marxistas russos, entre os quais Lênin), passou a duvidar que uma revolução russa resultaria em um governo democrático-burguês de tipo ocidental? Porque logo se tornou claro que os liberais ou qualquer outro grupo de classe média eram muito fracos para alcançar essa solução. Na verdade, a fraqueza da classe média russa foi evidenciada entre 1905 e 1917, num momento em que a burguesia russa estava se tornando muito mais forte e mais autoconfiante do que havia sido antes de 1900. Confiante demais em 1917, foi o que afirmou pelo menos um bom historiador, acreditando que a radicalização dos trabalhadores urbanos em 1917 foi precipitada por uma tentativa de reinstaurar nas fábricas o controle que ela não tinha mais condições de realizar. Hoje tal previsão precoce seria mais fácil, no mínimo porque aprendemos depois de 1914 como são historicamente específicas as condições para regimes democrático-liberais estáveis, o quanto é condicional o compromisso da burguesia e dos estratos médios para com esses regimes, e o quanto podem ser precários. À luz dessas lições da história — de modo algum imprevisíveis se nos lembramos de Burckhardt e outros previsores conservadores — poderíamos ter considerado a possibilidade de uma alternativa não democrática mas capitalista para o bolchevismo: talvez um regime militar-burocrático. Mas dado o colapso das forças armadas em 1917, podemos perceber que isso não era de todo provável.

Por outro lado, o resultado efetivo em outubro de 1917 certamente parecia estar entre as opções menos prováveis em 1905 e dificilmente mais prováveis em fevereiro de 1917: uma Rússia comprometida em instalar o socialismo sob a liderança bolchevique. Até mesmo marxistas sustentaram, unânimes, que as condições para a revolução proletária isolada na Rússia simplesmente não existiam. Kautsky e os mencheviques argumentavam, com muita lógica, que a tentativa estava fadada ao fracasso. Em todo caso, os bolcheviques eram uma minoria. Tão improvável era esse resultado que ainda é moda atribuir inteiramente a revolução de outubro à decisão de Lênin de realizar uma espécie de *putsch* no curto período em que isso dispunha de uma chance de sucesso. É claro que havia razões estruturais para que tal resultado não fosse tão totalmente implausível quanto parecia. Sabemos que os governos marxistas chegaram ao poder por meio de revolução precisamente nos tipos de países que os marxistas não esperavam. (A propósito, também sabemos que tais revoluções podem ter resultados muito diferentes.) O próprio Lênin em 1908 já havia chamado a atenção para essa espécie de "material inflamável em matéria de política mundial" e antecipado o que mais tarde seria chamado de teoria do "elo mais fraco" das perspectivas revolucionárias. Porém, não havia nenhum modo de prever — diferente de ter esperança em — uma vitória bolchevique, e, menos ainda, um sucesso duradouro. Sem embargo, a análise preditiva estava longe de ser impossível. De fato, era a base da política de Lênin. É totalmente absurdo ver Lênin como um voluntarista. A ação era uma função daquilo que era possível, e ninguém mapeou em marcha o mutável território com mais cuidado que ele, nem com uma percepção mais implacável daquilo que era impossível. Realmente o regime soviético apenas sobreviveu — e assim fazendo se transformou em algo distante de suas expectativas originais — porque ele identificou reiteradamente o que devia ser feito, gostasse disso ou não. Mesmo que tivesse desejado ser um voluntarista como Mao, não estava em condições de sê-lo em 1917, uma vez que não poderia fazer acontecer o que quer que fosse mediante a tomada de decisões: nem mesmo teve controle automático sobre seu partido, e esse partido não controlava muita coisa. Só depois que os revolucionários se tornam governo podem obrigar as pessoas a fazérem coisas — dentro de limites nem sempre reconhecidos até pelos governos fortes.

Não precisamos acompanhar a análise de Lênin, já que ele estava interessado apenas em um resultado, mas podemos fazer uma análise paralela. Em poucas palavras, a pergunta básica em 1917 não era a de quem governaria na Rússia, mas se alguém estabeleceria um regime efetivo. As razões pelas quais o governo provisório não conseguiu se efetivar, fracassando a paz imediata — que, de qualquer modo, levantava problemas —, são claras. Os bolcheviques venceram: (a) porque ao contrário de quase todos da esquerda, estavam prontos para tomar o poder; (b) porque estavam preparados com mais consistência para reconhecer e levar em conta o que estava acontecendo nas bases; (c) porque — em grande parte por esse motivo — ganharam o controle da situação em Petrogrado e Moscou; e, apenas por último, (d) porque no momento crucial estavam prontos para tomar o poder. A única alternativa ao bolchevismo em outubro era a anarquia *de facto*. Vários cenários possíveis poderiam ser construídos para essa situação, dos quais o mais plausível seria uma versão mais extrema daquilo que de fato aconteceu — isto é, a secessão final das regiões marginais do império, guerra civil e o estabelecimento de vários regimes despóticos regionais, contrarrevolucionários e sem coordenação, um dos quais poderia, em última instância, ter ganho controle da capital e intentado a demorada tarefa de se consolidar como governo central. Em resumo, a escolha estava entre um governo bolchevique e nenhum governo.

É nesse ponto que a névoa que oculta a paisagem do futuro não pode ser mais que rarefeita. Como o próprio Lênin viu com clareza, a sobrevivência do regime era muito mais incerta que seu estabelecimento inicial. Não mais dependia de uma forma de "surf" político que descobre e apanha a grande onda — mas de uma conjuntura de variáveis internas e internacionais que não poderiam ser previstas. Além disso, na medida em que os desenvolvimentos futuros agora dependiam da política — isto é, de decisões conscientes, possivelmente errôneas e certamente variáveis —, o curso do próprio futuro foi desviado por sua intervenção. Assim, a decisão bolchevique de fundar uma nova Internacional, mas recusando acesso a todos que não se conformassem aos critérios bolcheviques, poderia ter parecido sensata quando outras revoluções europeias pareciam iminentes ou possíveis em 1919-20; mas a divisão entre social-democratas e comunistas e sua mútua hostilidade permaneceu, criando problemas imprevistos para ambos desde então, em circunstâncias variáveis e muito diferentes. Neste ponto, torna-se crucial a diferença entre previsão e retrovisão. De qualquer modo, a previsão é interrompida por passagens de trevas que apenas podem ser iluminadas retrospectivamente, quando conhecemos o que "tinha que acontecer" simplesmente porque nada diferente aconteceu de fato. Na medida em que a sobrevivência da revolução bolchevique dependeu de circunstâncias internacionais, alguém poderia ter apostado seu dinheiro nela no final de 1918, embora durante alguns meses depois de outubro de 1917 seu futuro não fosse efetivamente previsível. Por outro lado, dada sua sobrevivência e permanência, a previsão manteve sua condição novamente. Infelizmente não consigo pensar em nenhuma previsão realista que teria considerado o futuro de longo prazo da URSS como muito diferente daquilo que ela se tornou de fato. É possível considerar cenários alternativos que teriam sido muito menos cruéis e intelectualmente desastrosos, mas nenhum que não tivesse desapontado muitas das elevadas esperanças de 1917.

O propósito de meu breve exercício [que será retomado no

capítulo 19] não é mostrar que o curso da história era inevitável, mas considerar o alcance e os limites da previsão. Um exercício dessa ordem permite-nos identificar resultados descabidos tais como o de que o czarismo poderia ter se salvado, e os resultados mais prováveis, como o de uma revolução russa, um regime não liberal pós-revolucionário e, numa perspectiva ampla, grande parte do desenvolvimento soviético subsequente. Permite-nos discernir entre a contribuição pessoal de Lênin e grande parte da opacidade que a circunda. Permite-nos identificar situações sim-não como a escolha entre bolchevismo e nenhum governo, e situações com uma ampla gama de opções. Explica as razões para a confiança de Lênin quanto a tomar o poder em outubro e sua incerteza quanto a sustentá-lo. Permite-nos especificar as condições de sobrevivência e a possibilidade ou impossibilidade de seu cálculo. Permite-nos também distinguir entre a previsibilidade analítica relativa de processos que ninguém controla — como a maior parte da história russa em 1917 — e a dos processos em que o exercício do comando e planejamento efetivos confundem a questão. Não compartilho da convicção ingênua de um sociólogo norte-americano de que, devido a ser "a mudança social cada vez mais organizada e ao mesmo tempo institucionalizada [...] o futuro é em parte previsível porque em parte se parecerá àquilo que hoje tende a ser". De fato, as tendências do desenvolvimento soviético eram e são previsíveis apenas na medida em que a política soviética (dadas suas metas) identificava o que deveria ser feito. Infelizmente, o que torna o planejamento humano, por eficaz que seja, tão frustrante para os profetas, como também para os políticos, é o contraste entre sua capacidade limitada e as consequências limitadas de "aplicá-lo corretamente", e as consequências potencialmente enormes de aplicá-lo erroneamente. Como bem soube Napoleão, uma batalha perdida às vezes pode mudar mais a situação que dez batalhas ganhas. E finalmente, um exercício desse tipo permite-nos avaliar os numerosos previsores nesse campo muito previsto. Uma reflexão curiosa sobre a vasta literatura é a de que, até onde sei, ela nunca foi sistematicamente examinada no intuito de avaliar a previsibilidade histórica, embora estivesse e esteja repleta de previsões passadas e presentes.

A previsão de tendências sociais é, em um aspecto, mais fácil que a previsão de acontecimentos, uma vez que repousa precisamente na descoberta que é a base de todas as ciências sociais: a de que é possível generalizar sobre populações e períodos de tempo sem se incomodar com o emaranhado inconstante de decisões, eventos, acidentes e possibilidades — na capacidade de dizer algo sobre a madeira sem conhecer cada uma das árvores. Quando o que importa são as tendências, é necessário um certo intervalo mínimo de tempo. Nesse sentido, a previsão pode ser chamada de longo prazo, em oposição à previsão de curto prazo, ainda que o "longo prazo" em questão possa ser comparativamente curto, mesmo em função da amplitude temporal das previsões humanas de longo prazo, que se limita no máximo a um século aproximadamente. Pelo menos não consigo pensar em nenhuma previsão que não seja milenar — em ambos os sentidos da palavra — além desse limite. Mas uma desvantagem conhecida de tais previsões de longo prazo é a quase impossibilidade de lhes consignar uma escala temporal adequada. Podemos saber o que é provável que aconteça, mas não quando. Que EUA e URSS se tornariam gigantes entre as potências mundiais foi corretamente previsto na década de 1840, com base em suas dimensões e recursos, mas só um tolo teria se empenhado em fixar uma data exata como, digamos, 1900.

Algumas dessas previsões acontecem mais lentamente que o esperado pela maioria dos observadores. O não desaparecimento do campesinato nos países desenvolvidos, por exemplo, poderia ser usado como argumento contra a previsão, feita na metade do século XIX, de que ele desapareceria. Por outro lado, algumas acontecem mais depressa que o esperado. O fato de que a divisão de um vasto setor mundial em colônias administradas por um punhado de Estados não duraria podia ser e foi previsto. Entretanto, é duvidoso que no tempo de Joe Chamberlain pudessem ser muitos os que esperavam que praticamente toda a ascensão e o desaparecimento dessa variante de imperialismo fossem acontecer no lapso da existência de um único homem — estou pensando em Winston Churchill, que viveu de 1874 a 1965. Algumas são simultaneamente mais rápidas e mais lentas que o previsível. A velocidade com que o campesinato começou a desaparecer depois de sua sobrevivência longa e próspera é surpreendente. Na Colômbia, onde em 1960 a população rural era calculada em cerca de 67% da população total, caiu pela metade ou menos no final dos anos 1970. Tais previsões são relevantes mesmo que não saibamos quando se tornarão realidade. Se acreditarmos que as chances dos judeus de se estabelecerem permanentemente, por meio de conquista, em um enclave no Oriente Médio, não são, afinal, muito maiores que as chances dos Cruzados, isso tem implicações políticas óbvias para aqueles que se preocupam com sua sobrevivência, quer fixemos datas ou não. Porém, o que estou querendo discutir é simplesmente que a pergunta "o que acontecerá" é, metodologicamente, bastante diferente da pergunta "quando acontecerá".

As únicas previsões cronológicas que conheço e que inspiram um pouco de confiança são aquelas baseadas em alguma periodicidade regular atrás da qual suspeitamos um mecanismo explicável, ainda que não o compreendamos. Os economistas são os maiores pesquisadores de tais periodicidades, embora a demografia também implique alguma (mesmo que apenas mediante a sucessão e maturação de gerações e faixas etárias). Outras ciências sociais também afirmaram ter descoberto periodicidades, mas poucas delas são de muita ajuda, exceto em previsões muito especializadas. Se o antropólogo Kroeber está correto, por exemplo, as dimensões dos vestidos das mulheres "alternam-se com nítida regularidade entre máximas e mínimas que, na maioria dos casos, ficam a intervalos aproximados de cinquenta anos". (Não expresso nenhuma opinião sobre essa afirmação, apesar de sua relevância para a indústria do vestuário.) Porém, como já observei anteriormente (pp. 48-9), pelo menos uma espécie de periodicidade, apesar de muito enigmática, demonstrou relevância mais ampla, embora eu não conheça nenhuma explicação amplamente aceita dos chamados "ciclos de longa duração de Kondratiev" e sua existência tenha sido contestada pelos céticos. Mas elas realmente nos permitem fazer previsões não só sobre a economia, mas também, em uma forma mais geral, sobre os cenários sociais, políticos e culturais que acompanham a alternância dos ciclos. De fato, para os historiadores, a periodização mais útil da história da Europa dos séculos XIX e XX coincide, em grande parte, com os ciclos de Kondratiev. Infelizmente, para os previsores, tais ajudas preditivas são raras.

Deixando a cronologia de lado, o historiador é reconhecido, de fato, como essencial mesmo para a forma mais comum e influente de previsão nas ciências sociais, baseada em proposições ou modelos teóricos (basicamente de tipo matemático) aplicados a qualquer tipo de realidade. Essa forma de previsão é ao mesmo tempo inestimável e inadequada. Inestimável porque, se estabelecermos uma relação logicamente obrigatória entre variáveis, a discussão necessariamente cessará. Se o gênero humano consome recursos limitados a uma velocidade maior que o de sua reposição ou substituição por recursos alternativos, então, mais cedo ou mais tarde, esgotar-se-ão, e a única pergunta, como no caso das reservas de petróleo, é quando. Nenhuma previsão além da puramente empírica é possível sem construções baseadas em tais proposições. Mas são inadequadas porque são muito gerais em si mesmas para lançar muita luz sobre situações concretas, e qualquer tentativa de utilizá-las diretamente em previsões está, portanto, condenada ao insucesso. É por isso que David Glass destacava que a demografia, que, segundo suponho, juntamente com a economia e a linguística, é a mais desenvolvida das ciências sociais pelo critério usual de semelhança com a física, teve um terrível antecedente preditivo. Assim, a proposição malthusiana básica de que a população não pode crescer permanentemente para além dos limites impostos pela disponibilidade dos meios de subsistência é incontestável e valiosa. Porém, por si só ela não pode nos dizer nada sobre as relações passadas, presentes e futuras entre o crescimento da população e os meios de subsistência. Não pode prever ou explicar retroativamente uma crise descritível em termos malthusianos como, por exemplo, a fome irlandesa. Se desejarmos explicar por que a Irlanda passou por semelhante crise nos anos de 1840 e Lancashire não passou, não o conseguiremos com o modelo malthusiano, mas precisaremos fazê-lo em termos de fatores analisáveis sem referência ao mesmo. Inversamente, se previrmos uma fome na Somália, não será na base tautológica de que as pessoas morrem de fome se não houver comida suficiente para elas. Em resumo, a teoria demográfica pode fazer previsões condicionais que não são previsões, e previsões que não estão baseadas em seus modelos. Em que estão baseadas?

Na medida em que o próprio Malthus erroneamente previa tendências, baseava-se em certos dados históricos, em crescimento da população e na atribuição de pretensas magnitudes empíricas, que se mostraram arbitrárias, a futuros aumentos na produtividade de alimentos, que se mostraram irreais. O previsor demográfico ou econômico não tem apenas que traduzir suas variáveis em quantidades reais, o que já é bastante problemático: tem também que sair constantemente de sua análise teórica e de seu próprio domínio de especialista e entrar no território amplo da história total, passada ou presente. Por que a fertilidade ocidental deixou de cair depois dos anos 1930 e, com isso, obrigou a revisão de todas as projeções sobre a população futura? É tarefa do historiador responder a tais perguntas e, ao fazer isso, esclarecer possíveis mudanças no futuro. Por que alguns acreditam hoje que a taxa de crescimento demográfico nos países do Terceiro Mundo pode se reduzir com a industrialização e a urbanização? Não só porque há alguma evidência nesse sentido (isto é, dados históricos), mas por causa de uma suposta analogia com a história demográfica dos países desenvolvidos (ou seja, uma generalização histórica). Felizmente, os demógrafos estão atentos a isso tudo; mais que os economistas, se compararmos a próspera disciplina da demografia histórica com a econometria retrospectiva que os economistas tomam por história. David Glass, é desnecessário lembrar a vocês, durante grande parte de sua vida ocupou um cargo como sociólogo e não como demógrafo, e, afora seus amplos interesses em outros campos, era um notável erudito e um historiador perspicaz. Era um grande demógrafo porque sabia que "a competência dos demógrafos é pertinente apenas a uma parte do campo. O fardo principal do trabalho terá que recair sobre os historiadores e sociólogos".

Devo dizer, porém, que os historiadores, como os cientistas sociais, são claramente impotentes quando confrontados com o futuro, não só porque todos nós somos, mas porque não têm nenhuma ideia clara sobre qual conjunto ou sistema estão investigando, e — apesar do supremo pioneirismo de Marx — como exatamente seus diversos elementos interagem. O que exatamente da "sociedade" (singular ou plural) constitui nossa preocupação? Os ecologistas podem pretender delimitar seus ecossistemas, mas poucos estudiosos da sociedade humana, excetuando-se alguns antropólogos que lidam com comunidades pequenas, isoladas e "primitivas", afirmam poder fazer o mesmo; principalmente não no mundo moderno. Procuramos nosso caminho no escuro. O máximo que nós, historiadores, podemos afirmar é que, ao contrário da maioria das ciências sociais, não podemos passar ao largo dos problemas de nossa ignorância. Ao contrário delas, não somos tentados a nos empenhar na falsa exatidão, imitando as ciências naturais mais prestigiosas; e mesmo assim, afinal de contas, nós e os antropólogos dispomos de um conhecimento sem precedentes das variedades da experiência social humana. E talvez, também, apenas nós no campo dos estudos humanos precisamos pensar em termos de mudança, interação e transformação históricas. A história só fornece orientação, e todo aquele que encarar o futuro sem ela não só é cego mas perigoso, principalmente na era da alta tecnologia.

Quero dar um exemplo extremo. Em junho de 1980, como vocês se lembram, o sistema norte-americano de observação informou que mísseis russos estavam a caminho e durante vários minutos o arsenal nuclear norte-americano entrou automaticamente em ação, até que se verificou que tudo não passava de um erro de computador. Se o porteiro entrasse agora neste auditório para nos informar que a guerra nuclear tinha começado, não seriam necessários três minutos para que até mesmo os pessimistas concluíssem que ele deveria estar enganado, e por razões essencialmente históricas. É muito improvável que uma guerra mundial começasse sem alguma crise preliminar, ainda que pequena, ou alguns outros sinais premonitórios, e nossa experiência dos últimos meses, semanas ou mesmo dias, simplesmente não indica nenhuma dessas evidências. Se estivéssemos no meio de algo como a crise dos mísseis cubanos de 1962, claro que poderíamos estar menos confiantes. Em resumo, dispomos em nossas mentes de um modelo racional sobre como irrompem ou tendem a irromper as guerras mundiais, modelo que se baseia em uma combinação entre análise e informações sobre o passado. Com essa base, avaliamos probabilidades sem excluir necessariamente possibilidades, a menos que elas sejam tão remotas que não sejam dignas de serem levadas em conta. Eu não acho que o Canadá gaste hoje muito tempo se preparando para uma guerra com os Estados Unidos, ou, a despeito das aparências, que a Inglaterra se prepare contra uma invasão francesa. Porém, em caso de fracasso dessas avaliações, somos tentados a supor que *tudo* pode acontecer a qualquer momento — uma suposição que também subjaz aos filmes de horror e às expectativas dos fãs de OVNIs. Ou, se quisermos nos restringir aos casos em que se podem tomar precauções práticas, adotamos o procedimento igualmente irracional de formular uma "pior das hipóteses" e nos preparar para ela, especialmente se tivermos de responder como funcionários se as coisas saírem errado. É igualmente irracional porque a pior das hipóteses não é mais provável que a melhor, e há uma diferença significativa entre tomar precauções contra as piores hipóteses e tomar medidas para atender àquela: como em 1940, por exemplo, quando o governo britânico quis cercar com arame farpado todos os refugiados alemães e austríacos.

O equivalente psicológico de se pensar na "pior das hipóteses" é a paranoia ou a histeria. De fato, às vezes é em momentos de tensão e medo como esses em que vivemos [isto foi escrito no auge da segunda Guerra Fria] que histeria e a-historicidade se combinam. Espera-se o pior, não só entre aqueles que, profissionalmente, devem levá-lo em conta — como os militares, agentes secretos e os escritores de romances policiais que frequentemente os imitam —, mas também entre pessoas bastante sensatas que desenvolvem ajustes geopolíticos diante da suposta possibilidade de tropas afegãs ou algumas tropas cubanas (e não francesas) em certos países da África. E, o que é mais grave, nosso fracasso em compreender o mundo torna-se mecanizado, e montamos sistemas automatizados engatados à pior das hipóteses, que são acionados por sinais que erroneamente leram como "ataque". Na falta da intervenção de historiadores práticos, técnicas automáticas de verificação cruzada que mostrem que os sinais foram mecanicamente mal interpretados podem deter o processo de destruição. Esses falsos alarmes são, de certo modo, a assustadora *reductio ad absurdum* de considerar o futuro numa perspectiva a-histórica. Na verdade, se ou quando uma guerra eclodir, não acho que será disparada por uma cega falha técnica. Mas o fato de que podia ter sido, e talvez apenas a sua possibilidade, ilustra o papel indispensável da racionalidade histórica na avaliação do futuro e da ação humana necessária a cumpri-lo.

Como devo concluir? Os historiadores não são profetas no sentido de que possam ou devam tentar escrever as manchetes do ano que vem, ou do próximo século, dos boletins informativos do World Service da BBC. Tampouco estamos ou deveríamos estar no departamento escatológico da indústria da profecia. Sei que alguns pensadores, inclusive historiadores, conceberam o processo histórico como o desdobramento do destino humano para algum final feliz ou infeliz no futuro. Esse tipo de crença é moralmente preferível à visão, tão comum nas ciências sociais norte-americanas dos confiantes anos 1950, de que o destino humano já encontrou agora mesmo seu lugar de repouso em alguma sociedade atual, tendo Omaha como sua nova Jerusalém. Por certo não é tão facilmente falsificável; mas é inútil. É verdade, o homem é, nas palavras do filósofo Ernst Bloch, um animal esperançoso. Sonhamos à frente. Existem muitos motivos para isso. Os historiadores, como os demais seres humanos, têm o direito de idearem um futuro desejável para a humanidade, lutarem por ele e ficarem animados quando descobrem que a história parece estar seguindo o caminho que eles imaginaram, como por vezes acontece. Em todo caso, não é um bom sinal do caminho que o mundo vai seguindo quando os homens perdem a confiança no futuro, e cenários de *Götterdämmerung* tomam o lugar das utopias. Porém, o trabalho do historiador de descobrir de onde viemos e para onde estamos indo não deve ser afetado *enquanto trabalho* pelo fato de gostarmos ou não dos resultados prospectivos.

Quero colocar isso na forma de paradoxo. É inútil desconsiderar Marx porque sentimos repulsa por sua demonstração de que capitalismo e sociedade burguesa são fenômenos históricos temporários, como é inútil abraçá-lo simplesmente porque somos a favor do socialismo, que, segundo ele, iria sucedê-los. Acredito que Marx discerniu algumas tendências básicas com profunda perspicácia; mas não sabemos efetivamente o que elas trarão. Como tanta coisa do futuro prevista no passado, quando vier pode ser irreconhecível, não porque as previsões estivessem erradas mas porque estávamos enganados ao colocar uma determinada face e roupagem no curioso estranho cuja chegada nos disseram para esperar. Não digo que deveríamos ir até onde foi Schumpeter, um conservador e ao mesmo tempo um grande respeitador da extraordinária visão analítica de Marx, e afirmar que "dizer que Marx [...] admite interpretação em um sentido conservador é apenas dizer que ele pode ser levado a sério". Mas devemos nos lembrar que esperança e previsão, embora inseparáveis, não são a mesma coisa.

Isso ainda deixa muita coisa com que os historiadores podem contribuir para nossa exploração do futuro: descobrir o que os seres humanos podem e não podem fazer a respeito; estabelecer as condições e por conseguinte os limites, potencialidades e consequências da ação humana; distinguir entre o previsível e o imprevisível e entre diferentes tipos de previsão. Para começar, podem ajudar a colocar em descrédito esses exercícios absurdos e perigosos de construir autômatos mecânicos para previsão, popular entre alguns investigadores em busca de status científico: pessoas que — estou citando novamente um verdadeiro sociólogo — pensam que a maneira de prever revoluções é quantificar a pergunta "quanto a modernização inicial deve ser abrangente e rápida a fim de produzir a revolução social" por meio da "coleta de dados comparativos, de amostras setoriais e temporais". Não são os marxistas que fazem isso. Eles podem e devem colocar em descrédito os exercícios ainda mais perigosos de futurologia que pensam o impensável como uma alternativa a se pensar o pensável. Eles podem manter em xeque os extrapoladores estatísticos. Podem dizer realmente algo sobre o que é provável que aconteça e, até mais, sobre o que não é provável. Não serão ouvidos por muitos — isso é da essência da história. Mas talvez, apenas talvez, possam ser ouvidos um pouco mais se realmente passassem mais tempo avaliando e melhorando a capacidade de dizer algo sobre o futuro, e anunciando-o um pouco melhor. Apesar de tudo, eles têm algo para anunciar.

5. A HISTÓRIA PROGREDIU?

Como se desenvolveu — pelo menos em meus campos de interesse — a historiografia? Quais as suas relações com as ciências sociais? São essas perguntas que discuto no conjunto de capítulos a seguir.

"A história progrediu?" (ainda inédito) foi apresentado como aula inaugural, um pouco atrasada, no Birkbeck College em 1979.

A história progrediu? A pergunta é bastante natural para alguém que se aproxima da aposentadoria e olha para trás após quarenta anos de estudo da história, sucessivamente como estudante universitário, pesquisador e, a partir de 1947, professor no Birkbeck College. É quase como se estivesse perguntando: o que estive fazendo em minha vida profissional? Quase, mas não exatamente, pois a pergunta supõe que o termo "progresso" possa ser aplicado a um assunto como história. Pode?

Existem disciplinas acadêmicas às quais obviamente se aplica, e outras às quais poder-se-ia dizer — eu, pelo menos, diria — que não. De certo modo, a distinção hoje é visível em nossas bibliotecas. As ciências naturais, de cujo progresso nenhum observador racional duvidaria realmente, quase não pode mais usar livros, exceto no intuito do ensino relativamente elementar e de uma síntese ocasional e de vida curta do seu campo de estudo, porque seu ritmo de obsolescência é proporcional ao ritmo de progresso, que durante minha — nossa — existência foi prodigioso. Não há nenhum clássico a ser lido, exceto por aqueles com uma sensação de *pietas* para com seus grandes predecessores, ou pelos interessados na história das ciências. O que sobrevive de Newton ou de Clerk Maxwell ou Mendel foi absorvido na compreensão mais ampla e comprovadamente menos inadequada do universo físico; e, inversamente, o bacharel medíocre comum formado hoje em física possui uma compreensão melhor do universo que a de Newton. Os historiadores e outros analistas do processo e desenvolvimento das ciências naturais sabem que o progresso está longe de ser linear, mas sua existência não pode ser contestada.

Por outro lado, se considerarmos a crítica literária, a única forma de estudo das artes criativas habitualmente praticada nas universidades, o progresso não é demonstrável nem plausível, exceto nas formas relativamente triviais da erudição e da sofisticação técnica. A literatura do século XX não é melhor que a do século XVII, tal como a crítica do dr. Johnson também não é pior que a do dr. Leavis, ou nesse sentido, que a de Roland Barthes: é apenas diferente. Sem dúvida, a grande maioria dos textos acadêmicos ou de outros textos críticos não recebe atenção, a não ser de estudantes de doutorado, mas se sobrevivem não é porque são mais recentes e, por isso, substituíram os predecessores, mas porque são escritos por autores que — por razões difíceis de definir — são considerados dotados de particular perspicácia e compreensão. Claro que há uma parte dos estudos literários que é simplesmente uma forma especializada de história, seja de literatura ou de crítica literária, e meu comentário se aplica tão pouco a esta quanto a outros assuntos similares que não são ensinados como crítica mas como história, ou seja, a história da arte. Os departamentos de inglês leem livros, e talvez por isso também gerem livros.

Há outras disciplinas às quais o conceito de "progresso" parece igualmente difícil de aplicar, pelo menos globalmente: filosofia ou direito, por exemplo. Platão não se tornou obsoleto com Descartes, nem Descartes com Kant, nem Kant com Hegel; tampouco podemos detectar um processo de acumulação de sabedoria que assimile e absorva na obra posterior aquilo que permanentemente se mostra verdadeiro na anterior. De fato, muitas vezes observamos meramente a continuação ou revitalização, em termos contemporâneos, de velhos debates, na verdade às vezes muito antigos, um tanto como as produções no estilo dos anos 1920 ou dos anos 1970 de peças de Shakespeare com que os produtores teatrais fazem sua fama. Isso não seria nenhuma crítica maior de tais disciplinas quanto o seria observar que, conquanto as modernas competições atléticas exibam progresso, no sentido de que as pessoas hoje correm mais rapidamente e saltam maiores distâncias que há cinquenta anos e presumivelmente continuarão a superar seus recordes, nenhuma tendência similar pode ser observada nos duelos sempre mutáveis mas essencialmente inalterados dos jogadores de xadrez.

Todavia, a história tem claramente algo em comum com esse segundo tipo de disciplina, no mínimo porque os historiadores não só escrevem mas acima de tudo leem livros, inclusive livros bem velhos. Por outro lado, os historiadores realmente se tornam obsoletos, embora talvez a um ritmo mais lento que os cientistas. Não lemos Gibbon como ainda lemos Kant ou Rousseau, por sua relevância em relação a nossos próprios problemas. Nós o lemos, por certo ainda com uma enorme admiração por sua erudição, não para aprender sobre o Império Romano mas por seus méritos literários; em outras palavras, a maioria dos historiadores em exercício absolutamente não o lê, exceto em suas horas de lazer. Se alguma vez lemos obras de historiadores mais velhos, ou é porque eles nos proporcionaram algum *corpus* permanente de matéria-prima histórica, como uma edição insuperável de crônicas medievais, ou porque casualmente se interessaram por um tópico que não suscitou obra posterior, mas que, por uma razão ou outra, passou novamente a despertar nosso interesse: em outras palavras, porque nesse tópico *não* são historiadores velhos. É essa a base econômica da indústria de reedição de textos históricos. Mas é claro que o fato mesmo de um livro poder, dessa forma, vir à tona novamente, mais de um século depois de sua publicação original, suscita, pelo menos por implicação, exatamente a pergunta que estou fazendo a mim mesmo nesta tarde: podemos falar de "progresso" em história e, neste caso, qual o seu caráter?

Não é progresso obviamente na acepção de que os historiadores se tornaram mais cultos ou mais inteligentes. Por certo não se tornaram mais eruditos; entretanto, têm acesso a mais conhecimento. Não estou bem certo se eles se tornaram mais inteligentes, embora seja necessário justificar essa afirmação. No curso do último século ou dois, a história não foi uma disciplina que exigiu grandes faculdades intelectuais. Em certa etapa de minha carreira mantive contato íntimo com uma disciplina que realmente exige considerável capacidade ou pelo menos agilidade mental, ou seja, a economia em Cambridge, Reino Unido e EUA, e nunca me esqueci dessa experiência saudável, porém desanimadora, de tentar acompanhar um grupo muito mais ágil de pessoas. Não estou dizendo que não havia, entre os historiadores de cinquenta anos atrás, pessoas de igual inteligência, embora fosse e ainda seja até certo ponto possível uma pessoa fazer uma grande contribuição e — não inteiramente igual — reputação em história, armada de pouco mais que uma capacidade para trabalho muito árduo e certa engenhosidade de detetive. Pode-se até dizer que a própria hostilidade para com a teoria e a generalização, que caracterizou grande parte da história acadêmica ortodoxa no longo período em que foi dominada pela tradição do grande Ranke, tenha incentivado os menos dotados intelectualmente, que muitas vezes também eram pouco exigentes intelectualmente. Por outro lado, houve países e períodos nos quais a história atraiu a mentalidade exatamente oposta, como, por exemplo, na França a partir dos anos 1930, onde uma abordagem particular da história — geralmente identificada como a chamada escola dos *Annales* — durante algumas décadas se tornou, de fato, a disciplina central nas ciências sociais do país. Em todo caso, não houve nenhuma escassez também de historiadores muito brilhantes. O que talvez se pudesse afirmar é que hoje, para determinados tipos de história — por exemplo, os que exigem o uso de conceitos e modelos de outras disciplinas das ciências sociais, ou da filosofia —, é necessário um grau de cerebralismo comparável àquele exigido em tais disciplinas. Pelo menos em parte, a história não é mais nenhuma opção intelectual amena. Mas esse é um detalhe relativamente trivial.

Em que sentido importante se pode dizer que a história

progrediu? Não há nenhuma resposta óbvia a essa pergunta, na medida em que não há nenhum acordo entre historiadores sobre o que estão tentando fazer ou, nesse sentido, sobre qual o seu tema de estudo. Para dar um exemplo, tudo o que aconteceu no passado é história; tudo o que acontece agora é história. Enquanto estive exercendo minha profissão, ela se estendeu por mais uns quarenta anos e, de quebra, converteu a mim e aos meus contemporâneos — e todos vocês — em tema da história, bem como seus estudiosos ou observadores. Todo estudo histórico, portanto, implica uma seleção, uma seleção minúscula, de algumas coisas da infinidade de atividades humanas no passado, e daquilo que afetou essas atividades. Mas não há nenhum critério geral aceito para se fazer tal seleção e, na medida em que haja algum em qualquer momento dado, é provável que mude. Quando os historiadores achavam que a história era amplamente determinada pelos grandes homens, sua seleção era obviamente diferente daquilo que é quando não o acham. É o que fornece um conjunto tão sólido e eficaz de fortalezas que os historiadores reacionários (e os que rejeitam a história) podem converter em reduto, e uma garantia de que este nunca será inteiramente seu último reduto.

Quem quer que investigue o passado de acordo com critérios científicos reconhecidos é um historiador, e isso é quase tudo com que concordarão os membros de minha profissão. Como posso negar o direito a esse título até mesmo ao mais descuidado cronista de antiguidades triviais? Elas podem parecer trivialidades agora, mas não amanhã. Afinal de contas, uma parte considerável da demografia histórica, um tema que nos últimos vinte anos passou por transformações, apoia-se em material originalmente coletado por genealogistas, seja por motivos de esnobismo ou, como no caso dos mormons de Salt Lake, para fins teológicos, não compartilhados pelos não mórmons. Por isso, os historiadores são constantemente assediados pela introspecção ou perseguidos por um ou outro tipo de contestador filosófico e metodológico.

Um modo de evitar tais debates é ver o que tem acontecido

de fato na pesquisa histórica no curso das últimas gerações e perguntar se isso indica uma tendência sistemática de desenvolvimento no tema. Isso não prova o "progresso", mas bem pode mostrar que essa disciplina não é apenas uma espécie de canoa acadêmica oscilando ao sabor das ondas do gosto pessoal, política e ideologia correntes, ou até meramente ao sabor da moda.

Tomemos, por exemplo, a metade da década de 1890, que constitui um ponto decisivo na história das ciências naturais modernas. A história como objeto acadêmico respeitável havia sido solidamente estabelecida. Os arquivos foram organizados, os periódicos-padrão, ainda hoje existentes, acabavam de ser fundados — a *English Historical Review*, a *Revue Historique*, a *Historische Zeitschrift*, a *American Historical Review* são, em termos gerais, filhas do último terço do século XIX — e o caráter da disciplina parecia claro. Os grandes historiadores eram figuras temíveis na vida pública — na Inglaterra incluíam os bispos e nobres. Seus princípios e métodos eram comentados pelos franceses, e Lord Acton pensava até que havia chegado o momento para uma história moderna definitiva de Cambridge que ratificaria o progresso da disciplina e, ao mesmo tempo, presumivelmente, tornaria supérflua a questão de seu progresso ulterior. Menos de cinquenta anos depois, mesmo a Universidade de Cambridge, a sede das causas perdidas, pelo menos em termos de história moderna, percebeu que era tão obsoleta que teve de ser completamente substituída. Entretanto, mesmo nesse momento de triunfo havia céticos.

O desafio dizia respeito essencialmente à natureza do objeto de estudo da história — o qual naquela fase era predominantemente narrativa e descritiva, política e institucional, ou o que mais tarde seria ridicularizado na sátira inglesa *1066 and All That* [1066 e aquela coisa toda]; o desafio também dizia respeito à possibilidade da generalização histórica. Originava-se essencialmente das ciências sociais e de leigos que acreditavam que a história deveria ser uma forma especial de ciência social. A maioria dos historiadores oficiais rejeitou totalmente essa pretensão. O assunto foi discutido com surpreendente rancor em meados da década de 1890 na Alemanha, no contexto do questionamento de um historiador herético que hoje não nos parece muito heterodoxo, Karl Lamprecht. A história, dizia o ortodoxo, era essencialmente descritiva. As pessoas, eventos, situações, eram tão diferentes que não era possível nenhuma generalização sobre a sociedade. Por isso, não poderia haver "leis históricas".

Mas, na verdade, o que estava em pauta no caso eram duas questões inter-relacionadas. A primeira era a efetiva seleção do passado que constituía objeto essencial da história ortodoxa. Ela abordava primordialmente a política e, no período moderno, a política dos Estados-nações, particularmente as políticas externas. Concentrava-se nos grandes homens. Embora reconhecesse que outros aspectos do passado poderiam ser investigados, tendia a deixá-los para subdisciplinas como a história da cultura ou a história econômica, cujas relações com a história propriamente dita eram mantidas obscuras, exceto na medida em que constituíssem tema de decisões políticas. Em resumo, sua seleção era estreita e, como era evidente até mesmo na época, politicamente muito parcial. Mas, secundariamente, rejeitava qualquer tentativa de inserir os diversos aspectos do passado em uma relação estrutural sistemática ou causal, particularmente toda tentativa de derivar a política de fatores econômicos e sociais, e acima de tudo todo modelo de desenvolvimento evolutivo das sociedades humanas (conquanto sua própria prática implicasse tal modelo), todo modelo de etapas de desenvolvimento histórico. Essas coisas, como disse Georg von Below, podiam ser populares entre cientistas naturais, filósofos, economistas, juristas ou até mesmo alguns teólogos — mas não tinham nenhum lugar na história.

Na verdade, essa visão era uma reação da segunda metade e final do século XIX contra os desenvolvimentos anteriores da história, notadamente no século XVIII. Porém, não é essa minha preocupação aqui. E, em todo caso, os historiadores e economistas e sociólogos de extração historicista do século XVIII, fosse na Escócia ou em Göttingen, eram até então incapazes tecnicamente de resolver o problema de uma história genuinamente abrangente que deveria estabelecer as regularidades gerais da organização social e da mudança social, relacioná-las com as instituições e eventos políticos, e também de levar em conta a singularidade dos eventos e as peculiaridades da decisão humana consciente. O importante é que a posição extrema representada pela ortodoxia rankeana dominante nas universidades ocidentais não era contestada somente em bases ideológicas, mas em função de sua estreiteza e insuficiência; e que ela estava combatendo uma ação de retaguarda, ainda que uma ação entrincheirada.

Enfatizo o primeiro ponto, porque a ortodoxia em si preferia considerar o questionamento como ideológico e, mais especificamente, como um questionamento socialista ou até mesmo marxista. Não foi à toa que os polemistas do *Historische Zeitschrift* insistiram, em meados da década de 1890, que eram contra a concepção "coletivista" da história, em oposição à "individualista", e contra uma "concepção materialista da história"; e todo mundo sabia o que isso queria dizer. Mas não era ideológico. Mesmo se deixarmos de lado todas essas ciências e disciplinas que, ao contrário dos historiadores, se recusavam a considerar a história — pelo menos de sua perspectiva — apenas como uma coisa deplorável em vista de uma outra empreendida preferencialmente por reis e grandes homens, a revolta contra a ortodoxia não se confinava a uma ideologia específica. Incluía tanto os seguidores de Marx quanto os de Comte, além de pessoas como Lamprecht, que, em termos políticos e ideológicos, estava longe da rebelião. Incluía os seguidores de Max Weber e Durkheim. Na França, por exemplo, a rebelião contra a ortodoxia histórica — a chamada "história de eventos" — deve muito pouco realmente ao marxismo, por razões históricas que aqui não nos concernem. E a ortodoxia já se encontrava em retirada bem antes de 1914, embora efetivamente protegida por seus sustentáculos institucionais. A 11ª edição da *Enciclopédia Britânica* (1910) já observava que, a partir da metade do século XIX, tinha havido uma tentativa crescente de substituir sistematicamente uma estrutura materialista de análise histórica por uma estrutura idealista, e que isso tinha levado à ascensão da "história econômica ou sociológica".

Se digo que essa tendência, que continuou progredindo inexoravelmente, era *geral*, não é porque desejo minimizar a influência específica de Marx e do marxismo sobre ela e dentro dela. Sou a última pessoa a desejar fazer isso e, em todo caso, mesmo no final do século XIX, poucos observadores competentes teriam desejado fazer o mesmo. O que estou tentando fazer, na verdade, é mostrar que a historiografia tem caminhado numa direção específica durante um período de várias gerações, independentemente das ideologias de seus profissionais, e — o que é mais importante — contra a resistência descomunalmente poderosa e institucionalmente entrincheirada da profissão de historiador. Antes de 1914, a pressão em grande parte se originava dessa história externa: de economistas (que em alguns países possuíam um forte viés histórico), de sociólogos, de geógrafos (em apenas um caso, o da França) e até mesmo de advogados. Se pensarmos, por exemplo, na questão crucial e muito discutida das relações entre sociedade e religião, ou, mais especificamente, entre protestantismo e o surgimento do capitalismo, os textos clássicos originais — deixando de lado as observações de Marx que constituíram o ponto de partida dessa discussão — são os de Max Weber, um sociólogo, e Troeltsch, um teólogo. Mais tarde, a ortodoxia foi minada a partir de dentro. Na França, os famosos *Annales* — cujo título inicial e característico era *Annales d'Histoire Economique et Sociale* — atacavam a fortaleza de Paris a partir da base provinciana de Estrasburgo; na Inglaterra, o periódico *Past and Present*, que consolidou uma posição internacional com rapidez surpreendente nos anos 1950, foi inaugurado por um punhado de marxistas leigos, embora em pouco tempo tenha alargado sua base. Na Alemanha Ocidental, primeiro e talvez último bastião da tradição, ela era contestada nos anos 1960 por oponentes radicais do nacionalismo alemão e por pessoas que deliberadamente buscavam inspiração em um ou dois historiadores do período de

Weimar que poderiam ser considerados democratas e republicanos; e a ênfase principal desse grupo mais uma vez reside em explicar a política em termos de desenvolvimentos sociais e econômicos.

A tendência, então, não está em dúvida. Basta comparar um manual inglês-padrão de história europeia escrito no período entreguerras, como o de Grant e Temperley, *Europe in the Nineteenth and Twentieth Centuries*, com um trabalho contemporâneo-padrão, como o de John Roberts, *Europe 1880-1945*, para perceber a extraordinária transformação por que passou esse tipo de literatura desde meus tempos de estudante: e estou escolhendo um autor moderno que se orgulharia de ser um sincero homem de centro, ou até mesmo uma sombra do lado conservador. O livro mais velho começa com um breve capítulo de dezesseis páginas sobre a Europa moderna que esboça o sistema estatal e o equilíbrio de poder e os principais Estados do continente, acrescentando alguns comentários sobre os *philosophes* franceses — Voltaire, Rousseau e assim por diante — e Liberdade, Igualdade e Fraternidade. O livro novo, publicado pela primeira vez quarenta anos depois do velho, começa com o que é, essencialmente, um capítulo longo sobre a estrutura econômica da Europa, seguido de um capítulo menor sobre "sociedade: instituições e premissas", padrões políticos e religião: ambos os capítulos — antes mesmo de chegarmos às relações internacionais — tomam cerca de sessenta páginas cada um.

Em essência, o que assistimos durante o século XX é justamente o que os historiadores ortodoxos da década de 1890 rejeitavam por completo: uma aproximação entre a história e as ciências sociais. É claro que a história não pode ser mais que parcialmente subordinada sob o título de uma ou talvez outra ciência social. Não que isso impeça alguns historiadores de se concentrar em problemas que poderiam ser e também são abordados por, digamos, demógrafos ou economistas de orientação historicista. De qualquer modo, não impede. Claro que a aproximação não se dá apenas por um dos lados. Se os historiadores progressivamente recorreram a várias ciências sociais em busca de métodos e modelos explicativos, as ciências sociais progressivamente tentaram se historicizar e com isso recorreram aos historiadores. E os professores do final do século XIX tinham toda razão em rejeitar os esquemas e modelos explicativos das ciências sociais contemporâneas como simplórios e irreais, e a maioria dos que se encontram hoje em oferta ainda pode ser legitimamente rejeitada por esses motivos.

No entanto, fica o fato de que a história se afastou da descrição e da narrativa e se voltou para a análise e a explicação; da ênfase no singular e individual, para o estabelecimento de regularidades e a generalização. De certo modo, a abordagem tradicional foi virada de cabeça para baixo.

Tudo isso constitui progresso? Sim, constitui, de um tipo modesto. Não acredito que a história possa chegar a algum lugar como assunto sério enquanto se apartar, sob vários pretextos, de outras disciplinas que investigam as transformações da vida na Terra, ou a evolução de nossos ancestrais até aquele ponto arbitrário em que começaram a deixar atrás de si certos tipos de registros, ou, a esse respeito, a estrutura e função de ecossistemas e grupos de animais sociais, dos quais o *Homo sapiens* é um caso especial. Todos concordamos que isso não esgota, não pode e nem deve esgotar o campo de ação da história, mas na medida em que a tendência do trabalho histórico no curso das gerações passadas fez com que essas outras disciplinas entrassem em relações mais íntimas com a história, possibilitou um entendimento melhor daquilo que tornou o homem o que ele é hoje, melhor que qualquer coisa realizada por Ranke e Lord Acton. Afinal de contas, é disso que a história trata, em sua acepção mais ampla: como e por que o *Homo sapiens* passou do paleolítico para a era nuclear.

Se não tentarmos resolver o problema básico das transformações da humanidade, ou pelo menos não atentarmos para aquela parte de suas atividades que constitui nosso interesse especial no contexto dessa transformação, que ainda se encontra em desenvolvimento, então, como historiadores, estaremos nos dedicando a trivialidades ou jogos intelectuais e outros jogos de salão. Claro que é fácil descobrir razões pelas quais a história deveria se apartar das outras disciplinas que investigam o homem, ou sustentar diretamente tal investigação, mas nenhuma delas é válida. Todas resultam em relegar a tarefa central do historiador aos não historiadores (que sabem muito bem que alguém precisa enfrentá-la), e depois utilizar seu fracasso para realizar esse trabalho corretamente como um argumento adicional para afastar os historiadores de tão má companhia.

Já mencionei que isso não pode esgotar as atividades dos historiadores. Também deveria ser óbvio que a história não pode ser subordinada à condução de uma outra disciplina voltada ao passado, como uma sociologia histórica ou uma biologia social. Ela é e deve ser *sui generis* e, nesse sentido, os historiadores reacionários estão certos. Isso em parte se deve a razões triviais. Muitos historiadores e, mais ainda, seus leitores, por vezes, assumem um forte interesse pela sorte de membros individuais das populações humanas, interesse que um ecologista, por exemplo, raramente consideraria digno de merecer ensaios científicos, ou estão interessados precisamente nos microeventos e microssituações que são relativizadas ao olhar mediante a busca de regularidades. Se o desejassem, os biólogos poderiam abordar os assuntos animais da maneira que os historiadores abordam os assuntos humanos. O romance *Watership Down* corresponde exatamente ao que um historiador antiquado — de fato, um historiador clássico, como Xenofonte em *Anabasis* — escreveria sobre coelhos. (Suponho que o autor seja zoologicamente correto.) Mas também há razões menos triviais, pois, quer julguemos triviais ou não a preocupação com a diferença entre Gladstone e Disraeli, não podemos escrever dessa maneira sobre animais, exceto ficcionalmente, sem fazê-los, de certo modo, pensarem, conversarem e agirem como aquilo que não são, seres humanos. E os seres humanos, como os sociobiólogos precisam lembrar, são diferentes e também semelhantes aos animais.

Eles fazem seu próprio mundo e sua própria história. Isso não significa evidentemente que sejam livres para fazê-lo de acordo com uma escolha consciente (qualquer que seja o significado de "escolha consciente") ou que a história possa ser entendida pela investigação das intenções humanas. É evidente que não pode. Mas significa de fato que as transformações da sociedade humana são mediadas por uma série de fenômenos especificamente humanos (chamemo-los de "cultura" na acepção mais ampla do termo) e operam por meio de uma série de instituições e práticas que, pelo menos em parte, são constructos conscientes — por exemplo, governos e políticas. Podemos construir e também nos mover em meio a essa mobília da vida humana entre a qual vivemos — uma das maiores questões históricas é até que ponto — e, desde que possuímos linguagem, sempre concebemos e expressamos ideias sobre nós mesmos e nossas atividades.

Essas coisas simplesmente não podem ser negligenciadas. A Alemanha Ocidental e a Alemanha Oriental seguiram claramente caminhos muito diferentes porque cada uma, a partir de 1945, adotou um conjunto muito diferente de instituições e políticas baseadas em conjuntos distintos de ideias. Não estou dizendo que isso não poderia ter acontecido de outra forma. O problema da inevitabilidade histórica do determinismo é totalmente diferente — não me proponho a abordá-lo aqui —, e a questão do papel da consciência e da cultura, ou, em termos marxistas, das relações entre base e superestrutura, muitas vezes ficou confusa e baralhada pela fusão indistinta dos dois conceitos. O que estou dizendo é que a história não pode omitir nas instituições criadas pelo homem a consciência, a cultura e a ação intencional. Posso acrescentar que acredito ser o marxismo uma abordagem muito melhor da história porque está mais visivelmente atento do que as outras abordagens àquilo que os seres humanos podem fazer enquanto sujeitos e produtores da história, bem como àquilo que, enquanto objetos, não podem. E, por falar nisso, é a melhor abordagem porque, como virtual inventor da sociologia do conhecimento, Marx elaborou também uma teoria sobre como as ideias dos próprios historiadores tendem a ser afetadas pelo seu ser social.

Mas voltemos à questão principal. Sim, houve progresso na história pelo menos no curso das três últimas gerações, principalmente pela convergência da história e das ciências sociais, mas foi modesto e pode ser que, no momento, esse processo esteja obstado. Em primeiro lugar, seus avanços principais certamente foram obtidos por uma simplificação necessária, a qual, agora que o avanço foi obtido, revela certos inconvenientes. É por isso que atualmente há um movimento nítido no sentido de reenfatizar aquela história política que por tanto tempo foi detratada pelos historiadores revolucionários. Claro que parte dessa nova história política quase não passa de uma reversão — frequentemente, como entre os historiadores de Cambridge, um retorno deliberadamente neoconservador à forma mais obsoleta de escavação de arquivo do século XIX: quem escreveu o que e para quem no gabinete durante a crise de autonomia ou em 1931. Ainda assim, na melhor das hipóteses, para citar Jacques Le Goff, "a história política, pouco a pouco [...] [voltou] a vigorar mediante o empréstimo dos métodos, intenção e abordagem teórica da própria ciência social que a empurrou para o segundo plano", particularmente para períodos anteriores ao século XIX.

Em segundo lugar, com o enorme desenvolvimento das ciências sociais, principalmente como um grupo de interesses acadêmicos particulares, a convergência entre a história e as ciências sociais está produzindo agora divergência e fragmentação. Temos uma "nova" história econômica que é basicamente teoria acadêmica em vigor projetada no passado, e quase o mesmo vale para a antropologia social, a psicanálise, a linguística estrutural ou qualquer outra disciplina ou pseudodisciplina que possa ajudar a credenciar os jovens a uma reputação pelo lançamento de uma nova moda ou pela formulação de algo que ninguém disse antes. Ter a novidade como etiqueta ajuda a vender a história entre os profissionais, tal como ajuda a vender detergentes entre um público mais amplo. Naturalmente minha objeção não é quanto aos historiadores tomarem de empréstimo técnicas e ideias de outras ciências sociais e incorporarem a seu próprio trabalho os mais recentes desenvolvimentos nessas ciências, desde que sejam úteis e pertinentes. É quanto à distribuição da bagagem histórica em uma série de vasos não comunicantes. Não existe uma coisa do tipo história econômica, social, antropológica, ou história psicanalítica: existe apenas história.

Essa tendência à fragmentação foi fortalecida por um terceiro fenômeno: a expansão espetacular do campo dos estudos históricos que, provavelmente, é a realização mais notável dos últimos vinte ou trinta anos. Como disse anteriormente, toda historiografia é seleção. Estamos hoje muito mais conscientes que qualquer geração anterior do quanto essa seleção costuma ser estreita. Para mencionar apenas alguns tópicos que recentemente se tornaram campos especializados ou subdisciplinas, às vezes até mesmo dotadas de periódicos e associações, que são o equivalente erudito do ingresso das ilhas do oceano Índico na ONU: família, mulheres, infância, morte, sexualidade, ritual e simbolismo (festivais e carnavais estão muito em moda), comida e cozinha, clima, crime, as características físicas e a saúde dos seres humanos, para não falar dos continentes e regiões, tanto geográficos quanto sociais, até então inexplorados ou desconhecidos. Nem todos são novos, mas agora participam do campo aceito dos estudos históricos. Podem-se ler artigos nos principais periódicos sobre a percepção do espaço em Madagáscar e sobre mudanças na distribuição da cor dos olhos entre os franceses, e muito mais sobre a história até agora negligenciada das pessoas comuns.

Esse imperialismo ou ecumenismo dos estudos históricos é uma coisa saudável. A história é "total", para empregar um termo da moda, muito embora o âmbito corrente seja apenas uma seleção das coisas que parecem interessar aos historiadores do século XX. É um desenvolvimento ainda mais bem-vindo, já que tende a converter a história naquilo que acredito que ela deveria ser: o referencial geral, no mínimo, das ciências sociais. Não obstante, a essa altura do jogo tende a transformar os principais periódicos de história em algo parecido com supermercados de antiguidades. As várias partes dos sumários dizem respeito ao passado, mas, afora isso, quase nada têm a ver entre si.

Para onde vamos depois daqui? Não posso prever desenvolvimentos futuros, em parte porque (como em qualquer outra ciência) podem surgir a partir de mudanças nas perguntas que formulamos e nos modelos que aceitamos como possíveis ou desejáveis, que são difíceis de prever ("paradigmas" é o termo atual); em parte porque a história é uma disciplina muito imatura na qual, fora dos campos especializados — e até mesmo dentro deles —, não há nenhum consenso real sobre quais os problemas básicos importantes e cruciais; e em parte porque o próprio historiador está dentro de seu objeto em um sentido em que o profissional das ciências não humanas não está. Não concordo com os ultracéticos que afirmam que os historiadores nada podem fazer além de escrever a história contemporânea em trajes de época, mas é inquestionável que apenas podemos encará-la em alguma perspectiva contemporânea. Por outro lado, posso dizer quais desenvolvimentos futuros poderiam ser proveitosos. Mencionarei três deles.

Primeiro, o tempo está maduro para que voltemos novamente às transformações do gênero humano, a questão principal da história. E, eventualmente, perguntar por que a trajetória inteira de caçadores-coletores até a moderna sociedade industrial foi completada apenas em uma região do mundo e não em outras. Uma vez que os historiadores reconheçam que se trata de um problema comum e central que concerne tanto aos pesquisadores dos rituais medievais de coroação quanto aos pesquisadores das origens da Guerra Fria, podem contribuir para o mesmo dentro dos limites de seus interesses específicos. Poderiam até estender o alcance de seu objeto em bases racionais ou, pelo menos, operacionais, em lugar de a esmo. Felizmente há evidência de que, no mínimo, um segmento grande e crucial do problema é mais uma vez debatido como uma preocupação comum por outros historiadores que não os marxistas, ou seja, a origem histórica e o desenvolvimento do capitalismo. Isso pode se evidenciar como uma das mais positivas derivações do atual período de crise econômica global. É possível agora haver mais progresso; pode até mesmo estar sendo retomado.

Em segundo lugar, há a questão central de como as coisas se encaixam. Não quero dizer com isso onde se encontram os mecanismos principais de mudança histórica e transformação, uma vez que está implícito no primeiro grande problema. Refiro-me antes ao modo de interação entre diferentes aspectos da vida humana, como, por exemplo, entre economia, política, família e relações sexuais, cultura na acepção ampla ou estrita, ou sensibilidade. É patente que na Europa do século XIX, que foi meu campo principal, todas essas coisas são determinadas pelo triunfo da economia capitalista, ou, de qualquer modo, não têm condições de serem analisadas sem que esse triunfo seja visto como fato central. Mas também está claro que o triunfo dessa economia, mesmo em suas regiões nucleares, operou sobre e mediante os produtos da história passada. Destruiu e criou algumas coisas, mas na maioria das vezes adaptou, cooptou e modificou o que já existia. Realmente, se olharmos de outra perspectiva — digamos, da dos japoneses na década de 1860 —, uma sociedade preexistente poderia imaginar que estivesse adaptando e cooptando o capitalismo como uma forma de se manter viável. Por esse motivo, o simples determinismo ou funcionalismo não resultarão.

Não quero aborrecer os que não são historiadores com exemplos do século XIX, mas permitam-me transpor um aspecto do problema para o presente. A partir de 1950, passamos, talvez, pelas mais abrangentes transformações sociais e culturais já registradas, e poucos duvidarão que elas decorram de desenvolvimentos econômicos e tecnocientíficos. Poucos duvidarão que estejam de algum modo interligadas — se preferirem o jargão, elas formam uma síndrome. Mas qual relação mantém com a transformação básica o rápido declínio do campesinato fora de países da África e da Ásia, a crise na Igreja Católica Romana, a ascensão do rock'n'roll, a crise no movimento comunista mundial, a crise nos padrões tradicionais do casamento e da família ocidentais, a falência das artes de vanguarda, o interesse dos cientistas no desenvolvimento histórico do universo, o declínio da ética do trabalho puritano e do governo parlamentar, e a extraordinária cobertura integral das artes, quem diria, no *Financial Times* de Londres? E quais são as interligações entre tudo isso? Essas questões são de enorme interesse, importância, e de uma dificuldade descomunal. Apesar disso, novamente os historiadores precisam demonstrar com elas sua habilidade. Irão mais longe que Montesquieu — têm obrigação de irem mais longe que Marx.

Há um terceiro conjunto de problemas, mais próximo dos interesses tradicionais dos historiadores. Que diferença faz a especificidade da experiência histórica, eventos e situações — ou não faz? Esse conjunto pode incluir perguntas relativamente triviais sobre coisas como o papel de algum indivíduo ou decisão, como "o que teria acontecido se Napoleão tivesse vencido a Batalha de Waterloo?". Pode incluir perguntas mais interessantes como: por que a história intelectual da Alemanha e da Áustria do século XIX, da Inglaterra e da Escócia do século XVIII, foram tão diferentes, se cada par de países partilhava língua e cultura comuns? Pode, acima de tudo, incluir problemas de grande importância prática, como sabe todo economista que pensa ter descoberto uma receita para o crescimento econômico a partir do que funcionou de maneira excelente em algum país ou período, mas não em outro — por exemplo, na Suécia e Áustria mas não na Inglaterra.

As questões levantadas por esse conjunto não se referem tanto à pesquisa — ainda que também o possa fazer — quanto à metodologia: notadamente questões sobre estudos comparativos e contrafactuais. Afinal de contas, a história existe como uma disciplina separada, distinta de outras ciências sociais de inclinação histórica, porque nela as outras coisas nunca são iguais. Ela poderia ser definida como o estudo que *deve* investigar a relação que as coisas que não são iguais mantêm com as coisas que são iguais. Até mesmo em nível do aparentemente sem igual ou irrepetível — dos efeitos, digamos, da morte de Mao ou da chegada de Lênin à Estação Finlândia — que distinguia a história da anedota e do tipo de narrativa documentada sobre as quais tudo que podemos dizer é que são apenas tão estranhas quanto, ou mais estranhas ou (lamento dizer quase sempre) mais aborrecidas que a ficção. Há sinais de que ambos os exercícios, comparativo e contrafactual, estejam hoje interessando bastante aos historiadores, mas apenas posso dizer que não fomos muito longe com eles.

Passemos então à conclusão. A história fez progresso no século XX, um progresso arrastado e em zigue-zague, mas um progresso autêntico. Ao dizer isso estou dando a entender que ela pertence às disciplinas para as quais a palavra "progresso" pode se aplicar corretamente, que é possível chegar-se a um entendimento melhor de um processo que é objetivo e real, ou seja, o desenvolvimento histórico complexo, contraditório, mas não fortuito, das sociedades humanas do planeta. Sei que existem aqueles que o negam. É inevitável que a história esteja tão profundamente impregnada de ideologia e política que seu próprio tema e objetos sejam, de tempos em tempos, colocados em questão, especialmente quando se lembra que suas descobertas resultam em consequências políticas indesejáveis. Isso foi evidenciado pela história acadêmica alemã no período anterior e, de fato, posterior a 1914. E a história pode ser anulada em pura subjetividade, ou de outro modo reduzida, de sorte a não ser aberta à crítica das ciências naturais ou mesmo da maioria das ciências sociais reconhecidas.

O fato de que seja assim, de que nós, historiadores, operamos na zona nebulosa onde a investigação daquilo que *é* — e mesmo a escolha do que *é* — resulta afetada por quem somos e por aquilo que desejamos que aconteça ou não aconteça: este é um fato de nossa existência profissional. E, no entanto, temos um objeto. Justifico minha posição com o grande e negligenciado filósofo da história que escreveu seus notáveis *Prolegômenos à história universal* apenas há seiscentos anos — entre 1375 e 1381 —, Ibn Khaldun (ver acima, Prefácio, p. 10).

Contribuições importantes foram feitas no sentido de levar adiante o programa de Ibn Khaldun, desde que a história se tornou algo como uma disciplina reconhecida em meados do século XVIII. Algumas foram feitas durante minha existência. Quando olho para trás, para mais de trinta anos pesquisando, lecionando e escrevendo, espero que se possa dizer que também estou dando uma pequena contribuição. Mas mesmo que não esteja, mesmo que se negue haver progresso a ser feito, ninguém está em condições de negar que eu esteja aproveitando muitíssimo.

6. DA HISTÓRIA SOCIAL À HISTÓRIA DA SOCIEDADE

Este ensaio, que suscitou certa discussão na época, foi escrito originalmente para a conferência Estudos Históricos Hoje, organizada em 1970 em Roma por Daedalus, *o periódico da Academia Norte-americana de Artes e Ciências, tendo sido publicado no mesmo e no livro subsequente,* Estudos históricos hoje, *editado por Felix Gilbert e Stephen R. Graubard (Nova York, 1972), do qual constituiu o primeiro capítulo. Muito aconteceu em história social depois deste balanço de seu desenvolvimento até 1970, e que agora passou a ser também parte da história. O autor não pode fazer mais do que constatar com embaraçosa surpresa que o ensaio não continha nenhuma referência à história das mulheres. Como se sabe, esse campo mal começara a se desenvolver antes do final dos anos 1960, mas nem eu nem nenhum outro dos que contribuíram para o volume, entre os mais destacados na profissão — todos homens —, parece ter se dado conta da lacuna.*

I

O termo história social sempre foi difícil de definir, e até recentemente não havia nenhuma premência em defini-lo, já que não se haviam formado os interesses institucionais e profissionais que normalmente insistem em demarcações precisas. Falando em termos gerais, até o assunto entrar agora em voga — ou pelo menos o seu nome — era anteriormente mencionado em três acepções por vezes superpostas. Primeiro, referia-se à história das classes pobres ou inferiores, e mais especificamente à história de seus movimentos ("movimentos sociais"). O termo poderia até ser mais especializado, referindo-se, essencialmente, à história do trabalho e das ideias e organizações socialistas.

Por razões óbvias, esse vínculo entre a história social e a história do protesto social ou movimentos socialistas permaneceu forte. Diversos historiadores sociais foram atraídos para o tema porque eram radicais ou socialistas e como tal se interessavam por assuntos que para eles possuíam grande importância afetiva.[1]

Em segundo lugar, o termo era empregado em referência a trabalhos sobre uma diversidade de atividades humanas de difícil classificação, exceto em termos como "usos, costumes, vida cotidiana". Talvez por razões linguísticas, era, em grande parte, um emprego anglo-saxão, já que a língua inglesa carece de termos adequados para aquilo que os alemães, que escreviam sobre assuntos similares — muitas vezes de uma maneira bastante superficial e jornalística —, chamavam *Kultur* — ou *Sittengeschichte*. Esse tipo de história social não era especificamente voltado para as classes inferiores — de fato, era antes o oposto, embora seus profissionais politicamente mais radicais tendessem a considerá-las. Constituía a base tácita do que se pode chamar visão residual da história social, proposta pelo falecido G. M. Trevelyan em sua *English Social History* (1944) como "história com a política deixada de fora". Não é preciso nenhum comentário.

O terceiro significado do termo era certamente o mais comum e para o nosso objetivo aqui o mais pertinente: "social" era empregado em combinação com "história econômica". De fato, fora do mundo anglo-saxão, era característica dos títulos de periódicos especializados nessa área, antes da Segunda Guerra Mundial, sempre (segundo imagino) colocarem juntas as duas palavras, como na *Vierteljahrschrift für Sozial u. Wirtschaftsgeschichte*, na *Révue d'Histoire E. & S.*, ou nos *Annales d'Histoire E. & S.* Deve-se admitir que a metade econômica dessa combinação era visivelmente preponderante. Quase não havia nenhuma história social de calibre equivalente que pudesse ser colocada ao lado dos numerosos volumes dedicados à história econômica de diversos países, períodos e temas. Na verdade, não havia muitas histórias econômicas e sociais. Antes de 1939 poucas obras desse teor podem ser lembradas, por vezes escritas por autores reconhecidamente importantes (Pirenne, Mikhail Rostovtzeff, J. W. Thompson, talvez Dopsch), e a literatura monográfica ou periódica era ainda mais esparsa. Não obstante, o vínculo habitual entre o econômico e o social, fosse nas definições do campo geral de especialização histórica ou sob a rubrica mais especializada da história econômica, é significativo.

Manifestava o desejo de uma abordagem da história sistematicamente diferente da abordagem rankeana clássica. O que interessava a esses historiadores era a evolução da economia, e esta, por sua vez, os interessava porque esclarecia a estrutura e as mudanças da sociedade, e, mais especificamente, a relação entre classes e grupos sociais, como admitia George Unwin.[2] Essa dimensão social transparece tanto na obra de historiadores econômicos mais estritos quanto na de historiadores econômicos mais cautelosos, desde que se pretendiam historiadores. Até mesmo J. H. Clapham afirmava que, dentre todas as variedades de história, a econômica era a mais fundamental porque era o fundamento da sociedade.[3] Pode-se sugerir que a preponderância do econômico sobre o social nessa combinação era devida a duas razões. Em parte, decorria de uma visão da teoria econômica que se recusava a isolar elementos econômicos de elementos sociais, institucionais e outros, como entre os marxistas e a escola histórica alemã, e em parte da mera vantagem de saída da economia em relação às outras ciências sociais. Se a história devia se integrar às ciências sociais, era com a economia que ela devia chegar a um acordo. É possível ir mais adiante e argumentar (com Marx) que, apesar da inseparabilidade essencial do econômico e do social na sociedade humana, a base analítica de uma investigação histórica da evolução das sociedades humanas deve ser o processo de produção social.

Nenhuma das três versões de história social produziu um campo acadêmico especializado em história social até os anos 1950, ainda que em certa oportunidade os famosos *Annales* de Lucien Febvre e Marc Bloch tenham abolido a metade econômica de seu subtítulo e se proclamado puramente sociais. Porém, isso foi um desvio temporário dos anos da guerra, e o título pelo qual esse grande periódico é agora conhecido há um quarto de século — *Annales: Économies, Sociétés, Civilisations* —, como também a natureza de seu conteúdo, refletem as metas originais e essencialmente globais e abrangentes de seus fundadores. Nem o tema em si nem a discussão de seus problemas conheceram um desenvolvimento efetivo antes de 1950. Os periódicos que se especializaram no assunto, ainda poucos em número, apenas foram fundados ao final dos anos 1950: talvez possamos considerar os *Comparative Studies in Society and History* (1958) como o primeiro. Portanto, como especialização acadêmica, a história social é bastante nova.

O que explica o rápido desenvolvimento e crescente emancipação da história social nos últimos vinte anos? A pergunta poderia ser respondida em termos de mudanças técnicas e institucionais no interior de disciplinas acadêmicas das ciências sociais: a especialização deliberada da história econômica para se ajustar às exigências da teoria e da análise econômica em rápido desenvolvimento, do qual a "nova história econômica" é um exemplo; o crescimento notável e mundial da sociologia como tema e moda acadêmicos, que por sua vez demandou ramos históricos auxiliares análogos aos demandados pelos departamentos de economia. Não podemos negligenciar esses fatores. Muitos historiadores (como os marxistas), que anteriormente haviam se rotulado como econômicos porque as questões em que estavam interessados simplesmente não eram incentivadas ou sequer consideradas pela história geral ortodoxa, viram-se expulsos de uma história econômica que rapidamente se estreitava e aceitaram ou acolheram de bom grado o título de "historiadores sociais", principalmente se eram deficientes em matemática. É improvável que, na atmosfera dos anos 1950 e início dos 1960, alguém como R. H. Tawney tivesse sido bem-vindo entre os historiadores econômicos caso fosse um jovem pesquisador e não o presidente da Economic History Society. Porém, essas redefinições acadêmicas e viradas profissionais não explicam muita coisa, embora não possam ser desconsideradas.

Muito mais significativa foi a historicização geral das ciências sociais ocorrida durante esse período, e hoje pode parecer, retrospectivamente, seu desenvolvimento mais importante. Para meu presente objetivo, não é necessário explicar essa mudança, mas é impossível deixar de ressaltar o imenso significado das revoluções e lutas de emancipação política e econômica dos países coloniais e semicoloniais. Com elas, governos, organizações internacionais e de pesquisa, e consequentemente os cientistas sociais, passaram a atentar para o que são, essencialmente, problemas de transformações históricas. Eram assuntos que até então ficavam do lado de fora ou, na melhor das hipóteses, às margens da ortodoxia acadêmica nas ciências sociais, e estavam sendo progressivamente abandonados pelos historiadores.[4]

Em todo caso, perguntas e conceitos essencialmente históricos (às vezes, como no caso de "modernização" ou "crescimento econômico", conceitos excessivamente crus) cativaram mesmo a disciplina até então mais imune à história, quando não, de fato, francamente hostil a ela, como a antropologia social de Radcliffe-Brown. Essa infiltração progressiva da história talvez seja mais evidente na economia, na qual um campo inicial da economia do crescimento, cujas premissas, embora muito mais sofisticadas, eram como receitas de livro de arte culinária ("Leve as quantidades seguintes de ingredientes a até n, misture e cozinhe, e o resultado será a decolagem para o crescimento autossustentado"), obteve sucesso pela crescente constatação de que fatores externos à economia também determinam o desenvolvimento econômico. Em resumo, hoje é impossível levar adiante muitas atividades do cientista social de uma maneira que não seja trivial sem chegar a um acordo com a estrutura social e suas transformações: sem a história das sociedades. É um paradoxo curioso que os economistas começavam a tatear em busca de alguma compreensão dos fatores sociais (ou, de qualquer modo, não estritamente econômicos) no mesmo momento em que os historiadores econômicos, assimilando os modelos dos economistas de quinze anos antes, estavam tentando parecer mais rigorosos que flexíveis mediante o esquecimento de tudo que não fosse equações e estatísticas.

O que podemos concluir a partir desse exame sumário do desenvolvimento histórico da história social? Quase não pode servir de guia adequado à natureza e tarefas do tema em pauta, embora possa explicar por que certos assuntos mais ou menos heterogêneos de pesquisa passaram a ser frouxamente agrupados sob esse título geral, e como os desenvolvimentos em outras ciências sociais prepararam o terreno para o estabelecimento de uma teoria acadêmica especificamente demarcada como tal. No máximo pode nos proporcionar algumas sugestões, entre as quais pelo menos uma é digna de ser imediatamente mencionada.

Um levantamento sobre o passado da história social parece mostrar que seus melhores praticantes sempre se sentiram incomodados com o próprio termo. Preferiram, como os grandes franceses a quem tanto devemos, descrever a si mesmos ora simplesmente como historiadores, e sua meta como a história "total" ou "global", ora como homens que buscavam integrar as contribuições de todas as ciências sociais relevantes à história, em lugar de exemplificar alguma delas. Marc Bloch, Fernand Braudel e Georges Lefebvre não são nomes que possam ser rotulados como historiadores sociais, exceto na medida em que aceitaram a afirmação de Fustel de Coulanges de que "a história não é a acumulação de todos os tipos de eventos que aconteceram no passado. É a ciência das sociedades humanas".

A história social nunca pode ser mais uma especialização, como a história econômica ou outras histórias hifenizadas, porque seu tema não pode ser isolado. É possível definir certas atividades humanas como econômicas, pelo menos para fins analíticos, e depois estudá-las historicamente. Embora isso possa ser (exceto para certos propósitos definíveis) artificial ou irreal, não é impraticável. Quase do mesmo modo, embora em um nível teórico mais baixo, a velha modalidade de história das ideias, que isolava as ideias escritas de seu contexto humano e acompanhava sua adoção de um escritor para outro, também é possível, desde que se queira fazer esse tipo de coisa. Mas os aspectos sociais ou societários da essência do homem não podem ser separados dos outros aspectos de seu ser, exceto à custa da tautologia ou da extrema banalização. Não podem ser separados, mais que por um momento, dos modos pelos quais os homens obtêm seu sustento e seu ambiente material. Nem por um só momento podem ser separados de suas ideias, já que suas mútuas relações são expressas e formuladas em linguagem que implica conceitos no momento mesmo em que abrem a boca. E assim por diante. O historiador das ideias pode (por sua conta e risco) não dar a mínima para a economia, e o historiador econômico não dar a mínima para Shakespeare, mas o historiador social que negligencia um dos dois não irá muito longe. Inversamente, conquanto seja extremamente improvável que uma monografia sobre poesia provençal seja história econômica, ou uma monografia sobre inflação no século XVI seja história das ideias, ambas poderiam ser tratadas de modo a torná-las história social.

II

Voltemos do passado para o presente e consideremos os problemas de se escrever a história da sociedade. A primeira pergunta diz respeito ao que podem os historiadores sociais obter das outras ciências sociais, ou até que ponto, de fato, seu objeto é ou deve ser meramente a ciência da sociedade, na medida em que ela lida com o passado. A pergunta é natural, embora a experiência das últimas duas décadas sugira duas respostas diferentes para ela. Está claro que a história social, a partir de 1950, foi poderosamente moldada e estimulada não só pela estrutura profissional das outras ciências sociais (por exemplo, as exigências acadêmicas específicas para estudantes universitários) e pelos seus métodos e técnicas, mas também por suas questões. Quase não é exagero dizer que a recente proliferação de estudos sobre a Revolução Industrial inglesa, assunto outrora grosseiramente negligenciado por seus próprios especialistas porque duvidavam da validade do conceito de revolução industrial, deve-se basicamente à ânsia dos economistas (por sua vez, refletindo, sem dúvida, a dos governos e planejadores) em descobrir como ocorrem as revoluções industriais, o que as faz acontecer, e quais as suas consequências sociopolíticas. Com certas exceções notáveis, o fluxo de incentivo nos últimos vinte anos foi unidirecional. Por outro lado, se considerarmos os recentes desenvolvimentos em uma outra direção, ficaremos admirados com a óbvia convergência de trabalhadores de diferentes disciplinas para problemas sócio-históricos. O estudo de fenômenos milenaristas é um caso desse tipo, e entre os autores que escrevem a respeito encontramos egressos da antropologia, sociologia, ciência política, história, para não falar dos estudantes de literatura e religiões — mas não, até onde sei, da economia. Observa-se também que autores com outras formações profissionais passam, pelo menos temporariamente, a se dedicar a obras que os historiadores considerariam históricas, como acontece com Charles Tilly e Neil Smelser, da sociologia, Eric Wolf, da antropologia, Everett Hagen e Sir John Hicks, da economia.

Entretanto, talvez seja melhor considerar a segunda tendência não como convergência mas como conversão, já que não se deve nunca esquecer que, se os cientistas sociais não historiadores começaram a fazer perguntas propriamente históricas e a pedir respostas aos historiadores, é porque eles mesmos não as têm. E se às vezes se converteram em historiadores, é porque os membros praticantes de nossa disciplina, com a exceção notável dos marxistas e outros — não necessariamente *marxizantes* — que aceitam uma problemática similar, não forneceram as respostas.[5] Além disso, apesar de existirem hoje alguns cientistas sociais de outras disciplinas que se especializaram em nosso campo o bastante para merecerem respeito, existem outros que meramente aplicaram uns poucos conceitos e modelos grosseiros e mecanicistas. Para cada *Vendée* de um Tilly há, infelizmente, várias dúzias de *Stages...* de Rostow. Deixo de lado inúmeros outros que se aventuraram no difícil território das fontes históricas sem um conhecimento adequado dos perigos que tendem a ser ali encontrados, ou dos meios de evitá-los e superá-los. Em resumo, a situação no momento é tal que os historiadores, com toda sua disposição de aprender com outras disciplinas, são mais instados a ensinar do que a aprender. A história da sociedade não pode ser escrita mediante a aplicação dos parcos modelos disponíveis de outras ciências; requer a construção de modelos novos e adequados — ou, pelo menos (afirmariam os marxistas), a transformação dos esboços existentes em modelos.

É claro que isso não é verdade quanto a técnicas e métodos, em que os historiadores já contam com uma considerável dívida líquida a saldar e incorrerão, ou pelo menos deveriam incorrer, em dívidas ainda mais pesadas e sistemáticas. Não pretendo discutir esse aspecto do problema da história da sociedade, mas um ou dois pontos merecem consideração de passagem. Dada a natureza de nossas fontes, dificilmente podemos ir muito além de uma combinação entre a hipótese alusiva e sua justa ilustração anedótica sem as técnicas para a descoberta, o agrupamento e tratamento estatístico de enormes quantidades de dados, quando necessário com a ajuda da divisão do trabalho de pesquisa e dispositivos tecnológicos há muito desenvolvidos por outras ciências sociais. No extremo oposto, experimentamos igual necessidade das técnicas para a observação e análise em profundidade de indivíduos específicos, pequenos grupos e situações que também foram desbravados fora da história, e que podem ser adaptadas aos nossos objetivos — por exemplo, a observação participante dos antropólogos sociais, a entrevista--em-profundidade, talvez até métodos psicanalíticos. No mínimo, essas várias técnicas podem estimular a procura de adaptações e equivalentes em nosso campo que podem ajudar a responder questões de outro modo impenetráveis.[6]

Tenho muitas dúvidas acerca da perspectiva de transformar a história social em uma retroprojeção da sociologia, a partir da transformação da história econômica em teoria econômica retrospectiva, porque essas disciplinas, no momento, não nos oferecem modelos úteis ou estruturas analíticas para o estudo de transformações socioeconômicas *históricas* de longo prazo. De fato, o grosso de sua reflexão não se preocupou, ou sequer se interessou por tais transformações, exceção feita a tendências como o marxismo. Além disso, pode-se afirmar que em aspectos importantes seus modelos analíticos foram sistematicamente desenvolvidos, e de modo muito vantajoso, mediante a abstração da mudança histórica. Eu diria que isso é notadamente verdadeiro para a sociologia e a antropologia social.

Os fundadores da sociologia certamente tinham uma preocupação histórica maior que a principal escola da economia neoclássica (apesar de não necessariamente maior que a da escola original dos economistas políticos clássicos), mas sua ciência, como um todo, é menos desenvolvida. Stanley Hoffmann apontou acertadamente para a diferença entre os "modelos" dos economistas e as "listas de checagem" dos sociólogos e antropólogos.[7] Talvez sejam mais que meras listas de checagem. Essas ciências também nos propiciaram certas visões, padrões de possíveis estruturas compostas de elementos que podem ser permutados e combinados de diversas maneiras, vagos sucedâneos para a cadeia de Kekulé vislumbrada no topo do ônibus, mas com a desvantagem de não poderem ser comprovados. Na melhor das hipóteses, esses padrões estruturais-funcionais podem ser elegantes e heuristicamente úteis, pelo menos para alguns. Em um nível mais modesto, podem nos proporcionar metáforas, conceitos ou termos úteis (como "papel"), ou ajudas convenientes na ordenação de nosso material.

Além disso, afora sua deficiência como modelos, pode-se argumentar que as construções teóricas da sociologia (ou da antropologia social) obtiveram seu maior êxito pela exclusão da história, que é a mudança direcional ou orientada.[8] Em termos gerais, os padrões estruturais-funcionais esclarecem o que as sociedades têm em comum a despeito de suas diferenças, ao passo que nosso problema está naquilo que não têm em comum. Não se trata do que as tribos amazônicas de Lévi-Strauss podem esclarecer sobre a sociedade moderna (na verdade, sobre qualquer sociedade), mas sobre como a humanidade passou do homem das cavernas para o industrialismo moderno ou pós-industrialismo, e que mudanças na sociedade se associaram a esse progresso, ou foram necessárias para que ele acontecesse, ou foram consequências do mesmo. Ou, para empregar outro exemplo, não se trata de observar a necessidade permanente de todas as sociedades humanas se abastecerem de comida pelo crescimento ou, de outro modo, pela sua aquisição, mas o que acontece quando essa função, após ser predominantemente cumprida (desde a revolução do neolítico) pela classe dos camponeses que constituíam a maioria de suas sociedades, passa a ser desempenhada por pequenos grupos de outros tipos de produtores agrícolas e pode vir a ser desempenhada de forma não agrícola. Como isso acontece e por quê? Não acredito que a sociologia e a antropologia social, por mais úteis que sejam, possam nos fornecer atualmente muita orientação.

Por outro lado, embora eu continue cético quanto à teoria econômica mais corrente fornecer uma estrutura para a análise histórica das sociedades (e portanto das afirmações da nova história econômica), inclino-me a pensar que seja grande o possível valor da economia para o historiador da sociedade. Ela não pode deixar de abordar o que constitui um elemento essencialmente dinâmico na história, isto é, o processo — e, em termos globais e numa escala de longa duração, o progresso — da produção social. Na medida em que o faz, ela tem embutida em si, como percebeu Marx, o desenvolvimento histórico. Para dar um exemplo simples: o conceito de "excedente econômico", que o falecido Paul Baran retomou e tão bem utilizou,[9] é indiscutivelmente fundamental para todo historiador do desenvolvimento das sociedades, e não só me parece mais objetivo e quantificável, como também mais básico, em termos de análise, que, digamos, a dicotomia *Gemeinschaft-Gesellschaft*. Claro que Marx sabia que os modelos econômicos, para serem úteis à análise histórica, não podem ser separados das realidades sociais e institucionais que incluem certos tipos básicos de organização comunal ou familiar, para não falar das estruturas e premissas específicas a formações socioeconômicas particulares enquanto culturas. No entanto, embora não seja à toa que Marx seja considerado um dos principais fundadores do pensamento sociológico moderno (sem reservas e por seus seguidores e críticos), fica o fato de que seu principal projeto intelectual, *Das Kapital*, assumiu a forma de uma obra de análise econômica. Não somos obrigados a concordar nem com suas conclusões, nem com sua metodologia. Mas seríamos imprudentes em negligenciar a prática do pensador que, mais do que nenhum outro, definiu ou sugeriu o conjunto de perguntas históricas para as quais são atraídos hoje os cientistas sociais.

III

Como devemos escrever a história da sociedade? Não me é possível produzir aqui uma definição ou modelo do que queremos dizer com sociedade, ou mesmo uma lista de checagem do que queremos saber sobre sua história. Mesmo que pudesse, não sei o quanto isso seria proveitoso. Porém, pode ser útil apresentar um pequeno e diversificado sortimento de placas de direção ou advertência para o trânsito futuro.

(1) A história da sociedade é *história*; ou seja, ela tem como uma de suas dimensões o tempo cronológico real. Não estamos preocupados apenas com estruturas e seus mecanismos de persistência e mudança, e com as possibilidades gerais e padrões de suas transformações, mas também com o que de fato aconteceu. Se o estamos, então (como Fernand Braudel nos lembrou em seu artigo sobre "História e longa duração"),[10] não somos historiadores. A história *conjectural* tem um lugar em nossa disciplina, mesmo que seu valor principal seja nos ajudar a avaliar as possibilidades do presente e do futuro, em vez do passado, onde seu lugar é ocupado pela história *comparativa*: mas o que temos que explicar é a história atual. O possível desenvolvimento ou não desenvolvimento do capitalismo na China imperial importa-nos apenas na medida em que ajuda a explicar o fato concreto de que esse tipo de economia se desenvolveu plenamente, pelo menos como ponto de partida, em uma e apenas uma região do mundo. Esse desenvolvimento, por sua vez, pode ser proveitosamente

comparado (novamente à luz de modelos gerais) com a tendência de outros sistemas de relações sociais — por exemplo, o sistema feudal geral — de se desenvolverem muito mais frequentemente e em maior número de áreas. A história da sociedade é, portanto, uma colaboração entre modelos gerais de estrutura e mudança social e o conjunto específico de fenômenos que de fato aconteceram. Isso é verdade e independe da escala geográfica ou cronológica utilizada em nossas investigações.

(2) A história da sociedade é, entre outras coisas, a história de unidades específicas de pessoas que vivem juntas, unidades que são definíveis em termos sociológicos. É a história das sociedades e também da sociedade humana (em oposição à sociedade de, digamos, macacos e formigas), ou de certos tipos de sociedade e suas possíveis relações (em termos como "burguês" ou "sociedade pastoril"), ou do desenvolvimento geral da humanidade considerada como um todo. A definição de uma sociedade nessa acepção suscita questões complexas, mesmo supondo que estamos definindo uma realidade objetiva, como parece provável, a menos que rejeitemos como ilegítimas declarações como "a sociedade japonesa em 1930 era diferente da sociedade inglesa". Isso porque, mesmo que eliminemos as confusões entre usos diferentes da palavra "sociedade", enfrentamos problemas (a) porque o tamanho, complexidade e amplitude dessas unidades variam, por exemplo, em diferentes períodos históricos ou fases de desenvolvimento; e (b) porque aquilo que chamamos de sociedade é simplesmente um dentre vários conjuntos de inter-relações humanas de escala e amplitude variada, nos quais as pessoas podem ser classificadas ou classificam a si mesmas, muitas vezes com simultaneidade e superposições. Em casos extremos como os das tribos da Nova Guiné ou do Amazonas, esses diversos conjuntos podem definir o mesmo grupo de pessoas, embora esse fato seja um tanto improvável. Mas normalmente esse grupo não corresponde nem a unidades sociológicas pertinentes como a comunidade, nem a certos sistemas mais amplos de relações, dos quais a sociedade constitui uma parte, e que podem ser essenciais a seu funciona-

mento (como o conjunto das relações econômicas) ou não (como as relações culturais).

A Cristandade ou o Islã existem e são reconhecidos como autoclassificações, mas embora possam definir uma *classe* de sociedades que compartilham certas características comuns, não são sociedades na acepção na qual empregamos a palavra ao falar sobre os gregos ou a Suécia moderna. Por outro lado, conquanto em muitos sentidos Detroit e Cuzco sejam hoje parte de um único sistema de inter-relações funcionais (por exemplo, parte de um só sistema econômico), poucos considerariam essas cidades como parte da mesma sociedade, em termos sociológicos. Tampouco consideraríamos como uma sociedade única as sociedades dos romanos ou dos han e as dos bárbaros que evidentemente participavam de um sistema mais amplo de inter-relações com aqueles. Como definimos essas unidades? É muito difícil dizer, embora muitos de nós resolvamos — ou contornemos — o problema escolhendo algum critério externo: territorial, étnico, político ou similar. Mas nem sempre isso é satisfatório. O problema é mais que metodológico. Um dos temas principais da história das sociedades modernas é o aumento em sua escala, em sua homogeneidade interna, ou, pelo menos, no caráter central e imediato das relações sociais, a mudança de uma estrutura essencialmente pluralista para uma estrutura essencialmente unitária. Nessa investigação, os problemas de definição se tornam muito complicados, como sabe todo estudante do desenvolvimento das sociedades nacionais ou, no mínimo, dos nacionalismos.

(3) A história das sociedades exige que apliquemos, se não um modelo formalizado ou elaborado de tais estruturas, pelo menos uma ordem aproximada de prioridades de pesquisa e uma hipótese de trabalho sobre o que constitui o nexo central ou complexo de conexões de nosso tema, ainda que, naturalmente, essas coisas impliquem um modelo. Todo historiador social de fato levanta tais hipóteses e sustenta tais prioridades. Por isso, duvido que algum historiador do Brasil do século XVIII atribua ao catolicismo daquela sociedade prioridade analítica

em relação à escravidão, ou que algum historiador da Inglaterra do século XIX considere o parentesco como um nexo social tão fundamental quanto o faria para a Inglaterra anglo-saxã.

Um consenso tácito entre os historiadores parece ter estabelecido um modelo operacional bastante comum desse tipo, com variantes. Parte-se do ambiente material e histórico, passa-se para as forças e técnicas produtivas (entrando a demografia em algum ponto intermediário), a estrutura da economia resultante — divisão do trabalho, troca, acumulação, distribuição do excedente e assim sucessivamente — e as relações sociais daí derivadas. Essas poderiam ser seguidas pelas instituições e a imagem da sociedade e seu funcionamento que lhes são subjacentes. A forma da estrutura social é assim estabelecida, e suas características específicas e detalhes, na medida em que derivam de outras fontes, podem ser então determinados, na maioria das vezes por estudo comparativo. Dessa forma, a prática é operar para fora e acima do processo de produção social em sua situação específica. Os historiadores serão tentados, a meu ver acertadamente, a escolher uma determinada relação ou complexo de relações como central e específico da sociedade (ou tipo de sociedade) em questão, e a agrupar o resto da abordagem ao seu redor — por exemplo, as "relações de interdependência" de Bloch em sua *Feudal Society* [Sociedade feudal], ou as que derivam da produção industrial, possivelmente na sociedade industrial, certamente em sua forma capitalista. Uma vez estabelecida a estrutura, ela deve ser vista em seu movimento histórico. Na dicção francesa, a "estrutura" deve ser vista na "conjuntura", embora este termo não deva ser considerado como excluindo outras formas e padrões de mudança histórica, talvez mais relevantes. Uma vez mais a tendência é tratar os movimentos econômicos (na acepção mais ampla) como a espinha dorsal de tal análise. As tensões às quais a sociedade está exposta no processo de mudança histórica e transformação permitem então que o historiador exponha, em primeiro lugar, o mecanismo geral pelo qual as estruturas da sociedade tendem simultaneamente a perder e restabelecer seus equilíbrios e, em segundo lugar, os fenômenos que tradicionalmente são o tema de interesse dos historiadores sociais, como, por exemplo, consciência coletiva, movimentos sociais e a dimensão social das mudanças intelectuais e culturais.

Meu objetivo ao resumir o que acredito — talvez erroneamente — ser um plano de trabalho amplamente aceito pelos historiadores sociais não é o de recomendá-lo, embora pessoalmente eu lhe seja favorável. É antes o contrário: sugerir que tentemos tornar explícitas as hipóteses implícitas sobre as quais trabalhamos e perguntar a nós mesmos se esse plano é de fato o melhor para a formulação da natureza e estrutura das sociedades e dos mecanismos de suas transformações (ou estabilizações) históricas, se outros planos de trabalho baseados em outras perguntas podem ser compatibilizados com ele, ou ser preferíveis a ele, ou se podem simplesmente se superpor para produzir o equivalente histórico daqueles quadros de Picasso que exibem simultaneamente o rosto inteiro e o perfil.

Em suma, se como historiadores da sociedade devemos ajudar produzindo — para o benefício de todas as ciências sociais — modelos válidos da dinâmica sócio-histórica, teremos que estabelecer uma maior unidade entre nossa prática e nossa teoria, o que, nessa altura do jogo, provavelmente signifique, em primeira instância, observar o que estamos fazendo, generalizá-lo e corrigi-lo à luz dos problemas que surgirão de nossa prática ulterior.

IV

Por conseguinte, gostaria de concluir examinando a prática efetiva da história social nos últimos dez ou vinte anos para vislumbrar as futuras abordagens e problemas por ela sugeridos. Esse procedimento tem a vantagem de se ajustar tanto às inclinações profissionais do historiador quanto ao pouco que sabemos sobre o efetivo progresso das ciências. Que tópicos e problemas atraíram mais atenção nos últimos anos? Quais são os pontos de crescimento? O que as pessoas interessantes estão fazendo? As respostas a essas perguntas não esgotam a análise, mas sem elas não podemos ir muito longe. O consenso dos pesquisadores pode estar enganado, ou distorcido pela moda ou — como é obviamente o caso em um campo como o do estudo da desordem pública — pelo impacto de exigências políticas e administrativas, mas é por nossa conta e risco que o negligenciamos. O progresso da ciência decorreu menos da tentativa de definir perspectivas e programas *a priori* — se fosse esse o caso, deveríamos estar agora curando o câncer — que de uma convergência obscura e muitas vezes simultânea rumo a perguntas que merecem ser feitas e, sobretudo, àquelas que estão maduras para uma resposta. Vejamos o que tem ocorrido, pelo menos na medida de seu reflexo na visão impressionista de um observador.

Gostaria de sugerir que o grosso do trabalho interessante em história social nos últimos dez ou quinze anos se agrupou em torno dos seguintes tópicos ou complexos de questões:

1. demografia e parentesco;
2. estudos urbanos na medida em que estes se incluam em nosso campo;
3. classes e grupos sociais;
4. a história das "mentalidades" ou consciência coletiva ou da "cultura" na acepção dos antropólogos;
5. a transformação das sociedades (por exemplo, modernização ou industrialização);
6. movimentos sociais e fenômenos de protesto social.

Os primeiros dois grupos podem ser deixados de fora porque já se institucionalizaram como campos, independentemente da importância de seu tema, e são hoje dotados de sua própria organização, metodologia e sistema de publicações. A demografia histórica é um campo frutífero em rápido crescimento e se apoia menos em um conjunto de problemas que em uma inovação técnica em pesquisa (a reconstituição familiar) que possibilita deduzir resultados interessantes a partir de material até agora considerado refratário ou esgotado (registros paroquiais). Dessa forma, ela abriu uma nova classe de fontes cujas características, por sua vez, levaram à formulação de perguntas. O interesse principal da demografia histórica para os historiadores sociais reside em seu esclarecimento de certos aspectos da estrutura e comportamento da família, das trajetórias de vida pessoais em períodos distintos, e das mudanças intergeracionais. Esses aspectos são importantes embora limitados pela natureza das fontes — mais limitados que o admitido pelos baluartes mais entusiastas do tema, e certamente insuficientes por si mesmos para fornecer a estrutura de análise de "The World We Have Lost" [O mundo que perdemos]. Não obstante, a importância fundamental desse campo é inquestionável, e serviu para incentivar o uso de técnicas quantitativas estritas. Um efeito bem-vindo, ou efeito colateral, foi o de despertar um maior interesse por problemas históricos da estrutura de parentesco. Sem esse incentivo, os historiadores sociais poderiam não ter demonstrado tal interesse, embora não se deva desprezar um modesto efeito de demonstração da antropologia social. A natureza e perspectivas desse campo foram suficientemente debatidas e podem prescindir aqui de maiores discussões.

A história urbana também possui certa unidade tecnologicamente determinada. Cada cidade em si é, normalmente, uma unidade geograficamente limitada e coerente, muitas vezes com sua documentação específica e, com muito mais frequência, de um tamanho que se presta à pesquisa em nível de PhD. Reflete também a urgência dos problemas urbanos que cada vez mais se tornaram os principais — ou pelo menos os mais dramáticos — problemas de planejamento e administração social nas sociedades industriais modernas. Ambas as influências tendem a fazer da história urbana um recipiente enorme com conteúdos mal definidos, heterogêneos e às vezes indiscriminados. Inclui qualquer coisa sobre cidades. Mas está claro que levanta problemas singularmente pertinentes para a história social, pelo menos no sentido de que a cidade nunca pode ser um referencial analítico para a macro-história econômica (porque economicamente deve ser parte de um sistema maior) e, em termos políticos, só raramente é encontrada como cidade-Estado autossuficiente. É essencialmente um organismo de seres humanos vivendo juntos de um determinado modo, e o processo característico da urbanização nas sociedades modernas faz dela, pelo menos até o presente, a forma na qual vive a maioria das pessoas.

Os problemas técnicos, sociais e políticos da cidade surgem essencialmente das interações de massas de seres humanos vivendo em estreita proximidade; e até mesmo as ideias sobre a cidade (na medida em que esta não seja um mero palco para a exibição do poder e da glória de algum monarca) são as ideias nas quais os homens — a partir do Livro do Apocalipse — tentaram expressar suas aspirações em torno das comunidades humanas. Além disso, nos últimos séculos a cidade, mais que qualquer outra instituição, aumentou e aguçou os problemas da mudança social rápida. É quase desnecessário dizer que os historiadores sociais que se agruparam em torno dos estudos urbanos estão conscientes disso.[11] Pode-se dizer que têm procurado no escuro uma visão da história urbana como paradigma da mudança social. Tenho dúvidas sobre essa possibilidade, pelo menos para o período que vai até o presente. Também duvido que se tenham produzido até agora muitos estudos globais realmente importantes sobre as grandes cidades da era industrial, considerando a enorme quantidade de trabalho nesse campo. Porém, a história urbana precisa continuar a ser uma preocupação central dos historiadores da sociedade, no mínimo porque revela — ou pode revelar — os aspectos específicos de mudança e estrutura societária com que os sociólogos e os psicólogos sociais estão singularmente preocupados.

Os outros grupamentos de concentração não foram até agora institucionalizados, embora um ou dois possam estar se aproximando dessa fase de desenvolvimento. A história das classes e grupos sociais claramente se desenvolveu a partir da premissa comum de que nenhum entendimento da sociedade é possível sem uma compreensão dos principais componentes de todas as sociedades não mais fundadas primordialmente no parentesco. Em nenhum campo o avanço tem sido mais impressionante e — dada a negligência dos historiadores no passado — mais necessário. A mais sucinta lista das obras mais significativas em história social deve incluir as de Lawrence Stone sobre a aristocracia elisabetana, E. Le Roy Ladurie sobre os camponeses do Languedoc, Edward Thompson sobre a formação da classe trabalhadora inglesa, Adeline Daumard sobre a burguesia parisiense; mas trata-se apenas dos cumes do que já é uma considerável cadeia de montanhas. Comparado a esses, o estudo de grupos sociais mais restritos — profissões, por exemplo — foi menos significativo.

A novidade do empreendimento foi sua ambição. Classes, ou relações específicas de produção como a escravidão, estão sendo consideradas hoje sistematicamente na escala de uma sociedade, seja em comparação intersocietária, seja como tipos gerais de relação social. Também são hoje consideradas em profundidade, ou seja, em todos os aspectos da existência social, relações e comportamento. Isso é novo, e as realizações já são notáveis, embora o trabalho mal tenha começado — se excluirmos campos de atividade particularmente intensa, como o estudo comparativo da escravidão. Não obstante, pode-se discernir uma série de dificuldades, e talvez não sejam despropositadas algumas palavras a seu respeito.

(1) A massa e diversidade do material para esses estudos são tais que a técnica de artesão pré-industrial dos historiadores mais velhos é claramente inadequada. Exigem a cooperação de uma equipe de trabalho e a utilização de equipamento técnico moderno. Eu arriscaria o palpite de que os volumosos trabalhos de erudição individual marcarão as fases iniciais desse tipo de pesquisa, mas darão lugar, por um lado, a projetos cooperativos sistemáticos e, por outro, a tentativas periódicas (e provavelmente ainda individuais) de síntese. Isso é evidente no campo de trabalho com que estou mais familiarizado, a história da classe operária. Mesmo o trabalho isolado mais ambicioso — o

de E. P. Thompson — não é mais que um grande torso, embora aborde um período bem pequeno. (A obra titânica de Jürgen Kuczynski, *Geschichte der Lage der Arbeiter unter dem Kapitalismus* [História da situação dos trabalhadores sob o capitalismo], como seu título dá a entender, só se concentra em certos aspectos da classe operária.)

(2) O campo levanta dificuldades técnicas desanimadoras, mesmo onde existe clareza conceitual, especialmente no que diz respeito à mensuração da mudança ao longo do tempo — por exemplo, o fluxo para dentro e para fora de um grupo social específico, ou as mudanças na posse camponesa da terra. Podemos ter sorte bastante para dispor de fontes a partir das quais deduzir tais mudanças (por exemplo, os registros genealógicos da aristocracia e da pequena nobreza como grupo) ou a partir das quais construir o material para nossa análise (por exemplo, pelos métodos da demografia histórica, ou pelos dados em que se basearam os valiosos estudos sobre a burocracia chinesa). Mas o que fazer, digamos, com relação às castas indianas, que sabemos também terem contido tais movimentos, presumivelmente intergeracionais, mas sobre as quais até agora é impossível fazer sequer afirmações quantitativas aproximadas?

(3) Mais sérios são os problemas conceituais, que nem sempre foram enfrentados claramente pelos historiadores — um fato que não impede o trabalho eficaz (cavalos podem ser reconhecidos e montados por aqueles que não conseguem defini-los), mas que sugere que temos demorado a enfrentar os problemas mais gerais de estrutura e relações sociais e suas transformações. Esses problemas, por sua vez, aumentam os problemas técnicos, como os da especificação talvez variável da filiação de uma classe ao longo do tempo, o que complica o estudo quantitativo. Também suscita o problema mais geral da multidimensionalidade dos grupos sociais. Para dar alguns exemplos, há a bem conhecida dualidade marxista do termo "classe". Em certo sentido, é um fenômeno geral de toda história pós-tribal, em outro, é um produto da moderna sociedade burguesa. Em um sentido, quase um constructo analítico para

dar sentido a fenômenos de outro modo inexplicáveis; em outro, um grupo de pessoas de fato consideradas como pertencentes em conjunto à consciência de seu próprio grupo ou a de algum outro, ou a de ambos. Esses problemas de consciência, por sua vez, suscitam a questão da linguagem de classe — as terminologias variáveis, muitas vezes superpostas, e às vezes irreais de tal classificação contemporânea,[12] sobre a qual ainda sabemos muito pouco em termos quantitativos. (Aqui os historiadores poderiam examinar cuidadosamente os métodos e preocupações dos antropólogos sociais, e ao mesmo tempo buscar — como L. Girard e uma equipe da Sorbonne estão fazendo — o estudo quantitativo sistemático do vocabulário sociopolítico.)[13]

Além disso, existem gradações de classe. Para empregar a expressão de Theodore Shanin,[14] o campesinato de *O 18 Brumário* de Marx é uma "classe de baixa classidade", ao passo que o proletariado de Marx é uma classe de muito alta, talvez máxima, "classidade". Existem os problemas da homogeneidade ou heterogeneidade de classes; ou, o que pode ser quase a mesma coisa, de sua definição em relação a outros grupos e suas divisões internas e estratificações. No sentido mais geral, existe o problema da relação entre classificações, necessariamente estático em qualquer momento dado, e a realidade múltipla e variável por trás delas.

(4) A dificuldade mais séria bem pode ser aquela que nos remete diretamente para a história da sociedade. Surge do fato de que classe não define um grupo de pessoas em isolamento, mas um sistema de relações, tanto verticais quanto horizontais. Assim, é uma relação de diferença (ou semelhança) e de distância, mas também uma relação qualitativamente diferente de função social, de exploração, de dominação/sujeição. A pesquisa sobre classe deve portanto envolver o resto da sociedade da qual ela é parte. Donos de escravos não podem ser entendidos sem os escravos, e sem os setores não escravistas da sociedade. Poder-se-ia argumentar que, na autodefinição das classes médias europeias do século XIX, era essencial a capacidade de exercer poder sobre pessoas (fosse por propriedade, manuten-

ção de criados ou mesmo — pela estrutura familiar patriarcal — de esposas e crianças), embora sem ter poder direto exercido sobre si mesmas. Portanto, os estudos sobre classes, a menos que se limitem a um aspecto deliberadamente restrito e parcial, são análises da sociedade. Dessa forma, os mais marcantes, como o de Le Roy Ladurie, vão muito além dos limites de seu título.

Pode-se então sugerir que nos últimos anos a abordagem mais direta para a história da sociedade tenha surgido pelo estudo da classe nessa acepção mais ampla. Quer acreditemos que isso reflita uma percepção correta da natureza das sociedades pós-tribais, quer atribuamos isso somente à influência corrente da história *marxizante*, as perspectivas futuras desse tipo de pesquisa parecem brilhantes.

Em diversos sentidos, o recente interesse pela história das "mentalidades" marca uma abordagem ainda mais direta de problemas metodológicos fundamentais para a história social. Esse interesse em grande parte foi estimulado pelo interesse nas "pessoas comuns", presente em muitos dos que são atraídos para a história social. Ocupou-se muito do individualmente inarticulado, sem documentação e indefinido, e muitas vezes não se distingue de um interesse nos movimentos sociais ou em fenômenos mais gerais do comportamento social que hoje, felizmente, também inclui um interesse naqueles que não conseguem participar de tais movimentos — por exemplo, no conservador, além do militante ou do trabalhador passivamente socialista.

Esse simples fato encorajou uma abordagem especificamente dinâmica da cultura pelos historiadores, superior a estudos do tipo "cultura da pobreza", realizados por antropólogos, ainda que influenciados por seus métodos e experiência pioneira. Não consistiram tanto em um agregado de convicções e ideias, persistentes ou não — embora tenha havido muita reflexão valiosa sobre esses temas por parte, por exemplo, de Alphonse Dupront[15] —, quanto de ideias em ação, e, mais especificamente, em situações de tensão social e crise, como em *O grande medo* de Georges Lefebvre, que inspirou tantas obras subsequentes. A natureza das fontes para tal estudo raramente permitiu que o historiador se confinasse ao mero estudo e exposição factuais. Logo de saída ele era obrigado a construir modelos, quer dizer, encaixar seus dados parciais e dispersos em sistemas coerentes, sem os quais seriam pouco mais que anedóticos. O critério para tais modelos é ou deve ser o de que seus componentes se encaixem num conjunto e forneçam uma orientação, tanto para a natureza da ação coletiva em situações sociais específicas, quanto para seus limites.[16] O conceito de Edward Thompson de "economia moral" da Inglaterra pré-industrial talvez seja um desses modelos; minha própria análise do banditismo social tentou se basear em outro.

Na medida em que esses sistemas de crença e ação constituam, ou impliquem, imagens da sociedade como um todo (que podem ser, segundo a ocasião, imagens que ora visam a sua permanência, ora a sua transformação), e na medida em que correspondam a certos aspectos de sua realidade concreta, aproximam-nos mais do cerne de nosso trabalho. Na medida em que as melhores análises desse tipo abordaram sociedades tradicionais ou consuetudinárias, mesmo que, por vezes, sociedades sob o impacto da transformação social, seu alcance foi mais limitado. Para um período caracterizado pela mudança constante, rápida e fundamental, e por uma complexidade que coloca a sociedade muito além da experiência ou mesmo do domínio conceitual do indivíduo, os modelos que se podem deduzir da história da cultura provavelmente possuam um contato redutor das realidades sociais. Podem até mesmo não mais servir de ajuda à construção do padrão de aspiração da sociedade moderna ("como deveria ser a sociedade"). Isso porque a mudança básica provocada pela Revolução Industrial no campo do pensamento social foi a substituição de um sistema de convicções baseadas no *progresso* incessante rumo a metas que apenas podem ser especificadas como *processo*, para um sistema baseado na suposição de ordem permanente, o qual pode ser descrito ou ilustrado em termos de certo modelo social concreto, normalmente extraído do passado, real ou imaginário. As culturas do passado avaliaram sua própria sociedade em função de tais modelos específicos; as culturas do presente apenas podem avaliá-la em função de possibilidades. Todavia, a história das "mentalidades" foi útil para introduzir na história alguma coisa análoga à disciplina dos antropólogos sociais, e sua utilidade está muito longe de ter se esgotado.

Acredito que o benefício dos numerosos estudos sobre conflito social, dos tumultos às revoluções, exija uma avaliação mais cuidadosa. A razão pela qual esses conflitos atualmente atraem pesquisas é óbvia. É indiscutível que sempre dramatizam aspectos cruciais da estrutura social que são tensionados até o ponto de ruptura. Além disso, certos problemas importantes não podem ser estudados exceto em presença e em função de momentos de erupção, que não apenas trazem à luz muita coisa normalmente latente, como também concentram e ampliam os fenômenos para o benefício do estudioso, geralmente multiplicando — o que não é a menor de suas vantagens — nossa documentação a seu respeito. Para dar um exemplo simples: em que medida saberíamos menos sobre as ideias daqueles que normalmente não se valem da expressão comum ou sequer por escrito mas somente pela explosão extraordinária de articulação, tão característica dos períodos revolucionários, e dos quais as montanhas de folhetos, cartas, artigos e discursos, para não falar da massa de boletins policiais, depoimentos no tribunal e pesquisas gerais, prestam testemunho? O quanto pode ser frutífero o estudo das grandes revoluções, e sobretudo as bem documentadas, é demonstrado pela historiografia da Revolução Francesa, estudada há muito mais tempo e mais intensamente talvez que qualquer outro período igualmente breve, sem diminuir sensivelmente os ganhos. Ela foi e continua a ser um laboratório quase perfeito para o historiador.[17]

O perigo desse tipo de estudo reside na tentação de isolar o fenômeno de crise manifesta do contexto mais amplo de uma sociedade em transformação. Esse perigo pode ser particularmente grande quando nos lançamos em estudos comparativos, especialmente quando motivados pelo desejo de resolver problemas (tal como o de fazer ou de impedir revoluções), que não é uma abordagem muito frutífera em sociologia ou história social. O que os tumultos, digamos, têm em comum entre si (a "violência", por exemplo) pode ser trivial. Pode ser até mesmo ilusório, na medida em que podemos estar impondo um critério anacrônico, legal, político ou outro, aos fenômenos — algo que os estudiosos da história da criminalidade estão aprendendo a evitar. O mesmo pode ser verdadeiro ou não quanto às revoluções. Sou a última pessoa a querer desencorajar um interesse em tais questões, já que dediquei boa parte de meu tempo profissional a elas. Porém, ao estudá-las, devemos definir claramente o propósito exato de nosso interesse. Se ele residir nas principais transformações da sociedade, podemos descobrir, paradoxalmente, que o valor de nosso estudo da revolução em si é inversamente proporcional à nossa concentração no breve momento do conflito. Há coisas sobre a Revolução Russa, ou sobre a história humana, que só podem ser descobertas se nos concentrarmos no período de março a novembro de 1917 ou na guerra civil subsequente; mas existem outras questões que não podem emergir de semelhante estudo concentrado em breves períodos de crise, por mais dramáticos e importantes que sejam.

Por outro lado, revoluções e temas de estudo similares (inclusive movimentos sociais) normalmente podem ser integrados em um campo mais amplo que não apenas propicia mas requer uma compreensão abrangente da estrutura e dinâmica sociais: as transformações sociais de curto prazo experimentadas e rotuladas como tal, que se estendem por um período de algumas décadas ou gerações. Não estamos lidando simplesmente com maiores fatias cronológicas recortadas de um *continuum* de crescimento ou desenvolvimento, mas com períodos históricos relativamente sumários durante os quais a sociedade é reorientada e transformada, conforme implica o próprio termo "revolução industrial". (Naturalmente esses períodos podem incluir grandes revoluções políticas, mas não podem ser delimitados cronologicamente por elas.) A popularidade de termos historicamente crus como "modernização" ou "industrialização" indica uma certa consciência desses fenômenos.

As dificuldades de semelhante empreendimento são enormes, motivo talvez pelo qual até agora não exista nenhum estudo adequado das revoluções industriais dos séculos XVIII e XIX como processos sociais de algum país, embora atualmente se disponha de uma ou duas obras excelentes de caráter regional e local, como as de Rudolf Braun sobre o meio rural de Zurique e de John Foster sobre a cidade de Oldham no início do século XIX.[18] Atualmente, uma abordagem viável para esses fenômenos talvez possa ser derivada não só da história econômica (que inspirou estudos sobre a Revolução Industrial), mas também da ciência política. Os que trabalham no campo da pré-história e história da libertação colonial naturalmente foram obrigados a enfrentar esses problemas, ainda que em uma perspectiva talvez excessivamente política, e os estudos africanos se mostraram particularmente frutíferos, podendo-se notar também tentativas recentes no sentido de estender essa abordagem para a Índia.[19] Consequentemente, a ciência política e a sociologia política, que lidam com a modernização das sociedades coloniais, podem nos fornecer alguma ajuda valiosa.

A vantagem analítica da situação colonial (termo com o qual quero dizer a situação das colônias *formais* adquiridas por conquista e diretamente administradas) é que, nesse caso, uma sociedade inteira ou grupo de sociedades são definidos nitidamente por meio de contraste com uma força externa, e suas várias mudanças e transformações internas, como também suas reações ao impacto poderoso e incontrolável dessa força, podem ser observados e analisados como um todo. Certas forças que em outras sociedades são internas, ou operam em uma interação gradual e complexa com elementos internos daquela sociedade, podem ser consideradas, nesse caso e para fins práticos e no curto prazo, como inteiramente externas, o que é analiticamente muito útil. (É claro que não devemos negligenciar as distorções das sociedades coloniais — por exemplo, pela mutilação de sua hierarquia econômica e social — que também decorrem da colonização, mas o interesse da situação colonial não depende da suposição de que a sociedade colonial seja uma réplica da não colonial.)

Existe talvez uma vantagem mais específica. Uma preocupação central de quem trabalha nesse campo tem sido o nacionalismo e a formação nacional, e nesse sentido a situação colonial pode fornecer uma aproximação muito maior ao modelo geral. Embora os historiadores mal tenham se empenhado nisso, o complexo de fenômenos que pode ser chamado nacional(ista) é evidentemente crucial à compreensão da estrutura e dinâmica sociais na era industrial, e alguns dos trabalhos mais interessantes em sociologia política passaram a reconhecer isso. O projeto conduzido por Stein Rokkan, Eric Allart e outros sobre "Formação de centros, construção nacional e diversidade cultural" fornece algumas abordagens muito interessantes.[20]

A "nação", uma invenção histórica dos últimos duzentos anos, cujo imenso significado prático quase não carece hoje de discussão, levanta diversas questões cruciais da história da sociedade, como, por exemplo, a mudança no nível das sociedades, a transformação de sistemas sociais pluralistas, indiretamente vinculados, em sistemas unitários com encadeamentos diretos (ou a fusão de várias sociedades menores preexistentes em um sistema social mais amplo), os fatores que determinam os limites de um sistema social (como os territoriais e políticos), entre outros de igual importância. Até que ponto esses limites são impostos objetivamente pelas exigências de desenvolvimento econômico, que necessita, como *locus* da economia industrial de tipo século XIX, por exemplo, de um Estado territorial de tamanho mínimo ou máximo em determinadas circunstâncias?[21] Até que ponto essas exigências implicam automaticamente não só o enfraquecimento e destruição de estruturas sociais anteriores, mas também determinados graus de simplificação, padronização e centralização — ou seja, vínculos diretos e cada vez mais exclusivos entre "centro" e "periferia" (ou melhor, "cúpula" e "base")? Até que ponto a "nação" é uma tentativa de preencher o vazio deixado pelo desmantelamento da comunidade e estruturas sociais anteriores por meio da invenção de algo que poderia operar como — ou produzir — substitutos simbólicos para o funcionamento de uma comunidade ou sociedade conscientemente concebida? (O conceito de "Estado-nação" poderia então combinar esses desenvolvimentos objetivos e subjetivos.)

As situações coloniais e ex-coloniais não são bases necessariamente mais satisfatórias para investigar esse complexo de perguntas que é a história europeia, mas, na ausência de trabalhos relevantes a respeito por parte dos historiadores da Europa dos séculos XIX e XX — inclusive marxistas — que até agora se viram um tanto frustrados por ela, parece provável que a história afro-asiática recente possa constituir o ponto de partida mais conveniente.

V

Até onde avançou a pesquisa dos últimos anos rumo a uma história da sociedade? Gostaria de colocar as cartas na mesa. Não posso apontar para nenhum trabalho isolado que exemplifique a história da sociedade que, segundo acredito, devemos aspirar. Com *A sociedade feudal*, Marc Bloch nos deu uma obra magistral, e de fato exemplar, sobre a natureza da estrutura social, inclusive a consideração tanto de um certo tipo de sociedade quanto de suas variantes atuais e potenciais, iluminada pelo método comparativo, cujos riscos e recompensas muito maiores não me proponho abordar aqui. Marx esboçou para nós, ou permite que nós mesmos esbocemos, um modelo da tipologia e da transformação e evolução históricas de longo prazo das sociedades e que continua a ser imensamente eficaz e quase tão à frente de seu tempo como o foram os *Prolegomena* de Ibn Khaldun, cujo próprio modelo, baseado na interação de diferentes tipos de sociedades, também tem sido frutífero, especialmente em termos da pré-história, da história antiga e da história oriental. (Penso particularmente no falecido Gordon Childe e em Owen Lattimore.) Recentemente houve avanços importantes rumo ao estudo de certos tipos de sociedade — notadamente aqueles voltados à escravidão nas Américas (as sociedades escravistas da Antiguidade parecem estar em descenso) e aqueles dedicados a um conjunto enorme de agricultores camponeses. Por outro lado, as tentativas de traduzir uma história social abrangente em uma síntese popular me parecem ora relativamente mal-sucedidas, ora, apesar de todos os seus grandes méritos, cuja importância menor não é a do incentivo, esquemáticas e exploratórias. A história da sociedade ainda está sendo construída. Neste ensaio procurei sugerir alguns de seus problemas, avaliar parte de sua prática, e, de passagem, indicar certos problemas que poderiam se beneficiar de uma exploração mais concentrada. Mas seria injusto concluir sem constatar, e saudar, o estado visivelmente próspero do campo. É um bom momento para ser historiador social. Mesmo aqueles de nós que nunca se dispuseram a chamar-se por esse nome hoje não se recusariam a adotá-lo.

7. HISTORIADORES E ECONOMISTAS: I

Este capítulo e o seguinte reproduzem, com ligeiras correções, o texto ainda inédito das palestras sobre Marshall que fui convidado a proferir na faculdade de economia da Universidade de Cambridge em 1980. Embora muita coisa tenha acontecido desde então, tanto em economia como em história econômica — inclusive a concessão do prêmio Nobel de economia para historiadores econômicos que são aqui avaliados criticamente —, as questões que tentei levantar nas palestras ainda estão por responder, e os textos ainda parecem merecer publicação. Porém, em resposta a críticas, modifiquei ligeiramente minha posição em alguns pontos. Os acréscimos feitos nesse sentido encontram-se entre colchetes.

Embora todo soldado napoleônico proverbialmente carregasse um bastão de marechal* em sua mochila, poucos tinham realmente a expectativa de uma oportunidade de empunhá-lo. Durante muitos anos estive em uma situação semelhante aos praças napoleônicos, e por isso não é para mim apenas uma honra, mas também uma surpresa, o convite para proferir palestras sobre Marshall, às quais aqui assisti pela primeira vez no início dos anos 1950, proferidas por Gunnar Myrdal. Na época eu era um historiador vinculado marginalmente a esta universidade, atuando nas fímbrias da faculdade de economia, como supervisor e examinador de história econômica, embora a mesma universidade me recusasse diversos trabalhos em duas faculdades ao longo dos anos. A universidade certamente possuía

---

* O autor faz aqui um trocadilho intraduzível, valendo-se da homografia do nome do economista com a palavra *marshall*, que quer dizer "marechal". (N. T.)

então a mais prestigiada faculdade de economia da Inglaterra e talvez do mundo. Por isso, estou agudamente consciente de que o convite para proferir estas conferências é uma distinção considerável, pela qual agradeço à faculdade.

Mas, se falo a vocês com certa satisfação, também o faço com uma grande dose de modéstia defensiva. Não sou economista e, segundo critérios de certa corrente de meus colegas, sequer sou um historiador econômico propriamente dito, embora, por esses critérios, Sombart, Max Weber e Tawney também teriam sido excluídos. Tampouco sou matemático ou filósofo, duas ocupações em que os economistas às vezes buscam refúgio quando muito pressionados pelo mundo real, e cujas proposições poderiam lhes parecer relevantes. Em suma, falo como leigo. A única coisa que me encoraja a abrir a boca, além do prazer de estar nos registros como *Marshall Lecturer*, é a sensação de que, na situação atual de sua disciplina, os economistas talvez estejam preparados para ouvir observações de leigos, já que estas não podem ser menos pertinentes à atual situação mundial que parte do que eles próprios escrevem. Espera-se, particularmente, que possam ouvir um leigo que propõe uma maior integração, ou melhor, reintegração, da história à economia.

Isso porque a economia, ou melhor, aquela parte dela que de vez em quando se arroga o monopólio de definir o objeto, sempre foi vítima da história. Durante longos períodos, quando a economia mundial parece estar transcorrendo muito feliz, com ou sem aconselhamento, a história estimula uma grande dose de presunção. A economia correta tem a palavra, a economia incorreta é tacitamente excluída, ou despachada para a zona crepuscular da heterodoxia passada e presente, o equivalente da cura pela fé ou da acupuntura em medicina. Até mesmo Keynes, como vocês se lembram, não fez nenhuma distinção clara entre Marx, J. A. Hobson e, não fosse por Keynes, o esquecido Silvio Gesell. Porém, de vez em quando, a história surpreende os economistas em suas ginásticas brilhantes e leva embora os seus roupões. O início dos anos 1930 foi um desses períodos, e estamos passando por outro. Pelo menos alguns economistas estão insatisfeitos com a situação de sua disciplina. Talvez os historiadores possam contribuir para um esclarecimento, se não para uma revisão.

O tópico que escolhi, "Historiadores e economistas", também é um tópico que possui relevância específica para Cambridge e sua faculdade de economia, onde a história econômica e a economia, desde o tempo de Marshall, estiveram permanente e incomodamente conjugadas. A relação tem sido complexa e problemática para ambos os lados. Por um lado, o aparelho teórico de Marshall era, como muitas vezes se observou, essencialmente estático. Tinha dificuldades para acomodar a mudança histórica e a evolução. O apêndice aos *Princípios*, originalmente um capítulo introdutório que resume a história econômica, foi corretamente descrito por Schumpeter "como uma série de trivialidades".[1] De fato, o conhecimento bastante considerável de Marshall sobre a história econômica acrescenta pouco mais que alguns adornos decorativos e ilustrativos para uma estrutura teórica projetada sem muito espaço para tais adições. Entretanto, ele tinha consciência de que a economia estava imbricada na mudança histórica e não podia ser abstraída da mesma sem perder substancialmente em realismo. Ele sabia que a economia precisava da história, mas não como encaixar a história em sua análise. Nesse sentido, não só era inferior a Marx mas também a Adam Smith. E embora o programa de Cambridge, bem como de outras faculdades de economia, até hoje (1980) sempre tenha incluído alguma história econômica, seu lugar no programa, e o lugar daqueles que a ministravam, frequentemente foi, no passado, um lugar parecido ao do apêndice humano. Indiscutivelmente era do organismo, mas sua função precisa, se havia, estava longe de ser clara.

Por outro lado, os historiadores econômicos viveram, e até certo ponto ainda vivem, uma incômoda vida dupla entre as duas disciplinas que lhes conferem o título. Pelo menos no mundo anglo-saxão, normalmente existem duas histórias econômicas, quer as chamemos de "velha" e "nova" ou, como parece mais realista, de história econômica para historiadores e para economistas. Basicamente, o segundo tipo é teoria — teoria principalmente neoclássica — projetada para trás. Terei mais a dizer sobre a "nova" história econômica, ou a "cliometria". Por enquanto desejo apenas salientar que, embora ela tenha atraído pessoas de grande talento e — no caso de um deles pelo menos [já que galardoado com um prêmio Nobel], o professor Robert Fogel — admirável inventividade na exploração e aproveitamento de fontes históricas, até agora ela tem sido menos que revolucionária. O próprio professor Fogel admitiu que mesmo na história econômica norte-americana, na qual se concentrou inicialmente a maioria dos cliometristas, eles podem ter alterado, mas não substituído, as narrativas básicas do crescimento da agricultura, o surgimento da manufatura, a evolução do sistema financeiro, a expansão do comércio e muitas outras coisas que foram reconstituídas e documentadas por métodos tradicionais.[2]

Os velhos historiadores econômicos, mesmo quando competentes em economia e estatística, geral e justificadamente, desacreditavam da mera verificação retrospectiva ou falsificação de proposições na teoria econômica corrente, e o estreitamento deliberado do campo de visão da "nova" história econômica. Até mesmo o titular da cadeira de história econômica em Cambridge, J. H. Clapham, que fora escolhido pelo próprio Marshall por seu senso de análise econômica, e que também havia sido professor de economia, não pensava que a teoria econômica tivesse um papel principal em sua disciplina. A história econômica não implica desconfiança da teoria como tal. Se ela implica algum ceticismo para com a teoria neoclássica, é por causa de sua a-historicidade e do caráter altamente restritivo de seus modelos.

Os economistas e historiadores, portanto, vivem em incômoda coexistência. Imagino que isso seja insatisfatório para ambos.

Os economistas precisam reintegrar a história, e isso não pode ser *feito* mediante sua simples transformação em econometria retrospectiva. Os economistas precisam mais dessa reintegração que os historiadores, porque a economia é uma ciência social aplicada, como a medicina é uma ciência natural aplicada. Os biólogos que não encaram a cura de enfermidades como seu trabalho principal não são médicos, mesmo quando vinculados a escolas de medicina. Economistas que não estejam primordialmente voltados, direta ou indiretamente, às operações de economias reais que desejam transformar, melhorar ou proteger contra a deterioração, são mais bem classificados como subespécie de filósofos ou matemáticos, a menos que optem por ocupar o espaço vazio deixado em nossa sociedade secular pelo declínio da teologia. Não expresso aqui nenhuma opinião sobre o valor de justificar os caminhos da Providência (ou o Mercado) para o homem. De qualquer maneira, recomendações políticas, positivas ou negativas, estão embutidas na disciplina. Se não fosse este o caso, nenhuma disciplina parecida com a economia teria passado a existir ou teria sobrevivido. Como se sabe, com o crescimento numérico, sua profissionalização e academicização, bem como de tantas outras disciplinas, desenvolveu-se também uma enorme massa de trabalho cujo objetivo não é nem interpretar o mundo nem transformá-lo, mas progredir carreiras e lavrar tentos sobre outros profissionais da área. Porém, podemos deixar de lado esse aspecto da evolução da economia.

A história, cujo objeto é o passado, não está em condições de ser uma disciplina aplicada nessa acepção, no mínimo porque ainda não se descobriu nenhum modo de alterar o que já aconteceu. No máximo podemos fazer especulações contrafactuais sobre alternativas hipotéticas. Claro que passado, presente e futuro são parte de um *continuum*, e o que os historiadores têm a dizer, portanto, poderia permitir previsões e recomendações para o futuro. De fato espero que assim seja. As habilidades do historiador não são certamente irrelevantes para tal fim. Não obstante, minha disciplina é definida de tal modo que os historiadores apenas podem ingressar no campo da política atual de uma maneira extracurricular, ou na medida em que a história seja uma parte integrante de uma concepção mais ampla de ciência social, como no marxismo. Em todo caso, muito do que fazemos tem que ficar de fora, especificamente tudo aquilo que distingue o passado inalterável do futuro teoricamente mutável, ou, se preferirem, o que distingue a aposta apoiada em resultados conhecidos da aposta feita antes de saber-se quem são os contendores.

Mas os economistas precisam da reintegração da história à economia? Em primeiro lugar, alguns economistas recorrem à história, "na esperança de que o passado forneça respostas que o presente por si só parece relutante em produzir".[3] Numa época em que o elemento principal do discurso de Martini é o de que as dificuldades da economia inglesa remontam ao século XIX, a história parece um componente natural de qualquer diagnóstico sobre o que há de errado com ela, e pode não ser irrelevante para sua terapia. Nada é mais ridículo que a suposição [cada vez mais comum] de que a história econômica é puramente acadêmica, considerando-se que pseudotemas notórios como "administração", de algum modo, são reais e sérios. Por muito tempo — a julgar pela categoria profissional nos EUA, sem dúvida a maior do mundo — o interesse pela história entre os economistas recuou, mesmo quando temas profundamente históricos passaram a ocupar o centro das atenções. Tópicos de história econômica ou da história do pensamento econômico decaíram de 13% de todas as dissertações de doutorado norte-americanas no primeiro quartel do século para 3% na primeira metade dos anos 1970. Inversamente, crescimento econômico, que não motivou nenhuma dissertação nesse tema até 1940, abrangeu 13% de todas as teses, a maior massa isolada de trabalhos de doutoramento, no último período.

Isso é ainda mais estranho porque a história e a economia cresceram juntas. Se a economia política clássica está especificamente associada à Grã-Bretanha, não foi, a meu ver, simplesmente porque a Grã-Bretanha era uma economia capitalista pioneira. Afinal, a outra economia pioneira, a dos Países Baixos do século XVIII, foi uma produtora menos destacada de teóricos econômicos. Foi porque os pensadores escoceses, que tanto contribuíram para a disciplina, se recusaram especificamente a isolar a economia das demais transformações históricas da sociedade na qual se viam engajados. Homens como Adam Smith viam a si mesmos vivendo na transição do "sistema feudal" de sociedade — conforme o chamavam os escoceses, provavelmente mais cedo que ninguém — para outro tipo de sociedade. Desejavam apressar e racionalizar essa transição, no mínimo para evitar as consequências políticas e sociais provavelmente danosas de se deixar o "progresso natural da opulência" atuar livremente, quando poderia se converter em uma "ordem antinatural e retrógrada".[4] Poder-se-ia dizer que, se os marxistas reconheciam a barbárie como uma decorrência alternativa possível do desenvolvimento capitalista, Smith a reconhece como uma decorrência alternativa possível do desenvolvimento feudal. Consequentemente, é tão equivocado abstrair a economia política clássica da sociologia histórica à qual Smith dedicou o terceiro livro da *Riqueza das nações*, quanto isolá-la de sua filosofia moral. Similarmente, história e análise permaneceram integradas em Marx, o último dos grandes economistas políticos clássicos. De modo um pouco diferente e analiticamente menos satisfatório, permaneceram integradas à economia entre os alemães. Devemos lembrar que no final do século XIX a Alemanha provavelmente possuía mais cargos de ensino na economia e uma literatura mais volumosa na área que os ingleses e franceses juntos.

De fato, a separação entre história e economia não se fez sentir plenamente até a transformação marginalista da economia. Tornou-se uma questão principal, debatida no curso do agora em grande parte esquecido *Methodenstreit* [debate metodológico] da década de 1880, evidenciada pelo provocador ataque de Carl Menger à chamada "escola histórica", que, de uma forma particularmente extrema, dominava então a economia alemã. Porém, seria insensato esquecer que a escola austríaca, à qual Menger pertencia, também estava envolvida em apaixonada polêmica contra Marx.

Nessa batalha de metodologias, um lado acabou obtendo um êxito tão completo que as questões, as discussões e até mesmo a existência do lado derrotado, em grande parte, foram esquecidas. Marx sobreviveu nas escolas na medida em que as discussões contra ele poderiam ser conduzidas no modo analítico do neoclassicismo: poderia ser tratado como um teórico da economia, ainda que um teórico perigosamente equivocado. Schmoller e os demais historicistas podiam ser simplesmente descartados como economistas destituídos de rigor analítico, ou classificados meramente como "historiadores econômicos", como aconteceu com William Cunningham em Cambridge. De fato, acredito ser essa a origem da história econômica como especialização acadêmica na Grã-Bretanha. A economia britânica, particularmente Marshall, jamais excluiu sistematicamente da análise a história e a observação empírica — outras coisas que raramente coincidem —, como faziam os austríacos mais extremados. Apesar disso, ela estreitou sua base e perspectivas de um modo que lhe tornou difícil incorporar — exceto de maneira trivial e, mesmo assim, praticamente deixando de lado, durante várias gerações — problemas dinâmicos como desenvolvimento econômico e flutuações, de fato até mesmo a macroeconomia estática. Como salientou Hicks, dadas as circunstâncias, mesmo a sede de realismo de Marshall "era essencialmente míope [...] A economia marshalliana está em seu apogeu quando aborda a firma ou a 'indústria': é muito menos capaz de lidar com a economia como um todo, mesmo em relação ao todo da economia nacional".[5]

Seria inútil reabrir o *Methodenstreit* da década de 1880, ainda mais depois que se tornou uma disputa metodológica sem grande interesse, na forma em que se dava: a disputa entre o valor dos métodos dedutivos e indutivos. Porém, talvez valha a pena fazer três observações. Em primeiro lugar, na época, a vitória não se afigurava tão definida quanto a reconhecemos em uma visão retrospectiva. Nem a economia alemã nem a norte-americana seguiram prontamente a liderança de Viena, Cambridge e Lausanne. Em segundo lugar, os argumentos para o lado vencedor *não* se baseavam essencialmente no valor prático da teoria econômica, tal como hoje definido. A terceira observação, baseada na retrovisão, é a de que realmente não há nenhuma correlação óbvia entre o sucesso de uma economia e a distinção e prestígio intelectuais de seus teóricos, conforme avaliados pelos critérios retrospectivos de avaliação de seus pares neoclássicos. Para dizê-lo de uma maneira grosseira, as fortunas das economias nacionais parecem ter pouco a ver com o fornecimento de bons economistas — pelo menos, no tempo em que suas opiniões não eram tão prontamente disponíveis em nível internacional como hoje. A Alemanha, que depois de Thünen quase não produziu teóricos de destaque, mesmo nas notas de rodapé de manuais não alemães, não evidenciou ter sofrido dessa escassez com sua economia dinâmica. A Áustria pré-1938, onde tais teóricos eram abundantes, prestigiados e consultados pelos governos, apenas foi notícia de sucesso econômico após 1945 quando, por acaso, tinha perdido todos os seus eminentes teóricos mais velhos sem obter substitutos comparáveis. O significado prático dos fornecedores de boa teoria econômica não é evidente por si mesmo. Não podemos nos contentar com a analogia original de Menger, que Schumpeter sustentou até o fim de sua vida, entre a teoria pura como a bioquímica e a fisiologia da economia, sobre as quais se baseiam a cirurgia e terapia da economia aplicada. Ao contrário dos médicos, mesmo os economistas que concordam quanto aos princípios da economia podem ter visões diametralmente opostas sobre a terapia. Além disso, se o tratamento bem-sucedido pode ser praticado — conforme era evidente no caso da Alemanha durante a maior parte do século XIX — por profissionais que não aceitam necessariamente que os teóricos precisem da bioquímica e da fisiologia, então as relações entre teoria e prática econômicas claramente exigem reflexão adicional.

De fato, como já sugeri, a questão neoclássica contra os historicistas admitia que sua própria teoria tinha pouca relação com a realidade, embora, paradoxalmente, sua objeção aos marxistas era de que *sua* teoria pura (do valor) não era um guia para os preços do mercado real. Os teóricos puros não conseguiriam negar que pela investigação empírica (isto é, a investigação histórica do passado) poderíamos saber mais sobre a economia do que sua mera conformação ou não a alguma proposição teórica. (Na verdade, diríamos hoje que a validação de modelos teóricos a partir de evidência da economia real é bem mais difícil do que pensava a economia positiva.) Nos limites da política e da prática econômicas, considerava-se inteiramente secundário o papel da teoria pura. Böhn-Bawerk deliberadamente a excluía da batalha dos métodos. "É apenas [na teoria] que a questão do método está em disputa", afirmou. "No domínio da política social prática, por razões técnicas, o método histórico-estatístico é tão indiscutivelmente superior que não hesito em declarar que uma política legislativa puramente abstrato-dedutiva em assuntos econômicos e sociais seria, tanto para mim quanto para outros, uma abominação."[6] Existem governos que tolerariam que isso lhes fosse lembrado. E Schumpeter, o intelecto mais sofisticado e realista entre os austríacos, foi ainda mais claro em seu enunciado: "Na mesma medida em que nossa teoria está solidamente fundada, fracassa quando confrontada aos fenômenos mais importantes da vida econômica".[7]

Acredito que aqui o gosto de Schumpeter pela provocação o levou a utilizar um argumento genérico demais contra seu próprio lado. A teoria pura desenvolveu de fato uma dimensão prática; só que esta se mostrou totalmente diferente da que se imaginava que tivesse antes de 1914.

Ultrapassa meu objetivo aqui discutir as razões pelas quais a teoria econômica se desenvolveu nessa direção depois de 1870, embora valha a pena lembrar que as diferenças entre os dois lados na batalha dos métodos eram em grande parte as diferenças entre liberais ou neoliberais em economia e partidários da intervenção governamental. Por trás da insatisfação dos institucionalistas norte-americanos com a economia neoclássica residia uma convicção no controle mais social dos negócios, principalmente dos grandes negócios, e numa intervenção estatal maior que a visada pelos neoclássicos. Os historicistas alemães, que inspiraram grande parte do institucionalismo norte-americano, eram essencialmente adeptos de uma mão visível e não de uma mão oculta — o Estado. Esse elemento ideológico ou político é óbvio no debate. Levou heréticos da economia a tratar o neoclassicismo pré-keynesiano como pouco mais que um exercício de relações públicas para o capitalismo do *laissez-faire*, uma visão inadequada, ainda que não totalmente implausível para leitores de Mises e Hayek.

A questão é antes a de que a ideologia podia ser tão proeminente no debate, a teoria pura e a história podiam lançar entre si olhares ferozes à beira de um abismo cada vez maior, um lado podia negligenciar a prática e o outro a teoria, apenas porque ambos podiam considerar a economia de mercado capitalista como essencialmente autorreguladora. Ambos (com exceção dos marxistas) poderiam tomar como certa sua estabilidade geral e secular. Os teóricos puros poderiam considerar secundárias as aplicações práticas, uma vez que a teoria contribuía com pouco além de congratulações, a menos que os governos propusessem políticas — principalmente fiscais e monetárias — que interferissem realmente nas operações do mercado. Nesse estágio sua relação com a condução dos negócios pelo empreendimento privado e pelo governo era tanto como a dos críticos e teóricos do cinema frente aos realizadores anteriores aos anos 1950. Inversamente, os homens de negócios e — exceto no campo das finanças e da política fiscal — os governos não precisavam de mais teoria do que a implícita no bom senso empírico.

O que empresa e governo necessitavam era informação e perícias técnicas que os teóricos puros não estavam muito interessados em fornecer e não forneciam. Os administradores e executivos alemães julgavam necessitar mais delas que os ingleses. Enquanto a ciência social alemã os alimentou com um fluxo volumoso de estudos empíricos admiravelmente pesquisados, não se preocuparam muito por não disporem na Alemanha de nenhum Marshall, Wicksell ou Walras. Tampouco os marxistas precisavam, naquele momento, se incomodar com os problemas de uma economia socialista, ou de qualquer economia da qual estivessem encarregados, como testemunha a ausência de qualquer consideração séria dos problemas da socialização. A Primeira Guerra Mundial começou a alterar essa situação.

Paradoxalmente, os limites de uma abordagem historicista ou institucionalista que rejeitava a teoria pura ficou evidente justamente no momento em que até mesmo a economia capitalista, cada vez mais dependente ou dominada pelos setores públicos, teve que ser deliberadamente administrada ou planejada. Isso exigia ferramentas intelectuais que historicistas e institucionalistas não forneciam, conquanto se inclinassem ao intervencionismo econômico. Durante a era das guerras mundiais, assistimos ao surgimento de uma economia de base teórica para o planejamento e a administração. A esperança de um retorno à "normalidade" de 1913 adiou um pouco a adaptação da economia neoclássica, mas depois da crise de 1929 ela se processou rapidamente. A aplicação da teoria neoclássica à política cresceu à medida que os teóricos puros abandonavam a notável falta de interesse que até então demonstravam na expressão e verificação numéricas de seus conceitos, por exemplo, nas possibilidades da econometria, institucionalizada com esse nome nos anos 1930. Ao mesmo tempo, tornavam-se disponíveis instrumentos importantes de operacionalização, alguns deles derivados da economia política clássica pré-marginalista ou da macroeconomia, via marxismo, como a análise insumo-produto, que aparece pela primeira vez no estudo preparatório de Leontiev para o plano soviético de 1925. Outros derivavam da matemática aplicada à pesquisa de operações militares, como a programação linear. Embora o impacto da teoria econômica neoclássica no planejamento socialista também se retardasse, por razões históricas e ideológicas, na prática, a sua aplicabilidade às economias não capitalistas também foi reconhecida a partir da Segunda Guerra Mundial.

A teoria pura, assim operacionalizada e ampliada, demonstrou ser então mais relevante à prática do que pensara Schumpeter em 1908. Na verdade, não se pode mais dizer que ela não tenha utilidade prática. Porém, em termos médicos — se posso levar ainda mais longe a velha metáfora — não produz fisiólogos ou patologistas ou diagnosticadores, mas aparelhos de tomografia. A menos que eu esteja muito enganado, a teoria econômica facilita a escolha entre decisões, e talvez desenvolva técnicas para tomar, implementar e monitorar decisões, mas por si só não gera tomadas de decisões políticas positivas. Naturalmente é possível argumentar que isso não é novidade. Sempre que a teoria econômica no passado parecia apontar inequivocamente para uma determinada política, não suspeitamos — exceto em casos específicos — que as respostas foram de antemão embutidas na demonstração de sua inelutabilidade?

Enquanto os teóricos neoclássicos produziam ferramentas políticas melhores do que originalmente supunham, seus adversários historicistas e institucionalistas se revelaram piores do que aqueles imaginavam, justamente na função da qual se orgulhavam, ou seja, na orientação de um Estado economicamente intervencionista. Nesse ponto, seu antiquado positivismo e ausência de teoria iriam se mostrar fatais. É por isso que Schmoller e Wagner e John R. Commons são agora parte daquela história que tão assiduamente praticavam. Entretanto, existem ainda dois aspectos nos quais sua contribuição não pode ser desprezada.

Em primeiro lugar, como já sugerimos, encorajaram um estudo concreto rigoroso daquela realidade econômica e social com a qual Marshall estava tão preocupado. Antes de 1914, os alemães se espantavam, constantemente e com razão, diante da cabal falta de interesse dos economistas britânicos pelos dados efetivos sobre sua economia, e do consequente caráter frágil e fragmentado de suas respectivas informações quantitativas. De fato, nos casos em que os estudiosos britânicos e alemães abordaram factualmente o mesmo tema, como Schulze-Gaevernitz e Sydney Chapman em seus estudos sobre a indústria britânica do algodão, é difícil negar a superioridade do trabalho alemão. De vez em quando, a escassez de pesquisa nativa levou mesmo à tradução de monografias alemãs sobre temas britânicos. Além disso, essas investigações empíricas, como as realizadas na Inglaterra antes de 1914, na maior parte das vezes procediam de heterodoxos, como os economistas de Oxford, em grande parte esquecidos por terem ingressado no serviço público e social (como Hubert Llewellyn-Smith à frente do Ministério do Comércio, e Beveridge), ou de fabianos fortemente institucionalistas cujas preferências na batalha dos métodos haviam ficado com os historicistas, e cuja London School of Economics foi fundada como centro antimarshalliano. A única pesquisa factual britânica importante sobre concentração econômica antes de 1914 foi obra de um funcionário público fabiano que também esteve à frente da montagem do primeiro Censo da Produção em 1907.[8] Inversamente, não houve nenhum equivalente à volumosa série de monografias aplicadas produzida pela Verein für Sozialpolitik alemã sobre temas econômicos e também sociais. Por muitos anos ainda, não houve equivalente à iniciativa institucionalista da Agência Federal de Pesquisas Econômicas dos Estados Unidos. Depois da Segunda Guerra Mundial, fomos obrigados a nos atualizar, até certo ponto, mas, no período entreguerras, é certo que grande parte da discussão entre os economistas britânicos estava mais baseada no que se chamou de "estatísticas hipotéticas" que em informações detalhadas então disponíveis. Em suma, esses debates tendiam a negligenciar informações sobre a economia que não fossem as visíveis pelo famoso homem no ônibus de Clapham, como o desemprego, por exemplo.

Em segundo lugar, os heterodoxos estavam consideravelmente mais atentos, tanto às outras coisas que nunca são iguais quanto às mudanças históricas concretas na economia capitalista. Duas importantes transformações dessa economia ocorreram nos últimos cem anos. A primeira, por volta do fim do século XIX, é a que os contemporâneos tentaram capturar sob rótulos como "imperialismo", "capitalismo financeiro", "coletivismo" e outros, sendo os vários aspectos da mudança reconhecidos, de certa forma, como integrados. Foi observada relativamente cedo, embora não devidamente analisada — mas, em minha opinião, exclusivamente por heterodoxos ou marginais: por historicistas alemães como Schulze-Gaevernitz ou Schmoller, por J. A. Hobson, e, naturalmente, por marxistas como Kautsky, Hilferding, Luxemburgo e Lênin. A teoria neoclássica, nessa fase, nada tinha a dizer a respeito. De fato, Schumpeter, lúcido como sempre, afirmava em 1908 que a "teoria pura" não poderia ter nada a dizer sobre o imperialismo além de chavões e imprecisas reflexões filosóficas. Quando ele mesmo finalmente arriscou uma explicação, baseou-se na suposição inverossímil de que o novo imperialismo da época não possuía nenhuma ligação intrínseca com o capitalismo, mas era uma sobrevivência sociologicamente explicável a partir da sociedade pré-capitalista. Marshall sabia que algumas pessoas sustentavam que a concentração econômica era resultado do desenvolvimento capitalista, e estava preocupado com trustes e monopólios. Porém, até o final de sua vida considerou-os como casos especiais. Sua crença na eficácia do livre comércio e no livre acesso de novos competidores no setor industrial parecia inabalável. Na verdade, como um realista, jamais levantou a premissa da competição perfeita, mas mostrou poucos indícios de reconhecer que a economia capitalista já não operava como na década de 1870. Entretanto, quando *Industry and Trade* [Indústria e comércio] foi publicado em 1919, não era mais justificável afirmar que essas questões, apesar de sua importância na Alemanha e nos EUA, não possuíam nenhum significado na Inglaterra. Foi apenas depois da Grande Depressão que a teoria neoclássica se ajustou à "competição imperfeita" como norma econômica.

A segunda mudança importante é a que se desenvolveu ou se enraizou no quarto de século que se seguiu à Segunda Guerra Mundial. Embora seja atualmente óbvio que um retorno ao mundo dos anos 1920 não era nem possível nem desejável, não se pode dizer que a nova fase da economia mundial foi adequadamente analisada pelos economistas ortodoxos em seus devidos termos históricos. É preciso dizer que mesmo a mais influente escola heterodoxa sobrevivente, a dos marxistas, foi muito mais relutante em lançar um olhar realista sobre o capitalismo do pós-guerra que os marxistas o haviam sido nas décadas de 1890 e 1900. A visível ressurreição da teorização marxista em abstrato contrastava de maneira um tanto infeliz com o modo canhestro com que os marxistas enfrentavam — ou evitavam enfrentar até os anos 1970 — as realidades do mundo ao seu redor. Não obstante, quando se reconhecia uma realidade historicamente nova, era a partir de uma posição marginal. J. K. Galbraith formulou sua visão de "O novo Estado Industrial", já implícita em seus livros anteriores sobre o "O capitalismo americano" e "A sociedade afluente", basicamente em termos da economia metropolitana das grandes corporações, dotadas de ampla independência do "mercado". Pode-se notar, de passagem, que ele foi muito melhor recebido por leitores leigos — que entendiam o que ele estava falando — que por seus colegas. Em Santiago do Chile, os economistas da Cepal criticavam a crença de que os custos comparativos destinavam o Terceiro Mundo à produção de produtos primários, e clamavam por sua industrialização. Porém, não foi senão depois do fim da "Era de Ouro" no início dos anos 1970 que os dois fenômenos foram integrados — dessa vez, em grande parte, por neomarxistas heterodoxos — na visão de uma fase transnacional do capitalismo na qual a grande empresa, e não o Estado-nação, é a instituição por meio da qual se manifesta a dinâmica da acumulação capitalista. [Nos anos 1980 e 1990 essa se tornaria a moeda corrente comum de um neoliberalismo ressuscitado. Se essa formulação subestima o papel da necessidade econômica nacional é uma questão que não nos concerne aqui.]

Embora os heterodoxos talvez não acertassem tão depressa o alvo como poderiam ter acertado, reconhecendo uma nova fase do capitalismo, os economistas ortodoxos parecem ter mostrado pouco interesse no assunto. Ainda em 1972, o falecido Harry Johnson — uma inteligência extremamente vigorosa e lúcida, ainda que não imaginativa — previa uma continuidade ininterrupta de expansão e prosperidade mundial até o fim do século, com base em outras hipóteses além de guerra mundial ou colapso dos EUA. Poucos historiadores teriam sido tão confiantes.

Meu raciocínio supõe que, divorciada da história, a economia é um navio desgovernado e os economistas sem a história não têm muita noção de para onde o navio navega. Mas não estou sugerindo que esses defeitos possam ser sanados simplesmente pela aquisição de alguns mapas, ou seja, prestando mais atenção às realidades econômicas concretas e à experiência histórica. Aliás, sempre houve abundância de economistas dispostos e ansiosos por manter os olhos abertos. A dificuldade é que, conquanto seguissem a tradição corrente, sua teoria e método *como tais* não os ajudaram a saber para onde olhar e o que procurar. O estudo dos mecanismos econômicos estava divorciado do estudo dos fatores sociais e de outros fatores que condicionam o comportamento dos agentes que constituem tais mecanismos. Foi isso que há muito tempo Maurice Dobb quis dizer em Cambridge.

Estou sugerindo uma reserva mais radical quanto à economia corrente. Enquanto ela for definida à moda de Lionel Robbins como uma mera questão de escolha — e o manual de Samuelson, a bíblia do estudante, ainda a define assim —, somente poderá ter uma conexão casual com o processo efetivo de produção social que é seu objeto aparente, com aquilo que Marshall (que não conseguiu seguir sua definição) chamou de "o estudo do gênero humano nos assuntos ordinários da vida". Ela costuma se concentrar em atividades dentro desse campo, mas há muitas outras atividades às quais se aplica o princípio de escolha econômica. Divorciada de um campo *específico* da realidade, a economia deve se tornar o que Ludwig von Mises chamou de "praxiologia", uma ciência e, consequentemente, um conjunto de técnicas para programar; e também, ou alternativamente, um modelo normativo de como o homem econômico *deve* agir, tendo em vista fins sobre os quais, como disciplina, ela não tem nada a dizer.

A segunda opção não tem nada a ver com a ciência. Levou alguns economistas a vestir o colarinho do teólogo (leigo). A primeira, como já observamos, é uma realização importante e, como já observamos, de imenso significado prático. Mas não é o que fazem as ciências sociais ou naturais. Schumpeter, lúcido como sempre, se recusava a definir seu campo exceto como "uma enumeração dos 'campos' principais hoje reconhecidos na prática do ensino", porque não era, em sua opinião, "uma ciência no sentido em que a acústica é uma ciência, mas antes como um aglomerado de campos de pesquisa mal coordenados e superpostos".[9] Fogel inconscientemente colocou o dedo na mesma fragilidade, quando louvou a economia pelo "grande acervo de modelos econômicos" do qual os cliometristas poderiam se valer.[10] Acervos não possuem outro princípio além do de classificação arbitrária. O que foi chamado de "imperialismo" da economia a partir dos anos 1970, que multiplica trabalhos sobre a economia do crime, do casamento, educação, suicídio, meio ambiente ou bibelôs, apenas indica que a economia é hoje encarada como uma disciplina universal de serviços, e não que ela possa compreender o que faz a humanidade no seu cotidiano de vida, ou como se transformam suas atividades.

Entretanto, os economistas não podem deixar de se interessar pela análise do material empírico, passado ou presente. Mas isso é apenas a metade da parelha de cavalos puxando o que Morishima chamou certa vez de carroça da metodologia. A outra metade se baseia principalmente em modelos estáticos que se apoiam em premissas generalizadas e altamente simplificadas, cujas consequências são depois discutidas, hoje principalmente em termos matemáticos. Como as duas metades devem ser conduzidas juntas? Claro que uma parte considerável da economia de algum modo se voltou para o desenvolvimento de modelos que derivam da realidade econômica, ou seja, da produção em termos de insumos e não em termos de utilidades; e que derivam até da economia dividida em setores, cada um dos quais com seu próprio modo específico de ação social e consequentemente econômica.

Naturalmente, como historiador, sou a favor de tal modelagem historicamente específica, baseada em uma generalização da realidade empírica. Uma teoria que supõe a coexistência de um setor central oligopolista da economia capitalista e uma margem competitiva é obviamente preferível a uma teoria que supõe por toda parte um livre mercado competitivo. Entretanto, eu me pergunto se mesmo essa responde à grande pergunta sobre o futuro, à qual os historiadores estão sempre atentos e que nem os economistas podem negligenciar, quando mais não fosse, porque o planejamento de longo prazo é o que não só os Estados mas as grandes corporações precisam — ou devem — fazer o tempo todo. Para onde o mundo se dirige? Quais as tendências de seu desenvolvimento dinâmico, independentemente de nossa capacidade de influenciá-las, que, como deveria estar claro, é bem pequena no longo prazo? [Quando escrevi isso pela primeira vez, a economia global e transnacional ainda não parecia ser tão triunfante quanto parece na metade dos anos 1990 e, portanto, a simples visão de que o futuro consistiria de um sistema global de livre mercado de fato incontrolável ainda não nos desviava o olhar daquilo que ele traria.]

Nisso reside justamente o valor das visões historicamente enraizadas do desenvolvimento econômico, como as de Marx ou Schumpeter: ambos se concentraram nos mecanismos econômicos internos específicos de uma economia capitalista que o impele e lhe impõe uma direção. Não estou aqui discutindo se a visão mais elegante de Marx é preferível à de Schumpeter, que coloca fora do sistema ambas as forças que o dirigem — as inovações que o impelem para diante, os efeitos sociológicos que o levam para um fim. A visão schumpeteriana do capitalismo como uma combinação de elementos capitalistas e pré-capitalistas certamente trouxe considerável esclarecimento para os historiadores do século XIX.

O interesse desse tipo de abordagem da dinâmica histórica não reside na possibilidade de verificar suas previsões. Sendo os seres humanos e as complexidades do mundo real o que são, a profecia é um mister que não merece confiança. Tanto em Marx quanto em Schumpeter ela é enviesada pela ignorância e por seus desejos, receios e juízos de valor. O interesse dessas abordagens reside na tentativa de visualizar desenvolvimentos futuros em outros termos que não os lineares, pois mesmo a tentativa mais simples de fazer isso traz uma compensação significativa. O mero reconhecimento por Marx de uma tendência secular à livre competição para gerar concentração econômica foi de enorme fertilidade. A mera consciência de que o crescimento global da economia não é um processo homogêneo ou linear, governado pela doutrina dos custos comparativos, produz considerável esclarecimento. O mero reconhecimento de que há periodicidades econômicas de longo prazo que se ajustam a mudanças bastante significativas na estrutura e inclinação da economia e da sociedade, mesmo se, como os ciclos de Kondratiev, não temos a menor ideia de como explicá-las, teria reduzido a confiança dos principais economistas dos anos 1950 e 1960.

Se a economia não pretende permanecer vítima da história, constantemente tentando aplicar seu estojo de ferramentas, geralmente com atraso, a desenvolvimentos de ontem que se tornaram suficientemente visíveis para dominarem a cena hoje, ela precisa desenvolver ou redescobrir essa perspectiva histórica. Isso porque essa perspectiva pode não só trazer um sentido para os problemas de amanhã, sobre os quais devemos pensar, se possível, antes de sermos por eles engolfados, como também para a teoria de amanhã. Gostaria de concluir com uma citação de um expoente de outra teoria pura. "Quando pergunto pelo significado das ideias de Einstein sobre a curvatura do espaço-tempo", escreve Steven Weinberg, "não tenho tanto em mente suas aplicações à própria relatividade geral, mas antes sua utilidade no desenvolvimento das próximas teorias da gravitação. Na física, as ideias são sempre importantes prospectivamente, no olhar rumo ao futuro." Não sou capaz de compreender nem de operar a teoria dos físicos, tanto quanto da maioria das elaborações teóricas em economia. Entretanto, como historiador, estou sempre preocupado com o futuro — seja o futuro conforme já evoluído a partir de algum passado prévio, seja como é provável que evolua a partir do *continuum* do passado e do presente. Não posso evitar a sensação de que nesse aspecto os economistas poderiam aprender conosco, bem como com os físicos.

8. HISTORIADORES E ECONOMISTAS: II

É plausível que os economistas possam concordar quanto ao valor da história para sua disciplina, mas não que os historiadores concordem quanto ao valor da economia para a sua. Em parte, isso se deve ao fato de que a história abarca um campo muito mais amplo. Como vimos, uma desvantagem óbvia da economia como matéria que lida com o mundo real é o fato de que ela seleciona como "econômicos" alguns e apenas alguns aspectos do comportamento humano e deixa os demais para outrem. Na medida em que seu objeto é definido por exclusão, os economistas nada podem fazer a respeito, por mais conscientes que sejam de suas limitações. Conforme afirmou Hicks: "Quando nos damos conta dos elos (que ligam o relato econômico às coisas que normalmente consideramos externas ao mesmo) percebemos que o reconhecimento não basta".[1]

A história, por outro lado, não pode decidir excluir *nenhum* aspecto da história humana *a priori*, embora optando, de tempos em tempos, por se concentrar em alguns e negligenciar outros. Com base na conveniência ou necessidade técnica, os historiadores tenderão a se especializar. Alguns serão historiadores da diplomacia, outros, historiadores eclesiásticos, e alguns se confinarão à França do século XVII. Porém, basicamente, toda história aspira àquilo que os franceses chamam de "história total". O mesmo também acontece com a história social, embora esta tradicionalmente tenha sido escrita em paralelo com a história econômica. Ao contrário da última, a primeira não pode achar que alguma coisa esteja fora de seu âmbito potencial. É seguro dizer que nenhum economista compartilha da aparente crença de um ex-editor do *Times* de Londres de que, se Keynes tivesse tido diferentes preferências sexuais, teria se revelado mais como

Milton Friedman, por menor que seja a relevância de sua vida privada para a avaliação de suas ideias. Por outro lado, posso facilmente imaginar um historiador social ou geral que poderia considerar ambas as coisas esclarecedoras sobre uma fase particular da história da sociedade britânica.

Dessa forma, o campo especializado da história econômica é mais amplo que o campo convencional da economia tal como correntemente definido. Para assumir a perspectiva de Clapham, aquele campo é valioso principalmente na medida em que pode ser estendido a campos mais amplos. Nenhum historiador econômico, por exemplo — em minha opinião, nenhum historiador —, pode evitar questões fundamentais da evolução social e econômica da humanidade até o presente; por que algumas sociedades parecem ter se detido em certo ponto desse processo e outras não; por que a trajetória inteira até a moderna sociedade industrial foi concluída em apenas uma parte do mundo; e quais mecanismos dessas mudanças, endógenas e/ou induzidas, existiram ou existem? Esse conjunto de questões integra automaticamente a história no campo mais amplo das ciências humanas e sociais. Porém, mesmo que a economia política, como sustentava Marx, fosse (em sua acepção) a anatomia da sociedade civil, está claro que ela ultrapassa o campo da economia-padrão conforme usualmente definido. Podemos e devemos utilizar as técnicas, modos de discussão e modelos da economia, mas não podemos nos confinar aos mesmos.

Alguns desses modelos a história não pode ou não precisa utilizar, exceto, por assim dizer, como controles mentais. Não consigo ver muita relevância na história — aquilo que de fato aconteceu — para a construção de modelos de economias possíveis ou imaginárias. Os econometristas às vezes estão menos testando as teorias quanto descrevendo como seria o mundo caso as teorias estivessem corretas. Esse é um procedimento tentador nos casos nada raros em que se constata que na vida real a teoria não se aplica ou não pode ser verificada. Tais exercícios, apesar de interessantes, apenas concernem aos historiadores na medida em que as economias assim analisadas possam se verificar como economias reais desapercebidas, ou estabelecer os limites além dos quais nenhuma economia, real ou imaginária, poderia operar.

De modo semelhante, também é possível e usual formular modelos tão gerais que possam ser universalmente aplicáveis, mas à custa da banalidade. Assim, seria possível demonstrar que o comportamento dos aborígines australianos de maximizar as utilidades (definidas em um sentido suficientemente geral) pode se revelar mais racional que o dos modernos homens de negócios. Isso não é surpreendente nem interessante. Admitimos que todos os membros das "economias" de classe, desde os bosquímanos até o Japão contemporâneo, podem ser inseridos em tal classe porque possuem certas características comuns. Porém, o que interessa ao historiador é o que eles *não* têm em comum e por que, e até que ponto essas diferenças explicam os destinos muito diferentes dos povos que permaneceram caçadores-coletores e dos que desenvolveram economias mais complexas. A proposição de que os aborígines, ou, nesse sentido, todos os mamíferos sociais, também se defrontam e resolvem o famoso problema de Robbins de alocar recursos escassos entre usos alternativos pode ser mais que uma tautologia, mas, em si mesma, não ajuda o historiador.

Tampouco os ajuda — embora eu o considere mais interessante — parabenizar os antropólogos econômicos por sua descoberta da "afluência da idade da pedra". Isso nos lembra de que mesmo as economias mais primitivas podem normalmente adquirir um excedente acima do necessitado para o consumo imediato e a reprodução do grupo, mas não nos diz por que algumas alocam seu tempo e recursos de trabalho disponíveis de uma forma e não de outra. Por que, por exemplo, comunidades pastoris tradicionais da Sardenha organizavam periodicamente festivais coletivos consumindo sistematicamente uma fração enorme de seu modesto excedente à custa de sua capacidade de poupar e investir? Essa escolha certamente pode ser analisada em termos microeconômicos das preferências de bem-estar dos indivíduos. Não poderíamos dizer que é preferível aos pobres comer o máximo de carne eventualmente obtida do que nunca comer carne o bastante? Da mesma forma, pode ser preferível tirar férias totais mas infrequentes em lugar de frequentemente tirar alguns de dias de folga. Mas isso significa desconsiderar a função econômica de tais festivais, óbvia tanto para os antropólogos quanto para os historiadores, que é, na verdade, a de dispersar e redistribuir excedentes acumulados a fim de impedir o desenvolvimento da excessiva desigualdade econômica. Os festivais são uma das técnicas para se manter o sistema de troca mútua entre unidades teoricamente iguais, o que garante a continuidade da comunidade. Uma análise do tipo escolha individual racional tampouco explicaria a diferença entre esse padrão de consumo e o padrão que atualmente se desenvolve no interior da Sardenha à medida que é penetrada pela sociedade de consumo afluente.

Em suma, os historiadores devem partir da observação de Marx de que a economia é sempre historicamente específica, a produção é sempre "produção em um determinado estágio de desenvolvimento social, produção por indivíduos sociais", mesmo que tenham também consciência, como Marx, de que a abstração em um grau elevado de generalidade — "produção em geral", por exemplo — é legítima. Mas devem também, como Marx, admitir que essas generalidades, apesar de sofisticadas, são insuficientes para compreender qualquer estágio histórico real da produção ou a natureza de sua transformação — inclusive do nosso.

Em termos mais gerais, os historiadores necessitam de explicações e ao mesmo tempo de análise. A economia, talvez devido a uma justificada cautela, prefere a segunda em detrimento da primeira. O que gostaríamos de saber é por que a situação A foi seguida pela situação B e não por outra. Como historiadores sabemos que há sempre um e apenas um resultado, embora seja importante considerar possíveis resultados alternativos, principalmente quando sua ausência parece surpreendente. Por que, por exemplo, o capitalismo industrial não se desenvolveu na China em vez de na Europa? Mesmo quando o resultado não é surpreendente, não é nenhuma perda de tempo considerar alternativas hipotéticas, mas, para os historiadores, a questão *principal* é por que se construíram ferrovias, e não como poderiam ter sido abolidas no século XIX.

Aqui, mais uma vez, a deliberada abstração, generalidade e restrição da economia neoclássica limitam o uso de seu tipo de teoria econômica. Tomemos o problema da escravidão, que foi intensamente discutido nesses termos. Afirmou-se que a compra de escravos nos EUA do século XIX era um investimento tão bom quanto outro, e melhor que a manufatura; que o sistema escravista estava prosperando em 1860 e tão cedo não chegaria a um fim por razões econômicas; que a agricultura escravista não era ineficiente comparada à agricultura do trabalho livre; e que a escravidão não era incompatível com um sistema industrial. Não pretendo entrar no acalorado debate sobre essas proposições, mas se os proponentes dessa visão estão certos,[2] e se os seus argumentos se aplicam a todas as economias escravistas; e se esse tipo de análise custo-benefício é suficiente para examinar economias escravistas: então, as causas do desaparecimento do escravismo devem ser buscadas inteiramente fora da história econômica. Mas, caso fosse assim, ainda teríamos de explicar por que a escravidão desapareceu *em toda parte* no mundo ocidental no século XIX. Além disso, mesmo supondo que tivesse sido por toda parte abolida apenas por compulsão externa, como nos estados sulistas dos EUA, ainda teríamos que explicar por que não foi substituída por nenhum equivalente funcional. De fato, em muitos países ela o foi, na forma da importação maciça de mão de obra colonial, principalmente indiana e chinesa, cuja situação não era muito diferente da escravidão. Mas a mão de obra colonial também estava fadada a desaparecer por toda parte. Seriam as considerações econômicas também irrelevantes para esse desaparecimento? E mais, para voltar aos EUA, a prova cliométrica da eficiência e progresso da economia escravista não explica a anomalia óbvia na história econômica dos EUA, ou seja, que a renda *per capita* regional dos estados sulistas não convergiu para a média nacional do mesmo modo e na mesma medida que nas outras regiões principais, pelo menos não antes de 1950, um fenômeno que não pode ser inteiramente descartado a título de efeitos secundários da vitória dos nortistas em 1865.[3] Em suma, projetar no passado a análise econômica corrente não esclarece em nada uma área enorme do problema do historiador. Não há motivo nenhum para supor irrelevante um outro tipo de análise econômica como, por exemplo, uma análise menos preocupada com a escolha racional de determinados investidores e empreendedores.

Isso me remete à questão da cliometria, a escola que transforma a história econômica em econometria retrospectiva. Seria absurdo rejeitar como inadequadas a um segmento da história a quantificação e a aplicação de tais ferramentas estatísticas, matemáticas e outras. Quem não consegue quantificar, não consegue escrever história. Como já então anunciava August Ludwig von Schlözer, esse ornamento da Göttingen do século XVIII: a estatística é história estática, a história é estatística em movimento. Devemos saudar a notável contribuição dos cliometristas à mensuração na história e, certamente no caso de Robert Fogel, sua impressionante engenhosidade e originalidade na busca e utilização de fontes e técnicas matemáticas. Porém, a característica específica dos cliometristas não é essa, mas a de testar proposições da teoria econômica, na maioria, de inspiração neoclássica.

Sua contribuição é valiosa, mas até agora foi predominantemente pedagógica. Naturalmente, como destaca Mokyr, "o próprio caráter definido dos novos métodos confinou-os a uma estreita amplitude de problemas".[4] A cliometria de fato sugeriu ou mesmo estabeleceu uma série de revisões das respostas a determinadas questões de história econômica, principalmente do século XVIII em diante. Porém, poder-se-ia dizer que sua função principal tem sido crítica. Observando que os historiadores econômicos tradicionais supõem proposições oriundas da teoria econômica, muitas vezes de uma maneira confusa e impropriamente formulada, os cliometristas procuraram explicitar tais proposições e, na medida em que possam ser formuladas de modo rigoroso e significativo, testá-las mediante evidências estatísticas. O primeiro exercício nunca é supérfluo. De qualquer modo, uma grande parte da literatura econômica ainda parece consistir desse tipo de esclarecimento. O segundo é admirável, na medida em que possa provar como errôneas proposições históricas ampla e acriticamente aceitas. É sabido que às vezes também podem se verificar errôneas mediante a simples contagem, podendo-se dispensar referências à teoria. Inversamente, é claro, a estatística pode não ser adequada à solução definitiva de uma discussão. Dessa forma, embora "a Nova História Econômica tenha alcançado algum consenso sobre o curso efetivo dos padrões de vida [britânicos] depois de Waterloo", ou seja, que este começou a se elevar substancialmente, os poucos bens de consumo sobre os quais dispomos de cifras confiáveis de consumo *per capita* para a população total (chá, açúcar, tabaco) não demonstram nenhum crescimento no século, antes de meados da década de 1840 e, assim, ainda "paira dúvida" sobre esse debate.[5] Em todo caso, na medida em que a cliometria obriga os historiadores a pensar com clareza e atua como um detector de absurdos, desempenha funções necessárias e valiosas.

Ao contrário de certos historiadores, também estou disposto a saudar as incursões da cliometria pela história imaginária ou ficcional conhecidas como "contrafactuais", e pelos mesmos motivos. Toda história está cheia de contrafactuais implícitos ou explícitos, que vão desde especulações sobre resultados alternativos, tais como as de Pascal sobre o nariz de Cleópatra, até possibilidades alternativas mais específicas: e se Lênin tivesse ficado em Zurique em 1917? E se Neville Chamberlain tivesse resistido às exigências de Hitler em 1938, quando assim insistiam com ele os generais alemães que planejavam um golpe contra Hitler? Muitas dessas especulações se pretendem alternativas reais, ou seja, supõem que empreender a ação A em vez da ação B teria alterado o curso dos acontecimentos de uma maneira específica. As condições para uma discussão judiciosa desses contrafactuais "reais" foram analisadas por Jon Elster no contexto da cliometria.⁶ Curiosamente, a história econômica tradicional é menos dada a essa forma de especulação que a antiquada história política. Tanto ela quanto a economia, afinal, estão preocupadas principalmente com fenômenos que não tendem a ser afetados mais que por um momento por esse tipo de variação. São disciplinas generalizadoras.

A função dos contrafactuais em cliometria, portanto, não é a de estabelecer probabilidades retrospectivas, embora eu tenha dúvidas de que todos os seus praticantes tenham isso claro. Tomando como exemplo aquilo que foi descrito como "a tentativa mais ambiciosa de contrafactualização por atacado jamais empreendida por um historiador importante",⁷ *Railroads and American Economic Growth* [As ferrovias e o crescimento econômico norte-americano], de Robert Fogel,⁸ as ferrovias norte-americanas *foram* construídas e Fogel não sugeriu que de algum modo poderiam não ter sido. Seu objetivo era desmantelar explicações do passado que atribuíam às ferrovias uma contribuição imprecisa, mas enorme, ao crescimento da economia norte-americana, retirando-as do cenário e depois calculando como as necessidades da economia poderiam ter sido atendidas por outras vias então disponíveis — canais, por exemplo. Mais uma vez, o principal valor desse procedimento é educativo. Ele pergunta: o que está implícito logicamente, metodologicamente e por via de evidência, na tentativa de provar que — para retomar um contrafactual tradicional — a história do mundo teria sido totalmente diferente se o nariz de Cleópatra tivesse sido uma polegada maior? (Na verdade, entendo que ele já era comprido.) Ou pela proposição de que o livre comércio era bom (ou mau) para a economia mundial do século XIX? Os historiadores dispõem de prática muito menor nessas questões que os economistas, cujo objeto as impõe o tempo inteiro.

Por outro lado, as limitações da cliometria são rígidas, mesmo se deixarmos de lado a reserva muito geral de outro laureado com o Nobel quanto a uma história econômica puramente quantitativa, ou seja, a de que "estamos fadados a descobrir, à medida que nos reportamos ao passado, que os aspectos econômicos da vida eram menos diferenciados de outros aspectos do que são hoje".[9] São quadripartites. Em primeiro lugar, na medida em que projeta sobre o passado uma teoria essencialmente a-histórica, sua relevância para os problemas maiores do desenvolvimento histórico é vaga ou marginal. Os historiadores econômicos, mesmo os cliometristas, reclamam da "incapacidade dos economistas de construírem modelos que expliquem grandes eventos como a Revolução Industrial".[10] É por isso que muitos historiadores econômicos têm relutado em embarcar no trem festivo da cliometria. Os historiadores passam o tempo todo lidando com economias que não se encontram em equilíbrio, qualquer que seja a tendência dos sistemas de mercado de levar rapidamente a economia ao equilíbrio após um choque. Afinal, a tendência do equilíbrio de ser desestabilizado é o que importa ao estudo da mudança e transformação histórica. Mas a teoria econômica não concentrou muito sua atenção em tais economias. Se aplicarmos a análise do equilíbrio retrospectivamente, correremos o risco de esvaziar os grandes problemas dos historiadores.

Em segundo lugar, a escolha de um aspecto da realidade econômica ao qual aplicar tal teoria pode falsear o quadro. Não podemos calcular se a construção da catedral de Ely ou da King's College Chapel era, pela teoria da escolha racional, um modo sensato de investir dinheiro, já que seu objetivo não era um retorno material sobre o capital terreno. O máximo que podemos fazer — e é claro que isso é importante — é estimar os efeitos secundários involuntários dessa utilização dos recursos sociais (tomemos o cuidado de não a chamar anacronicamente de "desvio de recursos sociais"). Keynes sugeriu que esses poderiam ser considerados como uma forma de obras públicas geradoras de emprego, Robert S. Lopez, que quanto maior a catedral de uma cidade, menor o seu comércio, e vice-versa. Talvez seja verdade. Certamente os efeitos econômicos da construção de catedrais devem ser legitimamente analisados à luz da teoria disponível. Entretanto, a cliometria *diretamente* relevante à construção de catedrais provavelmente teria de estimar, em termos de alguma espécie de economia do bem-estar eterno, se a salvação de um doador era obtida mais eficientemente pela contribuição à construção de catedrais ou pela organização de cruzadas ou alguma outra atividade espiritual, que, naturalmente, também têm custos e subprodutos econômicos. Poucos de nós cotaríamos muito alto semelhante exercício. No entanto, no século XIV, para muitos mercadores, a decisão de deixar sua fortuna para um mosteiro pelo bem de sua alma teria parecido uma escolha racional tão boa quanto deixá-la para seus filhos.

Essas dificuldades valem para problemas bem menos remotos. Os estudos sobre investimento social na educação no século XIX supõem que sua amortização social e individual era essencialmente econômica, ou seja, que era empreendido *como se* a decisão de colocar recursos na escolarização básica universal se destinasse a auxiliar o crescimento da economia. Deixemos de lado, por enquanto, as premissas muitas vezes arbitrárias subjacentes a tais cálculos cliométricos (ver adiante). Instituir a educação básica universal era certamente um uso substancial de recursos sociais sacrificando custos e alternativas econômicas, e os efeitos econômicos de instituí-la foram óbvios e excelentes, tanto para os indivíduos quanto para a sociedade. É claro que podem e devem ser analisados cliometricamente. Mas os historiadores são quase unânimes em sustentar que, para a maior parte da Europa no século XIX, para as autoridades e instituições que a promoveram, o verdadeiro propósito da educação básica universal não era econômico, ao contrário, digamos, da educação técnica. Era, em primeiro lugar, ideológico e político: instilar religião, moralidade e obediência entre os pobres, ensiná-los a aceitar, satisfeitos, a sociedade existente e a educar seus filhos a fazerem o mesmo, converter os camponeses de Auvergnat em bons republicanos franceses e os camponeses calabreses em italianos. A questão da eficiência com que o fizeram, ou de quais métodos alternativos melhores encontravam-se disponíveis para alcançar tais objetivos, talvez pudesse, teoricamente, ser investigada por meio de técnicas cliométricas. Mas os custos sociais da educação básica nesse sentido não devem ser calculados como se tivessem sido investimentos em maior produtividade para a economia. Eram mais como os custos sociais da manutenção de exércitos, por exemplo. Além disso, na medida em que tais estimativas combinam gastos (reais ou imputados) com educação básica e gastos com segmentos da educação, considerados, mesmo na época, em termos de produtividade econômica — a educação técnica, por exemplo —, misturam usos totalmente diferentes dos recursos sociais. Em suma, exercícios cliométricos nesses campos correm constantemente o risco de irrealidade histórica.

A terceira fragilidade da cliometria é que ela necessariamente tem de se basear não só em dados reais, muitas vezes remendados e inconfiáveis, mas também, e em grande parte, em dados inventados ou supostos. Sobre muitas questões relevantes, faltam informações até para nossa era bem mensurada, como sabem os economistas quando precisam adivinhar o tamanho da economia informal ou "negra" atual. Existem limites mesmo à enorme criatividade dos historiadores na descoberta de dados quantitativos, ou na utilização de um conjunto de dados disponíveis para fins não pretendidos por seus compiladores. A maior parte da história continua a ser, em termos quantitativos, uma zona de imprecisão e conjecturas.

A maior parte da cliometria, portanto, ocorre em uma região escura que pode, por assim dizer, ser mapeada a partir do ar somente mediante a elaboração de palpites instruídos pela forma e configuração das partes visíveis da paisagem das vastas extensões territoriais permanentemente ocultas pelo frio e a névoa. Uma vez que a cliometria, ao contrário da história tradicional, não pode se basear em impressões gerais mas exige (dentro de certos limites) mensuração precisa, ela deve criar seus dados onde estes não forem disponíveis. Alguns deles podem nem mesmo existir na realidade, como no caso dos contrafactuais. Mesmo quando não são hipotéticas, as informações que os cliometristas necessitam são recortadas dos fatos que se encontram disponíveis e que podem ser tornados relevantes ao propósito em pauta, mediante a utilização de relações derivadas de um modelo teórico — ou seja, por uma cadeia mais ou menos complexa de raciocínio e suposições, tanto sobre o modelo quanto sobre os dados insuficientes.

Do ponto de vista dos historiadores, essas premissas devem ser realistas, caso contrário, são lixo. Se utilizarmos a premissa da previsão perfeita dos homens de negócios para construir dados, a questão de sua validade empírica é crucial. Alterar as premissas, seja quanto ao modelo ou quanto aos dados, pode fazer uma diferença substancial tanto para os dados quanto para as respostas. Suponhamos, por exemplo, que rejeitemos, como muitos historiadores econômicos o fazem, o conceito de "revolução industrial" inglesa, com base em que o crescimento agregado da economia inglesa entre 1760 e 1820 foi modesto, o que equivale a dizer que as indústrias radicalmente transformadas durante esse período foram abafadas pelo grosso das atividades econômicas do país, que eram de organização tradicional e se transformavam mais lentamente. Conforme já se observou, sob tais circunstâncias, mudanças abruptas na economia *como um todo* são uma impossibilidade matemática.[11] (Surge uma interessante questão: até que ponto poderíamos demonstrar algum crescimento significativo durante o período inicial se incluíssemos no PNB não só os bens e serviços que entram nas transações do mercado, mas também a enorme massa de bens de produção e serviços não remunerados e não contabilizados, tais como os das mulheres e crianças no seio da família?) Em suma, "medir taxas de crescimento agregado na tradição de Kuznets talvez não seja, portanto, a melhor estratégia ao tentar compreender a Revolução Industrial, ainda que ela tenha sua utilidade".[12] Da mesma forma, partindo de diferentes premissas sobre os efeitos econômicos indiretos da construção de ferrovias (e de atribuir quantidades correspondentemente), tem sido possível afirmar que as ferrovias contribuíram muito pouco, ou realmente muito para o PNB de um país.

Existe ainda outra desvantagem nesses procedimentos, e que constitui a última das fragilidades da cliometria. Ela corre o risco da circularidade por afirmar a partir do modelo para os dados, na medida em que esses não são independentemente disponíveis. E é claro que ela não pode sair para fora de sua teoria, que é a-histórica, e para fora de seu modelo específico, que é fastidioso se for irrelevante. Não podemos provar, como alguns historiadores tentaram fazer, que não havia nada de muito errado com a economia inglesa do final do século XIX porque é possível demonstrar que o comportamento empresarial dos empreendedores ingleses era altamente racional, dadas as circunstâncias. O máximo que podemos provar por esse meio é que uma explicação do relativo declínio econômico inglês pode ser inválida, ou seja, que seus empreendedores eram incompetentes para ganhar dinheiro. Em suma, a cliometria pode criticar e modificar a história produzida por outros meios, mas não pode produzir respostas próprias. Sua função no mercado bovino da história assemelha-se mais à do fiscal de pesos e medidas que à do fazendeiro que cria os novilhos.

Que uso, então, os historiadores podem dar à teoria econômica? Naturalmente podem usá-la como um valioso gerador de ideias, quase do mesmo modo que os desenhistas de moda se inspiram viajando pelo Marrocos e observando o vestuário berbere. Esse tipo de efeito heurístico, difícil de definir, não é desprezível, uma vez que sabemos, a partir das ciências naturais, que analogias extravagantes e empréstimos de fora podem ser tremendamente férteis. Por que, por exemplo, não deveríamos analisar a distribuição da população em sociedades primitivas de acordo com a teoria cinética dos gases? Isso poderia levar (e entendo que realmente leva) a resultados interessantes. Claro que podemos também utilizar ecleticamente a teoria econômica, como e quando ela parecer pertinente. Mas isso não resolve o problema.

Se o uso da teoria deve ser mais que marginal para os historiadores (e também na prática social, eu diria), ela precisa ser especificada de maneira a trazê-la mais para perto da realidade social. Ela não pode se permitir, mesmo em seus modelos, desviar-se do verdadeiro fardo da vida, como as dificuldades práticas de substituição. Ocorre-nos, de imediato, o exemplo da agricultura. Apesar de constantemente ter surpreendido os defensores do desenvolvimento econômico, sabemos que uma forma de estrutura agrária e de organização produtiva não pode simplesmente ser substituída por outra no prazo exigido pela política, mesmo quando se possa verificar economicamente mais produtiva. O mundo do desenvolvimento econômico está dividido em países que foram bem-sucedidos em respaldar sua industrialização e urbanização com uma agricultura eficiente e altamente produtiva e os países que não o conseguiram. Os efeitos econômicos do sucesso ou fracasso são imensos: no geral, os países com mais alto percentual de população agrícola são aqueles que têm dificuldades para se alimentar ou, de qualquer modo, para alimentar suas populações não agrícolas em rápido crescimento, ao passo que os excedentes alimentares do mundo provêm, no geral, de uma população relativamente minúscula em uns poucos países adiantados. Mas o tipo de discussão encontrada em manuais-padrão — penso imediatamente no de Samuelson — não esclarece em nada esse problema, porque, como salientou, entre muitos outros, Paul Bairoch, "a produtividade agrícola depende muito mais de fatores estruturais que a produtividade industrial", motivo pelo qual "o fracasso em compreender [...] as diferenças históricas é ainda mais grave".[13] O verdadeiro problema aqui sempre foi, e continua a ser, não tanto o de como conceber uma receita geral para a "revolução agrícola", verde ou não. O sucesso normalmente se dá, como salientou Milward, pela reforma adaptada às condições específicas da lavoura regional.[14]

Em outras palavras, é completamente inútil afirmar que a agricultura alemã do século XIX teria desempenho melhor se toda ela tivesse seguido o padrão de Mecklenburg com menos de 36% das terras em propriedade dos camponeses, ou o da Baviera, com mais de 93% das terras nesse regime, ainda que pudéssemos demonstrar conclusivamente que um padrão era absolutamente mais eficiente que o outro. A análise deve partir da coexistência de ambos, e das dificuldades de transformar um no outro. Tampouco podemos converter a análise *a posteriori* em explicação causal.

A verdade é que, mesmo no prazo totalmente longo, a escolha econômica pode ser rigidamente limitada por coerções institucionais e históricas. Suponhamos que aceitemos que a abolição de um campesinato tradicional, composto basicamente de unidades familiares de subsistência produzindo um certo excedente, seja a melhor maneira de obter uma revolução agrícola e, mais ainda, em favor do argumento, que ela possa ser substituída por grandes estabelecimentos ou fazendas comerciais operando com mão de obra contratada. Existem casos em que isso foi realizado.[15] No entanto, sei pelo menos de uma região latino-americana onde empreendedores comerciais racionais tentaram e fracassaram na realização efetiva desse programa, porque simplesmente careciam do poder para se livrar de uma densa população camponesa. As realidades sociais os obrigaram a adotar métodos semifeudais que sabiam ser menos que ótimos. E uma vez que, a despeito de Marx, antes do cruel século XX, são raros os casos de expulsão ou expropriação rápida e maciça de populações camponesas realmente densas, a força histórica dessas coerções não deve ser subestimada. Ao analisar tanto a mudança na agricultura quanto o crescimento econômico em geral, os fatores não econômicos não podem ser divorciados dos fatores econômicos — certamente não no curto prazo. Separá-los é abandonar a análise histórica, isto é, a dinâmica da economia.

Como há muitos anos afirmou Maurice Dobb:

> Parece extremamente claro que as principais questões relativas ao desenvolvimento econômico [...] não podem ser respondidas a menos que ultrapassemos os limites daquele tipo tradicional e limitado de análise econômica cujo realismo é tão impiedosamente sacrificado à generalidade, e a menos que seja abolida a fronteira existente entre o que é moda rotular como "fatores econômicos" e como "fatores sociais".[16]

Não quero dizer que considerar os chamados "fatores não econômicos" seja incompatível com uma rigorosa análise teórica ou, onde as questões e os dados tornarem-no adequado, com o teste econométrico. Ela não precisa cair no pântano empirista que engoliu os economistas historicistas alemães, embora eles tenham o direito a um obituário cortês. Mas se realmente necessitamos de modelos teóricos, e esses modelos devem ser abstratos e simplificados, pelo menos devem sê-lo no interior de referenciais historicamente especificados.

Até agora os historiadores encontraram ajuda, em geral, apenas em duas fontes teóricas. A primeira é a dos teóricos interessados no processo histórico das transformações econômicas e que o consideram, pelo menos em parte, endógeno. Quer consideremos as forças que levam à mudança como econômicas, sociológicas ou políticas — e a distinção pode ser arbitrária —, são melhor encaradas, tal como em pensadores como Marx e Schumpeter, como produtos do desenvolvimento do sistema e, consequentemente, dotadas de relação com seu desenvolvimento futuro. Outras abordagens da "teoria da história econômica" levantam questões similares, como reconhece J. R. Hicks ("minha 'teoria da história' [...] será consideravelmente mais próxima do tipo de coisa intentada por Marx").[17] A outra fonte com a qual os historiadores, pelo menos em parte, mitigaram sua sede está nos economistas que se veem na necessidade de encontrar modelos ajustados a realidades concretas para seus fins próprios. O papel da experiência do Terceiro Mundo é aqui crucial, pois vincula teoria e realidades concretas em um contexto familiar tanto a historiadores quanto a, pelo menos, alguns economistas.

Parece significativo que, das duas principais vertentes da teoria do crescimento, os historiadores não foram capazes de fazer muita coisa com aquelas derivadas do modelo de Harrod-Domar, que atrai muitos economistas. Viram-se em território muito mais familiar e apropriado com os modelos que remontam do neoclassicismo até a economia política e Marx, preocupados em formular teorias aplicáveis a casos particulares, e que tomam como ponto de partida uma economia desagregada, como, por exemplo, o modelo dualista de Arthur Lewis, esboçado nos anos 1950, ou a tentativa de Hla Myint de compreender o comércio do Terceiro Mundo. Como os historiadores do comércio europeu pré-industrial, ele conclui que o modelo do "custo comparativo" do comércio é muito menos relevante para as transações bissetoriais que o velho modelo de "vazão para excedente" de Adam Smith ou a chamada "teoria da produtividade" do comércio.[18] Esse tipo de abordagem foi concebido para fornecer uma base realista para políticas de desenvolvimento em países onde os modelos baseados em um mercado teoricamente universal, ou em uma economia capitalista, são estratosféricos demais para serem realistas. Samuelson acertadamente o remonta a Marx e Ricardo, embora dedique apenas um rodapé ao assunto. Esse tipo de economista do desenvolvimento e os historiadores falam a mesma língua.

O importante quanto a esses modelos, conquanto sejam grosseiros, é que tentam simplificar uma realidade social observável que não se encaixa em um padrão puramente capitalista ou de mercado. Além disso, e por esse motivo interessam aos historiadores, esses modelos são modelos de economias *combinadas*. Dizem respeito à interação de dois ou mais jogos, cada um dotado de suas próprias regras, embora, sem dúvida, o conjunto também pudesse ser tratado como um único superjogo com regras de abrangência total. Alguns visam principalmente interações entre jogos disputados lado a lado. Outros modelos, como o marxista da *Théorie économique du système féodal* [Teoria econômica do sistema feudal], de Witold Kula,[19] supõem que as unidades empresariais operam simultaneamente em ambos os setores, jogando por ambos os conjuntos de regras, já que são capazes ou obrigados a fazê-lo. Kula utiliza esse modelo para analisar a dinâmica das grandes propriedades feudais polonesas, mas uma vez que o grosso do excedente comercializável na maioria das sociedades pré-capitalistas provavelmente provém de camponeses, o modelo também se aplica a eles. De fato, entre os especialistas no campesinato há um vigoroso debate sobre a relação entre os aspectos não comerciais e os aspectos produtores de mercadorias da economia camponesa.

Essas situações são conhecidas dos historiadores, já que toda transição de uma formação socioeconômica para outra — digamos da sociedade feudal para a capitalista — deve em algum estágio consistir de uma mistura dessa ordem. [O não reconhecimento disso pelos gurus econômicos da transformação "big bang" do comunismo em capitalismo na ex-URSS mergulhou depois uma enorme área da superfície mundial em desnecessária catástrofe social.] Temos a opção de construir um modelo único mediante abstração das peculiaridades das partes constituintes, mas às custas de sacrificar o realismo e ao mesmo tempo fugir ao problema geral da moderna história econômica, que é o modo de explicar a mutação da velha economia na economia de crescimento elevado e permanente dos séculos XIX e XX. Foi o que fizeram os cliometristas. Por outro lado, podemos multiplicar modelos econômicos, social e institucionalmente específicos, tais como os que os antropólogos econômicos derivaram de Karl Polanyi ou da "economia camponesa" de Chayanov. Mas, sem entrar na discussão da validade ou necessidade desse procedimento, acredito que o que interessa tanto aos historiadores quanto, provavelmente, aos defensores do desenvolvimento econômico, é a onipresente *combinação*. O que tem relação com o desenvolvimento do capitalismo não é o fato de que durante um século a Companhia da Baía de Hudson comprava suas peles junto aos índios por preços fixos, porque os índios tinham um conceito de comércio mas não de mercado; nem o fato de que as peles eram vendidas em um mercado supostamente neoclássico em Londres, *mas os efeitos da combinação*.[20] Tampouco importa para o nosso objetivo se classificamos tais combinações como uma mistura de dois sistemas econômicos ou como uma versão complexa de um só sistema.

Para os historiadores, o interesse dessas análises reside no esclarecimento que oferecem sobre o mecanismo de transformação econômica nas circunstâncias específicas nas quais, historicamente, ocorreu ou deixou de acontecer. Naturalmente isso inclui a longa era anterior à Revolução Industrial, que obviamente é apenas de interesse periférico para a maioria dos economistas, inclusive os do desenvolvimento. Apesar disso, mesmo para os historiadores, o período em que esse tipo de desenvolvimento combinado é particularmente relevante é durante os séculos — e os historiadores continuam a discutir sobre a data que marca esse ponto de mutação — em que todas as economias anteriormente existentes no planeta passaram a ser, de um modo ou de outro, conquistadas, penetradas, abarcadas, modificadas, adaptadas e por fim assimiladas pela economia capitalista originalmente regional [um fato demonstrado de modo dramático, depois que isto foi escrito, pela queda das economias socialistas, que, durante várias décadas após a Revolução Russa, pretendia fornecer uma alternativa econômica global ao capitalismo]. Essa aparente homogeneização seduziu cientistas sociais e ideólogos a simplificar a história em um modelo de etapa única de "modernização" e o desenvolvimento econômico em "crescimento". Alguns historiadores sucumbem a essa tentação. Sabemos que o desenvolvimento da economia mundial, para não falar de uma determinada parte dela, não é apenas uma reunião das precondições para o "crescimento" e, em seguida, a investida flutuante para a frente, a corrida de maratona rostoviana na qual todos seguem a mesma trilha rumo ao mesmo ponto de chegada, embora partindo em diferentes momentos e correndo a velocidades distintas. Tampouco depende meramente de "corrigir a política econômica", ou seja, da correta aplicação de uma teoria econômica atemporal "correta", matéria sobre a qual, como sempre acontece, não há nenhum acordo entre os economistas.

Semelhante redução a uma única dimensão, mesmo da história estritamente econômica, oculta as não linearidades — ou, se preferirem, as diferenças qualitativas e combinações variáveis — no processo de desenvolvimento capitalista. A cronologia do desenvolvimento não pode ser reduzida a uma curva de taxas de crescimento variavelmente ascendentes. Os observadores, ainda que de modo impressionista, nela identificam novas fases do sistema, com características e um *modus operandi* de certo modo diferente de seus predecessores, e também os momentos que, geralmente numa visão retrospectiva, são reconhecidos como pontos de mutação seculares em seu desenvolvimento — os anos depois de 1848, depois de 1873 [e, como agora é óbvio, o início dos anos 1970]. E esses, por sua vez, são relevantes — até para economistas, políticos e empresários — porque mesmo eles desejam evitar a fragilidade tradicional dos militares, ou seja, a de se prepararem para a última e não para o próxima guerra.

Se desejarmos descobrir em que direção ela está se movendo, precisaremos de uma autêntica análise histórica do desenvolvimento capitalista em lugar de uma listagem rostoviana de "estágios". Aqueles que desejam saber em que direção estamos indo não o conseguirão sem pensadores como Marx ou Schumpeter que, de modos distintos, percebem que há uma direção histórica no desenvolvimento capitalista. E quem, mesmo entre os homens de negócios, não precisa pensar no futuro do sistema?

Ao empreender tais exercícios, os historiadores buscam modelos da dinâmica histórica do capitalismo entre os economistas, e encontram apenas as generalidades da teoria da escolha racional, exceto nas franjas ou — talvez seja melhor dizer — na fronteira de sua disciplina. Não acho que os historiadores se importem com o fato de que as teorias necessárias não sejam, no momento, redutíveis a modelos matemáticos ou quantificáveis com precisão. Nossas necessidades são modestas; nossas expectativas, menores que nossas esperanças, e o momento para pensar em equações é quando dispomos de uma ideia, mesmo que aproximada, sobre todas as variáveis relevantes e suas possíveis relações. Por enquanto, será suficiente se essas teorias forem concebidas para abranger o terreno que desejamos que abranjam, se não forem absurdas e internamente inconsistentes, se forem aproximadamente testadas contra as evidências, e se forem tais que nos permitam ampliar o alcance da teoria quando isso se mostrar necessário. Ficaríamos felizes em obter ajuda de economistas que aplicam seus talentos e disciplina em questões de transformação socioeconômica. Realmente obtemos alguma ajuda, mas não o bastante. Talvez o fato de que a economia tenha hoje, sobre a possível contribuição da história, uma consciência mais clara do que possuía quando essas conferências foram inicialmente proferidas seja um sinal de que os economistas podem começar a aplicar seus intelectos novamente ao desenvolvimento histórico. Quando assim o fizerem, os historiadores devem esperar que assim o façam no espírito de Marx, Schumpeter e John Hicks, em lugar de sob a camisa de força da cliometria.

9. ENGAJAMENTO

Este ensaio, que aborda o problema do preconceito político e ideológico, foi escrito para publicação em Culture, science et développement: Mélanges en l'honneur de Charles Morazé (*Toulouse, 1979*), *pp. 267-79.*

I

Embora tenha havido muita discussão sobre a natureza, ou até mesmo a possibilidade, da objetividade nas ciências sociais, houve muito menos interesse no problema do "engajamento" nessas ciências, entre as quais a história. "Engajamento" é uma dessas palavras como "violência" ou "nação", que escondem uma variedade de significados sob uma superfície aparentemente simples e homogênea. Geralmente é mais como termo de desaprovação ou louvor (neste caso, muito mais raramente) que a palavra é empregada, e quando é definida formalmente, as definições tendem a ser seletivas ou normativas.[1] De fato, os empregos comuns do termo escondem uma ampla gama de sentidos, desde o inadmissivelmente restrito até o trivialmente genérico.

Em seu sentido mais amplo pode ser meramente outro modo de negar a possibilidade de uma ciência puramente objetiva e livre de valoração, uma proposição da qual poucos historiadores, cientistas sociais e filósofos hoje discordariam inteiramente. No extremo oposto encontra-se a disposição de subordinar os processos e descobertas da pesquisa às exigências do compromisso ideológico ou político do pesquisador e tudo que isso implica, inclusive a subordinação dos mesmos às autoridades ideológicas ou políticas por ele aceitas: porém, muitas dessas exigências podem conflitar com o que seriam aqueles processos e descobertas sem tal ditame. É claro que o mais comum é o pesquisador internalizar essas exigências, que assim se tornam características da ciência, ou melhor (considerando que engajamento implica um adversário), da ciência "certa" contra a ciência "errada" — da história das mulheres em oposição à história masculina chauvinista, da ciência proletária em oposição à ciência burguesa, e assim por diante.

De fato, existem provavelmente dois espectros superpostos, dos quais um expressa as várias nuanças da dimensão política ou ideológica dos processos e descobertas da pesquisa, e o outro, as consequências que se pretendem deduzir daí para o comportamento subjetivo do historiador. Para colocar em termos simples, um diz respeito ao engajamento dos fatos, o outro, ao das pessoas.

Em um extremo do primeiro espectro há a proposição geral, e até agora virtualmente incontroversa, de que é impossível uma ciência puramente objetiva e isenta de juízos de valor; no outro, há a proposição de que tudo na ciência, desde seus procedimentos até suas descobertas concretas e as teorias nas quais estas são organizadas, deve ser visto basicamente como dotado de uma função ou propósito político (ou, mais geralmente, ideológico) específico, associado a algum grupo ou organização social ou política. Dessa forma, o principal significado da astronomia heliocêntrica do século XVI até o século XVII não seria o de que ela era "mais verdadeira" do que a geocêntrica, mas o de que fornecia uma legitimação para a monarquia absoluta (*le roi soleil*). Embora isso possa soar como uma *reductio ad absurdum* dessa posição, não devemos esquecer que muitos de nós assumimos ocasionalmente uma concepção quase tão extrema quanto essa ao discutir, digamos, os vários aspectos da genética e etologia promovidos pelo nacional-socialismo. As possíveis verdades de várias hipóteses nesses campos pareciam ser na época menos importantes que seu uso para os horríveis propósitos políticos do regime de Adolf Hitler. Ainda hoje existem muitos que se recusam a aceitar pesquisas sobre possíveis diferenças raciais no gênero humano ou que rejeitam qualquer descoberta que tenda a demonstrar, sobre bases análogas, desigualdades entre vários grupos humanos.

As nuanças do segundo espectro são igualmente amplas. Em um extremo, há a proposição pouco controversa de que o cientista, que é fruto de sua época, reflete os preconceitos ideológicos e outros de seu ambiente e experiências e interesses históricos e sociais específicos. No outro, há a concepção de que não devemos meramente nos dispor a subordinar nossa ciência às exigências de alguma organização ou autoridade, mas até promover ativamente essa subordinação. Exceto na medida em que fazemos declarações puramente psicológicas sobre os cientistas, o espectro 2 deriva do espectro 1. Os homens são ou devem ser engajados em sua atitude para com as ciências, porque as ciências são em si mesmas engajadas. É possível também, ainda que muito duvidoso, que cada posição no espectro 2 corresponda a uma posição no espectro 1, e possa ser considerada como seu corolário. Por isso, na discussão a seguir, convém que nos concentremos no "engajamento" como uma atitude subjetiva dos historiadores, ou para eles imperativa.

Não obstante, é preciso formular inicialmente uma proposição importante sobre o engajamento "objetivo". O engajamento na ciência (empregando a palavra na acepção geral da alemã *Wissenschaft*) não reside na discordância sobre fatos verificados, mas sobre sua escolha e combinação, e sobre o que se pode inferir a partir dos mesmos.[2] Ele pressupõe procedimentos incontroversos para verificar ou falsear a evidência, e procedimentos incontroversos em sua discussão. Talvez seja verdadeira a observação de Thomas Hobbes de que os homens suprimiriam ou até mesmo contestariam os teoremas da geometria se estes estivessem em conflito com os interesses políticos da classe governante, mas esse tipo de engajamento não encontra lugar nas ciências.[3] Se uma pessoa deseja argumentar que a terra é plana ou que o relato bíblico da criação é literalmente verdadeiro, seria bastante aconselhável que não se tornasse astrônomo, geógrafo ou paleontólogo. Inversamente, aqueles que resistem à inclusão do relato bíblico da criação nos livros didáticos da Califórnia como uma "hipótese possível",[4] assim o fazem não porque podem ter concepções engajadas (que pode ser o caso), mas porque se baseiam em um consenso universal entre os cientistas de que isso não é apenas factualmente errado, como também de que nenhum argumento a seu favor pode pretender status científico. Até onde se pode notar, não se trata de "uma hipótese científica possível". Desafiar a refutação da tese de que a terra é plana, ou da crença de que Deus criou o mundo em sete dias, é desafiar o que conhecemos como razão e ciência. Existem pessoas dispostas a fazer isso explicitamente ou por implicação. Se, por algum acaso improvável, fosse demonstrado que estão certas, nós, como historiadores, cientistas sociais ou outros cientistas, perderíamos nosso emprego.

Isso não reduz significativamente o âmbito da discordância científica legítima na qual o engajamento pode entrar e de fato entra. Pode haver considerável discussão sobre quais fatos estão definitivamente estabelecidos, e onde nunca puderem sê-lo (como em grande parte da história), a discussão pode continuar indefinidamente. Pode haver discussão sobre o que significam. Hipóteses e teorias, por mais universal que seja o consenso que recebam, não possuem o estatuto incontroverso, por exemplo, dos fatos verificáveis ou falseáveis ou das proposições lógico-matemáticas. Pode-se demonstrar que são consistentes com os fatos, mas não necessariamente que possuam consistência exclusiva com os fatos. É impossível haver discussão científica sobre o fato da evolução, mas pode haver, mesmo hoje, discussão sobre sua explicação darwinista, ou sobre qualquer de suas versões específicas. E na medida em que o "fato" em si é trivial, quando tirado do contexto das perguntas que fazemos a seu respeito e das teorias que formulamos para vinculá-lo a outros fatos, também ele permanece cativo na rede do engajamento possível. O mesmo é verdade até para proposições matemáticas que apenas se tornam significantes ou "interessantes" em virtude dos vínculos que estabelecemos entre elas e outras partes de nosso universo intelectual.

Não obstante, e sob risco de sermos acusados de positivismo, a natureza incontroversa de certas afirmações e dos meios de estabelecê-la deve ser asseverada. Algumas proposições são "verdadeiras" ou "falsas" para além da dúvida razoável, embora os limites entre a dúvida razoável e a descabida sejam traçados de diferentes formas, numa zona marginal, conforme os critérios de engajamento. Assim, em sua maioria, os cientistas tradicionais provavelmente exigiriam evidências muito mais sólidas e mais rigorosamente filtradas para estabelecer a existência de vários fenômenos extrassensoriais do que o exigiriam para aceitar, por exemplo, a sobrevivência de algum animal tido como há muito tempo extinto; e isso porque muitos deles relutam *a priori* em aceitar a existência de tais fenômenos. Inversamente, como mostram as falsificações de Piltdown e outros exemplos, uma disposição *a priori* em aceitar a verificação de uma hipótese plausível pode relaxar consideravelmente os próprios critérios de validação do cientista. Mas isso não abala seriamente a concepção de que os critérios de validação sejam objetivos.

Gostaria de traduzir isso em termos pertinentes ao historiador. Não pode haver nenhuma dúvida legítima de que, no curso dos últimos duzentos anos, melhoraram substancialmente, na média, as condições materiais da população nos países "avançados" do mundo. O fato não pode ser seriamente questionado, embora se possa discutir sobre quando essa melhoria começou, e sobre a velocidade, flutuações e divergências desse processo. Ainda que esse fato seja em si mesmo neutro, será amplamente considerado como dotado de certas implicações ideológicas e políticas, e na medida em que existam teorias históricas baseadas na suposição de que não aconteceu, tais teorias estarão erradas. Se Marx acreditasse em uma tendência do capitalismo de pauperizar o proletariado, abrem-se para mim, como marxista, uma ou mais dentre três alternativas. Posso legitimamente negar que Marx, pelo menos em seus anos de maturidade, sustentou uma teoria de pauperização ou estagnação material absoluta, em cujo caso elimino esse elemento da teoria da "pauperização absoluta" de modo que possa me permitir incluir outros elementos, até então desconsiderados, que poderiam compensar a melhoria (por exemplo, "insegurança", saúde mental ou deterioração ambiental). Nesse caso poderia haver dois tipos de argumento engajado: sobre a legitimidade de estender dessa maneira o conceito de "pauperização" e sobre o movimento real mensurável dos vários índices envolvidos, sua ponderação e combinação. Por fim, posso sustentar o velho argumento, mas buscar estabelecer que a melhoria representa meramente uma flutuação temporária ou de longo prazo no que ainda pode ser considerado como uma tendência descendente secular. Nesse caso *ou* estou retirando a proposição totalmente para fora do alcance da falseabilidade, como aquelas previsões constantemente revisadas sobre o fim do mundo, na qual se envolvem as seitas milenaristas, *ou* estou abrindo-a para a falsificação em algum momento no futuro. Considerações similares podem ser feitas, se considero a melhoria como um fenômeno regional que poderia (ou não) ser compensado por deterioração no resto do mundo. O que *não posso fazer* é simplesmente negar a evidência. Tampouco posso, como historiador, legitimamente me recusar a aceitar os critérios de falseabilidade, na medida em que minhas concepções se apoiem em evidências do passado, do presente ou do futuro.

Em resumo, para todos os envolvidos no discurso científico, as proposições devem estar sujeitas a validação por métodos e critérios que não estejam, em princípio, sujeitos ao engajamento, independentemente de suas consequências ideológicas e de sua motivação. As proposições não sujeitas a tal validação podem ser, entretanto, importantes e valiosas, mas pertencem a um discurso de ordem diferente. Colocam problemas filosóficos extremamente interessantes e complexos, principalmente quando expressas em algum sentido descritivo (por exemplo, na arte representativa ou na crítica "sobre" alguma obra ou artista específicos), mas não podem ser aqui consideradas. Tampouco podemos considerar aqui proposições do tipo lógico-matemático, já que não estão vinculadas (como na física teórica) à validação por meio de evidências.

II

Voltemos agora ao problema do engajamento subjetivo — omitindo, em favor da simplicidade, a questão dos sentimentos pessoais, embora estes sejam importantes na psicologia individual do cientista. Não nos preocuparemos, portanto, com a relutância do Professor X em desistir da teoria por meio da qual fez ou espera fazer sua reputação, ou com a qual ficou envolvido por longas polêmicas. Omitiremos seus sentimentos pessoais pelo Professor Y a quem sempre considerou um carreirista e charlatão. Somente nos preocuparemos com o Professor X como pessoa motivada por concepções e suposições ideológicas ou políticas partilhadas por outros, e transmitidas à pesquisa; e, mais especificamente, com o Professor X como militante comprometido que admite que o engajamento pode ter implicações diretas no seu trabalho.

Porém, devemos começar eliminando a posição extrema do engajamento, tal como proposto e praticado no período stalinista na URSS e em outros países — não necessariamente apenas por marxistas — e reduzido *ad absurdum* nas páginas sempre mutáveis da *Grande Enciclopédia Soviética* daqueles tempos. Essa posição supunha (1) uma congruência total entre as declarações políticas e científicas em todos os momentos, e por isso (2) uma intercambiabilidade virtual das declarações em ambas as formas de discurso em todos os níveis,[5] com a justificativa (3) de que não existia nenhum campo do discurso científico ou público especializado para tais discursos. Na prática, isso significava (4) a superioridade da autoridade política (sendo esta, por definição, o repositório da ciência) em relação à proposição científica. Pode-se indicar, de passagem, que essa posição difere daquela que sustenta, de modo bastante generalizado, que pode haver imperativos — digamos, morais ou políticos — superiores aos da proposição científica, e daquela sustentada, por exemplo, na Igreja Católica, de que há verdades superiores às da ciência secular que podem ser impostas pela autoridade.

É claro que, teoricamente, a unidade entre ciência e política pode ser sustentada como uma proposição geral, pelo menos por aqueles que acreditam que a política deve estar baseada em uma análise científica (por exemplo, o "socialismo científico"). Que a ciência seja inseparável do resto da sociedade, inclusive do público não científico, também é admitido como proposição geral pela maioria das pessoas. Entretanto, na prática, é evidente que existe uma certa divisão de trabalho e funções e que as relações entre ciência e política não podem ser as de congruência. Os imperativos da política, por mais que esta possa se basear na análise científica, não são idênticos às proposições científicas, embora possam ser idealmente derivados destas com maior ou menor distanciamento. A autonomia relativa da política (que inclui considerações de conveniência, de ação, vontade e decisão) não só impede a identidade, mas até a simples analogia entre as duas esferas. Consequentemente, toda forma de engajamento que sustente que tudo que é politicamente exigido em um momento deve ter seu equivalente no discurso científico não encontra nenhuma justificativa teórica. Na prática, pode-se observar também que a existência de organismos de poder, cada um reivindicando validade científica para sua análise política e, por conseguinte, impondo certos imperativos àqueles de seus membros envolvidos em discursos científicos, levanta o problema de como decidir entre tais pretensões científicas rivais.[6] É pequena a contribuição que o engajamento em si pode dar a esse problema além de um senso de convicção subjetiva.

O dilema daquilo que se pode chamar, por conveniência, de versão jdanovita de engajamento, pode ser ilustrado por um exemplo não marxista: a cartografia. Os mapas são tidos pelos cartógrafos como descrições factuais (seguindo várias convenções) de aspectos da superfície da Terra, mas, segundo os governos e determinados movimentos políticos, são proposições políticas, ou pelo menos têm implicações para a política. De fato, esse é um aspecto inquestionável dos mapas políticos e, em princípio, não se pode negar que, onde há disputa política, o simples fato de traçar, por exemplo, uma fronteira em um lugar e não em outro implica uma decisão política. Assim, registrar as ilhas Falkland como uma possessão britânica implica negar a pretensão argentina às mesmas ou, pelo menos, implica que naquele momento essa pretensão é considerada acadêmica. Enquanto existia, registrar o país a leste da República Federal Alemã como República Democrática Alemã implicava pelo menos um reconhecimento *de facto* da existência da RDA como Estado nas fronteiras de 1945. Entretanto, por mais simpático que possa ser o cartógrafo às pretensões argentinas ou às atitudes de Guerra Fria dos Estados ocidentais, ele não deve ocultar a situação de fato. É tão absurdo transformar países em não países nos mapas quanto transformar pessoas em não pessoas nos livros de história. Tampouco mudou a configuração e o caráter da RDA no momento em que se tomou a decisão política de defini-la como tal, em lugar de "zona de ocupação soviética" ou *Mitteldeutschland*, ou por algum outro termo que não expressava realidade mas política. Na medida em que os cartógrafos não estão agindo sob coerção, devem perceber que, ao descrever as Falkland como argentinas, ou a RDA como "Alemanha Central", não estão agindo como geógrafos mas como políticos. Podem justificar sua decisão sob diversos pretextos, inclusive filosóficos ou mesmo pretensamente científicos, mas não geográficos. A falha em fazer essa distinção não resultaria apenas em ruptura na comunicação intelectual (que é bastante conhecida), mas também na substituição da cartografia como uma forma de proposição programática por uma cartografia como descrição, ou seja, na abolição da cartografia.

Felizmente, uma vez que estamos lidando com um campo no qual a fantasia teórica tem consequências práticas severas, não é permitido à cartografia programática interferir nos mapas reais exceto marginalmente e em campos específicos como a educação e a propaganda. Afinal de contas, seria imprudente sugerir aos pilotos de linhas aéreas que, ao aterrissarem em Kaliningrado, estariam em um Estado alemão, ou, antes de 1989, que, ao aterrissarem em Schoenefeld em lugar de Tegel, não encontrariam problemas administrativos bem diferentes.

O que se pode chamar de engajamento stalinista[7] — embora não se confine de modo algum aos stalinistas ou mesmo aos marxistas — pode ser, então, excluído do discurso científico. Se os estudiosos e cientistas acreditam que seu compromisso político exige que submetam sua ciência a seu compromisso, e já que isso é perfeitamente legítimo em certas circunstâncias, deveriam admiti-lo, pelo menos para si mesmos. É muito menos perigoso para a ciência, e para uma análise política cientificamente fundamentada, saber que se está praticando *suppressio veri* ou mesmo *suggestio falsi*, que convencer a si mesmo que as mentiras são, em certo sentido complexo, verdade. Similarmente, se acreditam que seu compromisso político exige que renunciem de uma vez a sua atividade de estudiosos, o que também pode ser legítimo ou mesmo necessário em certas condições, também deveriam reconhecer o que estão fazendo. O historiador que se torna editor de um órgão de partido não escreve seus editoriais como historiador mas como editorialista político, embora sua formação e interesses na história possam ali transparecer. Essa necessidade não o impede de continuar a praticar a história em outros momentos. Jaurès produziu história (partidária) muito boa enquanto líder do Partido Socialista Francês; mas não *enquanto* propositor de fórmulas de conciliação no congresso do partido.

Entretanto, resta uma zona nebulosa entre a atividade científica e a proposição política que talvez afete mais aos historiadores que aos demais, porque foram usados desde tempos imemoriais para legitimar as pretensões (por exemplo, dinásticas ou territoriais) de políticos. Trata-se da zona da advocacia política. Seria bastante irreal esperar que os estudiosos se abstenham de agir como advogados, especialmente quando não apenas acreditam (como é frequentemente o caso) que se deva argumentar com base no patriotismo ou algum outro compromisso político, mas que isso é realmente válido. Fatalmente existirão professores búlgaros, iugoslavos e gregos que, mesmo sem a coerção de governo, partido ou igreja, estarão dispostos a lutar até o último rodapé em favor de sua interpretação da questão macedônica.

Claro que existem muitos casos em que os historiadores, embora totalmente indiferentes em termos pessoais, também podem admitir o dever partidário de certa argumentação, tal como apoiar a pretensão de seu governo em relação a uma fronteira em disputa ou escrever um artigo sobre a amizade tradicional entre sildávios e ruritânios numa época em que a Sildávia estiver envolvida em melhorar suas relações diplomáticas com a Ruritânia. Porém, embora não haja dúvida de que os acadêmicos continuarão a agir como advogados, com maior ou menor convicção, e embora um componente de advocacia seja inseparável de todo debate, é preciso ter bem clara a diferença entre advocacia e discussão científica (conquanto engajada).

Para formular a questão em seus termos mais simples, a função do advogado comum não é decidir sobre a culpabilidade ou inocência do cliente, mas afiançar sua condenação ou absolvição; a função da agência de publicidade não é decidir se vale a pena comprar o produto do cliente, mas sim vendê-lo. Em resumo, ao contrário da ciência (por mais engajada que seja), a advocacia toma como dado o caso a ser defendido. O grau de sofisticação envolvido em sua defesa é irrelevante para essa decisão básica. Mesmo quando aprovamos inteiramente o caso e o procedimento da advocacia, a distinção permanece: Huxley não era Darwin, mas "o buldogue de Darwin". Por mais que na prática relute em fazer isso, na teoria todo participante do debate científico deve acatar a possibilidade de se permitir ser publicamente persuadido por argumento ou evidência contrários. Claro que o fato mesmo de se saber que ele assim fez torna-o particularmente valioso como advogado, e torna tentadora a passagem da defesa científica para a defesa engajada. Nas sociedades liberais, e particularmente nas parlamentares, ambas propensas à idealização do "cientista independente" e à crença de que a verdade tende a brotar do embate de defensores gladiatórios, essa tentação, mais que qualquer outra coisa, tende a produzir engajamento mais ilegítimo. Disso é testemunha a história dos recentes debates sobre a pobreza e a educação nos países anglo-saxões.

III

Tendo estabelecido os limites além dos quais o engajamento deixa de ser cientificamente legítimo, gostaria de discutir a questão em favor do engajamento legítimo, tanto do ponto de vista da disciplina científica ou erudita quanto da causa com a qual o cientista se sente comprometido.

O segundo tipo é um pouco mais difícil do que o primeiro, uma vez que parte do princípio de que a causa será beneficiada com o trabalho do cientista como tal, ainda que engajado. Mas evidentemente nem sempre é esse o caso. Há causas, como uma crença no cristianismo, por exemplo, que não apenas dispensam apoio científico ou erudito, mas podem, de fato, ser enfraquecidas por tentativas de reformular a fé e o dogma em termos que são, por definição, o oposto de ambos. (Claro que a maioria dessas tentativas foram ações defensivas contra ataques de forças seculares invasoras.) Isso não é negar o valor do compromisso cristão enquanto incentivos para certos tipos de erudição, digamos filológica ou arqueológica. Mas é de se duvidar que essa erudição tenha alguma vez fortalecido o cristianismo como força social. No máximo poder-se-ia afirmar que ela fornece serviços esotéricos, talvez pelo estabelecimento da tradução correta de textos sagrados para aqueles que veem nisso mais que importância científica, ou que ela fornece argumentos propagandísticos para a causa ou o prestígio que a erudição e o saber ainda conferem, na maioria das sociedades, ao grupo ao qual estão associados. No entanto, o julgamento em tais matérias é, até certo ponto, subjetivo. Sem dúvida, para os mórmons, há um enorme significado em coletar uma massa de informações genealógicas sobre antepassados que, segundo se entende, são de algum modo trazidos postumamente por esse processo para mais perto da verdadeira fé. Para não mórmons, o exercício apenas é interessante e valioso porque produziu, de quebra, uma das coleções mais abrangentes de fontes para a demografia histórica.

Mas há muitas causas políticas e ideológicas que claramente se beneficiam da ciência e da erudição, ainda que frequentemente tentadas a desenvolver pseudociência e pseudoerudição com esse propósito. Seria possível negar que os movimentos nacionalistas se fortaleceram pelas dedicadas investigações eruditas do passado de seu povo, mesmo que os próprios movimentos (enquanto distintos dos estudiosos a eles associados) possam considerar a fantasia e a falsificação tão úteis — talvez mais úteis — quanto a investigação cética, ainda que engajada?[8] Além disso, existem causas — entre as quais se destaca o marxismo — que se consideram especificamente como produtos da análise racionalista e científica, e por conseguinte devem considerar o trabalho de investigação científica associado às mesmas como uma parte essencial de seu progresso, ou, de qualquer modo, não incompatível com este, com exceção dos atritos entre pesquisa erudita e conveniência política, já mencionados acima. Todo Estado requisita a ciência para certos propósitos. Os governos precisam da economia real (enquanto distinta da apologética ou propaganda) na medida em que precisam administrar sua economia. Sua queixa não é a de que os economistas não estão suficientemente comprometidos com eles, mas que, no estado atual da ciência, não solucionam os problemas que desejam desesperadamente que eles resolvam. Dessa forma, existe ampla margem para que o cientista comprometido incremente sua própria causa, sem deixar de ser cientista.

Mas até que ponto ele precisa ter uma forma específica de compromisso para fazer isso? Em geral, qual a relevância para um regime se seus economistas são pessoalmente conservadores ou revolucionários, desde que resolvam seus problemas? A URSS não teria se beneficiado mais de biólogos anti-stalinistas que conhecessem seu trabalho que dos lysenkoítas que não o conheciam?* (Para citar um líder comunista chinês: "O que importa se os gatos são brancos ou negros, desde que peguem

---

* *Lysenkoites*, no original. O autor se refere aos seguidores de Lysenko, que acreditava na teoria genética da transmissibilidade dos caracteres adquiridos. (N. T.)

ratos?".) Ou, para inverter a pergunta, não deve um marxista engajado, na medida em que for um bom especialista, esperar que suas descobertas sejam benéficas mesmo para aqueles a quem deseja combater?

A resposta para a última pergunta obviamente é: até certo ponto, sim. Não obstante, o engajamento pessoal do cientista é altamente pertinente, no mínimo porque sua causa pode não atrair outros cientistas além dos já engajados nela, e porque pode ser impossível a ela fazer uso daquela ampla fração da ciência — particularmente a ciência social — que reflete outros tipos de engajamento. O Partido Social-Democrata alemão, antes de 1914, dificilmente poderia esperar ajuda, simpatia ou mesmo neutralidade da maioria esmagadora dos acadêmicos da Alemanha imperial. Tinha que se valer de "seus próprios" intelectuais. O mais decisivo é que os intelectuais engajados podem ser os únicos dispostos a investigar problemas ou assuntos que (por razões ideológicas ou outras) o resto da comunidade intelectual não consegue considerar. A história do movimento trabalhista britânico, até bem avançado o século XX, estava predominantemente nas mãos de pessoas que simpatizavam com ele — de Sidney e Beatrice Webb em diante — porque quase nenhum historiador "ortodoxo" se interessou seriamente por ele até bem depois da Segunda Guerra Mundial.

Essa disposição dos estudiosos e cientistas engajados em desbravar novos territórios nos leva à segunda parte de nossa discussão: o valor positivo do engajamento para a disciplina científica ou erudita do cientista engajado. Esse valor é inegável mesmo em algumas das ciências naturais, embora seja provavelmente mais marcante naquelas que (como a biologia) sempre tiveram associações ideológicas bastante fortes. Não podemos confinar esse valor a nenhum tipo particular de engajamento. A genética moderna, por exemplo, com sua batalha constante entre defensores de fatores hereditários e ambientais, sem dúvida era, em grande parte, produto de uma ideologia elitista, antidemocrática — de Francis Galton e Karl Pearson em diante.[9] Aliás, isso não torna a genética uma ciência essencialmente reacionária, ou implica realmente um compromisso ideológico permanente dessa ciência, sendo alguns de seus últimos praticantes mais proeminentes (como J. B. S. Haldane) comunistas. De fato, na atual fase do embate hereditariedade-ambiente, que pode ser remontada à Primeira Guerra Mundial, os geneticistas tenderam a estar na "esquerda", ao passo que os principais partidários da "direita" eram psicólogos.[10] Em todo caso, estamos diante de um campo inconteste das ciências naturais cujo avanço foi alcançado em grande parte pelo engajamento político de seus praticantes.

Qualquer que seja o caso nas ciências naturais — sobre as quais não tenho competência para discorrer —, o argumento é incontestável nas ciências sociais. É difícil imaginar algum dos grandes fundadores da economia que não estivesse profundamente comprometido politicamente, pela mesma razão que é difícil imaginar algum grande cientista da medicina que não estivesse profundamente comprometido em curar a doença humana. As ciências sociais são essencialmente "ciências aplicadas", destinadas, para usar a frase de Marx, a transformar o mundo e não somente interpretá-lo (ou, então, explicar por que ele não precisa ser transformado). Além do mais, ainda hoje, pelo menos no mundo anglo-saxão, o teórico típico da economia se considera menos um produtor de "ciência" para o uso de seu "lado" (como fizeram os cientistas antifascistas durante a última guerra quando convenceram os governos de que as armas nucleares eram praticáveis), que um cruzado em causa própria — um Keynes ou um Friedman — ou pelo menos um participante ativo e eloquente em debates de política pública. Keynes não deduziu sua política da *Teoria geral*: ele escreveu a *Teoria geral* para prover uma base mais sólida para suas políticas, além de um meio mais eficaz de propagá-las. O vínculo direto com a política é menos claro entre os grandes sociólogos, uma vez que na natureza do objeto suas prescrições gerais são mais difíceis de formular em termos de políticas governamentais específicas — exceto talvez para fins propagandísticos (inclusive educacionais). No entanto, o profundo compromisso político dos fundadores da sociologia dificilmente precisa de demonstração, e realmente houve tempos em que a disciplina inteira como objeto acadêmico quase foi engolfada pelos diferentes engajamentos de seus praticantes. Não é preciso muito esforço para utilizar argumentação semelhante em favor de outras ciências sociais, entre as quais — se optarmos por incluí--la — a história.

O fato de que o desenvolvimento dessas ciências tenha sido inseparável do engajamento — algumas praticamente não teriam existido sem ele — é realmente inegável. A crença contrária, de que o cientista é um simples buscador da verdade acadêmica pura, que pode ou não interessar a mais alguém, provavelmente ganhou terreno em parte como reflexo do mero crescimento numérico — e consequentemente da separação em institutos específicos, da ciência e erudição como profissão —, em parte como uma resposta para a situação social nova e peculiar dos intelectuais (acadêmicos), em parte como mistificação. Em uma época em que não havia economistas profissionais, não teria sentido nenhum afirmar que Quesnay (médico), Galiani (funcionário público), Adam Smith (professor universitário), Ricardo (financista) ou Malthus (clérigo) não eram essencialmente políticos em suas intenções. O próprio fato de que a multiplicação de intelectuais assalariados profissionais como estrato social ampliou o abismo entre a maioria deles e os que efetivamente tomam as decisões econômicas e políticas teria sido bastante para fortalecer sua tendência a se considerarem como uma classe de "especialistas" independentes.

Além disso, o poder do *status quo* era em grande parte reforçado quando eram apresentados os ensinamentos prevalecentes das ciências sociais, não enquanto concepções com base e orientação políticas, mas como verdades eternas descobertas sem outro propósito que a busca da verdade por uma classe de homens, trabalhando em certas instituições que garantiam imparcialidade e ao mesmo tempo autoridade. Os professores do Império alemão, um grupo notoriamente partidário, não intervinham tanto na política quanto reforçava sua facção por declarações *ex cathedra* sobre o que era "incontestável". O intelectual como membro de uma categoria profissional, como membro de um estrato social e como teólogo secular, recebia considerável incentivo para sua pretensão de pairar acima da contenda. Porém, com vistas à presente discussão, não é necessário nem possível ir mais adiante nessa questão.

O fato de que, no passado, as ciências, e especialmente as ciências sociais, eram inseparáveis do engajamento não prova que o engajamento seja vantajoso para elas, mas apenas que é inevitável. O argumento em favor das vantagens do engajamento deve ser o de que faz a ciência avançar. Ele pode fazer isso, e assim o fez, na medida em que fornece um incentivo à mudança dos termos do debate científico, um mecanismo para injetar, a partir de fora, novos tópicos, novas perguntas e novos modelos de resposta ("paradigmas", para usar o termo oportuno de Kuhn). É quase indiscutível que essa fertilização do debate científico por estímulo e desafio de fora do campo específico de pesquisa foi imensamente benéfica ao avanço científico. Isso é hoje amplamente reconhecido, embora o incentivo externo seja normalmente concebido como oriundo de outras ciências, e, em parte por isso mesmo, incentiva-se toda forma de contatos e iniciativas "interdisciplinares".[11] Não obstante, nas ciências sociais, e provavelmente em todas as ciências nas quais se vislumbram implicações para a sociedade humana (que talvez não sejam meramente tecnológicas), "externas" são, em grande parte, e de fato primordialmente, a experiência, as ideias e a atividade do cientista como pessoa e como cidadão, como filho de seu tempo. E os cientistas engajados são aqueles que mais tendem a usar sua experiência "externa" no trabalho acadêmico.

Isso não implica necessariamente compromisso político concreto, ou mesmo compromisso ideológico, embora no século XIX, e ainda hoje, fortes sentimentos de hostilidade à religião tradicional tenham fertilizado os debates até mesmo nas próprias ciências naturais "puras". Desempenhou um papel distinto em campos "não políticos" como a cosmogonia e a biologia molecular, mediante as motivações agnósticas militantes de alguns que revolucionaram tais campos — como Hoyle e Francis Crick, por exemplo.[12] Nesse sentido, o próprio Charles Darwin, ainda que relutante em se envolver publicamente na questão controversa da religião, tinha opiniões bastante definidas a respeito. Porém, mesmo o sólido compromisso ideológico e político às vezes exerceu influência direta no desenvolvimento teórico das ciências naturais. Na esquerda, há o exemplo de A. R. Wallace, codescobridor da seleção natural de Darwin: um político radical vitalício, formado na heterodoxia owenista das "Galerias da Ciência" e nos "Institutos de Mecânica" chartistas, e naturalmente atraído por aquela "história natural" que tanto apelo fazia aos homens de espírito jacobino. Na direita, há o exemplo de Werner Heisenberg.

Seria possível dar numerosos exemplos de como tal incentivo político pode operar nas ciências sociais e históricas, mas talvez um seja suficiente. O problema da escravidão recentemente se tornou um campo importante para a análise e o debate histórico. Considerando que é um assunto que desperta fortes emoções, não admira que envolva engajamento histórico, mas, apesar disso, é impressionante o papel que desempenhou na revitalização do interesse por esse campo. Dos 33 títulos adicionados desde 1940 à bibliografia para o verbete "escravidão" na *Enciclopédia Internacional das Ciências Sociais* (1968), doze são obras de autores com formação marxista, embora vários deles hoje estejam distantes dessa ideologia. No vigoroso debate a partir de 1974 sobre a escravidão nos EUA, pelo menos duas das personalidades principais (Fogel e Genovese) eram militantes efetivos do minúsculo partido comunista norte-americano dos anos 1950. Fica-se quase tentado a afirmar que esse debate histórico contemporâneo é um desenvolvimento que emanou das discussões intramarxistas de décadas anteriores.

Isso não significa que todo engajamento político tenda a produzir tais efeitos inovadores na ciência e na erudição. Existe muita erudição engajada que é trivial, escolástica ou, quando vinculada a uma estrutura doutrinária ortodoxa, empenhada em provar a verdade predeterminada da doutrina. Grande parte dela levanta pseudoproblemas de um tipo que lembra a teologia e então tenta resolvê-los, talvez até se recusando, por motivos doutrinários, a considerar problemas reais. Não faz nenhum sentido negar isso, mesmo se tais práticas não se limitam aos estudiosos conscientes de seu próprio engajamento. Da mesma forma, normalmente há um ponto além do qual o compromisso ideológico ou político, de qualquer tipo, perigosamente seduz o estudioso a praticar o que é cientificamente ilegítimo. O caso do falecido professor Cyril Burt é uma prova desse perigo. Esse psicólogo eminente, como ficou demonstrado, estava tão convencido da insignificância dos fatores ambientais na formação da inteligência humana, que falseou seus resultados experimentais para torná-los mais persuasivos.[13] No entanto, quase não é preciso enfatizar os perigos e desvantagens óbvios da erudição engajada. O que é preciso enfatizar são suas vantagens menos óbvias.

Elas precisam hoje ser particularmente enfatizadas porque a expansão e dimensão sem precedentes da profissão acadêmica e a crescente especialização de cada disciplina e suas múltiplas subdisciplinas tendem cada vez mais a voltar o pensamento acadêmico para dentro de si mesmo. As razões são sociológicas e, ao mesmo tempo, inerentes ao desenvolvimento da própria ciência. Ambas se articulam para confinar a maioria dos acadêmicos em algum pequeno território no qual são reconhecidos como especialistas, e fora do qual apenas os mais arrojados ou os mais consolidados tenderão a se aventurar. Isso porque, com o passar do tempo, simplesmente não saberão o bastante fora de seu "campo" para falar com confiança — ou até mesmo para estarem familiarizados com o trabalho realizado — enquanto os grupos de especialistas que ocupam outros territórios e os defendem contra incursões de competidores, com barricadas de conhecimento esotérico e técnicas especiais, tornam cada vez mais perigosas as investidas de seus congêneres leigos. Periódicos especializados, boletins e conferências se multiplicam, e os debates em cada campo se tornam incompreensíveis aos que já não estão dentro dele, sem a longa preparação e leitura para a qual os demais raramente dispõem de tempo, exceto à custa do próprio conhecimento especializado. A bibliografia exaustiva da "literatura", conhecida cada vez mais apenas pelos autores de teses, protege cada uma dessas fortalezas. Trezentos e oitenta ou mais títulos em 1975 advertiam os cidadãos que pensavam ter algo a dizer sobre "movimentos sociais, revoltas e protestos" contra incursões imprudentes no campo do "comportamento coletivo", uma subdisciplina da sociologia que agora tenta se estabelecer como um "campo" específico.[14]

Mas se o intruso desqualificado em termos profissionais e técnicos é mantido do lado de fora, o de dentro, por sua vez, tende a perder o sentido das implicações mais amplas do assunto. Um bom exemplo, como destacou Lester Thurow, do Instituto de Tecnologia de Massachusetts, é o campo específico da econometria, que desenvolve modelos matemáticos na economia. Esses modelos deviam se prestar originalmente a testar se uma teoria claramente especificada poderia ser estatisticamente confirmada, mas (em grande parte porque raramente o podem) ocorreu uma inversão curiosa na relação entre a teoria e os dados:

> A econometria deixou de ser uma ferramenta para testar teorias para ser uma ferramenta por exibir teorias. Tornou-se uma linguagem descritiva [...] A boa teoria econômica era mais forte que os dados — pelo menos na cabeça dos economistas — e, consequentemente, tinha de ser imposta aos dados. O que começara como técnica para promover os dados relativos à teoria terminou fazendo exatamente o contrário.

Dessa forma, argumenta, as equações econométricas não encontram nenhuma relação entre o investimento e o movimento das taxas de juros conforme era proposta pela teoria econômica clássica, e não há nenhum modo de estabelecer tal relação. Voltaram-se então para a alternativa intelectualmente legítima de projetar suas equações de tal modo que as taxas de juros foram matematicamente obrigadas a ter o sinal certo. "As equações não testavam a teoria, mas descreviam como seria o mundo se a teoria estivesse correta." Em suma, e à custa de tender a retardar o desenvolvimento da teoria econômica, a econometria foi se isolando cada vez mais diante do impacto do mundo real. O incentivo a repensar a teoria, em oposição a desenvolvê-la de uma maneira mais sofisticada, debilitou-se.[15] Entretanto, esse isolamento se torna menos perceptível, ou até mesmo mais tolerável, à medida que se tornou cada vez maior o número de especialistas que apreciam — e de fato praticam — as operações intelectuais cada vez mais esotéricas de seus colegas, e ficou enorme o tempo necessariamente gasto para mergulharem na literatura do assunto, notadamente a partir de 1960. Como convidados de um grande hotel, os especialistas em um campo podem suprir a maior parte de suas necessidades sem deixar o edifício; ou nos contatos com o mundo externo mediados pelo hotel. Afinal de contas, há provavelmente mais economistas hoje empregados nas instituições acadêmicas da cidade de Boston e imediações que o número total de economistas profissionais na Inglaterra entre a publicação da *Riqueza das nações* e a *Teoria geral de Keynes*: e todos se mantêm ocupados em ler e criticar seus trabalhos entre si. Para considerar apenas um campo bastante modesto e que não se encontra em rápida expansão, o da história econômica e social: a filiação à Sociedade Britânica de História Econômica quase triplicou entre 1960 e 1975. Mais de 25% de todas as obras publicadas nessa área desde sua fundação em 1925 apareceram entre 1969 e 1974: 65% de toda essa literatura surgiu entre 1960 e 1974.[16] Comparados pelos padrões dos 430 mil ensaios que constituíam o acervo da literatura matemática em 1968, os 522 mil trabalhos que corporificavam as descobertas da física no mesmo ano,[17] os 20 mil títulos em história econômica e social são modestos. Entretanto, todo aquele que trabalha na área sabe o quanto essa literatura não é gerada por problemas mas por livros e artigos anteriores; e o quanto mais da vida do historiador econômico se passa nas instalações cada vez mais amplas e variadas de seu hotel.

É nessa situação que o engajamento político pode servir para contrabalançar a tendência crescente de olhar para dentro, em casos extremos, o escolasticismo, a tendência a desenvolver engenhosidade intelectual por ela mesma, o autoisolamento da academia. De fato, ele pode ser vítima dos mesmos perigos, caso se desenvolva um "campo" de erudição engajada suficientemente amplo. Existe neoescolasticismo marxista suficiente, em campos como a filosofia e a sociologia, para servir de saudável advertência. Não obstante, mecanismos para gerar novas ideias, perguntas e desafios nas ciências a partir de fora são hoje mais indispensáveis que nunca. O engajamento é um mecanismo poderoso desse tipo, talvez no momento o mais poderoso nas ciências humanas. Sem ele, o desenvolvimento dessas ciências estaria em risco.

10. O QUE OS HISTORIADORES DEVEM A KARL MARX?

Os três capítulos seguintes, que introduzem uma seção sobre controvérsias históricas, abordam especificamente o marxismo e a história. Os dois primeiros, separados por um intervalo de quinze anos, são tentativas de avaliar o impacto de Marx sobre os historiadores contemporâneos. O presente capítulo foi escrito inicialmente para o simpósio "O papel de Karl Marx no desenvolvimento do pensamento científico contemporâneo", realizado em Paris em maio de 1968, com patrocínio da UNESCO. Foi incluído no volume final publicado pelo Conselho Internacional de Ciências Sociais, Marx and Contemporary Scientific Thought/Marx et la pensée scientifique contemporaine *(Haia e Paris, 1969), pp. 197-211, em* Diogenes, *64, pp. 37-56, e em outras publicações.*

O século XIX, a era da civilização burguesa, tem como crédito diversas realizações intelectuais importantes, mas a disciplina acadêmica da história, que cresceu nesse período, não é uma delas. De fato, excetuando-se as técnicas de pesquisa, em tudo ela marcou um nítido recuo em relação aos ensaios frequentemente mal documentados, especulativos e excessivamente genéricos nos quais os que testemunharam a era mais profundamente revolucionária — a era das revoluções francesa e industrial — tentavam compreender a transformação das sociedades humanas. A história acadêmica, enquanto inspirada pelo ensino e exemplo de Leopold von Ranke e publicada nos periódicos especializados que se desenvolveram na última parte do século, estava correta em se contrapor à generalização baseada em fatos insuficientes, ou respaldada por fatos não confiáveis. Por outro lado, concentrava todos os seus esforços na tarefa de estabelecer os "fatos" e com isso contribuiu pouco para a história, exceto por um conjunto de critérios empíricos para avaliar certos tipos de evidência documental (como, por exemplo, registros manuscritos de eventos que envolviam a decisão consciente de indivíduos influentes) e as técnicas auxiliares necessárias a esse intento.

Raramente observava que esses documentos e procedimentos apenas se aplicavam a uma classe limitada de fenômenos históricos, porque aceitava acriticamente certos fenômenos como dignos de estudo especial enquanto outros não. Assim, não se dispunha a concentrar-se na "história de eventos" — de fato, em alguns países ela apresentava um nítido viés institucional —, mas sua metodologia se prestava de imediato à narrativa cronológica. De modo algum ela se confinava integralmente à história da política, da guerra e da diplomacia (ou, na versão simplificada mas não atípica ensinada pelos professores, relativa a reis, batalhas e tratados), mas sem dúvida tendia a supor que era essa a estrutura central dos eventos que interessavam ao historiador. Era a história no singular. Quando tratados com erudição e método, outros temas podiam dar origem a várias histórias, qualificadas por epítetos descritivos (constitucional, econômica, eclesiástica, cultural, a história da arte, da ciência ou da filatelia e assim por diante). Seu vínculo com o corpo principal da história era obscuro ou negligenciado, exceto por algumas especulações vagas sobre o *Zeitgeist*, das quais os historiadores profissionais preferiam se abster.

Em termos filosóficos e metodológicos, os historiadores acadêmicos tendiam a demonstrar uma inocência igualmente admirável. É verdade que os resultados dessa inocência coincidiam com o que, nas ciências naturais, era uma metodologia consciente, ainda que controversa, e que podemos, *grosso modo*, chamar de positivismo, embora seja duvidoso que muitos historiadores acadêmicos (fora dos países latinos) soubessem que eram positivistas. Na maior parte dos casos, eram apenas homens que, assim como aceitavam um dado tema (tal como a história político-militar-diplomática) e uma dada área geográfica (a Europa ocidental e central, por exemplo) como a mais importante, também aceitavam, entre outras *idées reçues*, as do pensamento científico popularizado de que, por exemplo, as hipóteses brotam automaticamente do estudo dos "fatos", a explicação consiste de um conjunto de cadeias de causa e efeito, ou os conceitos de determinismo, evolução e assim por diante. Supunham que, tal como a erudição científica podia estabelecer o texto e sucessão definitivos dos documentos que publicavam em séries de volumes sofisticadas e valiosíssimas, ela também poderia estabelecer a verdade exata da história. A *Cambridge Modern History* de Lord Acton foi um exemplo tardio mas típico de tais crenças.

Mesmo pelos padrões modestos das ciências humanas e sociais do século XIX, a história era, portanto, uma disciplina extremamente — poder-se-ia quase dizer deliberadamente — retrógrada. Suas contribuições ao entendimento da sociedade humana, passada e presente, eram insignificantes e ocasionais. Uma vez que o entendimento da sociedade requer entendimento da história, mais cedo ou mais tarde teriam de ser encontradas maneiras alternativas e mais produtivas de investigar o passado humano. O tema deste ensaio é a contribuição do marxismo para essa busca.

Um século depois de Ranke, Arnaldo Momigliano resumia as mudanças na historiografia em quatro situações principais:

1. A história política e religiosa havia declinado visivelmente, ao passo que "as histórias nacionais pareciam antiquadas". Em troca, tinha havido uma notável virada em direção à história socioeconômica.
2. Não era mais comum, ou realmente fácil, utilizar as "ideias" como uma explicação da história.
3. As explicações vigentes agora se davam "em termos de forças sociais", embora isso levantasse, de uma forma mais aguda que no tempo de Ranke, a questão da relação entre a explicação dos acontecimentos históricos e a explicação das ações individuais.

4. Tornava-se agora (1954) difícil falar em progresso ou mesmo em desenvolvimento significativo dos acontecimentos em uma certa direção.[1]

A última das observações de Momigliano — e o citamos mais como repórter da situação da historiografia que como analista — talvez fosse mais esperada nos anos 1950 que em décadas anteriores ou posteriores, mas as outras três representam claramente tendências muito antigas e consolidadas no movimento antirrankeano na história. Em 1910,[2] já se notava que, a partir da metade do século XIX, havia se tentado sistematicamente introduzir um referencial materialista no lugar de seu referencial idealista, levando assim a um declínio da história política e à ascensão da história "econômica ou sociológica": sem dúvida, sob o estímulo cada vez mais premente do "problema social" que "dominava" a historiografia na segunda metade daquele século.[3] Evidentemente, foi preciso mais tempo para conquistar as fortalezas universitárias das faculdades e cursos de arquivos do que supunham os entusiasmados enciclopedistas. Até 1914, as forças de ataque haviam ocupado pouco mais que os postos remotos da "história econômica" e da sociologia de orientação histórica, e os defensores apenas foram forçados a uma retirada plena — embora de modo algum derrotados — depois da Segunda Guerra Mundial.[4] Não obstante, o caráter geral e o sucesso do movimento antirrankeano são indiscutíveis.

A questão imediata diante de nós é até que ponto essa nova orientação foi devida à influência marxista. Uma segunda pergunta é em que sentido a influência marxista continua a contribuir para ela.

Sem dúvida alguma, a influência do marxismo foi, desde o início, muito considerável. Em termos gerais, a única outra escola ou corrente de pensamento, visando à reconstrução da história e dotada de influência no século XIX, era o positivismo (grafado ou não com maiúscula inicial). O positivismo, filho tardio do Iluminismo do século XVIII, não conseguiria conquistar nossa admiração irrestrita no século XIX. Sua maior contribuição à história foi a introdução de conceitos, métodos e modelos das ciências naturais na investigação social, e a aplicação à história, conforme parecessem adequadas, das descobertas nas ciências naturais. Não foram realizações insignificantes, mas eram limitadas, ainda mais porque a coisa mais parecida com um modelo de mudança histórica, uma teoria da evolução nos moldes da biologia ou geologia, e extraindo tanto estímulo e exemplo do darwinismo a partir de 1859, é apenas um guia muito tosco e inadequado para a história. Consequentemente, foram poucos os historiadores inspirados por Comte ou Spencer, e, como Buckle ou mesmo os grandes Taine ou Lamprecht, sua influência na historiografia foi limitada e passageira. A fragilidade do positivismo (ou Positivismo) era que, a despeito da convicção de Comte de que a sociologia era a mais elevada das ciências, tinha pouco a dizer sobre os fenômenos que caracterizam a sociedade humana, em comparação àqueles que poderiam ser diretamente derivados da influência de fatores não sociais, ou modelados pelas ciências naturais. As concepções que ele apresentava sobre o caráter humano da história eram especulativas, quando não metafísicas.

Por conseguinte, o principal ímpeto para a transformação da história veio das ciências sociais historicamente orientadas (por exemplo, a "escola histórica" alemã na economia), mas principalmente de Marx, cuja influência foi reconhecida a ponto de lhe ser dado crédito para realizações que nem ele próprio pretendia ter originado. O materialismo histórico foi habitualmente definido — às vezes até por marxistas — como "determinismo econômico". Além de rejeitar inteiramente a expressão, Marx certamente teria também negado ser ele o primeiro a ressaltar a importância da base econômica do desenvolvimento histórico, ou a escrever a história da humanidade como a de uma sucessão de sistemas socioeconômicos. Certamente renunciou à originalidade na introdução do conceito de classe e luta de classes na história, mas em vão. "Marx ha introdotto nella storiografia il concetto di classe", escrevia a *Enciclopedia Italiana*.

Não é objetivo deste ensaio definir a contribuição específica da influência marxista na transformação da historiografia moderna. Evidentemente ela diferiu de um país para outro. Dessa forma, na França, foi relativamente pequena, pelo menos até depois da Segunda Guerra Mundial, devido à penetração notadamente lenta e tardia das ideias marxistas em qualquer setor da vida intelectual daquele país.[5] Embora as influências marxistas, já nos anos 1920, tivessem penetrado até certo ponto o campo altamente político da historiografia da Revolução Francesa — mas, como mostra a obra de Jaurès e Georges Lefebvre, associadas com ideias derivadas das tradições do pensamento nativo —, a principal reorientação dos historiadores franceses foi conduzida pela escola dos *Annales*, que certamente não precisou que Marx chamasse sua atenção para as dimensões econômicas e sociais da história. (Porém, a identificação popular do interesse nessas matérias no marxismo é tão forte que o *Times Literary Supplement* ainda recentemente[6] pôs Fernand Braudel sob influência de Marx.) Inversamente, existem países na Ásia e América Latina nos quais a transformação, quando não a criação, da historiografia moderna quase pode ser identificada à penetração do marxismo. Desde que se aceite que, em termos globais, a influência foi considerável, não precisamos levar o assunto mais longe no presente contexto.

Levantamos a questão não tanto para demonstrar que a influência marxista desempenhou um papel importante na modernização da historiografia quanto para ilustrar uma grande dificuldade na determinação de sua contribuição exata. Isso porque, como vimos, a influência marxista entre os historiadores foi identificada com umas poucas ideias relativamente simples, ainda que vigorosas, que, de um modo ou de outro, foram associadas a Marx e aos movimentos inspirados por seu pensamento, mas que não são necessariamente marxistas, ou que, na forma em que foram mais influentes, não são necessariamente representativas do pensamento maduro de Marx. Chamaremos a esse tipo de influência de "marxista vulgar", e o problema central da análise é separar o componente marxista vulgar do componente marxista na análise histórica.

Tomemos alguns exemplos. Parece claro que o "marxismo vulgar" abarcava principalmente os seguintes elementos:

1. A "interpretação econômica da história", ou seja, a crença de que "o fator econômico é o fator fundamental do qual dependem os demais" (para usar a frase de R. Stammler); e, mais especificamente, do qual dependiam fenômenos até então não considerados com muita relação com questões econômicas. Nesse sentido essa interpretação se superpunha ao
2. Modelo da "base e superestrutura" (utilizado mais amplamente para explicar a história das ideias). A despeito das próprias advertências de Marx e Engels e das observações sofisticadas de alguns marxistas iniciais como Labriola, esse modelo era usualmente interpretado como uma simples relação de dominância e dependência entre a "base econômica" e a "superestrutura", na maioria das vezes mediada pelo
3. "Interesse de classe e a luta de classes". Tem-se a impressão de que diversos historiadores marxistas vulgares não liam muito além da primeira página do Manifesto Comunista, e da frase: "a história [escrita] de todas as sociedades até agora existentes é a história das lutas de classes".
4. "Leis históricas e inevitabilidade histórica." Acreditava-se, acertadamente, que Marx insistia sobre um desenvolvimento sistemático e necessário da sociedade humana na história, a partir do qual o contingente era em grande parte excluído, de qualquer maneira, ao nível de generalização sobre os movimentos de longo prazo. Daí a constante preocupação nos escritos históricos dos primeiros marxistas com problemas como o papel do indivíduo ou do acidente na história. Por outro lado, isso podia ser — e em grande parte era — interpretado como uma regularidade rígida e imposta, como, por exemplo, na sucessão das formações socioeconômicas, ou mesmo como um determinismo mecânico que às vezes se apro-

ximava da sugestão de que não havia alternativas na história.
5. Temas específicos de investigações históricas derivavam dos próprios interesses de Marx, por exemplo, na história do desenvolvimento capitalista e da industrialização, mas também, por vezes, de comentários mais ou menos casuais.
6. Temas específicos de investigação não derivavam tanto de Marx quanto do interesse dos movimentos associados a sua teoria, por exemplo, nas agitações das classes oprimidas (camponeses, operários), ou nas revoluções.
7. Várias observações sobre a natureza e limites da historiografia derivavam principalmente do elemento número 2 e serviam para explicar as motivações e métodos de historiadores que afirmavam não estarem fazendo mais que a busca imparcial da verdade e se orgulhavam de simplesmente estabelecer *wie es eigentlich gewesen*.

Desde logo ficará evidente que isso representava, na melhor das hipóteses, uma seleção das concepções de Marx sobre a história e, na pior (como tantas vezes aconteceu com Kautsky), uma assimilação das mesmas a concepções contemporâneas não marxistas — por exemplo, as evolucionistas e positivistas. Ficará também evidente que alguns desses elementos absolutamente não representavam Marx, mas o tipo de interesses naturalmente desenvolvido por qualquer historiador associado aos movimentos populares, operários e revolucionários, e que teria sido desenvolvido mesmo sem a intervenção de Marx, tais como, por exemplo, uma preocupação com casos anteriores de luta social e ideologia socialista. Assim, no caso da monografia inicial de Kautsky sobre Thomas More, não há nada de particularmente marxista quanto à escolha do objeto e sua abordagem é marxista vulgar.

Entretanto, essa seleção de elementos do marxismo, ou associados ao mesmo, não foi arbitrária. Os itens 1 a 4 e 7, no levantamento sumário do marxismo vulgar realizado acima, representavam cargas concentradas de explosivo intelectual, destinadas a detonar componentes cruciais das fortificações da história tradicional e, como tal, eram imensamente poderosas — talvez mais poderosas do que teriam sido versões menos simplificadas do materialismo histórico, e certamente poderosas o bastante em sua capacidade de iluminar lugares até então obscuros, de manter os historiadores satisfeitos por um período considerável. É difícil resgatar a admiração sentida por um cientista social inteligente e culto ao final do século XIX, ao se deparar com as seguintes observações marxistas sobre o passado: "que a própria Reforma é atribuída a uma causa econômica, que a duração da Guerra dos Trinta Anos se devia a causas econômicas, as Cruzadas à fome feudal por terras, a evolução da família a causas econômicas, e que a concepção de Descartes sobre os animais como máquinas pode ser relacionada com o crescimento do sistema da manufatura".[7] Entretanto, aqueles dentre nós que se lembram dos primeiros encontros com o materialismo histórico podem ainda testemunhar a imensa força liberadora dessas simples descobertas.

No entanto, se isso era assim natural, e talvez necessário, para o impacto inicial do marxismo assumir uma forma simplificada, a escolha efetiva de elementos de Marx também representava uma escolha histórica. Dessa forma, algumas observações feitas por Marx no *Capital* sobre a relação entre o protestantismo e o capitalismo foram imensamente influentes, provavelmente porque o problema da base social da ideologia em geral, e da natureza das ortodoxias religiosas em particular, era um tema de interesse imediato e intenso.[8] Por outro lado, algumas das obras em que o próprio Marx chegava mais próximo de escrever como historiador, tal como o magnífico *O 18 Brumário*, não estimularam os historiadores senão muito mais tarde, ao que se presume, porque os problemas que tais obras mais esclareciam, digamos, da consciência de classe e do campesinato, pareciam de interesse menos imediato.

O grosso do que consideramos como a influência marxista sobre a historiografia certamente foi marxista vulgar no sentido acima descrito. Consiste na ênfase geral sobre os fatores econômicos e sociais na história, dominante a partir do fim da Segunda Guerra Mundial apenas em uma minoria de países (por exemplo, até recentemente, a Alemanha Ocidental e os Estados Unidos), e que continua a ganhar terreno. Devemos repetir que essa tendência, embora sem dúvida produto da influência marxista, não tem nenhuma ligação com o pensamento de Marx.

O grande impacto que as ideias específicas de Marx tiveram na história e nas ciências sociais em geral é, quase certamente, o da teoria da "base e superestrutura", ou seja, o seu modelo de uma sociedade composta de diferentes "níveis" em interação. A hierarquia de níveis ou o modo de sua interação na concepção de Marx (na medida em que este tenha fornecido uma)[9] não precisa ser aceita para que o modelo geral seja válido. Na verdade, ela recebeu acolhida ampla e favorável, mesmo entre não marxistas, como uma contribuição valiosa. O modelo específico de desenvolvimento histórico de Marx — inclusive o papel dos conflitos de classe, a sucessão de formações socioeconômicas e o mecanismo de transição de uma para outra — continuou sendo muito mais controvertido, mesmo entre os marxistas, em determinados casos. É correto que o modelo deva ser debatido e, em particular, que os critérios usuais de verificação histórica sejam aplicados ao mesmo. É inevitável que certas partes, baseadas em evidência insuficiente ou enganosa, devam ser abandonadas, como, por exemplo, no campo do estudo das sociedades orientais, onde Marx combina uma visão profunda com suposições equivocadas sobre, digamos, a estabilidade interna de tais sociedades. Apesar disso, o argumento central deste ensaio é o de que o valor principal de Marx para os historiadores hoje reside em suas proposições sobre a história, enquanto distintas de suas proposições sobre a sociedade em geral.

A influência marxista (e marxista vulgar) até agora mais eficaz é parte de uma tendência geral de transformar a história em uma das ciências sociais, uma tendência a que alguns resistem com maior ou menor sofisticação, mas que indiscutivelmente tem sido a tendência em vigor no século XX. A principal contribuição do marxismo a essa tendência no passado foi a crítica do positivismo, ou seja, das tentativas de assimilar o estudo das ciências sociais ao das ciências naturais, ou assimilar o humano ao não humano. Ela implica o reconhecimento de que as sociedades são sistemas de relações entre seres humanos, das quais as mantidas com a finalidade de produção e reprodução são primordiais para Marx. Implica também a análise da estrutura e funcionamento desses sistemas como entidades que mantêm a si mesmas, em suas relações tanto com o ambiente exterior — não humano e humano — quanto em suas relações internas. O marxismo está longe de ser a única teoria estrutural-funcionalista da sociedade, embora possa ser, a justo título, considerada a primeira delas, mas difere da maioria das outras em dois aspectos. Insiste, em primeiro lugar, em uma hierarquia dos fenômenos sociais (tais como "base" e "superestrutura") e, em segundo, na existência no interior de toda sociedade de tensões internas ("contradições") que contrabalançam a tendência do sistema a se manter como um interesse vigente.[10]

A importância dessas peculiaridades do marxismo se encontra no campo da história, pois são elas que lhe permitem explicar — ao contrário de outros modelos estruturais-funcionais de sociedade — por que e como as sociedades mudam e se transformam: em outras palavras, os fatos da evolução social.[11] A imensa força de Marx sempre residiu em sua insistência tanto na existência da estrutura social quanto na sua historicidade, ou, em outras palavras, em sua dinâmica interna de mudança. Hoje, quando a existência de sistemas sociais é geralmente aceita, mas à custa de sua análise a-histórica, quando não anti-histórica, a ênfase de Marx na história como dimensão necessária talvez seja mais essencial do que nunca.

Isso implica duas críticas específicas de teorias hoje em vigor nas ciências sociais.

A primeira é a crítica do mecanismo que domina grande

parte das ciências sociais, principalmente nos Estados Unidos, e que extrai sua força tanto da notável fecundidade de modelos mecânicos matemáticos sofisticados na atual fase do avanço científico, quanto da busca de métodos de realização de mudança social que não implique revolução social. Talvez se possa acrescentar que a riqueza do dinheiro e de determinadas tecnologias novas adequadas ao uso no campo social, agora disponíveis nos mais ricos dos países industriais, torna esse tipo de "engenharia social" e as teorias nas quais se baseia muito atraentes em tais países. Essas teorias são, essencialmente, exercícios de "solução de problemas". Em termos teóricos, são extremamente primitivas, talvez mais grosseiras que a maioria de suas congêneres do século XIX. Dessa forma, muitos cientistas sociais, conscientemente ou *de facto*, reduzem o processo histórico a uma única mudança da sociedade "tradicional" para a "moderna" ou "industrial", sendo "moderna" definida em termos dos países industriais avançados, ou mesmo dos EUA da metade do século XX, e "tradicional" como a que carece de "modernidade". Operacionalmente, essa enorme etapa única pode ser subdividida em etapas menores, tais como as Etapas de Crescimento Econômico de Rostow. Esses modelos eliminam a maior parte da história para se concentrar em um de seus pequenos períodos, ainda que reconhecidamente crucial, e grosseiramente exagerar a simplicidade dos mecanismos de mudança histórica mesmo com essa pequena faixa temporal. Afetam os historiadores principalmente porque a amplitude e o prestígio das ciências sociais que desenvolvem tais modelos encorajam os pesquisadores históricos a embarcar em projetos influenciados pelos mesmos. É óbvio, ou deveria ser, que não podem propiciar nenhum modelo adequado de mudança histórica, mas sua atual popularidade faz com que seja importante que os marxistas constantemente nos lembrem disso.

A segunda é a crítica das teorias estruturais-funcionais que, conquanto infinitamente mais sofisticadas, são em certos aspectos ainda mais estéreis na medida em que podem negar inteiramente a historicidade ou transformá-la em outra coisa diferente.

Tais concepções são até mais influentes na esfera de influência do marxismo, porque parecem propiciar um meio de libertá-lo do evolucionismo característico do século XIX, com o qual muitas vezes se articulava, embora à custa de libertá-lo também do conceito de "progresso", característico também do pensamento do século XIX, inclusive de Marx. Mas por que desejaríamos assim fazer?[12] O próprio Marx certamente não desejaria fazê-lo: dispunha-se a dedicar o segundo volume do *Capital* a Darwin, e dificilmente teria discordado da famosa frase de Engels em seu túmulo, que o louvava pela descoberta da lei da evolução na história humana, tal como Darwin havia feito na natureza orgânica. (Certamente não teria desejado dissociar o progresso da evolução e, na verdade, acusou especificamente Darwin por converter o primeiro em mero subproduto acidental da segunda.)[13]

A questão fundamental em história implica a descoberta de um mecanismo tanto para a diferenciação dos vários grupos sociais humanos quanto para a transformação de um tipo de sociedade em outro, ou para sua não transformação. Em certos aspectos, considerados cruciais pelos marxistas e pelo senso comum, tais como o controle do homem sobre a natureza, certamente implica mudança ou progresso unidirecionais, pelo menos por um lapso temporal suficientemente longo. Na medida em que não supomos que os mecanismos de tal desenvolvimento social são os mesmos ou similares aos da evolução biológica, parece não haver justificativa para não aplicar a ele o termo "evolução".

Naturalmente o argumento é mais que terminológico. Oculta dois tipos de desacordo: quanto ao juízo de valor em diferentes tipos de sociedades, ou, em outras palavras, a possibilidade de classificá-las em algum tipo de ordem hierárquica, e quanto aos mecanismos de mudança. Os estruturais-funcionalismos tenderam a se esquivar de classificar as sociedades em "superiores" e "inferiores", em parte por causa da saudável recusa dos antropólogos sociais em admitir o direito dos "civilizados" de governar os "bárbaros" em função de sua suposta superioridade na evolução social, e em parte porque, pelos critérios formais de função, não há de fato nenhuma hierarquia dessa ordem. Os esquimós solucionam os problemas de sua existência enquanto grupo social[14] com tanto sucesso, à sua própria maneira, quanto os habitantes brancos do Alasca — com mais sucesso, alguns ficariam tentados a dizer. Sob certas condições e segundo certas premissas, o pensamento mágico pode ser tão lógico a seu próprio modo quanto o pensamento científico e igualmente adequado ao seu propósito. E assim por diante.

Essas observações são válidas, embora não sejam muito úteis na medida em que o historiador, ou qualquer outro cientista social, deseja explicar o conteúdo específico de um sistema em lugar de sua estrutura geral.[15] Mas, em todo caso, são irrelevantes para a questão da mudança evolutiva, se não, de fato, tautológicas. As sociedades humanas, se pretendem perdurar, devem ser capazes de se administrar com sucesso, e, por isso, todas as sociedades existentes devem ser funcionalmente adequadas; se não, teriam se tornado extintas, como aconteceu com os Shakers, por carecerem de um sistema de procriação sexual ou recrutamento externo. Comparar sociedades com respeito ao sistema de relações internas entre seus membros é inevitavelmente comparar igual com igual. É quando as comparamos em relação à sua capacidade de controlar a natureza exterior que as diferenças saltam ao olhar.

O segundo desacordo é mais fundamental. A maioria das versões de análise estrutural-funcional é sincrônica, e quanto mais elaboradas e sofisticadas, mais se confinam à estática social, na qual, se o objeto interessa ao pensador, algum elemento dinamizador precisa ser introduzido.[16] Se isso pode ser feito satisfatoriamente é uma questão discutível mesmo entre os estruturalistas. Parece amplamente aceito que *a mesma análise* não pode ser utilizada para explicar ao mesmo tempo a função e a mudança históricas. Não se trata aqui de que seja ilegítimo desenvolver modelos de análise distintos para a estática e para a dinâmica, tais como os esquemas de Marx para a reprodução simples e a reprodução ampliada, mas de que a investigação histórica faz com que seja desejável que esses modelos distintos sejam vinculados. O caminho mais simples para o estruturalista é omitir a mudança, e deixar a história para alguém mais, ou ainda, como alguns dos primeiros antropólogos sociais ingleses, virtualmente negar sua relevância. Entretanto, uma vez que ela existe, o estruturalismo deve descobrir maneiras de explicá-la.

Essas maneiras, suponho, ou devem trazê-lo para mais perto do marxismo, ou levar a uma negação da mudança evolutiva. A abordagem de Lévi-Strauss (e a de Althusser) parece-me estar no segundo caso. A mudança histórica se torna simplesmente a permutação e combinação de certos "elementos" (para citar Lévi-Strauss, análogos aos genes na genética) que, no prazo suficientemente longo, devem supostamente se combinar em padrões distintos e, se suficientemente limitados, esgotar as combinações possíveis.[17] A história é, por assim dizer, o processo de repassar todas as alternativas de xeque no jogo de xadrez. Mas em que ordem? A teoria não nos oferece nenhuma orientação.

Entretanto, é precisamente esse o problema específico da evolução histórica. É certamente verdade que Marx levou em consideração semelhante combinação e recombinação de elementos ou "formas", como salienta Althusser, e, nesse aspecto como em outros, era um estruturalista *avant la lettre*; ou mais precisamente, um pensador de quem um Lévi-Strauss (segundo ele mesmo admite) poderia, pelo menos em parte, emprestar o termo.[18] É importante que nos lembremos de um aspecto do pensamento de Marx sem dúvida negligenciado pela tradição inicial do marxismo, com poucas exceções (entre as quais, curiosamente, devem ser enumerados certos desenvolvimentos do marxismo soviético no período stalinista, embora não estivessem plenamente conscientes das implicações do que estavam fazendo). É ainda mais importante nos lembrar de que a análise dos elementos e suas possíveis combinações propicia (como na genética) um controle salutar sobre as teorias evolucionistas, mediante o estabelecimento daquilo que é teoricamente possível e impossível. É possível também — embora essa questão deva permanecer em aberto — que tal análise poderia conferir maior precisão à definição dos vários "níveis" sociais (base e superestrutura) e suas relações, como sugere Althusser.[19] O que ela não faz é explicar por que a Inglaterra do século XX é um lugar muito diferente da Inglaterra neolítica, ou a sucessão de formações socioeconômicas, ou o mecanismo das transições de uma para outra, ou, nesse sentido, por que Marx dedicou uma parte tão grande de sua vida tentando responder essas questões.

Se essas perguntas precisam ser respondidas, ambas as peculiaridades que distinguem o marxismo de outras teorias estruturais-funcionais são necessárias: o modelo dos níveis, dos quais o das relações sociais de produção são fundamentais, e a existência de contradições internas aos sistemas, das quais o conflito de classe é meramente um caso especial.

A hierarquia de níveis é necessária para explicar por que a história tem uma *direção*. É a crescente emancipação do homem em relação à natureza e sua capacidade crescente de controlá-la que faz com que a história como um todo (embora nem toda área e período dentro dela) seja "orientada e irreversível", para citar Lévi-Strauss mais uma vez. Uma hierarquia de níveis que não derive da base das relações sociais de produção não teria necessariamente essa característica. Além disso, uma vez que o processo e o progresso do controle do homem sobre a natureza não envolvem apenas mudanças nas forças de produção (novas técnicas, por exemplo), mas nas relações sociais de produção, implica uma certa ordem na sucessão dos sistemas socioeconômicos. (Isso não requer a aceitação da lista de formações apresentadas no Prefácio à *Crítica da economia política* como cronologicamente sucessivas, o que Marx provavelmente não acreditava que fossem, e muito menos uma teoria de evolução unilinear universal. Entretanto, requer que certos fenômenos sociais não possam ser concebidos na história como anteriores a outros, tais como economias dotadas de dicotomia cidade-campo como antes das que não a possuem.) E pelo mesmo motivo requer que essa sucessão de sistemas não pode ser ordenada simplesmente em uma dimensão tecnológica (tecnologias inferiores precedendo as superiores) ou econômica (*Geldwirtschaft* sucedendo *Naturalwirtschaft*), mas também deve ser ordenada em termos de seus sistemas sociais.²⁰ Isso porque uma característica essencial do pensamento histórico de Marx é a de não ser nem "sociológico" nem "econômico", mas ambos simultaneamente. As relações sociais de produção e reprodução (ou seja, organização social em seu sentido mais amplo) e as forças materiais de produção não podem ser divorciadas.

Dada essa "orientação" do desenvolvimento histórico, as contradições internas dos sistemas socioeconômicos fornecem o mecanismo para a mudança que se torna desenvolvimento. (Sem ela, poder-se-ia afirmar que meramente produziriam flutuação cíclica, um processo interminável de desestabilização e reestabilização; e, é claro, as mudanças que poderiam brotar dos contatos e conflitos de diferentes sociedades.) A questão em torno de tais contradições internas é que não podem ser definidas simplesmente como "disfuncionais", exceto na hipótese de que estabilidade e permanência sejam a norma, e a mudança, a exceção; ou mesmo na hipótese mais ingênua, frequente nas ciências sociais vulgares, de que um sistema específico é o modelo a que toda mudança aspira.²¹ O que acontece é que, como hoje é muito mais amplamente reconhecido que antes entre os antropólogos sociais, um modelo estrutural que considere apenas a manutenção de um sistema é inadequado. É a existência simultânea de elementos estabilizantes e perturbadores que tal modelo deve refletir. E foi nela que o modelo marxista — mas não suas versões marxistas vulgares — se baseou.

Esse modelo dual (dialético) é difícil de montar e utilizar, pois, na prática, é grande a tentação de operá-lo, conforme o gosto ou ocasião, ora como um modelo de funcionalismo estável, ora como um modelo de mudança revolucionária, ao passo que o interessante é que ele seja ambos. É igualmente importante que as tensões internas às vezes possam ser reabsorvidas em um modelo autoestabilizante mediante a reintrodução das mesmas como estabilizadores funcionais, e outras vezes não possam. O conflito de classe pode ser controlado mediante uma espécie de válvula de segurança, como em tantos tumultos plebeus urbanos nas cidades pré-industriais, ou institucionalizado como "rituais de rebelião" (para empregar o termo esclarecedor de Max Gluckman) ou por outras maneiras; mas às vezes não pode ser controlado. O Estado normalmente legitimará a ordem social mediante o controle do conflito de classe no âmbito de um quadro estável de instituições e valores, pairando ostensivamente acima e fora delas (o rei distante como "fonte da justiça"), e ao assim fazer perpetua uma sociedade que de outro modo seria esfacelada por suas tensões internas. De fato, essa é a teoria marxista clássica de sua origem e função, conforme exposta na *Origem da família*.[22] No entanto, existem situações em que o Estado perde essa função e — mesmo na cabeça de seus súditos — essa capacidade de legitimar, manifestando-se meramente, para empregar a frase de Thomas More, como "uma conspiração dos ricos em seu próprio benefício", quando não, de fato, como causa direta das desgraças dos pobres.

Essa natureza contraditória do modelo pode ser obscurecida pela referência à existência inquestionada de fenômenos *separados* na sociedade representando a estabilidade e a subversão controladas: grupos sociais que podem supostamente ser integrados à sociedade feudal, tais como o "capital mercantil", e os que não podem, como uma "burguesia industrial", ou movimentos sociais puramente "reformistas" e aqueles conscientemente "revolucionários". Porém, embora essas separações existam e, onde existem, indiquem um certo estágio no desenvolvimento das contradições internas da sociedade (que *não* são, para Marx, exclusivamente as do conflito de classe),[23] é igualmente significativo que os mesmos fenômenos possam, conforme a situação, mudar de funções — movimentos pela restauração da antiga ordem controlada da sociedade de classes convertendo-se (como acontece com certos movimentos camponeses) em revoluções sociais, partidos conscientemente revolucionários sendo absorvidos ao *status quo*.[24]

Apesar da dificuldade, diversas modalidades de cientistas sociais (inclusive os ecologistas, particularmente os que estudam a dinâmica populacional e o comportamento social dos animais) começaram a abordar a construção de modelos de equilíbrio baseados em tensão ou conflito e, ao assim fazer, chegam mais perto do marxismo e se afastam de modelos mais antigos de sociologia que encaravam o problema da ordem como dotado de anterioridade lógica ao da mudança e enfatizavam os elementos integrativos e normativos da vida social. Ao mesmo tempo, deve-se admitir que o próprio modelo de Marx precisa ser mais explicitado do que o é em seus escritos, que pode necessitar de elaboração e desenvolvimento, e que certos vestígios do positivismo do século XIX, mais evidentes nas formulações de Engels que no pensamento de Marx, devem ser removidos do caminho.

Dessa forma, ficamos ainda com os problemas históricos *específicos* da natureza e sucessão das formações socioeconômicas, e os mecanismos de seu desenvolvimento interno e interação. São campos em que houve muita discussão a partir de Marx,[25] principalmente nas últimas décadas, e em certos aspectos o avanço em relação a Marx foi muito marcante.[26] Análise recente também confirmou nesse caso o brilhantismo e a profundidade da abordagem geral e da visão de Marx, embora também tenha alertado para as lacunas de sua abordagem, particularmente dos períodos pré-capitalistas. Entretanto, esses temas raramente podem ser discutidos mesmo na forma mais superficial, exceto em termos de conhecimento histórico concreto, ou seja, não podem ser discutidos no contexto do presente colóquio. Na falta de tal discussão apenas posso asseverar minha convicção de que a abordagem de Marx ainda é a única que nos habilita a explicar toda a amplitude da história humana e constitui o mais frutífero ponto de partida para a discussão moderna.

Nada disso é particularmente novo, embora alguns textos que contêm as reflexões mais maduras de Marx sobre temas históricos apenas tenham se tornado efetivamente disponíveis nos anos 1950, notadamente os *Grundrisse* de 1857-8. Além disso, os retornos decrescentes da aplicação de modelos marxistas vulgares nas últimas décadas levaram a uma substancial sofisticação da historiografia marxista.[27] De fato, um dos aspectos mais característicos da historiografia marxista ocidental contemporânea é a crítica dos esquemas simples e mecanicistas de tipo econômico-determinista.

Porém, quer os historiadores marxistas tenham ido significativamente mais longe ou não que Marx, sua contribuição hoje tem uma importância nova, devido às mudanças que estão ocorrendo atualmente nas ciências sociais. Embora a função principal do materialismo histórico no primeiro meio século após a morte de Engels tenha sido trazer a história para mais perto das ciências sociais, evitando ao mesmo tempo as simplificações exageradas do positivismo, ele está hoje enfrentando a rápida historicização das próprias ciências sociais. Por falta de ajuda da historiografia acadêmica, essas começaram cada vez mais a improvisar a sua própria — aplicando seus procedimentos característicos ao estudo do passado, muitas vezes com resultados tecnicamente sofisticados, mas, como já observamos, baseados em modelos de mudança histórica ainda mais toscos, em certos aspectos, que os do século XIX.[28] Nesse ponto, é grande o valor do materialismo histórico de Marx, embora seja natural que cientistas sociais de orientação histórica possam se achar menos necessitados da insistência de Marx sobre a importância dos elementos econômicos e sociais na história que os historiadores do início do século XX; e, por outro lado, possam se achar mais estimulados por aspectos da teoria de Marx que não produziram grande impacto em historiadores das primeiras gerações pós-Marx.

Se isso explica ou não a indubitável proeminência das ideias marxistas na discussão de certos campos atuais da ciência social historicamente orientada é uma outra questão.[29] A proeminência invulgar de historiadores marxistas hoje, ou de historiadores formados na escola marxista, em grande parte se deve, certamente, à radicalização de intelectuais e estudantes na última década, ao impacto das revoluções no Terceiro Mundo, à ruptura das ortodoxias marxistas hostis ao trabalho científico original e até a um fator elementar como a sucessão de gerações. Isso porque os marxistas que chegaram ao ponto de publicar livros amplamente lidos e de ocupar postos seniores na vida acadêmica nos anos 1950 muitas vezes eram apenas os estudantes radicalizados dos anos 1930 e 1940, atingindo o pico normal de suas carreiras. Apesar disso, quando celebramos o sesquicentenário de nascimento de Marx e o centenário do *Capital*, não podemos deixar de notar — com satisfação, se formos marxistas — a coincidência entre uma influência significativa do marxismo no campo da historiografia e um número significativo de historiadores inspirados por Marx ou demonstrando, em seu trabalho, os efeitos da formação nas escolas marxistas.

11. MARX E A HISTÓRIA

Esta palestra foi proferida na Conferência do Centenário de Marx, organizada pela República de San Marino em 1983, e publicada na New Left Review, *143 (fevereiro de 1984), pp. 39-50.*

Estamos aqui para discutir temas e problemas da concepção marxista da história, cem anos depois da morte de Marx. Não se trata de um ritual de comemoração de centenário, mas é importante começarmos a nos lembrar do papel único de Marx na historiografia. Farei isso simplesmente por meio de três exemplos. O primeiro é autobiográfico. Quando era estudante em Cambridge nos anos 1930, muitos dos jovens mais capazes aderiram ao Partido Comunista. Mas como se tratava de uma era muito brilhante na história de uma universidade de muito prestígio, vários deles foram profundamente influenciados pelas sumidades diante das quais nos sentávamos. Costumávamos brincar entre nós, jovens comunistas: os filósofos comunistas eram wittgensteinianos, os economistas comunistas eram keynesianos, os estudantes comunistas da literatura eram discípulos de F. R. Leavis. E os historiadores? Eram marxistas porque não havia nenhum historiador que conhecêssemos, em Cambridge ou em outros lugares — e ouvíamos falar e conhecíamos alguns excelentes, como Marc Bloch —, que pudessem competir com Marx, como mestre e como inspiração. Meu segundo exemplo é similar. Trinta anos depois, em 1969, Sir John Hicks, laureado com o prêmio Nobel, publicava sua *Theory of Economic History*. Escrevia: "Muitos daqueles [que desejam encontrar lugar no curso geral da história] utilizariam as categorias marxistas, ou alguma versão modificada das mesmas, uma vez que se dispõe de pouca coisa no sentido de uma versão alternativa. Apesar disso, continua a ser extraordinário que cem anos depois de *Das Kapital* [...] tão pouco coisa mais tenha surgido".[1] Meu terceiro exemplo vem do esplêndido livro de Fernand Braudel, *Civilização material, economia e capitalismo* — uma obra que já no título fornece um elo com Marx. Nessa obra excelente Marx é referido com mais frequência que qualquer outro autor, mais até que qualquer outro autor *francês*. Semelhante tributo de um país que não costuma subestimar seus pensadores nacionais é em si mesmo impressionante.

O desenvolvimento dessa influência de Marx na literatura histórica não é evidente por si mesma, pois, embora a concepção materialista da história seja o cerne do marxismo e embora tudo o que Marx escreveu esteja impregnado de história, ele próprio não escreveu muita história tal como os historiadores a entendem. Nesse sentido, Engels era mais historiador, escrevendo mais obras que poderiam ser razoavelmente catalogadas nas bibliotecas como "história". Claro que Marx estudou história e era extremamente erudito. Mas não escreveu nenhuma obra que contivesse "História" no título, exceto uma série de artigos polêmicos anticzaristas mais tarde publicados como *A história diplomática secreta do século XVIII*, um de seus trabalhos menos importantes. O que chamamos de escritos históricos de Marx consistem quase exclusivamente de análise política corriqueira e comentários jornalísticos, associados a um certo grau de contexto histórico. Suas análises políticas usuais, como *Lutas de classes na França* e *O 18 Brumário de Luís Bonaparte*, são realmente notáveis. Seus volumosos escritos jornalísticos, ainda que de interesse irregular, contêm análises do maior interesse — entre os quais seus artigos sobre a Índia — e, em todo caso, são exemplos de como Marx aplicava seu método a problemas concretos, tanto de história quanto de um período que depois se converteu em história. Mas não eram escritos como história, tal como a entendem aqueles que se dedicam ao estudo do passado. Por fim, o estudo de Marx sobre o capitalismo contém uma quantidade enorme de material histórico, exemplos históricos e outros materiais relevantes para o historiador.

O grosso da obra histórica de Marx, portanto, está integrado nos seus escritos teóricos e políticos. Todos eles consideram os desenvolvimentos históricos em um quadro referencial de maior ou menor duração, abrangendo a amplitude global do desenvolvimento humano. Devem ser lidos em conjunto com seus escritos voltados a períodos curtos ou tópicos e problemas particulares, ou à história factual pormenorizada. Apesar disso, não se pode encontrar em Marx nenhuma síntese completa do processo efetivo de desenvolvimento histórico; tampouco pode o Capital sequer ser tratado como "uma história do capitalismo até 1867".

Existem três razões, duas menores e uma maior, pelas quais isso acontece — e pelas quais os historiadores marxistas, consequentemente, não estão apenas comentando Marx mas fazendo aquilo que ele próprio não fez. Em primeiro lugar, como sabemos, Marx encontrou grande dificuldade para concluir seus projetos literários. Em segundo, suas concepções continuaram a evoluir até sua morte, embora no âmbito de um referencial definido na metade da década de 1840. Em terceiro, e mais importante, em suas obras de maturidade Marx deliberadamente estudou a história na ordem inversa, tomando o capitalismo desenvolvido como seu ponto de partida. O "homem" era a chave para a anatomia do "macaco". Claro que não se trata de um procedimento anti-histórico. Implica que o passado não pode ser entendido exclusiva ou primordialmente em seus próprios termos: não só porque ele é parte de um processo histórico, mas também porque somente esse processo histórico nos capacitou a analisar e compreender coisas relativas a esse processo e ao passado.

Tomemos o conceito de *trabalho*, fundamental para a concepção materialista da história. Antes do capitalismo — ou antes de Adam Smith, como diz Marx mais especificamente — não se dispunha do conceito de trabalho-em-geral, enquanto distinto de tipos particulares de trabalho que são qualitativamente diferentes e incomparáveis. Entretanto, se quisermos entender a história humana em um sentido global e de longo prazo, como a utilização e transformação progressivamente mais eficazes da natureza pela humanidade, então é essencial o conceito de trabalho social em geral. A abordagem de Marx ainda permanece discutível, no sentido de que ela não pode nos dizer se a análise futura, na base do desenvolvimento histórico futuro, não produzirá descobertas analíticas comparáveis que permitirão aos pensadores reinterpretar a história humana em termos de algum outro conceito analítico central. Essa é uma lacuna potencial na análise, mesmo que não achemos que tal desenvolvimento futuro hipotético tenda a abandonar a centralidade da análise do trabalho feita por Marx, pelo menos quanto a certos aspectos obviamente cruciais da história humana. Minha intenção não é colocar Marx em questão, mas simplesmente mostrar que sua abordagem deve excluir, como não imediatamente relevante ao seu propósito, grande parte daquilo que os historiadores estão interessados em saber — por exemplo, muitos aspectos da transição do feudalismo ao capitalismo. Esses foram deixados para marxistas ulteriores, embora seja verdade que Friedrich Engels, sempre mais interessado no "que realmente aconteceu", se preocupasse mais com essas questões.

A influência de Marx sobre os historiadores, e não só historiadores marxistas, baseia-se, contudo, tanto em sua teoria geral (a concepção materialista da história), com seus esboços, ou pistas, sobre a compleição geral do desenvolvimento histórico humano a partir do comunalismo primitivo até o capitalismo, quanto em suas observações concretas relativas a aspectos, períodos e problemas específicos do passado. Não pretendo dizer muito sobre essas últimas, ainda que tenham sido extremamente influentes e ainda possam ser tremendamente estimulantes e esclarecedoras. O primeiro volume do *Capital* contém três ou quatro referências francamente marginais ao protestantismo, embora delas derive todo o debate sobre a relação entre a religião em geral, e o protestantismo em particular, com o modo capitalista de produção. Da mesma forma, o *Capital* tem uma nota de rodapé sobre Descartes vinculando suas concepções (animais como máquinas, real em oposição a especulativo, filosofia como meio de dominar a natureza e aperfeiçoar a vida humana) com o "período manufatureiro" e levantando a questão das razões da preferência dos primeiros economistas por filósofos como Hobbes e Bacon, e dos posteriores por Locke. (Por seu turno, Dudley North acreditava que o método de Descartes havia "começado a libertar a economia política de suas antigas superstições".)[2] Na década de 1890 isso já era usado por não marxistas como exemplo da notável originalidade de Marx, e ainda hoje forneceria material para um seminário de pelo menos um semestre de duração. Porém, ninguém neste encontro precisará ser convencido sobre o gênio de Marx ou a amplitude de seu conhecimento e interesses; e deve-se considerar que grande parte de seus escritos sobre aspectos particulares do passado inevitavelmente reflete o conhecimento histórico disponível durante sua vida.

Vale a pena discutir em maiores detalhes a concepção materialista da história porque ela é hoje controvertida ou criticada não só por não marxistas e antimarxistas, mas também no âmbito do marxismo. Durante gerações, foi a parte menos questionada do marxismo e foi considerada, a meu ver acertadamente, como seu cerne. Desenvolvida no curso da crítica feita por Marx e Engels à filosofia e ideologia alemãs, está essencialmente dirigida contra a crença de que "ideias, pensamentos e conceitos produzem, determinam e dominam os homens, suas condições materiais e sua vida real".[3] Originada em 1846, essa concepção permaneceu essencialmente a mesma. Pode ser sintetizada em uma única frase, repetida com variações: "Não é a consciência que determina a vida, mas a vida que determina a consciência".[4] Já se encontra elaborada em *A ideologia alemã*:

> Essa concepção da história, portanto, baseia-se na exposição do processo real de produção — começando da produção material da vida em si mesma — e abrangendo a forma de relações associadas com e criadas por esse modo de produção, isto é, a sociedade civil em suas várias etapas, enquanto base de toda história; descrevendo-a em sua ação enquanto

Estado, e também explicando como todos os diferentes produtos teóricos e formas de consciência, religião, filosofia, moralidade etc. etc., dela derivam, e acompanhando o processo de sua formação a partir dessa base; dessa forma, a coisa toda pode, é claro, ser descrita em sua totalidade (e consequentemente, também, a ação recíproca desses vários aspectos entre si).[5]

Devemos notar, de passagem, que para Marx e Engels o "processo real de produção" não é simplesmente a "produção material da vida em si mesma" mas algo mais amplo. Para empregar a correta formulação de Eric Wolf, é "o conjunto complexo de relações mutuamente dependentes entre natureza, trabalho, trabalho social e organização social".[6] Deve-se notar também que os seres humanos produzem tanto com a mão quanto com a cabeça.[7]

Essa concepção não é história, mas uma guia para a história, um programa de pesquisa. Para citar novamente *A ideologia alemã*:

Onde termina a especulação, onde começa a vida real, ali, consequentemente, começa a ciência real, positiva, a exposição da atividade prática, do processo prático do desenvolvimento humano [...] Quando a realidade é descrita, a filosofia autossuficiente [*die selbständige Philosophie*] perde seu meio de existência. Na melhor das hipóteses, seu lugar apenas pode ser assumido por uma síntese dos resultados mais gerais, abstrações derivadas da observação do desenvolvimento histórico dos homens. Essas abstrações em si mesmas, divorciadas da história real, não possuem absolutamente nenhum valor. Podem servir apenas para facilitar a ordenação do material histórico, para indicar a sequência de seus distintos estratos. Mas de modo algum fornecem uma receita ou esquema, como faz a filosofia, para seccionar nitidamente as épocas da história.[8]

A formulação mais completa ocorre no Prefácio de 1859 à *Para a crítica da economia política*. Claro que é preciso perguntar se é possível rejeitá-la e continuar sendo marxista. Porém, é perfeitamente claro que essa formulação ultraconcisa requer elaboração: a ambiguidade de seus termos suscitou debate sobre o que exatamente são "forças" e "relações sociais" de produção, o que constitui a "base econômica", a "superestrutura" e assim por diante. Também está perfeitamente claro desde o início que, uma vez que os seres humanos possuem consciência, a concepção materialista da história é a base da explicação histórica mas não a explicação histórica em si. A história não é como a ecologia: os seres humanos decidem e refletem sobre o que acontece. Não está tão claro se ela é determinista no sentido de nos permitir descobrir o que inevitavelmente acontecerá, enquanto distinto dos processos gerais de transformação histórica. Isso porque é somente numa visão retrospectiva que a questão da inevitabilidade histórica pode ser solidamente estabelecida, e mesmo então apenas como tautologia: o que aconteceu era inevitável porque não aconteceu outra coisa; portanto, o que mais poderia ter acontecido é uma questão acadêmica.

Marx desejava provar *a priori* que um certo resultado histórico, o comunismo, era consequência inevitável do desenvolvimento histórico. Mas de modo algum está claro que isso possa ser demonstrado pela análise histórica científica. O que era patente, desde o início mesmo, era que o materialismo histórico não era determinismo *econômico*: nem todos os fenômenos não econômicos na história podem ser derivados de fenômenos econômicos específicos, e determinados eventos ou datas não são determinados nesse sentido. Mesmo os mais rígidos proponentes do materialismo histórico propuseram discussões detalhadas sobre o papel do acaso e do indivíduo na história (Plekhanov); e, quaisquer que sejam as críticas filosóficas passíveis de serem feitas a suas formulações, Engels foi totalmente inequívoco a esse respeito em suas cartas posteriores a Bloch, Schmidt, Starkenburg e outros. O próprio Marx, em textos específicos como *O 18 Brumário* e seu jornalismo na década de 1850, não nos deixa nenhuma dúvida de que sua concepção era basicamente a mesma.

Na realidade, o argumento decisivo sobre a concepção materialista da história dizia respeito à relação fundamental entre o ser social e a consciência. Esse argumento não estava centrado tanto sobre considerações filosóficas (como "idealismo" *versus* "materialismo") ou mesmo sobre questões político-morais ("qual o papel do 'livre-arbítrio' e da ação humana consciente?", "se a situação não está madura, como podemos agir?"), quanto sobre problemas empíricos de histórica comparativa e antropologia social. Um argumento típico seria o de que é impossível distinguir relações sociais de produção das ideias e conceitos (ou seja, base de superestrutura), em parte porque se trata em si mesma de uma distinção histórica retrospectiva, e em parte porque as relações sociais de produção são estruturadas pela cultura e por conceitos que não podem ser a elas reduzidos. Outra objeção seria a de que, uma vez que um dado modo de produção é incompatível com *n* tipos de conceitos, esses não podem ser explicados por redução à "base". Dessa maneira, sabemos de sociedades que possuem a mesma base material mas maneiras amplamente variáveis de estruturar suas relações sociais, ideologia e outros aspectos superestruturais. Nesse sentido, as visões de mundo dos homens determinam as formas de sua existência social, pelo menos tanto quanto as últimas determinam as primeiras. O que determina essas visões, portanto, deve ser analisado de modo totalmente diferente: na linha de Lévi-Strauss, por exemplo, como um conjunto de variações sobre um número limitado de conceitos intelectuais.

Deixemos de lado a questão de saber se Marx abstrai ou não a cultura. (Minha própria opinião é de que em seus escritos efetivamente históricos ele é o oposto exato de um reducionista econômico.) Fica o fato básico de que a análise de uma sociedade, a qualquer momento de seu desenvolvimento histórico, deve começar pela análise de seu modo de produção: em outras palavras, (a) a forma tecnoeconômica do "metabolismo entre homem e natureza" (Marx), o modo pelo qual o homem se adapta à natureza e a transforma pelo trabalho; e (b) os arranjos sociais pelos quais o trabalho é mobilizado, distribuído e alocado.

Isso é assim hoje. Se desejarmos compreender algo sobre a Inglaterra ou a Itália no fim do século XX, obviamente devemos começar pelas enormes transformações ocorridas no modo de produção nos anos 1950 e 1960. No caso das sociedades mais primitivas, a organização do parentesco e o sistema de ideias (do qual a organização do parentesco é um dos aspectos) dependerão de estarmos lidando com uma economia de coleta de alimentos ou com uma economia de produção de alimentos. Como mostrou Wolf,[9] numa economia de coleta de alimentos, por exemplo, os recursos encontram-se amplamente disponíveis para todos que disponham da habilidade de obtê-los, e em uma economia de produção de alimentos (agrícola ou pastoril) o acesso a esses recursos é restrito. Isso precisa ser definido, não só aqui e agora, mas entre gerações.

Todavia, embora o conceito de base e superestrutura seja essencial à definição de um conjunto de prioridades analíticas, a concepção materialista da história enfrenta ainda outra e mais séria crítica. Marx sustenta não só que o modo de produção é primordial e que a superestrutura deve, em certo sentido, se conformar às "distinções essenciais entre os seres humanos" acarretadas pelo modo de produção (ou seja, as relações sociais de produção), mas também que há uma tendência evolutiva inevitável das forças produtivas materiais da sociedade que, dessa forma, entram em contradição com as relações produtivas existentes e suas expressões superestruturais relativamente inflexíveis, que, então, precisam recuar. Assim, como afirmou G. A. Cohen, essa tendência evolutiva, no sentido mais amplo, é tecnológica.

O problema não é tanto o de explicar por que existe tal tendência, já que, na história do mundo como um todo, indiscutivelmente ela existe até o presente momento. O problema real é que essa tendência não é patentemente universal. Embora possamos explicar inúmeros casos de sociedades que não denotam tal tendência, ou nas quais ela parece deter-se em determinado ponto, isso não é o bastante. Podemos até postular uma tendência geral ao progresso, da coleta de alimentos à produção de alimentos (onde esta não se torna inviável ou desnecessária por razões ecológicas), mas não podemos fazer o mesmo em relação aos desenvolvimentos modernos de tecnologia e industrialização, que conquistaram o mundo a partir de uma e apenas uma base regional.

Isso parece criar uma situação de impasse. *Ou* não há uma tendência geral das forças materiais de produção da sociedade a se desenvolverem, ou a se desenvolverem além de um determinado ponto — em cujo caso o desenvolvimento do capitalismo ocidental precisa ser explicado sem referência primária a tal tendência geral, e a concepção materialista da história, na melhor das hipóteses, pode ser utilizada para explicar um caso especial. (Observo, de passagem, que abandonar a concepção de que os homens estão constantemente agindo de uma maneira que tende a aumentar seu controle sobre a natureza é irreal e ao mesmo tempo geradora de consideráveis complicadores históricos e outros.) *Ou então* há tal tendência histórica geral — em cujo caso temos de explicar por que não operou por toda parte, ou mesmo por que, em muitos casos (tais como a China), foi clara e efetivamente neutralizada. Seria como se nada além da força, inércia ou algum outro fator da estrutura social e da superestrutura acima da base material pudesse ter sustado o movimento dessa base material.

Em minha opinião, isso não cria um problema insuperável para a concepção materialista da história como modo de interpretar o mundo. O próprio Marx, que estava longe de ser unilinear, apresentava uma explicação sobre por que algumas sociedades evoluíram da Antiguidade clássica passando pelo feudalismo até o capitalismo, e também sobre por que outras sociedades (um conjunto enorme que ele agrupava grosseiramente no modo de produção asiático) não o fizeram. Entretanto, isso cria de fato um problema muito complexo para a concepção materialista da história como modo de *transformar* o mundo. O cerne do argumento de Marx nesse aspecto é o de que deve ocorrer revolução porque as forças de produção alcançaram, ou devem alcançar, um ponto no qual são incompatíveis com o "tegumento capitalista" das relações de produção. Mas, se é possível demonstrar que em outras sociedades não houve nenhuma tendência ao crescimento das forças materiais, ou que seu crescimento foi controlado, desviado ou de outro modo impedido, mediante a força da organização social e da superestrutura, de provocar a revolução no sentido contido no Prefácio de 1859, então por que o mesmo não deveria ocorrer na sociedade burguesa? É claro que talvez seja possível e até relativamente fácil formular um argumento histórico mais modesto para a necessidade ou talvez inevitabilidade da transformação do capitalismo no socialismo. Mas perderíamos então duas coisas que eram importantes para Karl Marx e certamente para seus seguidores (entre os quais me incluo): (a) o sentido de que o triunfo do socialismo é o fim lógico de toda evolução histórica até o presente; e (b) o sentido de que ele marca o fim da "pré-história", já que não pode ser e não será uma sociedade "antagônica".

Isso não altera o valor do conceito de um "modo de produção", que o Prefácio define como "o agregado das relações produtivas que constituem a estrutura econômica de uma sociedade e formam o modo de produção dos meios materiais de existência". Quaisquer que sejam as relações sociais de produção, e quaisquer outras funções que possam exercer na sociedade, o modo de produção constitui a estrutura que determina a forma que assumirá o crescimento das forças produtivas e a distribuição do excedente, como a sociedade pode ou não pode mudar suas estruturas, e como, em momentos oportunos, poderá ou não ocorrer a transição para outro modo de produção. Em suma, o modo de produção é a base de nosso entendimento da diversidade das sociedades humanas e suas interações, bem como de sua dinâmica histórica.

O modo de produção não é idêntico à sociedade: "sociedade" é um sistema de relações humanas, ou, para ser mais exato, de relações entre grupos humanos. O conceito de "modo de produção" (MP) serve para identificar as forças que orientam o alinhamento desses grupos — o que pode ser feito de múltiplas formas, dentro de um certo limite, em diferentes sociedades. Constituem os MPs uma série de etapas evolutivas, ordenadas cronologicamente ou segundo outra ordem? Parece haver pouca dúvida de que o próprio Marx os concebia como constituindo uma série na qual a crescente emancipação do homem em relação à natureza, e seu controle sobre ela, afetava tanto as forças quanto as relações de produção. Segundo esse conjunto de critérios, os diversos MPs poderiam ser pensados numa classificação em ordem ascendente. Mas, embora alguns MPs evidentemente não possam ser pensados como anteriores a outros (os que exigem produção de mercadoria ou máquinas a vapor, por exemplo, como anteriores aos que não o exigem), a lista de MPs de Marx não visa constituir uma sucessão cronológica unilinear. De fato, observa-se que em todos os estágios que não os mais iniciais (hipotéticos) do desenvolvimento humano houve coexistência e interação de diferentes MPs.

Um modo de produção corporifica um programa particular de produção (uma maneira de produzir na base de uma determinada tecnologia e divisão produtiva do trabalho) e também "um conjunto específico e historicamente determinado de relações sociais mediante o qual o trabalho é alocado para arrebatar energia da natureza por meio de ferramentas, habilidades, organização e conhecimento" em uma dada fase de seu desenvolvimento e por meio das quais o excedente socialmente produzido é circulado, distribuído e utilizado para acumulação ou alguma outra finalidade. Uma história marxista deve considerar ambas as funções.

Aqui reside a fragilidade de um livro muito original e importante do antropólogo Eric Wolf: *Europe and the Peoples without History* [A Europa e os povos sem história). O livro tenta mostrar como a expansão e o triunfo global do capitalismo afetaram as sociedades pré-capitalistas que ele havia integrado ao seu sistema mundial; e como o capitalismo por sua vez se modificou e se modelou mediante seu imbricamento, em certo sentido, numa pluralidade de modos de produção. É um livro que se refere mais a vínculos que a causas, embora os vínculos possam se revelar essenciais à análise das causas. Expõe de forma brilhante uma maneira de captar "os aspectos estratégicos [...] [da] variabilidade de diferentes sociedades — ou seja, as maneiras pelas quais puderam e não puderam ser modificadas pelo contato com o capitalismo. Fornece também, de quebra, um guia esclarecedor para as relações entre os MPs e as sociedades no seu interior e suas ideologias ou "culturas".[10] O que ele não faz — ou, de fato, não se dispõe a fazer — é explicar os movimentos da base material e divisão do trabalho, e, consequentemente, as transformações dos MPs.

Wolf trabalha com três MPs amplos ou "famílias" de MPs: o modo "parentesco", o modo "tributário" e o "modo capitalista". Mas embora ele admita margem para a transformação das sociedades caçadoras e coletoras em sociedades produtoras no modo parentesco, seu modo "tributário" é um vasto *continuum* de sistemas que inclui tanto aquilo que Marx chamava "feudal" quanto o que chamava de "asiático". Em todos eles, o excedente é essencialmente apropriado por grupos dominantes que exercem poder político e militar. Muito se pode dizer em favor dessa classificação geral, emprestada de Samir Amin, mas sua desvantagem é que o modo "tributário" inclui claramente sociedades em estágios muito díspares de capacidade produtiva: dos senhores feudais do Ocidente na Idade Média até o Império chinês; de economias sem cidades até as urbanizadas. Entretanto, é apenas na periferia que a análise toca o problema essencial de por que, como e quando uma variante do modo tributário gerou o capitalismo desenvolvido.

Em suma, a análise dos modos de produção deve se basear em estudo das forças materiais disponíveis de produção: em outras palavras, estudo tanto da tecnologia e sua organização quanto da economia. Não podemos esquecer que no mesmo Prefácio, cujo trecho mais ao final é tantas vezes citado, Marx afirmava que a economia política era a anatomia da sociedade civil. Apesar disso, em um aspecto é necessário desenvolver a análise tradicional dos MPs e sua transformação — e, de fato, as obras marxistas recentes têm feito isso. A transformação efetiva de um modo em outro muitas vezes foi vista em termos causais e unilineares: dentro de cada modo, afirma-se, há uma "contradição básica" que gera a dinâmica e as forças que o levarão à sua transformação. Não está nada claro que seja essa a concepção do próprio Marx — exceto para o capitalismo —, e isso certamente leva a grandes dificuldades e intermináveis debates, particularmente em relação à passagem do feudalismo ao capitalismo no Ocidente.

Parece mais proveitoso levantar as duas hipóteses seguintes. Primeira, que os elementos básicos de um modo de produção que tendem a desestabilizá-lo implicam mais a potencialidade que a certeza de transformação, mas que, dependendo da estrutura do modo, também estabelecem certos limites ao tipo de transformação possível. Segunda, que os mecanismos conducentes à transformação de um modo em outro podem não ser exclusivamente internos ao modo, mas podem derivar da conjunção e interação de sociedades distintamente estruturadas. Nesse sentido, todo desenvolvimento é desenvolvimento *misto*. Em lugar de procurar apenas as condições regionais específicas que levaram à formação, por exemplo, do sistema peculiar da Antiguidade clássica no Mediterrâneo, ou à transformação do feudalismo em capitalismo nos domínios feudais e cidades da Europa ocidental, devemos considerar os diversos caminhos que levavam às confluências e encruzilhadas nas quais, em certa etapa de desenvolvimento, essas áreas se encontravam.

Essa abordagem — que a mim parece estar inteiramente no espírito de Marx, e para a qual, se necessário, é possível encontrar confirmação em seu próprio texto — torna mais fácil explicar a coexistência de sociedades que vão mais adiante na estrada até o capitalismo com aquelas que fracassaram em se desenvolver naquele sentido até que foram penetradas e conquistadas pelo capitalismo. Mas ela também chama a atenção para o fato, cada vez mais percebido pelos historiadores do capitalismo, de que a evolução desse sistema é, em si mesma, uma evolução mista: ela se vale de materiais preexistentes, utilizando-os, adaptando-os, mas também sendo por eles moldada. Pesquisa recente sobre a formação e desenvolvimento das classes trabalhadoras ilustra esse ponto. De fato, um motivo pelo qual os últimos 25 anos na história do mundo assistiram a transformações sociais tão profundas é que tais elementos pré-capitalistas, até então componentes essenciais da operação do capitalismo, acabaram se tornando erodidos demais para desempenhar o papel crucial que outrora desempenhavam. Claro que estou pensando aqui na família.

Gostaria de voltar agora aos exemplos sobre o significado ímpar de Marx para os historiadores, que apresentei ao início dessa conversa. Marx continua a ser a base essencial de todo estudo adequado de história, porque — até agora — apenas ele tentou formular uma abordagem metodológica da história como um todo, e considerar e explicar todo o processo da evolução social humana. Nesse sentido, ele é superior a Max Weber, seu único rival real enquanto influência teórica sobre historiadores, e, em diversos sentidos, um importante complemento e corretivo. Uma história baseada em Marx é concebível sem adições weberianas, mas uma história weberiana é inconcebível exceto na medida em que toma Marx, ou pelo menos a *Fragestellung* [formulação de questão] marxista, como seu ponto de partida. Investigar o processo da evolução social humana significa fazer o tipo de perguntas de Marx, mesmo sem aceitar todas as suas respostas. O mesmo é verdade se desejarmos responder à segunda grande questão implícita na primeira: ou seja, por que essa evolução não foi uniforme e unilinear, mas extraordinariamente irregular e combinada. As únicas respostas alternativas sugeridas se encontram em termos da evolução biológica (sociobiologia, por exemplo), mas essas são claramente inadequadas. Porém não disse a última palavra — longe disso —, mas de fato a primeira palavra, e ainda nos vemos na obrigação de continuar o discurso que ele inaugurou.

O tema desta conversa é Marx e a história, e não me cumpre aqui antecipar a discussão sobre quais são ou devem ser hoje os principais temas para os historiadores marxistas. Mas não gostaria de concluir sem chamar a atenção para dois temas que me parecem exigir urgente consideração. O primeiro eu já mencionei: é a natureza mista e combinada do desenvolvimento de toda sociedade ou sistema social, sua interação com outros sistemas e com o passado. Se preferirem, é a elaboração da famosa máxima de Marx de que os homens fazem sua própria história mas não conforme sua escolha, "sob circunstâncias diretamente encontradas, dadas e transmitidas do passado". O segundo é o da classe e da luta de classes.

Sabemos que ambos os conceitos são essenciais para Marx, pelo menos na discussão da história do capitalismo, mas sabemos também que os conceitos se encontram vagamente definidos em seus escritos e levaram a muita discussão. Uma parte considerável da historiografia marxista tradicional não conseguiu esclarecê-los e, dessa forma, atolou em dificuldades. Basta dar um exemplo. O que é uma "revolução burguesa"? Podemos pensar uma "revolução burguesa" sendo "feita" por uma burguesia, como o objetivo de uma luta da burguesia pelo poder contra um antigo regime ou classe dominante que se interpõe no caminho da instituição de uma sociedade burguesa? Ou *quando* podemos pensá-la dessa maneira? A atual crítica das interpretações marxistas das revoluções inglesa e francesa foi efetiva em grande parte porque mostrou que tal imagem tradicional da burguesia e da revolução burguesa é inadequada. Devíamos saber disso. Como marxistas, ou, de fato, como observadores realistas da história, não acataremos a crítica que nega a existência de tais revoluções, ou que nega que as revoluções inglesas do século XVII e a Revolução Francesa definiram mudanças fundamentais e reorientações "burguesas" de suas sociedades. Mas, sim, temos que pensar com mais precisão sobre o que queremos dizer.

Como, então, podemos resumir o impacto de Marx sobre a historiografia, cem anos após sua morte? Podemos formular quatro pontos essenciais.

(1) A influência de Marx nos países não socialistas é hoje, sem dúvida, maior entre os historiadores do que jamais foi du-

rante minha vida — e minha memória remonta a cinquenta anos — e provavelmente maior do que jamais foi desde sua morte. (É óbvio que a situação nos países oficialmente comprometidos com suas ideias não é comparável.) Isso é preciso ser dito, porque neste momento há um generalizado afastamento dos intelectuais em relação a Marx, particularmente na França e na Itália. O fato é que sua influência pode ser percebida não só no número de historiadores que afirmam ser marxistas, que é muito grande, e no número daqueles que reconhecem sua importância para a história (tais como Braudel na França, a escola de Bielefeld na Alemanha), mas também no grande número de historiadores ex-marxistas, muitas vezes eminentes, que zelam pelo nome de Marx diante do mundo (como Postan). Além disso, há muitos elementos que, há cinquenta anos, eram enfatizados principalmente por marxistas e agora se tornaram componentes da principal corrente da história. É verdade que isso não se deu apenas graças a Karl Marx, mas o marxismo foi provavelmente a principal influência na "modernização" da historiografia.

(2) Tal como hoje escrita e discutida, pelo menos na maioria dos países, a história marxista toma Marx como ponto de partida e não como ponto de chegada. Não quero dizer que ela discorde necessariamente dos textos de Marx, embora esteja pronta a fazer isso onde esses estiverem factualmente errados ou obsoletos. É o que claramente acontece no caso de suas concepções sobre as sociedades orientais e o "modo de produção asiático", por brilhantes e profundas que sejam, quase sempre, suas observações, e também no caso de suas concepções sobre as sociedades primitivas e sua evolução. Como destacou um livro recente sobre o marxismo e a antropologia, de autoria de um antropólogo marxista: "O conhecimento de Marx e Engels sobre as sociedades primitivas era totalmente insuficiente como base para a antropologia moderna".[11] Tampouco quero dizer que a história marxista deseje necessariamente revisar ou abandonar as linhas mestras da concepção materialista da história, embora esteja pronta a considerá-las criticamente, onde for necessário.

Eu, pelo menos, não quero abandonar a concepção materialista da história. Mas a história marxista, em suas versões mais frutíferas, hoje prefere utilizar seus métodos em lugar de comentar seus textos — exceto onde esses claramente mereçam ser comentados. Tentamos fazer o que o próprio Marx não tinha ainda feito.

(3) A história marxista hoje é pluralista. Uma única interpretação "correta" da história não é o legado que Marx nos deixou: tornou-se parte da herança do marxismo, particularmente a partir de 1930 ou por volta dessa época, mas não é mais aceita ou aceitável, pelo menos onde as pessoas dispõem de escolha no assunto. Esse pluralismo tem suas desvantagens. São mais óbvias entre pessoas que teorizam sobre a história que entre aquelas que a escrevem, mas são visíveis até entre estas últimas. Sem embargo, quer pensemos essas desvantagens como maiores ou menores que as vantagens, o pluralismo da obra marxista hoje é um fato inelutável. Na verdade, não há nada de errado nisso. A ciência é um diálogo entre diferentes opiniões baseadas em um método comum. Apenas deixa de ser ciência quando não há método para decidir qual das opiniões em contenda está errada ou é menos frutífera. Infelizmente, esse costuma ser o caso na história, mas, de modo algum, apenas na história marxista.

(4) A história marxista hoje não é, nem pode ser, isolada do restante do pensamento e da pesquisa histórica. Essa é uma proposição bilateral. Por um lado, os marxistas não mais rejeitam — exceto como fonte de matéria-prima para seu trabalho — os escritos de historiadores que não afirmam ser marxistas, ou que são, de fato, antimarxistas. Se constituem boa história, devem ser levados em conta. Isso, contudo, não nos impede de criticar e mover batalhas ideológicas até mesmo contra bons historiadores que atuam como ideólogos. Por outro lado, o marxismo transformou tanto a viga mestra da história que hoje é quase impossível dizer se uma determinada obra foi escrita por um marxista ou por um não marxista, a menos que o autor anuncie sua posição ideológica. Isso não é motivo para se la-

mentar. Gostaria de prenunciar um tempo em que ninguém pergunte se os autores são marxistas ou não, porque os marxistas poderiam então estar satisfeitos com a transformação da história obtida com as ideias de Marx. Mas estamos longe de tal condição utópica: as lutas de classe e de libertação, ideológicas e políticas, do século XX são tais que isso é até inconcebível. Quanto ao futuro previsível, teremos que defender Marx e o marxismo dentro e fora da história, contra aqueles que os atacam no terreno político e ideológico. Ao fazer isso, também estaremos defendendo a história e a capacidade do homem de compreender como o mundo veio a ser o que é hoje, e como a humanidade pode avançar para um futuro melhor.

12. TODO POVO TEM HISTÓRIA

Esta é uma discussão mais detalhada do importante estudo de Eric Wolf, Europe and the Peoples without History [*A Europa e os povos sem história*], *utilizado no capítulo anterior. Foi publicada no* Times Literary Supplement, *28 de outubro de 1983.*

A famosa descoberta do menino do conto de Andersen de que o rei estava nu implicava outra proposição: ele deveria estar vestindo alguma roupa. Mas de que tipo? Não é preciso mais que o senso comum de um leigo para observar, a despeito do ceticismo historiográfico em moda, que as ciências sociais e a própria história precisam de "uma história que poderia explicar os modos pelos quais o sistema social do mundo moderno passou a existir, e que se esforçaria em dar sentido analítico a todas as sociedades, inclusive a nossa". É preciso um esforço considerável por parte de um sofisticado intelecto, grande lucidez de espírito, para não falar de um bocado de leitura e coragem, para esboçar as formas em que tal história poderia ser construída, tomando como exemplo todo o desenvolvimento mundial desde o ano de 1400 aproximadamente. O novo livro de Eric Wolf não se dispõe a fazer menos que isso.

Wolf é extraordinariamente bem qualificado para a missão. Ao contrário da maioria dos antropólogos anglo-americanos, não é tão conhecido por "sua" tribo ou região, quanto por seu objeto: a população na agricultura. Seu livro sobre *Camponeses* (1966) talvez seja a melhor introdução ao assunto, e ele é conhecido de um público mais amplo por um estudo sobre o elemento camponês nas revoluções de nosso tempo, *Peasant Wars of the Twentieth Century* [Guerras camponesas do século XX]. Publicou trabalhos não só sobre sua própria área de estudo, a América Central hispânica, sobre grandes propriedades rurais, fazendas e camponeses, mas também sobre as origens do Islã e a formação de nações. É coautor de *The Hidden Frontier* [A fronteira oculta] (1974), um estudo histórico-antropológico magistral sobre duas comunidades tirolesas vizinhas mas etnicamente diferentes, leitura essencial a estudiosos da nacionalidade moderna. Não é de admirar que tenha sido durante muito tempo associado ao primeiro periódico interdisciplinar moderno desse gênero, *Comparative Studies in Society and History* [Estudos comparativos sobre sociedade e história].

A tradição antropológica contra a qual Wolf se insurge é aquela que trata as sociedades humanas (isto é, na prática, as micropopulações que foram objeto de trabalho de campo e monografias) como sistemas independentes, autorreprodutores e teoricamente autorregulados. Porém, afirma ele, nenhuma tribo ou comunidade é ou jamais foi uma ilha, e o mundo, uma totalidade de processos interligados ou sistema, não é e nunca foi uma soma de grupos humanos e culturas independentes. O que se manifesta como imutável e autorreprodutor não é somente o resultado do enfrentamento do processo constante e complexo de tensões internas e externas, mas muitas vezes produto de transformação histórica. O que aconteceu aos mundurucu do Amazonas, que passaram da patrilocalidade e patrilinearidade para a rara combinação de matrilocalidade e ordenação patrilinear, sob o impacto do ciclo brasileiro da borracha, provavelmente aconteceu a muitas "tribos" contatadas por etnógrafos do século XIX e consideradas como sobrevivências pré-históricas ou a-históricas "primitivas", como uma espécie de celacanto humano coletivo. Não há povo sem história ou que possa ser compreendido sem ela. Sua história, como a nossa, é incompreensível fora de sua inserção em um mundo mais amplo (que se tornou limítrofe do globo habitado) e, certamente, no último meio milênio, não pode ser entendida exceto por meio das interseções de diferentes tipos de organização social, cada um modificado por interação com os demais.

Para historiadores dedicados à história presente em termos

globais, essa abordagem tem a vantagem de lhes propiciar uma justificativa genuína para seus esforços, que normalmente não são empreendidos por razões melhores que aquelas que levam as lojas a descrever suas mercadorias em árabe ou japonês, ou que aquelas que refletem a imagem da política contemporânea (as da instituição duplamente mal definida das "Nações Unidas") e da economia contemporânea e evidentemente global. Ela também reduz à insignificância os argumentos favoráveis ou contrários ao eurocentrismo. É evidente que as forças que transformaram o mundo desde o século XV eram geograficamente europeias. Quanto espaço deveria ser ocupado por essa ou aquela região não europeia em um manual de história do mundo moderno é uma questão relativamente trivial, exceto nas salas de aula dos Estados dessas regiões, ou para os seus adidos culturais. O importante é que a história consiste da interação de entidades sociais diversamente estruturadas (e geograficamente distribuídas), que mutuamente se remodelam. A Europa e a não Europa não podem ser mais separadas que os beduínos e sedentários de Ibn Khaldun: cada uma é a história da outra.

De fato, afirma Wolf, a forma geográfica de interação é meramente um aspecto especial de um padrão mais geral. A história das classes trabalhadoras na sociedade industrial coloca exatamente os mesmos problemas que o impacto do capitalismo sobre sociedades teoricamente tradicionais "supostamente detidas em certo platô atemporal da evolução". "De fato, os dois ramos da história não passam de um só." Ou, em termos ainda mais gerais, quer uma sociedade exporte ou importe o capitalismo, pertença ao "centro" ou à "periferia", ela se desenvolveu e evolui a partir de uma pluralidade de ordenações sociais. Nesse sentido, macrocosmo e microcosmo na história são uma coisa só.

Como se deve analisar essa mescla de ordens? O principal mérito do livro de Wolf não reside em sua capacidade crítica de sintetizar a literatura sobre o mundo desde 1400, registrada em 45 páginas de bibliografia. Outros podem fazer o mesmo tanto, correndo o risco inevitável de expor os flancos a tocaieiros especialistas. Seu mérito reside na tentativa de fornecer uma maneira de captar as "feições estratégicas d[a] [...] variabilidade" nos "diferentes sistemas sociais e convenções culturais" que o capitalismo europeu encontrou em sua expansão e, consequentemente, nos "processos centrais operantes na interação dos europeus com a maioria da população mundial".

Dessa forma, o teste para um livro como esse não é se aceitamos sua leitura efetiva do registro histórico, ou os autores cujas descobertas Wolf aceita, modifica ou reinterpreta. Seu interesse não seria menos significativo se a noção, digamos, de "ciclos de longa duração" do desenvolvimento capitalista, por ele aceita, se mostrasse insustentável, ou caso se verificasse que suas fontes sobre os mundurucu estão equivocadas. A questão é, antes, se sua abordagem analítica é superior às demais.

Trata-se inevitavelmente de uma questão sobre uma abordagem marxista da história, já que Wolf claramente atribui um lugar central a dois conceitos basicamente marxistas: produção como "o complexo de relações mutuamente dependentes entre natureza, trabalho social e organização social", e cultura, ou sistemas de ideias, considerada como ocorrente "no âmbito determinado de um modo de produção disposto de forma a tornar a natureza receptiva ao uso humano". A "mente" para ele não "segue um curso independente e próprio". Para os objetivos de seu livro, a evolução de longo prazo da humanidade, ou a possível sequência de formações sociais, são irrelevantes e não são discutidas, exceto por comentários ocasionais à sua argumentação. Ele não está preocupado com a famosa "contradição" entre o desenvolvimento das forças produtivas materiais da sociedade e as relações de produção existentes, exceto na medida em que tensões estruturais desse tipo no interior de algum dos "modos de produção" e tensões oriundas da interação entre diversos modos puderem ou não ter relação com seu problema. As ideias de Marx são aqui utilizadas basicamente para explicar as "interações globais dos agregados humanos" no último meio milênio, embora tenham evidentemente a intenção também de explicá-las para qualquer outro período.

As posições particulares de Wolf nos intensos debates marxistas internacionais sobre teoria e história não serão de grande interesse a não especialistas, o mesmo acontecendo com suas objeções específicas a diversas escolas antropológicas. As extensas notas bibliográficas, nas quais discute suas fontes e créditos, lançam alguma luz sobre essas questões. Poder-se-ia meramente comentar que seu principal interesse não reside em conexões causais, mas na variabilidade e na combinação. Daí a importância central dos vários "modos de produção" para sua análise, ou seja, da "mobilização social, deslocamento e alocação da mão de obra". Isso porque seu valor reside precisamente no fato de que o modo de produção "usado comparativamente [...] chama a atenção para importantes variações nos arranjos político-econômicos e nos permite visualizar seus efeitos", bem como compreender os "suportes variáveis e mutáveis" do desenvolvimento do capitalismo global, que "frequentemente eram acomodados em diferentes modos de produção".

Três "modos" amplos desse tipo são diretamente relevantes ao seu objetivo, que, muito judiciosamente, não mostra nenhum interesse na classificação exaustiva e — poder-se-ia acrescentar — é incompatível com a unilinearidade evolutiva: um "modo capitalista", um "modo tributário" e um "modo parentesco". Nenhum deles é idêntico à noção de uma "sociedade", pois esta pertence a um nível diferente de abstração e possui um diferente alcance explanatório. Poder-se-ia acrescentar que Wolf sustenta que cada modo tende a gerar seus próprios tipos de "cultura" ou universos simbólicos que, em suas várias versões, generalizam as "distinções essenciais entre os seres humanos" acarretadas por cada modo.

Seu modelo analítico do "modo capitalista" é de uma linha marxista mais ou menos clássica. O "modo tributário" é um *continuum* de sistemas no qual o tributo é extraído dos produtores por meios políticos e militares que se alinham desde sistemas de poder altamente concentrado até aqueles de poder extremamente difuso, e variam pela forma em que o tributo é coletado, circulado e distribuído. O "feudalismo" e o "modo de produção asiático" do debate marxista clássico são considerados entre as possíveis variantes de um modo no qual os excedentes são extraídos de forma essencialmente não econômica. Os campos maiores constituídos pela interação política e comercial das sociedades tributárias, afirma Wolf, encontram sua contrapartida em "civilizações" ou zonas de ideologia com um modelo dominante da ordem cósmica, que tende a girar em torno de uma sociedade tributária hegemônica central a cada zona.

A dinâmica histórica de tais sociedades, pelo menos no Velho Mundo, estava estreitamente ligada ao fluxo e refluxo das populações pastoris-nômades — analisadas com argúcia — mas também "ao alargamento e estreitamento da transferência de excedentes mediante o tráfico por terra". Isso porque, com exceções um tanto raras (onde, por exemplo, todo o excedente é consumido *in situ* ou, como talvez entre os incas, onde praticamente não existe comércio), a distribuição do excedente normalmente depende, em parte, da compra e venda, e de grupos especiais envolvidos nessas atividades. Essa distribuição e a atividade mercantil inerente ao modo tributário exigem controle, para que a comercialização dos bens e serviços sobre a qual se assenta o poder tributário não corra o risco de "desorganizar as prioridades sociais" dos governantes políticos ou militares. Em determinadas circunstâncias, como na Europa medieval e mais tarde — quando mercadores ocidentais, respaldados por poder independente e impingidos a sociedades não europeias —, tal controle se torna difícil. Entretanto, contra Weber e marxistas do "mercado mundial" como Frank e Wallerstein, Wolf insiste na simbiose básica entre o comércio e os modos pré-capitalistas. O capitalismo apenas se torna dominante com a industrialização. Enquanto a produção é dominada por tributo ou parentesco, a atividade mercantil não leva automaticamente ao capitalismo, embora possa tender nessa direção ao tornar os produtores diretos dependentes do mercado, como na "protoindústria", ou, indiretamente, pela extensão da escravidão. Na opinião de Wolf, "o trabalho escravo nunca constituiu um modo de produção independente importante, mas desempenhou um papel subsidiário no fornecimento de mão de obra em todos os modos", notadamente, para o capitalismo, durante sua expansão ultramarina.

O parentesco, no "modo parentesco", não é encarado como dispositivo essencial para o controle social da descendência biológica, nem como sistema de constructos simbólicos (embora também seja, obviamente, ambos), mas como uma maneira de organizar o trabalho social e o acesso ao mesmo. As maneiras de estabelecer tais direitos e pretensões variam muito, mas onde os recursos são amplamente distribuídos e disponíveis a toda pessoa capaz (como nas "turmas" de coleta de alimentos) é claro que são mais simples do que onde são restritos, como é o caso quando a natureza é transformada pelo cultivo de plantas ou criação de animais.

Essa segunda situação não implica apenas uma divisão social do trabalho um tanto mais complexa, mas "um corpus transgeracional de direitos e contradireitos ao trabalho social" por meio de pedigrees reais ou fictícios, e os elementos de uma ordem político-social desigual que ameaça explodir os laços do parentesco. Ela pode ser contida enquanto não houver nenhum outro mecanismo para agregar ou mobilizar mão de obra fora das relações particulares estabelecidas pelo parentesco, ou seja, na medida em que não ocorram alianças e oposições entre as *classes* da população e os potenciais governantes não possam recorrer a recursos externos. Seria como se o modo parentesco se convertesse em sociedade de classes, e, com isso, em sociedades dotadas de Estados, seja pela transformação das linhagens "principais" em uma classe dominante, especialmente quando tais aristocracias "crescem a ponto de conquistar e governar populações estrangeiras", ou quando grupos do modo parentesco passam a se relacionar com sociedades tributárias ou capitalistas, que podem oferecer aos chefes recursos externos e, consequentemente, "uma possível adesão fora do parentesco e dele desembaraçada". Daí, argumenta Wolf, a notória prontidão dos chefes em colaborar com caçadores de escravos e traficantes de peles da Europa.

Nem a "Europa" nem os "povos sem história" em suas várias versões dos modos pré-capitalistas teriam se desenvolvido inteiramente da maneira pela qual cada um o fez sem os demais. Entretanto, se a relação é bilateral, é também claramente assimétrica. Wolf dispõe de pouca coisa além de nuanças para adicionar à enorme literatura sobre a expansão europeia e seu significado para o desenvolvimento do capitalismo. O que não será conhecido da maioria dos leitores, principalmente daqueles formados na história convencional, é sua abordagem das sociedades não europeias e de sua adaptação sob o impacto da penetração capitalista. O levantamento inicial do mundo em 1400 pode ser recomendado com firmeza. Não é apenas uma excelente introdução para o leigo — principalmente por seu senso da geografia humana — mas uma análise esclarecedora e crítica, com interpretações particularmente originais sobre a Índia, sobre as forças e fraquezas das sociedades pastoris-nômades, a estrutura de castas indianas, Ásia Oriental e Sudeste asiático, além da América pré-colombiana, que é analisada, compreensivelmente, com maiores detalhes.

Grande parte do que Wolf afirma sobre a transformação da sociedade sob o impacto do comércio e conquista europeus será novidade para quem não tiver acompanhado os surpreendentes avanços recentes na etno-história e na história da África e da América indígena. Praticamente tudo o que afirma é estimulante. A total novidade histórica de configurações culturais aparentemente "primitivas" como as dos índios das planícies (adotadas "no curso de uns poucos anos" por caçadores-coletores pedestres e pastores utilizando cavalos e armas importados da Europa); o efeito do tráfico europeu de peles sobre a economia, a política e a cultura dos huronianos, iroqueses e crees; e a diferença dos efeitos entre o tráfico russo de peles na Ásia e na América: isso tudo abrirá perspectivas absolutamente novas para muitos de nós. A especialização de Wolf em América Latina naturalmente lhe é muito útil. Certamente seus colegas antropólogos, em breve, dirão se aceitam ou não suas "historicizações" de alguns dos povos que foram objeto de diversas das mais celebradas monografias na literatura a respeito.

A maior força do livro de Wolf — sua concentração na interação, mesclagem e modificação mútua — é ao mesmo tempo sua maior fraqueza, já que o livro tende a tomar como dada a natureza do dinamismo que levou o mundo da pré-história até o final do século XX. É um livro que trata mais de vínculos do que de causas. Ou melhor, o autor repensou mais fundamentalmente os problemas da gênese e desenvolvimento do capitalismo do que os de suas interligações essenciais. Sem dúvida trata-se de uma tarefa mais adequada a historiadores que a antropólogos. Sua explicação do desenvolvimento capitalista é uma contribuição valiosa para um debate — de modo algum confinado aos marxistas e que recentemente retomou grande ímpeto —, seu principal valor consiste em apontar claramente para questões que normalmente não são reconhecidas, tais como por que a força de trabalho do capitalismo se desenvolveu como "mão de obra livre" e não em outro sentido. A contribuição mais interessante de Wolf para o debate reside no ponto mais próximo de sua preocupação principal. É sua insistência nos contínuos "processos mediante os quais as novas classes trabalhadoras são simultaneamente criadas e segmentadas", já que a força de trabalho é recrutada "de uma ampla variedade de antecedentes sociais e culturais e [inserida] [...] em hierarquias políticas e econômicas variáveis". Hoje, "em um mundo cada vez mais integrado, testemunhamos o crescimento de diásporas proletárias cada vez mais diversas". Essa frase, como final para um livro muito marcante, constitui uma conclusão de caráter sugestivo e aberto.

Europe and the People without History é obra de um vigoroso intelecto teórico, mas uma obra informada por um senso vívido das realidades sociais. Por trás da análise de Wolf, de estilo contido mas expressa com um dom notável para a exposição concisa e lúcida, estende-se uma trajetória pessoal e intelectual que levou o autor, das comunidades da classe trabalhadora de Viena e do Norte da Boêmia, devastadas pela Grande Depressão, para os Estados Unidos e as fazendas e camponeses do Terceiro Mundo. Como todos os bons antropólogos, é um "observador participante" — nesse caso, da história do mundo, que é o seu objeto. Esse livro apenas poderia ter sido escrito por um "filho da terra que treme", para citar o título de uma das obras de Wolf. É um livro importante, que será amplamente discutido. O ano do centenário da morte de Marx ainda não acabou, mas é de duvidar que alguma outra obra mais original, exemplificando a influência viva daquele grande pensador, tenha sido publicado em seu curso.

13. A HISTÓRIA BRITÂNICA E OS *ANNALES*: UM COMENTÁRIO

Em 1978, Immanuel Wallerstein fundou um "Centro Fernand Braudel" na Universidade do Estado de Nova York em Binghamton e, por ocasião da visita de Braudel à universidade, organizou um colóquio sobre a influência desse grande historiador e da revista Annales: Economies, Sociétés, Civilisations, *por ele herdada de seus fundadores, Marc Bloch e Lucien Febvre. Meus comentários sobre a influência da história francesa na Inglaterra são reproduzidos de* Review, *1 (inverno-primavera de 1978), pp. 157-62. Esses comentários fazem uma ponte entre o capítulo anterior e o seguinte.*

Desejo acrescentar uma ou duas notas de rodapé à recepção dos *Annales* na Inglaterra.

A primeira observação que gostaria de fazer é a de que, na medida em que podemos falar de influência, o que foi influente na Inglaterra não foi tanto os *Annales* especificamente quanto o que poderia ser chamado de *nouvelle vague* francesa na história. Os *Annales* são uma parte disso e, naturalmente, uma parte cada vez mais importante, graças ao tríplice significado de Fernand Braudel. Primeiro, exerceu influência como autor de um grande livro — e aqui acho que discordo de Peter Burke — que era lido com grande entusiasmo por muitos de nós, quase a partir do momento em que surgiu, e foi influente em sentidos ainda não muito fáceis de definir. Segundo, a partir de certo período, ele nos marcou como diretor da revista dos *Annales*. E terceiro, e talvez mais importante, foi ele quem transformou, no prazo de uma geração, a VIe Section da École Pratique, que é hoje a Escola de Altos Estudos nas Ciências Sociais, no principal centro dinâmico das ciências sociais francesas. Ao fazer isso, pouco a pouco integrou à história francesa a maior parte daquilo que acabei de chamar de *nouvelle vague* e vinculou-a ao âmbito dos *Annales* e desse grupo.

Não digo isso simplesmente para expressar — o que gostaria de fazer de passagem — meu agradecimento pessoal a Fernand Braudel, e meu agradecimento por longos anos de amizade consigo, mas como uma explicação sobre por que estamos falando do impacto dos *Annales*, conquanto, de fato, estamos lidando com o impacto de um fenômeno mais amplo na história francesa. Para dar um exemplo, soubemos que, na Polônia, Labrousse e Braudel e gente como eles eram mencionados ao mesmo tempo. Aos olhos dos poloneses, não havia distinção muito clara entre eles. No geral, isso é verdade também para a Inglaterra. Em certos sentidos, Labrousse era tão citado quanto Marc Bloch e mais que Lucien Febvre; Georges Lefebvre tanto quanto Braudel. Eram todos considerados por nós como parte de uma escola francesa que admirávamos, e que muitos de nós na Inglaterra pensávamos ser a coisa mais interessante na historiografia. Mas é claro que essa historiografia cada vez mais se concentrou e fixou nos *Annales*.

Esse é um ponto importante, mas existe um segundo. Acho que Peter Burke exagera um pouco o atraso na recepção dos *Annales* e dos principais historiadores franceses na Inglaterra. Imagino que alguns de nós, pelo menos em Cambridge, líamos os *Annales* já nos anos 1930. Além do mais, quando Marc Bloch veio e conversou conosco em Cambridge — ainda me lembro disso como o grande momento que então parecia ser e foi —, foi-nos apresentado como o maior medievalista vivo, a meu ver, com toda justiça. Talvez isso se devesse especificamente a um fenômeno local, a existência em Cambridge de Michael Postan, que então ocupava a cadeira de história econômica, um homem de raras afinidades cosmopolitas e vasto conhecimento. Mas também se devia a outro fenômeno já mencionado antes por participantes deste colóquio, ou seja, a curiosa confluência, via história econômica, entre o marxismo e a escola francesa. Foi no terreno da história econômica e social, evidente no título-

-insígnia da *Annales* original, que nos encontramos. Os jovens marxistas daqueles tempos descobriam que a única parte da história oficial que fazia algum sentido para eles, ou pelo menos que podiam utilizar, era a história econômica, ou a história econômica e social. Dessa forma, foi por meio dela que a junção foi feita.

Devo acrescentar também que foi principalmente via história econômica, ou história econômica e social, que se deu a influência, a influência e relação direta entre o grupo dos *Annales* e a história britânica, até a geração de Peter Burke. Em determinados sentidos, a organização da história econômica no mundo, mediante a organização da Associação Internacional de História Econômica e seus congressos, durante muito tempo foi um condomínio anglo-francês, e os franceses nele estavam representados, em grande medida, precisamente pelas pessoas com quem os historiadores econômicos ingleses em geral acharam mais fácil colaborar, ou seja, Fernand Braudel e seus colegas, discípulos e alunos.

Menciono isso de passagem, mas gostaria também de mencionar ainda outra coisa de passagem: o curioso fato também referido por oradores anteriores de que havia uma relação entre os *Annales* e os marxistas. Como diz Peter Burke, em geral os marxistas pensavam estar combatendo do mesmo lado que os *Annales*, muito embora houvesse momentos, como, por exemplo, na França dos anos 1950, em que nós, fora da França, estávamos sendo criticados por colaboração com reacionários pelos companheiros das seções mais sectárias do Partido Comunista Francês. Curiosamente, contudo, isso nunca foi uma opinião relevante na Grã-Bretanha. E isso é estranho porque, em termos históricos, o mais provável era que os marxistas se distinguissem e destacassem o quanto diferiam das escolas não marxistas e por que estas estavam equivocadas, e não que se vissem convergindo ou, de algum modo, trabalhando em paralelo com elas. Entretanto, como K. Pomian mencionou e Peter Burke confirmou — e pessoas como Rodney Hilton, eu mesmo e outras também confirmarão — em diversos países, a relação entre a esquerda marxista e os *Annales*, por motivos que talvez valha a pena investigar, foi bem mais amistosa e cooperativa. Talvez por essa razão, quando fundamos *Past and Present*, certamente em nosso primeiro número nos referimos aos *Annales*; não que eu pense que em outros aspectos fôssemos visivelmente influenciados pela revista dos *Annales*. Estávamos tentando um tipo diferente de exercício, e, no entanto, respeitávamos muitíssimo e desejávamos demonstrar nosso respeito para com esse grande predecessor naquilo que vocês poderiam chamar de "história de oposição", história antiestablishment. É claro que, no momento em que fomos fundados, não eram mais antiestablishment; haviam vencido. Mas isso é uma outra história.

Entretanto, acho que existe uma razão mais concreta pela qual *Annales* e seu grupo exerceram realmente uma influência significativa — ou, pelo menos, estímulo — na Grã-Bretanha, talvez mais do que a que Peter Burke está disposto a admitir. Nos anos após a guerra, a França me parecia ter sido o único país no qual havia um esforço consistente e sistemático de explorar o que hoje sabemos ter sido — Wallerstein será o primeiro a concordar — um período crucial no desenvolvimento do mundo moderno, a saber, a economia dos séculos XVI e XVII. Claro que o grande livro de Braudel não é meramente um monumento ao seu interesse; em certo sentido, ele também exagerou sobre o período. Mas não foi o único. Muitos outros na França também se dedicavam ao mesmo — estou pensando em coisas como o famoso artigo de Pierre Vilar na época, "Le Temps de Quichotte", que, de um modo diferente, também estava interessado no problema similar do século XVI, a crise, a mudança para o século XVII. E não há dúvida de que foi nos *Annales* e por meio deles que essa concentração francesa das energias históricas (intelectuais, se preferirem), essa fase histórica, encontrou sua expressão mais significativa. Com certeza, isso se deu graças ao interesse pelo século XVI, tanto de Febvre quanto de Braudel.

Era algo comparativamente novo. Os *Annales* originais, nos anos 1930, não tinham esse interesse particular como centro de suas preocupações. E talvez valha a pena investigar a razão pela qual o interesse surgiu. Sei por que surgiu entre os marxistas. Foi claramente bem no início dos anos 1950, no curso de discussões sobre os *Estudos sobre o desenvolvimento do capitalismo*, de Maurice Dobb. O famoso debate Sweezy-Dobb girava essencialmente em torno da questão sobre onde exatamente estávamos entre os séculos XV e XVIII, qual o significado desse período para o desenvolvimento da economia do mundo moderno. E, na investigação desse problema complexo, muitos de nós nos vimos naturalmente atraídos por pessoas que na França haviam começado, a partir de um ponto de vista diferente — e espero que Fernand Braudel me perdoe por sublinhar o fato de que ele não é um marxista —, a se preocupar com o mesmo. Até eu em breve me vi arrastado em uma excursão, de meu próprio século para a crise do século XVII, e revendo os artigos que escrevi, descubro um número enorme de referências aos *Annales*, a artigos nos *Annales*, a pessoas dos *Annales*, a Braudel, a Meuvret, a gente assim. Onde mais naquela época se poderiam obter as referências? E, de fato, quando o tema foi colocado em discussão na época, lembro-me de Hugh Trevor-Roper dizendo que não era nenhuma novidade. Os franceses o estavam fazendo o tempo todo.

Bem, ele tinha razão. Os franceses o estavam fazendo o tempo todo, e a menção de Trevor-Roper mostra que esse problema não estava confinado simplesmente a uma escola de historiadores britânicos, mas afetava diversas escolas. Por quê? Mais uma vez me parece, olhando para trás, que podemos perceber que os séculos XVI e XVII são um período crucial no desenvolvimento do mundo moderno, mas o motivo pelo qual nessa etapa desenvolvemos essa concentração no período continua a ser um assunto um tanto nebuloso. Certamente, nos anos iniciais de *Past and Present*, constatávamos que, dos artigos que nos eram apresentados, a grande maioria abordava os séculos XVI e XVII. Era, por assim dizer, uma questão quente naquela época. E penso que foi devido à preocupação com esse problema — que, no modo obscuro pelo qual operam as disciplinas e ciências da erudição, passava a ser o centro de interesse, pelo menos entre pessoas dotadas de interesses econômicos e sociais de longo prazo — que se produziu certa junção entre o marxismo e os *Annales*.

Mas chega de excursões de volta na história e na memória sobre a recepção dos *Annales* na Grã-Bretanha. Gostaria agora de dizer umas poucas palavras sobre o que os *Annales* estão fazendo agora, sobre o que há para ser feito, ou melhor, o que deveriam estar fazendo. Não cabe a nós dizer aos *Annales* o que deveriam fazer. Realmente não desejo dizer muito sobre a atual crise nos *Annales*. Acho que não é exagero chamá-la assim. Revel mencionou-a numa forma, Peter Burke mencionou-a quando disse que os *Annales* não estavam falando uma, mas diversas línguas, entre as quais nem sempre há inteligibilidade mútua completa. Seja como for, parece-me que esse grande periódico está passando no momento por uma crise de meia-idade, mas o caráter preciso dessa crise é algo que talvez possa ser discutido em outro lugar.

Em vez disso, desejo dizer algo no contexto das referências muito interessantes — e penso que muito úteis — de Peter Burke ao problema da história das mentalidades. Realmente não importa como vocês chamem o tema. Nós o chamamos de história das mentalidades para mais uma vez evidenciar nossa dívida para com os franceses que sistematicamente se preocuparam com ela, embora eu não acredite que isso signifique que os historiadores franceses a tenham praticado mais que outros historiadores. Certamente, a despeito do valor enorme das contribuições de pessoas ligadas aos *Annales*, não acredito que na Inglaterra as pessoas que praticam a história das "mentalidades" devam muita coisa diretamente aos *Annales*, exceto no campo da Idade Média, onde Bloch me parece claramente fundamental. Diria, por exemplo, que mesmo algumas das pessoas mais bem-sucedidas na França nesse campo, pelo menos para o período mais recente, não pertencem ao grupo dos *Annales*, embora pouco a pouco tenham sido atraídas para mais perto do mesmo. Vovelle é um autor que hoje está visivelmente, por assim dizer, integrado, mas que absolutamente não começou nos *Annales* e nem mesmo próximo ao grupo. Tampouco Agulhon, cujo nome, a meu ver, precisa ser mencionado. E nem podia ser diferente. Acho que uma das grandes forças da escola dos *Annales* é precisamente o fato de que tem sido grande o bastante para receber quem quer que faça contribuições originais. Certamente, na Inglaterra, *O grande medo*, de Georges Lefebvre, teve um significado desproporcional em atrair nossa atenção — daqueles de nós que praticávamos a história da gente comum, história dos movimentos populares — para o problema das mentalidades.

Mas, além dessas influências estrangeiras, houve importantes influências locais ou, se preferirem, internacionais. Houve Marx e o marxismo, incluindo aí Gramsci. Em primeiro lugar, o marxismo sublinhou a conexão absolutamente essencial entre o mundo das ideias e sentimentos e a base econômica, ou, se preferirem, o modo pelo qual as pessoas obtêm seu sustento na produção. Em segundo, o modelo marxista da base e superestrutura, apesar do que possam pensar a seu respeito, implica, afinal de contas, uma consideração da superestrutura também como uma base, ou seja, a importância das ideias. Não é amplamente reconhecido que, na discussão da Revolução britânica do século XVII, foram marxistas como Christopher Hill que constantemente insistiram contra os deterministas economicistas sobre a importância do puritanismo, como algo em que as pessoas acreditavam, e não simplesmente como uma espécie de espuma no topo das estruturas de classes ou movimentos econômicos.

Da mesma forma, o marxismo insistia sobre a questão levantada por Peter Burke, a saber, a importância crucial da estrutura de classes, da autoridade, dos múltiplos interesses de governantes e governados e as relações entre eles também no campo das ideias. Além desse elemento marxista, acho que há a influência dupla à qual Peter Burke se referiu. Em primeiro lugar, temos uma tradição, cultivada em casa, no estudo da cultura em um sentido quase antropológico, conforme representada por pessoas como Raymond Williams ou mesmo

Edward Thompson, em seus textos sobre a cultura do século XIX, tanto a alta cultura quanto a média. Eles generalizaram essa cultura em uma história das mentalidades. Porém, mais especificamente, há a importância da antropologia social. Isso foi mencionado por Peter Burke. Na Grã-Bretanha, a antropologia social foi a disciplina crucial nas ciências sociais, pelo menos a única na qual alguns historiadores, entre os quais me incluo, descobriram um interesse consistente, e da qual constantemente temos conseguido nos valer. Não só Evans-Pritchard, mas toda espécie de pessoas, Max Gluckman e seu grupo, toda variedade de antropólogos sociais, que em certo sentido nos ensinaram ou instigaram, muito embora eu ache que bem poucos historiadores tenham assumido os modelos da antropologia social por atacado. Na verdade, frequentemente os criticávamos, e ainda o fazemos, por sua falta de compreensão da evolução histórica. Apesar disso, o conceito de uma sociedade e suas interações, inclusive suas interações mentais, é um conceito que descobrimos ser altamente estimulante.

E isso me remete ao último ponto. Talvez devido a esse, digamos, viés da antropologia social (no sentido britânico), eu pessoalmente ache que o futuro dos estudos da mentalidade será diferente do futuro daqueles que foram praticados, pelo menos por alguns de nossos colegas franceses. Ele não é simplesmente o estudo da alteridade da mentalidade, mencionado por Peter Burke. Você não precisa ser um adepto da dualidade de Lévy-Bruhl para achar que as pessoas no século XVI visivelmente pensavam de modo muito diferente. Essa descoberta da alteridade é importante. É relevante notar, por exemplo, como era diferente o sentido do tempo no período pré-industrial, como Edward Thompson e outros tentaram mostrar, para descobrir como era diferente o sentido da história, como Moses Finley tentou destacar ao analisar os clássicos. Isso é muito importante, e até que o tenhamos descoberto não poderemos realmente fazer muita coisa com o passado.

Porém, muito menos útil é a busca de estruturas profundas e particularmente a busca por *la conscience*. Pode ser que eu seja inteiramente heterodoxo, mas não acho que os historiadores tenham muito que aprender com Freud, que foi um mau historiador, sempre que efetivamente escreveu algo sobre a história. Não tenho nenhuma opinião sobre a psicologia de Freud, mas de modo algum considero a descoberta tardia de Freud na França, cerca de quarenta anos depois do resto do mundo, como um sinal positivo absoluto. Parece-me ser um sinal negativo, na medida em que desvia a atenção da coesão, eu não diria consciente, mas, de qualquer modo, da coesão lógica, para as estruturas inconscientes ou profundas. Ela negligencia o sistema. Em minha opinião, o problema das mentalidades não é apenas o de descobrir que as pessoas são diferentes, e como são diferentes, e fazer os leitores *sentirem* a diferença, como tão bem o faz Richard Cobb. É encontrar uma conexão lógica entre várias formas de comportamento, pensamento e sentimento, para vê-las como mutuamente coerentes. Se preferirem, é ver por que faz sentido, por exemplo, que as pessoas acreditem em ladrões famosos que são invisíveis ou invulneráveis, mesmo que obviamente não o sejam. Devemos encarar tais crenças não apenas como reação emocional mas como parte de um sistema coerente de crenças sobre a sociedade, sobre o papel daqueles que acreditam e o papel daqueles em relação aos quais tais crenças são mantidas. Tomemos, por exemplo, a questão dos camponeses. Por que os camponeses exigem terra, por que exigem apenas terra para a qual acreditam possuir certos tipos de direitos legais ou morais? Qual a natureza dessas reivindicações? Por que não escutam as pessoas que lhes pedem para exigir terras em outras bases, tais como, por exemplo, aquelas propostas por modernos políticos radicais? Por que aparentam simultaneamente sustentar argumentos em favor da terra ou da justiça que nos parecem incompatíveis? Não é porque são estúpidos. Não é porque não conheçam nada melhor. É porque deve haver alguma coesão.

Acredito que o programa, para a história das mentalidades, não seja tanto o de descoberta quanto o de análise. O que eu gostaria de fazer não é simplesmente, como Edward Thompson, salvar o meeiro ou o camponês, mas também o nobre e o rei do passado, da condescendência dos historiadores modernos que pensam estar melhor informados, que pensam saber o que é argumento lógico e teórico. O que eu gostaria de fazer e o que acho que devemos fazer é encarar a mentalidade como um problema não de empatia histórica ou de arqueologia, ou, se preferirem, de psicologia social, mas da descoberta da coesão lógica interna de sistemas de pensamento e comportamento que se adéquam ao modo pelo qual as pessoas vivem em sociedade em sua classe particular e em sua situação particular da luta de classes, contra aqueles de cima, ou, se preferirem, de baixo. Gostaria de restituir aos homens do passado, e principalmente os pobres do passado, o dom da teoria. Como o herói de Molière, estiveram falando trivialidades o tempo todo. Apenas com a diferença de que, enquanto o homem em Molière não o sabia, acho que eles sempre o souberam, mas nós não. E acho que deveríamos saber.

14. A VOLTA DA NARRATIVA

Este ensaio foi uma contribuição crítica a um debate histórico inaugurado, como tantos outros, por Lawrence Stone, companheiro de muitos anos na diretoria da revista Past and Present. *Diz respeito à volta da história narrativa e foi publicado no número 86 daquele periódico (fevereiro de 1980), pp. 2-8.*

Lawrence Stone acredita que há uma volta da "história narrativa" porque houve um declínio na história que se dedicava a perguntar "os grandes *porquês*", a "história científica" generalizante. Atribui esse declínio, por sua vez, à desilusão com os modelos essencialmente econômico-deterministas de explicação histórica, marxistas ou não, que tenderam a dominar nos anos do pós-guerra; ao declínio do envolvimento ideológico dos intelectuais do Ocidente; à experiência contemporânea que nos lembrou de que a ação e decisão políticas podem moldar a história; e ao fracasso da "história quantitativa" (outra pretendente ao estatuto "científico") em apresentar resultados.[1] Duas questões estão implícitas nessa discussão, e as simplifiquei de maneira brutal: o que vem ocorrendo na historiografia e como explicar tais ocorrências? Uma vez que é lugar-comum na história que os "fatos" sejam sempre selecionados, moldados e até distorcidos pelo historiador que os observa, há um elemento de *parti pris*, para não dizer de autobiografia intelectual, no tratamento que Stone dá a ambas as questões, tal como o há em meus comentários ao mesmo.

Acredito que possamos aceitar que os vinte anos que se seguiram à Segunda Guerra Mundial assistiram a um flagrante declínio na história política e religiosa, no uso das "ideias" como explicação da história, e uma notável virada para a história socioeconômica e para a explicação histórica em termos de "forças sociais", como já notava Momigliano em 1954.[2] Quer as chamemos ou não de "econômico-deterministas", essas correntes da historiografia se tornaram influentes — em certos casos, dominantes — nos principais centros ocidentais de historiografia, para não falar, por outros motivos, dos orientais. Podemos também admitir que, nos últimos anos, houve considerável diversificação, e um sensível ressurgimento do interesse por temas que eram bem mais marginais às principais preocupações dos leigos que naqueles anos passaram a ser iniciados em história, embora tais temas jamais fossem negligenciados. Afinal, Braudel escreveu sobre Filipe II e igualmente sobre o Mediterrâneo, e a monografia de Le Roy Ladurie sobre *Le Carnaval de Romans* de 1580 é antecipada por um relato muito mais sucinto, porém mais incisivo, sobre o mesmo episódio em seu *Les paysans du Languedoc* [Os camponeses do Languedoc].[3] Se os historiadores marxistas dos anos 1970 escrevem livros inteiros sobre o papel dos mitos das raízes nacionais, tal como a lenda galesa de Madoc, Christopher Hill escrevia, no início dos anos 1950, pelo menos um artigo fundamental sobre o mito do jugo normando.[4] Todavia, provavelmente houve uma mudança.

É difícil determinar se isso representa uma volta da "história narrativa" tal como definida por Stone (basicamente a ordenação cronológica do material em "um único relato coerente, embora com subenredos" e uma concentração "no homem e não nas circunstâncias"), já que ele esboça deliberadamente um levantamento quantitativo e se concentra em "uma seção minúscula, mas com destaque desproporcional, da profissão de historiador como um todo".[5] Apesar disso, há evidência de que a antiga vanguarda de historiadores não mais rejeita, despreza e combate a antiquada "história factual" ou mesmo a história biográfica, como parte dela costumava fazer. O próprio Fernand Braudel concedeu elogio irrestrito a um exercício notadamente tradicional na história narrativa popular, a tentativa de Claude Manceron de apresentar as origens da Revolução Francesa mediante uma série de biografias superpostas de grandes e pequenos contemporâneos.⁶ Por outro lado, a minoria de historiadores, cujos interesses supostamente alterados Stone investiga, na verdade não passou a praticar a história narrativa. Se deixarmos de lado os conservadores ou neoconservadores historiográficos convictos, tais como os "empiristas aficionados das antiguidades", há pouquíssima história narrativa simples entre as obras citadas ou referidas por Stone. Para quase todas elas, o evento, o indivíduo e até a retomada de algum estilo ou modo de pensar o passado, não são fins em si mesmos, mas meios de esclarecer alguma questão mais ampla, que ultrapassa em muito o relato particular e seus personagens.

Em suma, esses historiadores que continuam a acreditar na possibilidade de generalizar sobre as sociedades humanas e seu desenvolvimento continuam interessados nos "grandes *porquês*", embora possam às vezes enfocar questões diferentes das que eram seu centro de interesses há vinte ou trinta anos. Realmente não há nenhuma evidência de que tais historiadores — aqueles com quem Stone está principalmente preocupado — tenham abandonado "a tentativa de produzir uma explicação [...] coerente da mudança no passado".⁷ Se eles (ou nós) também consideram sua tentativa como "científica", sem dúvida dependerá de nossa definição de "ciência", mas não precisamos entrar nessa disputa em torno de rótulos. Além disso, duvido muito que tais historiadores se sintam "obrigados a voltar ao princípio de indeterminação",⁸ assim como tampouco Marx sentia serem seus escritos sobre Luís Napoleão incompatíveis com a concepção materialista da história.

Por certo há historiadores que abandonaram essas tentativas, e certamente existem alguns que as combatem, talvez com um zelo aumentado pelo compromisso ideológico. (Quer o marxismo tenha ou não declinado intelectualmente, é difícil detectar muito emudecimento da controvérsia ideológica entre historiadores ocidentais, embora os participantes e as questões específicas possam não ser as mesmas de vinte anos atrás.) Provavelmente a história neoconservadora ganhou terreno, pelo menos na Grã-Bretanha, tanto na forma dos "jovens empiristas aficionados das antiguidades", que "escrevem narrativas políticas detalhadas negando implicitamente que haja algum sentido profundamente assentado na história além dos caprichos acidentais do destino e da personalidade",[9] quanto na forma de obras como as de Theodore Zeldin (e de Richard Cobb), notáveis mergulhos naqueles estratos do passado, para as quais "quase todo aspecto da história tradicional" é irrelevante, inclusive o de responder perguntas.[10] Provavelmente foi o que fez a história que poderia ser chamada de esquerdista anti-intelectual. Mas, exceto de modo muito tangencial, não é com isso que Stone está preocupado.

Como, então, devemos explicar as mudanças de tema e interesses históricos, na medida em que tenham ocorrido ou estejam ocorrendo?

Pode-se sugerir que um dos elementos dessas mudanças reflete o notável alargamento do campo da história nos últimos vinte anos, caracterizado pela ascensão da "história social", esse recipiente amorfo para tudo, desde mudanças no físico humano até o símbolo e o ritual, e sobretudo para as vidas de *todas* as pessoas, de mendigos a imperadores. Conforme observado por Braudel, essa "histoire obscure de tout le monde" é "a história em direção à qual, de maneiras distintas, toda historiografia tende atualmente".[11] Não é este o lugar para especular sobre as razões para essa vasta ampliação do campo, que por certo não conflita necessariamente com a tentativa de produzir uma explicação coerente do passado. Entretanto, ela aumenta de fato a dificuldade técnica de escrever história. Como se devem apresentar essas complexidades? Não admira que os historiadores experimentem diferentes formas dessa apresentação, entre as quais, notadamente, aquelas que recorrem a antigas técnicas da literatura (que fez suas próprias tentativas de apresentar *la comédie humaine*), e também aos modernos recursos audiovisuais, dos quais todos nós, excetuando-se os mais velhos, estamos saturados. O que Stone chama de técnicas *pointillistes* são, pelo menos em parte, tentativas de solucionar problemas técnicos de apresentação.

Esses experimentos são particularmente necessários para aquela parte da história que não pode ser submetida à "análise" (ou à rejeição da análise) e que Stone prefere desprezar, ou seja, a síntese. O problema de encaixar as diversas manifestações do pensamento e da ação humanos em um período específico não é novo nem desconhecido. Nenhuma história da Inglaterra jacobina é satisfatória se omite Bacon ou o aborda exclusivamente como um advogado, político, ou uma personalidade na história da ciência ou da literatura. Além disso, até os historiadores mais convencionais o reconhecem, mesmo quando suas soluções (um capítulo ou dois sobre ciência, literatura, educação e não-sei-mais-o-quê apenso ao corpo principal do texto político-institucional) são insatisfatórias. Entretanto, quanto mais ampla a classe de atividades humanas aceita como interesse legítimo do historiador, quanto mais claramente entendida a necessidade de estabelecer conexões sistemáticas entre elas, maior a dificuldade de alcançar uma síntese. Naturalmente isso é muito mais do que um problema técnico de apresentação, embora também o seja. Mesmo aqueles que continuam a se orientar em sua análise por algo como o modelo "hierárquico de três camadas" de base e superestruturas, que Stone rejeita,[12] podem constatar que se trata de um guia inadequado para apresentação, ainda que provavelmente um guia menos inadequado que a narrativa cronológica linear.

Deixando de lado os problemas de apresentação e síntese, podem-se sugerir duas outras razões mais substantivas para uma mudança. A primeira é o próprio sucesso dos "novos historiadores" nas décadas do pós-guerra. Esse sucesso foi obtido por uma deliberada simplificação metodológica, a concentração naquilo que era visto como a base socioeconômica e os determinantes da história, à custa — às vezes, como no caso da batalha francesa contra a "história factual", em confronto direto com ela — da história narrativa tradicional. Embora houvesse alguns reducionistas econômicos extremados, e outros que descartavam pessoas e eventos como ondas desprezíveis na *longue durée* da *structure* e *conjoncture*, tal extremismo não era universalmente difundido, seja nos *Annales* ou entre os marxistas que — principalmente na Grã-Bretanha — nunca perderam o interesse nos eventos ou na cultura, nem consideravam a "superestrutura" como sempre e inteiramente dependente da "base". Porém, o próprio triunfo de obras como as de Braudel, Goubert e Le Roy Ladurie, enfatizado por Stone, não só deixava os "novos" historiadores livres para se concentrar naqueles aspectos da história até então deliberadamente deixados de lado, como também os priorizava na agenda dos "novos historiadores". Como Le Goff, um eminente analista, ressaltou há alguns anos, "a história política iria pouco a pouco retomar sua força graças ao empréstimo dos métodos, espírito e abordagem teórica das próprias ciências sociais que a haviam empurrado para os bastidores".[13] A nova história dos homens e das mentalidades, ideias e eventos pode ser vista mais como complementar que como substituta da análise das estruturas e tendências socioeconômicas.

Mas, uma vez que os historiadores se voltam para tais itens em suas agendas, podem preferir abordar sua "explicação coerente da mudança no passado", mais como se fossem, por assim dizer, ecologistas que geólogos. Podem preferir começar pelo estudo de uma "situação" que corporifique e exemplifique a estrutura estratificada de uma sociedade, mas que concentre a mente nas complexidades e interligações da história real, de preferência ao estudo da estrutura em si mesma, principalmente se para isso puderem se basear parcialmente em trabalho anterior. Como reconhece Stone, isso reside na raiz da admiração de certos historiadores por obras como a "leitura íntima" de Clifford Geertz de uma briga de galo balinesa.[14] Não implica nenhuma escolha necessária entre mono ou multicausalidade, e certamente nenhum conflito entre um modelo no qual alguns determinantes históricos são considerados mais poderosos que outros, e o reconhecimento de inter-relações, tanto verticais quanto horizontais. Uma "situação" pode ser um ponto de partida conveniente, como no estudo de Ginzburg sobre a ideologia popular por meio do caso de uma única aldeia ateísta no século XVI ou um único grupo de camponeses da região de Friuli, acusados de bruxaria.¹⁵ Esses tópicos também poderiam ser abordados de outras maneiras. Pode ser um ponto de partida necessário em outros casos, como no magnífico estudo de Agulhon sobre como, em determinada época e lugar, aldeões franceses se converteram do tradicionalismo católico ao republicanismo militante.¹⁶ Seja como for, para certos fins, é provável que os historiadores o adotem como ponto de partida.

Por isso, não há nenhuma contradição necessária entre *Les Paysans du Languedoc* e *Montaillou, povoado occitânico*, de Le Roy Ladurie, não mais que entre as obras gerais de Duby sobre a sociedade feudal e sua monografia sobre a batalha de Bouvines, ou entre *The Making of the English Working Class* [A formação da classe operária inglesa] e *Whigs and Hunters* [Senhores e caçadores] de E. P. Thompson.¹⁷ Não há nada de novo em preferir olhar o mundo por meio de um microscópio em lugar de um telescópio. Na medida em que aceitemos que estamos estudando o mesmo cosmo, a escolha entre micro e macrocosmo é uma questão de selecionar a técnica apropriada. É significativo que atualmente mais historiadores achem útil o microscópio, mas isso não significa necessariamente que eles rejeitem os telescópios como antiquados. Mesmo os historiadores da *mentalité*, essa palavra vale-tudo que Stone, talvez prudentemente, não tenta esclarecer, não evitam exclusiva ou predominantemente a visão ampla. Essa, pelo menos, é uma lição que aprenderam com os antropólogos.

Essas observações explicam o "agrupamento amplo de mudanças na natureza do discurso histórico" de Stone?¹⁸ Talvez não. Entretanto, demonstram que grande parte daquilo que ele investiga como continuação de empreendimentos históricos passados pode ser explicada por outros meios que não como provas da falência desses empreendimentos. Não é o caso de negar que certos historiadores os encarem como falência ou como algo indesejável e consequentemente queiram mudar seu discurso por diversas razões, algumas delas intelectualmente dúbias, algumas dignas de serem levadas a sério. É evidente que alguns historiadores se deslocaram das "circunstâncias" para os "homens" (inclusive mulheres), ou descobriram que o modelo simples de base e superestrutura e a história econômica não bastam ou — já que os resultados de tais abordagens não têm sido muito substanciais — não são mais suficientes. Alguns bem podem ter se convencido de que há uma incompatibilidade entre suas funções "científicas" e "literárias". Mas não é necessário analisar as modas atuais na história inteiramente como rejeição do passado e, na medida em que não podem ser inteiramente analisadas nesses termos, não é suficiente.

Estamos todos ansiosos para descobrir para onde estão indo os historiadores. O ensaio de Stone deve ser saudado como uma tentativa de fazer isso. Entretanto, não é satisfatória. A despeito de seu desmentido, o ensaio realmente combina o mapeamento de "mudanças observadas na moda histórica" com "juízos de valor sobre os modos de escrever história que são bons e os que são menos bons",[19] principalmente sobre os últimos. Acho que isso é lamentável, não porque por acaso eu discorde dele em relação ao "princípio de indeterminação" e à generalização histórica, mas porque, se o argumento estiver equivocado, também deve ser inadequado um diagnóstico das "mudanças no discurso histórico" realizado em termos desse argumento. Somos tentados, como o irlandês mítico, ao ser perguntado pelo viajante sobre o caminho até Ballynahinch, a parar, ponderar e replicar: "Se eu fosse você, realmente não começaria por aqui".

15. PÓS-MODERNISMO NA FLORESTA

Neste capítulo utilizei a fascinante e importante pesquisa de Richard Price sobre os saramakas do Suriname para investigar a utilidade histórica de algumas abordagens "pós-modernistas" atualmente em moda. Esta resenha de Alabi's World, *de Price, foi publicada na* New York Review of Books, *6, dezembro de 1990, pp. 46-8, com o título "Escaped Slaves of the Forest"* [Escravos fugitivos da floresta].

Logo após se estabelecerem no Novo Mundo recém-conquistado, os espanhóis passaram a empregar a palavra *cimarrón*, de etimologia controvertida, para descrever animais domésticos trazidos da Europa e que haviam escapado ao controle e regressado à liberdade da natureza. Por motivos óbvios, o termo também era aplicado nas sociedades escravistas a escravos fugidos que viviam em liberdade fora do mundo dos senhores. Era traduzida em outras línguas senhoriais como *marrons* ou *maroons*. O fato de que a mesma palavra fosse também aplicada pelos bucaneiros caribenhos aos marinheiros expulsos de sua comunidade e obrigados a viver na natureza abandonados [*marooned*] em alguma ilha sugere que a liberdade não era vista como um mar de rosas.

A vida quilombola, fosse na forma (geralmente passageira) de fugitivos individuais (*petit marronage*) ou de comunidades mais amplas de escravos fugidos (*grand marronage*), era consequência inevitável da sociedade escravista da *plantation*. Não se pode dizer que sua história tenha sido negligenciada — por certo, não no Brasil ou na Jamaica — mas não há dúvida de que nosso conhecimento a seu respeito avançou enormemente nos últimos vinte anos. A "nova história social" dos anos 1960 e 1970 dificilmente poderia desconsiderar um assunto tão obviamente atraente aos interesses técnicos e políticos de tantos de seus praticantes: um tema que combinava protesto social, estudo do anonimato comunitário, libertação negra e anti-imperialismo ou, pelo menos, interesses do Terceiro Mundo, e parecia ideal para exemplificar aquele caso de amor entre a história e a antropologia social que então produzia resultados tão animadores. E o novo interesse pela história quilombola não poderia deixar de apontar para o Suriname.

Ora, o Suriname, ex-colônia holandesa na costa da Guiana e hoje uma decepcionante republiqueta independente, possui seis antigas comunidades quilombolas que ainda constituem 10% da população de um país pequeno e de extraordinária mestiçagem. Isso é notável, já que as comunidades quilombolas encontravam dificuldades para sobreviver, ainda que o último escravo autêntico fugido tenha vivido o bastante para relatar sua autobiografia a um escritor cubano na década de 1960.[1] Uma vez que os escravos eram mais propensos à evasão logo após sua chegada da África, comunidades quilombolas livres e fora dos limites da sociedade colonial estabeleceram-se com mais facilidade nos estágios iniciais dessas sociedades, nos séculos XVI e XVII. O maior dos quilombos brasileiros, Palmares, estava em seu apogeu na década de 1690, pouco antes de sua queda após sessenta anos de guerras. Mesmo onde os poderes coloniais foram obrigados a firmar tratados reconhecendo a independência quilombola, como aconteceu de tempos em tempos em uma série de países, esses tratados raramente perduravam. É duvidoso que fora do Suriname existam hoje comunidades negras livres que continuem a considerar vigentes os tratados da metade do século XVIII reconhecendo sua liberdade.

Richard Price, cujo livro *Maroon Societies*, juntamente com um capítulo do livro *From Rebellion to Revolution* [Da rebelião à revolução], de Eugene Genovese, constituem a mais adequada introdução ao tema,[2] é atualmente a principal autoridade em *marronage* em geral e sobre os quilombolas do Suriname ("negros da mata"), ou melhor, sobre uma de suas comunidades, os saramakas, aos quais dedicou muitos anos de pesquisa. Já escreveu extensamente a seu respeito, notadamente em seu livro pioneiro *First Time: The Historical Vision of an Afro-American People* [Primeira vez: a visão histórica de um povo afro-americano],[3] um relato do estabelecimento e guerra de independência dos saramakas baseado em registros escritos e na transmissão oral de seu "senso histórico causal, fortemente linear", que é essencial para sua identidade e, de quebra, os torna fascinantes aos historiadores. *Alabi's World* começa a narrativa a partir da independência, quando se estabeleceu a sociedade saramaka, e o faz na forma de "a vida e o tempo" de um certo Alabi (1740-1820), chefe supremo de seu povo durante quase quarenta anos. Entretanto, a obra contém material introdutório sobre as origens dos quilombolas do Suriname, suficiente para os leitores formarem o quadro, pois, como dizem os saramakas, "se esquecermos os feitos de nossos ancestrais, como podemos esperar que não voltemos a ser escravos dos brancos?".

Price escolheu um tema que interessa igualmente a historiadores e antropólogos sociais, independente do heroísmo das lutas dos quilombolas, pois essas sociedades suscitam questões fundamentais. De que forma os ajuntamentos casuais de fugitivos de origens extremamente distintas, que nada possuem em comum além da experiência de serem transportados em navios negreiros e do trabalho escravo nas fazendas, passam a constituir comunidades estruturadas? Falando em termos mais gerais, como as sociedades são fundadas a partir do zero? Quais as relações entre as sociedades de ex-escravos, que rejeitam a servidão, e a sociedade dominante em cujas margens elas vivem, em uma curiosa espécie de simbiose, já que a *marronage*, como explica Price em outra obra,[4] não era uma simples fuga, uma reversão à vida camponesa no sertão, mas também, de um modo curioso, "uma espécie de ocidentalização". O que exatamente essas comunidades de refugiados — pelo menos no tempo em que a maioria de seus membros eram africanos nativos — deduziam ou poderiam deduzir do velho continente? Ora, se as comunidades quilombolas aparecem aos observadores como africanas em sentimento — e talvez, o que é uma novidade histórica, na *consciência* de uma africanidade comum, que não teriam condições de possuir no Velho Mundo — não se podem rastrear modelos e antecedentes africanos específicos para suas instituições.

Infelizmente, o autor, embora profundamente atento a questões como essas, não tentou respondê-las diretamente. Seu livro, fascinante porém enigmático, trata na verdade de colisões, confrontos e diálogos culturais entre surdos, principalmente entre as opiniões de Richard Price sobre como a história deve ser escrita e as de outros historiadores e antropólogos mais tradicionais.

Uma vez que o personagem principal desse livro, Alabi, acabou se convertendo ao cristianismo, ao passo que ser saramaka era essencialmente a rejeição, ou pelo menos a não aceitação, dos valores dos brancos, entre os quais o cristianismo, a colisão de culturas deveria estar no cerne de um livro sobre ele. Os cristãos ainda são minoria entre os "negros da mata" do Suriname. Considerando que grande parte, e de fato a maioria, das informações de Price sobre a vida quilombola do século XVII provém da volumosa correspondência dos missionários morávios, os únicos brancos em contato constante com os saramakas, dois tipos de equívoco cultural também lhes são inerentes: o dos irmãos e irmãs morávios cujo fracasso em compreender o que estava acontecendo ao seu redor parece ter sido monumental, e o dos pesquisadores modernos, para os quais a visão de mundo de fanáticos carolas como os morávios, com seu culto sensual e quase erótico das chagas de Cristo, é certamente menos compreensível que a visão de mundo dos ex-escravos. A tentativa (ainda que infrutífera) de compreender "seu" povo escolhido é o que se espera de todo antropólogo de campo; mas a reação mais comum dos modernos mais racionalistas aos extremos lunáticos das religiões ocidentais ainda tende a ser um misto de compaixão fascinada e repulsa.

Porém, a incerteza cultural também se encontra embutida na obra de Price em um terceiro sentido. Nos últimos anos, a etnografia antropológica e, numa menor extensão, a história, foram conturbadas e solapadas (sob títulos gerais como "pós--modernismo") por dúvidas acerca da possibilidade do conhecimento objetivo ou da interpretação unificada, ou seja, acerca da legitimidade da pesquisa conforme até então entendida. As justificativas diversas e conflitantes para tal recuo são a um só tempo epistemológicas e políticas, além de sociais (será a antropologia "uma tentativa etnocêntrica de incorporar os outros" ou "parte da prática ocidental hegemônica", para não falar da dominação machista?),[5] mas todas são um tanto fastidiosas para o praticante de tais disciplinas. Como se sabe, quando o natural frescor de nossa resolução definha sob a máscara do pensamento,* a fala ainda pode substituir amplamente a ação, como demonstra *Hamlet* e como confirma aquilo que se chamou de "a virada literária da antropologia".[6] Mas mesmo "um historiador etnográfico de estilo próprio" ou etno-historiador como Richard Price é obrigado a realizar a tarefa a que se propõe.

Ora, por mais que apliquemos os avançados termos e petições de princípio da criação literária à etnografia ou à história, "o ato fundador da ficção em todo projeto etnográfico é a construção de um todo que garanta a facticidade do fato".[7] Em suma, ela não é e não pode ser ficção. E na medida em que uma tentativa de descrição antropológica aceita a "facticidade do fato", não pode, mesmo no todo, evitar a terrível acusação de "positivismo".

Mas *algum* "todo" não levará à "imposição de alguma ordem arbitrária"? Price esclarece que partilha da repulsa àquela ordem atualmente adotada por muitos de seus colegas antropólogos. Dessa forma, "esboça categorias ocidentais modernas, tais como religião, política, economia, arte ou parentesco como princípios de organização" e, para o pesar dos leitores e colegas, recusa-se até a compilar um índice "que incentive a consulta ao

---

* Cf. tradução de Carlos Alberto Nunes para a passagem do famoso monólogo de Hamlet: "The native hue of resolution/ Is sicklied o'er with the pale cast of thought...". (N. T.)

longo dessas linhas etnológicas", na crença de que essa prática desempenha "um papel ofuscador pernicioso na compreensão intercultural". Aparentemente considera seguros dois princípios na organização do material: a narrativa cronológica, especificamente na forma linear da biografia, e uma espécie de polifonia, na qual as diversas vozes das fontes falam lado a lado com a voz do autor, cada uma identificada, nesse caso, por uma fonte tipográfica distinta. Poderia ir mais longe o relativismo ou a abdicação do direito autoral (ocidental, imperialista, machista, capitalista ou quejandos)?

O resultado é certamente um magnífico esforço para resgatar o passado do tipo de gente inarticulada e geralmente não documentada como indivíduos que costuma estar além do resgate. É também a apresentação de uma experiência extremamente comovente: a de um povo cuja identidade, ainda hoje, quando trabalha na estação espacial francesa ou na Alcoa, reside nas memórias de uma luta armada contra estrangeiros, dois ou três séculos atrás, a qual ainda estão dispostos a retomar. Mas qual a sua utilidade enquanto história ou antropologia, além da de matéria-prima para ambas? E até que ponto atende aos requisitos pós-modernos com os quais o próprio Price parece tão preocupado?

É inevitável que a projetada polifonia resulte em uma ária sem acompanhamento. Há somente uma voz e uma concepção: a do autor. Entre suas fontes, os "pós-donos" holandeses, funcionários coloniais encarregados de lidar com os "negros da mata" da floresta, jamais falam por si mesmos. São citados primordialmente em função de eventos e datas convenientes à narrativa do autor, e em função da frustração que frequentemente manifestavam. Ficamos no escuro quanto às estratégias dos fazendeiros e autoridades, embora não seja difícil imaginar que, dada a impossibilidade de impedir que os escravos fugissem para a floresta tropical em uma sociedade colonial continental, a política lógica, mais cedo ou mais tarde, fosse a de reconhecer, mediante tratado, a independência das comunidades quilombolas no interior em troca de uma promessa de trocar foragidos subsequentes por recompensas ou entregas gratuitas ("tributo") de bens litorâneos que sujeitavam a economia quilombola à colônia. Deduzimos que semelhante política fosse adotada e que os líderes da comunidade quilombola fossem procurados e persuadidos a fazer acordos. Como os colonizadores achavam que isso funcionava? Novamente somos deixados no escuro. Porventura ficaram satisfeitos — embora também amargamente queixosos quanto ao fracasso dos quilombolas em obedecer — com a efetiva redução das fugas de escravos propiciada pelo dispositivo? A medida realmente teve esse efeito? Ficamos sem saber.

Da mesma forma, embora seja considerável a extensão em que os irmãos morávios falam por si mesmos, suas cartas prolixas servem ao autor predominantemente como uma fonte etnográfica antiquada. O mérito desses frades é que estavam no campo dois séculos antes, mas, ao contrário de Price, que pode corrigi-los, não compreendiam aquilo que estavam observando. É claro que os saramakas contemporâneos também falam realmente por si mesmos, já que o autor falou com eles e registrou suas iniciativas próprias de descrever o passado por meio das histórias que lhes foram transmitidas; Price narra também parte dos escritos passados dos próprios saramakas. Mas é seguro dizer que essas palavras por si mesmas diriam muito pouco ao leitor desinformado, sem o cenário e o comentário fornecidos pelo autor. Mesmo se supormos que os textos seriam prontamente entendidos pelos saramakas, não pertencem ao nosso gênero de "escrita histórica" e, em todo caso, é da natureza da escrita sobre outras culturas que ela tenha de explicar o que a elas não carece de explicação. A única voz que realmente nos fala é a de Richard Price.

Entretanto, está longe de ser claro o caráter de seu projeto, afora a insistência em moda sobre o trabalho de campo da antropologia como autoanálise ("embora eu componha este livro mais de um modo biográfico que autobiográfico") e a admirável intenção de nos lembrar de que as lutas de seu povo, e as nossas, de forma alguma terminaram. Por um lado, *Alabi's World* "propõe-se a ser, entre outras coisas, uma etnografia da vida afro-americana inicial". Por outro, Price partilha da opinião de que "a meta primeira da análise histórica é o resgate [...] da realidade vivida pelas pessoas em seu passado", uma meta que não esgota a análise histórica para muitos de nós, e uma declaração destituída de sentido a menos que haja acordo prévio quanto a quais pedaços de uma "realidade vivida" infinita estamos nos referindo.

É precisamente essa a dificuldade de uma antropologia histórica-e-social que abandona a velha crença nos procedimentos e vocações de ambas as disciplinas, por inadequadas que possam ser *sub specie aeternitatis*, principalmente para o tipo de modelos intelectuais que assolaram os departamentos de literatura. Fica muito difícil conferir estrutura intelectual e expositória ou literária a nossos escritos, afora o risco de que nosso tema seja desconstruído em fragmentos unidos apenas pela experiência comum de uma crise de identidade incomunicável.[8]

Essa dificuldade é ilustrada pela decisão do autor em dividir seu livro em um texto principal e uma extensa e não estruturada "seção de notas e comentários praticamente tão longa quanto o texto principal". É seguro afirmar que essa segunda seção contém 90% do que interessaria à maioria dos historiadores à moda antiga e talvez dos antropólogos. Afora referências esporádicas no texto, é apenas aí que descobrimos como os grupos e clãs que constituem a sociedade saramaka passaram a existir, "derivando sua respectiva identidade comum a partir de uma combinação de supostas origens na *plantation* e suposto parentesco matrilinear". Esse sistema matrilinear aparentemente se desenvolveu nas sociedades quilombolas na era pós-escravista de maneiras que permanecem obscuras, mas as notas de Price aprofundam a questão de por que certas mulheres (às vezes, as que vieram depois) eram retrospectivamente escolhidas como fundadoras de novos clãs. As notas, mas não o texto, investigam também o necessário sincretismo de uma sociedade na qual um jovem saramaka, mesmo na metade do século XVIII, poderia ter "bisavós que provinham de até oito grupos africanos distintos", e a coexistência de ritos africanos de origens diferentes partilhados até certo ponto por todos os saramakas mas mantidos por grupos de adeptos específicos. Nesse ponto, encontramos informações sobre demografia, colonização, distribuição e até sobre a maneira natural, dadas as circunstâncias, de os saramakas se referirem a seu território em termos lineares: "rio acima", "rio abaixo", "interior", "rumo ao rio".

As notas por si sós fornecem-nos mais que informações indiretas sobre como os saramakas sobreviviam na floresta tropical, que cultivos praticavam, o que caçavam (33 espécies, segundo os morávios) e deixavam de caçar em certas ocasiões rituais (25 espécies). E em que medida trocavam, o que vendiam e o que compravam (amendoim, canoas, madeira e arroz em troca de sal, açúcar, artigos domiciliares, ferramentas, ornamentos e armas ilegais). Parece estranho que tão óbvios aspectos da "realidade vivida" sejam apenas tratados como parte dos utensílios conhecidos.

Da mesma forma, apenas nas notas descobrimos algo sobre as relações complexas e ambíguas dos quilombolas com os indígenas, com os quais aprenderam muito sobre como viver no interior, e uma diversidade de outros assuntos que segundo o autor "teriam desequilibrado a alternância narrativa/descritiva do texto principal". Esse procedimento, de fato, pode ser "textualmente mais rico que qualquer outro que já tenha sido tentado", mas sem dúvida complica a leitura daquilo que parece uma contribuição importante a um tema importante.

Quanto ao texto, alguns leitores poderão se perguntar o que (além da mera curiosidade quanto a locais distantes e exóticos) poderá mantê-los interessados ao longo da elaborada biografia de um homem que, segundo a descrição do próprio autor, era, no máximo, um chefe não muito empreendedor ou influente de cerca de 4 mil sertanejos guianeses em tempos monótonos. Para o autor, naturalmente, o relato é importante, não porque tenha dedicado vinte anos às questões saramakas, mas sim porque apenas desse modo pode ele demonstrar a extraordinária memória histórica dessa comunidade, um conjunto de conhecimento oral preservado, em parte no silêncio ritual, que lhes permite evocar em detalhe pessoas, eventos e relações do século XVIII. A comparação de fontes feita por Price evidencia isso sem deixar dúvida, fornecendo assim um fundamento acadêmico para seu procedimento.

Mas ainda que isso satisfaça ao autor, ajuda o leitor "a penetrar palavras existenciais diferentes das suas próprias e a evocar sua textura"? Isso não está claro. Fundamental a qualquer tentativa de entendimento entre culturas e séculos é a atitude dos quilombolas em relação a escravidão e não escravidão. (Pelos meus cálculos, uma palavra traduzida por Price como "liberdade" ocorre apenas uma vez em todos os textos saramakas citados, que o autor afirma representarem 80% de todo o material escrito relevante para o período.) A questão é complexa e obscura. Nossas premissas e as deles possuem apenas um ponto de contato: ambas provavelmente concordam quanto ao estatuto dos escravos de proprietários brancos como peças de propriedade vivas como gado bovino ("bem móvel") ao irrestrito dispor de seus donos. Mesmo aqui não está claro se os quilombolas, que às vezes apanhavam aquilo que os brancos definiam como "escravos" e certamente às vezes caçavam e devolviam foragidos das fazendas, sempre consideravam toda servidão como teoricamente inaceitável, ou apenas rejeitavam certas situações de dependência absoluta, como, por exemplo, aquelas nas quais o proprietário, por excessiva crueldade ou alguma outra maneira, transgredia os limites do que era tacitamente aceito como a "economia moral" do poder sobre as pessoas. Entretanto, embora esse livro contenha naturalmente muitas referências ao assunto, não consigo ver a possibilidade de que mesmo o leitor atento possa obter da narrativa de Price uma ideia sobre como os saramakas encaravam questões como a escravidão e a propriedade de pessoas e terra. Isso simplesmente não pode ser feito pelo modo de exposição adotado pelo autor.

Mas muitas vezes foi feito, como era de se esperar, para períodos e sociedades pelo menos tão distantes quanto a dos saramakas, por historiadores analíticos da Idade Média, de F. W.

Maitland a Georges Duby, alheios aos requisitos do pós-modernismo, mas inteiramente cônscios de que o passado é um outro país, onde as coisas são feitas de modo diferente, de que devemos compreendê-lo mesmo que os melhores intérpretes ainda continuem a ser estrangeiros tendenciosos. A julgar pela sensibilidade e qualidade de sua pesquisa, Price é plenamente capaz de seguir as pegadas dos saramakas quando não obstado por um projeto mais adequado à desconstrução que à construção.

O que *Alabi's World* pode transmitir com nitidez, contudo, é a incompreensão. Como e por que os negros da floresta não conseguiam conceber que todos os brancos não eram muito ricos. Como o cristianismo se tornou totalmente inconvincente quando os saramakas aplicaram a ele sua visão prática, instrumental, das forças espirituais. Uma pessoa que não tivesse pecado, concluíam, obviamente não precisava de Cristo, que havia ressuscitado devido aos pecados humanos. Afinal, se alguém fosse pecador, os deuses há muito tempo teriam feito algo a respeito. "As pessoas aqui rezam todo dia. Será que seu deus não fica com raiva de que o sobrecarreguem tanto assim?" Observando os morávios com um sólido senso de estatística, notavam que "os cristãos ficam doentes com mais frequência". Esse não era um argumento convincente em favor de Jesus.

Voltaire (que, a propósito, denunciou a tortura de escravos no Suriname) não teria entendido muita coisa dos assuntos saramakas, mas nesse sentido os teria aplaudido. Como o fizeram, de fato, outros observadores da era da razão e do iluminismo, sempre à espreita de prova para a frase do poeta alemão do século XVIII: "Veja, nós selvagens somos, afinal, seres humanos melhores" (*Seht wir Wilden sind doch bess're Menschen*).

> É um grande prazer [escreveu um ex-missionário] ver um povo que está tão contente com seu destino. Eles aproveitam os frutos de seu trabalho e não conhecem o veneno do ódio.

Bem, as coisas não eram tão simples assim, mas após travar conhecimento, por meio de *Alabi's World*, com esses homens e mulheres independentes, autossuficientes, relaxados e orgulhosos, e à vontade no mundo, pode-se perceber o que o autor quis dizer.

Entretanto, reservemos um último pensamento para aqueles cuja estranha "realidade vivida" *é* evocada com sucesso pela técnica de Price: os irmãos morávios. Eles vieram até os incultos gentios em condições que muitas vezes pareciam "uma antevisão de como deveria ser o inferno". Despreparados para a floresta, inexperientes, adoeciam e morriam como moscas — alfaiates alemães honestos, incultos, sapateiros ou tecelões em desconfortáveis trajes europeus, que por certo resistiriam alguns meses ou semanas, pregando entre escorpiões e onças, sobre Jesus, o Crucificado com Sangue e Chagas, antes de partirem alegremente para a casa Dele. Tocavam música e ficavam constrangidos quando os negros a dançavam. Fracassaram em todos os seus esforços, exceto na tarefa heroica de compilar o dicionário saramaka-alemão do irmão Schumann em nove meses assolados pela dor. Seus sucessores ainda estão lá e ainda são a única via dos saramakas para a leitura e a escrita.

Continuam a ser de tão difícil compreensão para nós quanto o eram para os quilombolas da floresta. Mas não retiremos nossa admiração para com homens e mulheres que, a seu próprio modo, sabiam a que suas vidas se destinavam.

16. A HISTÓRIA DE BAIXO PARA CIMA

Este ensaio foi escrito originalmente como contribuição à Festschrift *de 1985, em homenagem a meu amigo, companheiro e colaborador, o falecido George Rudé. Foi publicado em Frederick Krantz (ed.),* History from Below: Studies in Popular Protest and Popular Ideology *[A história a partir de baixo: estudos sobre protesto popular e ideologia popular] (Oxford, 1988), pp. 13-28. O texto foi apresentado inicialmente na forma de conferência na Universidade Concórdia, Montreal, onde Rudé lecionava.*

A história dos movimentos populares, história vista a partir de baixo ou a história da gente comum, da qual George Rudé foi um destacado pioneiro, não precisa mais de comerciais. Entretanto, ela ainda pode se beneficiar de algumas reflexões sobre seus problemas técnicos, ao mesmo tempo complexos e interessantes, provavelmente ainda mais que os da história acadêmica tradicional. Refletir sobre alguns deles é o objetivo deste ensaio.

Mas antes de me voltar para o tema central gostaria de indagar por que a história dos movimentos populares é uma moda tão recente — ou seja, por que a maioria da história escrita por cronistas contemporâneos e estudiosos subsequentes desde o início da escrita até, digamos, o fim do século XIX, nos diz tão pouco sobre a grande maioria dos habitantes dos países ou Estados que ela esteve registrando, por que a pergunta de Brecht "Quem construiu a Tebas dos Sete Portões?" é típica do século XX? A resposta nos leva tanto para a natureza da política — que até recentemente era o tema característico da história — quanto para as motivações dos historiadores.

A maior parte da história no passado era escrita para a glorificação e talvez para o uso prático dos governantes. De fato, certas modalidades de história ainda possuem essa função. Aquelas volumosas biografias neovitorianas de políticos, que recentemente entraram de novo em moda, por certo não são lidas pelas massas. Não se tem clareza sobre quem as lê, além de um punhado de historiadores profissionais e alguns estudantes que ocasionalmente precisam consultá-las para escrever seus trabalhos. Fiquei muitíssimo intrigado com aquelas listas de propalados best-sellers que sempre parecem conter as últimas coqueluches desse tipo. Mas certamente os políticos as ingerem como pipoca, desde que sejam, pelo menos, alfabetizados. Isso é muito natural. Não só tratam de pessoas como eles próprios, e atividades como aquelas em que estão envolvidos, como também tratam de eminentes praticantes de seu próprio ramo, com os quais — se os livros são bons — podem aprender alguma coisa. Roy Jenkins ainda se vê vivendo no mesmo universo que Asquith, tal como Harold Macmillan certamente via pessoas como Salisbury ou Melbourne em certo sentido como suas contemporâneas.

Ora, o ramo prático da política da classe dominante, durante a maior parte da história até o final do século XIX e na maioria dos países, poderia normalmente prosseguir sem muita coisa além de uma ocasional referência à massa da população dominada. Essa massa podia ser pressuposta, exceto em circunstâncias muito excepcionais — como as grandes revoluções ou insurreições sociais. Isso não quer dizer que ela estivesse satisfeita, nem que não tivesse de ser levada em conta. Meramente significa que os termos da relação eram dispostos de tal forma que as atividades dos pobres normalmente não ameaçavam a ordem social. Além do mais, eram principalmente fixadas em um nível abaixo daquele no qual operava a política da cúpula — em nível local, por exemplo, e não nacional. Inversamente, as pessoas comuns, durante a maior parte desse período, aceitavam sua posição subalterna, e na maioria dos casos limitavam seus esforços, por pequenos que fossem, ao combate dos opressores com quem tinham contato imediato. Se há uma generalização segura sobre a relação normal entre camponeses e reis ou imperadores no período anterior ao século XIX, é o fato de que aqueles encaravam o rei ou imperador como justo por definição. Mal este soubesse o que tramavam os pequenos nobres proprietários de terras — ou, mais provavelmente, um determinado nobre nomeado — ele os impediria de oprimir os camponeses. Assim, em certo sentido, ele estava fora do universo político deles e eles estavam fora do seu.

É claro que existem exceções a essa generalização. Tendo a crer que a China seja a principal, pois é um país no qual, mesmo no tempo do império celestial, os levantes camponeses não eram fenômenos ocasionais inesperados como terremotos ou pestes, mas fenômenos que podiam ser, eram e deviam ser capazes de derrubar dinastias. Mas, via de regra, não eram assim. A história dos movimentos populares, portanto, torna-se relevante ao tipo de história, ou parte dela, que tradicionalmente era escrita — a história das principais decisões e acontecimentos políticos — apenas a partir do momento em que as pessoas comuns se tornam um fator constante na concretização de tais decisões e acontecimentos. Não apenas em tempos de excepcional mobilização popular, como as revoluções, mas em todos ou na maioria dos períodos. No geral, isso não começou a ocorrer até a era das grandes revoluções ao final do século XVIII. Mas, na prática, é claro que não se tornou significativo senão muito mais tarde. Fora dos EUA, mesmo as instituições típicas da democracia burguesa — ou seja, eleições por sufrágio geral masculino (o voto das mulheres é um desenvolvimento ainda mais tardio) — foram exceções até o final do século XIX. A economia do consumo de massa, pelo menos na Europa, é um fenômeno do século XX. E as duas técnicas características de descobrir as opiniões das pessoas — a pesquisa de mercado por amostragem, e sua progênie, a sondagem de opinião pública — são incrivelmente jovens pelos padrões históricos. Com efeito, foram produtos dos anos 1930.

A história das pessoas comuns como campo específico de estudo, portanto, começa com a dos movimentos de massa do século XVIII. Suponho que Michelet seja o primeiro grande praticante da história dos movimentos populares: a grande Revolução Francesa está no cerne de seus escritos. E desde então, a história da Revolução Francesa, principalmente depois que o jacobinismo foi revitalizado pelo socialismo e o Iluminismo pelo marxismo, foi o campo de provas desse tipo de história. Se há um historiador isolado que antecipa a maioria dos temas do trabalho contemporâneo, esse é Georges Lefebvre, cujo livro *O grande medo*, traduzido para o inglês quarenta anos mais tarde, ainda é extraordinariamente atual. Para afirmá-lo em termos mais gerais: foi a tradição francesa da historiografia como um todo, embebida não na história da classe dominante francesa mas do povo francês, que estabeleceu a maioria dos temas e até dos métodos da história dos movimentos populares, tanto Marc Bloch quanto Georges Lefebvre. Mas o campo começou realmente a florescer em outros países apenas após a Segunda Guerra Mundial. De fato, seu avanço real apenas começou na metade dos anos 1950, quando foi possível ao marxismo fazer sua contribuição plena ao mesmo.

Para os marxistas, ou para os socialistas em geral, o interesse pela história dos movimentos populares se desenvolveu com o crescimento do movimento operário. E embora isso propiciasse um incentivo muito poderoso ao estudo da história do homem comum — principalmente da classe trabalhadora —, também impunha certos antolhos muito eficazes aos historiadores socialistas. Eles eram naturalmente seduzidos a estudar não meramente pessoas comuns, mas as pessoas comuns que poderiam ser vistas como ancestrais do movimento: não operários como tais, mas principalmente chartistas, sindicalistas, militantes trabalhistas. E também eram tentados — de forma igualmente natural — a supor que a história dos movimentos e organizações que lideravam a luta dos trabalhadores e que, portanto, em um sentido real, "representavam" os trabalhadores, podia substituir a história das próprias pessoas comuns. Mas isso não é assim. A história da Revolução Irlandesa de 1916-21 não é idêntica à história do IRA, o Exército Civil, o Sindicato

Irlandês dos Trabalhadores nos Transportes ou o *Sinn Fein*. Basta apenas ler as grandes peças de Sean O'Casey sobre a vida nos bairros pobres de Dublin durante esse período para perceber o quanto mais havia nas bases populares. Não foi senão a partir dos anos 1950 que a esquerda começou a se emancipar da abordagem estreita.

Apesar de suas origens e dificuldades iniciais, a história dos movimentos populares agora decolou. E ao rememorar a história da gente comum, não estamos meramente tentando conferir-lhe um significado político retrospectivo que nem sempre teve; estamos tentando, mais genericamente, explorar uma dimensão desconhecida do passado. E isso me leva aos problemas técnicos dessa exploração.

Todo tipo de história tem seus problemas técnicos, mas a maioria deles supõe que haja um conjunto de fontes prontas cuja interpretação levanta tais problemas. A disciplina clássica da erudição histórica, conforme desenvolvida no século XIX por professores alemães e outros, fazia essa suposição, que, por acaso, adequava-se muito convenientemente à moda em vigor do positivismo científico. Esse tipo de problema acadêmico ainda domina em alguns ramos antiquados do ensino, como o da história literária. Para estudar Dante, é preciso se tornar muito sofisticado na interpretação de manuscritos e na formulação do que pode dar errado quando um manuscrito é copiado a partir de outro, uma vez que o texto de Dante depende do cotejo de manuscritos medievais. Para estudar Shakespeare, que não deixou manuscritos mas uma série de edições impressas puídas, significa tornar-se uma espécie de Sherlock Holmes do ramo gráfico. Mas em nenhum dos casos há muita dúvida acerca do corpo principal do objeto que estamos estudando, a saber, as obras de Dante ou Shakespeare.

Ora, a história dos movimentos populares difere de tais objetos e, de fato, da maioria da história tradicional, na medida em que simplesmente não há um corpo de material pronto a seu respeito. É verdade que às vezes temos sorte. Uma das razões pelas quais uma grande parte da história dos movimentos populares modernos emergiu do estudo da Revolução Francesa é que esse grande evento na história combina duas características que raramente ocorrem juntas antes dessa data. Em primeiro lugar, sendo uma revolução de vulto, subitamente colocou em ação e trouxe ao conhecimento público enormes quantidades de gente do tipo que anteriormente atraía muito pouca atenção fora de seu círculo familiar e de vizinhança. E, em segundo lugar, ela as documentou por meio de uma vasta e laboriosa burocracia, classificando-as e arquivando-as em proveito do historiador nos arquivos nacionais e dos departamentos da França. Os historiadores da Revolução Francesa, de Georges Lefebvre a Richard Cobb, descreveram vividamente os prazeres e dificuldades de viajar pelo campo francês em busca dos franceses da década de 1790 — mas principalmente os prazeres, pois, uma vez chegado o estudioso a Angoulême ou Montpellier, e obtida a série correta de arquivos, praticamente todo pacote poeirento de papéis antigos — maravilhosamente legíveis, ao contrário dos garranchos dos séculos XVI ou XVII — continha pepitas de ouro. Os historiadores da Revolução Francesa tiveram sorte — mais sorte que os ingleses, por exemplo.

Em muitos casos, o historiador dos movimentos populares descobre apenas o que está procurando, não o que já está esperando por ele. Muitas fontes para a história dos movimentos populares apenas foram reconhecidas como tais porque alguém fez uma pergunta e depois sondou desesperadamente em busca de alguma maneira — qualquer maneira — de respondê-la. Não podemos ser positivistas, acreditando que as perguntas e as respostas surgem naturalmente do estudo do material. Em geral, não existe material algum até que nossas perguntas o tenham revelado. Consideremos, por exemplo, a disciplina hoje próspera da demografia histórica, que se baseia no fato de que os nascimentos, casamentos e mortes das pessoas eram consignados em registros paroquiais a partir aproximadamente do século XVI. Fazia muito tempo que se sabia disso, e muitos desses registros foram realmente reimpressos para maior comodidade dos genealogistas, as únicas pessoas a manifestar considerável interesse por eles. Mas quando os historiadores sociais passaram a procurá-los, e se desenvolveram técnicas para analisá-los, verificou-se que incríveis descobertas poderiam ser feitas. Podemos descobrir hoje em que medida as pessoas praticavam controle da natalidade no século XVII, até que ponto passavam fome ou sofriam outras catástrofes, qual era sua expectativa de vida em diversos períodos, a probabilidade de homens e mulheres se casarem novamente, quão cedo ou tarde se casavam e assim por diante — questões sobre as quais, até os anos 1950, apenas podíamos especular para os períodos anteriores aos censos.

É verdade que, uma vez tendo nossas perguntas revelado novas fontes de material, estas por sua vez suscitam consideráveis problemas técnicos: às vezes, demasiados, às vezes não o bastante. Grande parte do tempo dos historiadores demográficos foi consumido simplesmente com os tecnicismos cada vez mais complexos de sua análise, motivo pelo qual grande parte do que publicam atualmente apenas interessa a outros historiadores demográficos. O intervalo entre a pesquisa e o resultado é invulgarmente longo. Devemos nos dar conta de que muita história de movimentos populares não produz resultados rápidos, mas requer processamento elaborado, demorado e dispendioso. Não é como catar diamantes no leito de um rio; é mais como a moderna mineração de diamantes ou ouro, que exige pesado investimento de capital e alta tecnologia.

Por outro lado, certos tipos de material dos movimentos populares não suscitaram ainda suficiente reflexão metodológica. A história oral é um bom exemplo. Graças ao gravador, atualmente ela é bastante praticada. E muitas memórias gravadas parecem suficientemente interessantes, ou dispõem de suficiente apelo sentimental, para serem recompensadoras por si mesmas. Mas, em minha opinião, jamais faremos uso adequado da história oral até que formulemos o que pode funcionar mal na memória, com o mesmo cuidado com que hoje sabemos o que pode não dar certo na transmissão de manuscritos por meio de cópias manuais. Os antropólogos e historiadores africanos começaram a fazer isso para a transmissão intergeracional de fatos por meio da palavra falada. Sabemos, por exemplo, por quantas gerações se podem transmitir certos tipos de informações com maior ou menor precisão (as genealogias, por exemplo) e que a transmissão de eventos históricos sempre tende a levar ao encurtamento cronológico. Para dar um exemplo pessoal, a memória do levante dos trabalhadores de 1830, conforme atualmente preservada em Tisbury, Wiltshire, e arredores, lembra como contemporâneas coisas que aconteceram em 1817 e em 1830.

Mas hoje a maior parte da história oral é memória pessoal, um meio notadamente escorregadio de se preservar fatos. A questão é que a memória é menos uma gravação que um mecanismo seletivo, e a seleção, dentro de certos limites, é constantemente mutável. Aquilo de que me lembro de minha vida como estudante de graduação em Cambridge é hoje diferente daquilo que era quando eu tinha trinta ou 45 anos. E a menos que a tenha elaborado em forma convencional com o intuito de importunar as pessoas (estamos todos familiarizados com aqueles que fazem isso com suas experiências de guerra), é provável que amanhã ou no ano que vem ela seja diferente. No momento, nossos critérios para julgar fontes orais ou são quase totalmente intuitivos ou não existem. A fonte ora parece correta, ora não. É claro que também podemos compará-la com alguma fonte independente verificável e aprová-la porque pode ser confirmada por tal fonte. Mas isso não nos deixa mais perto do problema crucial, o de saber em que podemos acreditar quando não há nada com que cotejar.

A metodologia da história oral não é meramente importante para checar a confiabilidade das fitas de reminiscências de velhas senhoras e senhores. Um aspecto importante da história dos movimentos populares é aquilo que as pessoas comuns se lembram dos grandes acontecimentos, em contraste com aquilo que seus superiores acham que deveriam se lembrar, ou com o que os historiadores conseguem definir como tendo acontecido; e na medida em que convertem a memória em mito, como tais mitos são formados. O que o povo inglês realmente sentia no verão de 1940? Os registros do Ministério da Informação apresentam um quadro um pouco diferente do que aquele em que a maioria de nós hoje acredita. Como podemos reconstruir as percepções originais ou a formação do mito? Podemos isolá--los? Essas perguntas não são irrelevantes. Minha opinião é que não exigem meramente a coleta e interpretação de fitas de questionários retrospectivos, mas experimentos — se necessário, em conjunto com psicólogos. Existem muitas implicações metodológicas, hipotéticas e principalmente arbitrárias na questão. A curva de apoio à aliança entre liberais e social-democratas, produzida por perguntas mensais sobre como as pessoas votariam se fossem realizadas eleições gerais amanhã, não sugere nada sobre seu comportamento político, exceto como respondem a essa pergunta em particular e a hipótese de que a intenção de voto é a variável crucial na política. Ela não se baseia em nenhum modelo de como as pessoas realmente formam suas opiniões sobre política, e não investiga seu comportamento político, mas sua visão atual sobre determinado ato político em circunstâncias hipotéticas. Mas se descobrirmos o equivalente das pesquisas de opinião retrospectivas, estaremos investigando o que as pessoas realmente pensaram ou fizeram.

Às vezes isso pode ser feito descobrindo de fato suas opiniões. Hanak, por exemplo, analisou opiniões sobre a Primeira Guerra Mundial nas diferentes nacionalidades do Império Habsburgo pelas cartas censuradas recebidas e enviadas a soldados no front, e Kula, na Polônia, publicou uma série de cartas de parentes emigrantes para camponeses poloneses no final do século XIX interceptadas pela polícia czarista. Mas isso é raro porque, afinal de contas, durante a maior parte do passado, as pessoas geralmente eram iletradas. É muito mais comum inferirmos seus pensamentos a partir de suas ações. Em outras palavras, baseamos nosso trabalho histórico na descoberta realista de Lênin de que conseguir algo por intervenção direta pode ser uma maneira tão eficaz de expressar a própria opinião quanto colocar o voto na urna. É claro que às vezes estamos a meio caminho entre a opinião e a ação. Dessa forma, Marc Ferro investigou a atitude de diferentes grupos diante da guerra e da revolução na Rússia por meio da análise de telegramas e resoluções enviados a Petrogrado nas primeiras semanas da Revolução de Fevereiro — ou seja, antes que as assembleias públicas, os conselhos de operários, camponeses ou soldados etc., recebessem rótulos ou caráter de partido. Enviar uma resolução para a capital é ação política — embora no início de uma grande revolução tenda a ocorrer com mais frequência que em outros períodos. Mas o conteúdo do telegrama é opinião, e as diferenças entre as opiniões, por exemplo, de operários, camponeses e soldados, são significativas. Assim, era muito mais frequente os camponeses "exigirem" que solicitarem. Opunham-se mais à guerra que os operários, que também eram menos autoconfiantes. A essa altura os soldados não estavam se opondo à guerra, mas queixando-se dos oficiais. E assim por diante.

Mas as fontes mais atraentes são aquelas que simplesmente registram ações que *devem implicar* certas opiniões. Quase sempre resultam da busca de alguma maneira — qualquer maneira — de formular uma pergunta já na cabeça do historiador. Da mesma forma, são, em geral, bastante conclusivas. Suponha-se, por exemplo, que se deseje descobrir a diferença que a Revolução Francesa fez para a opinião monarquista na França. Marc Bloch, investigando a crença de que os reis da França e da Inglaterra podiam operar milagres, generalizada durante vários séculos, destaca que, em 1774, na coroação de Luís XVI, 2400 doentes de escrófula se apresentaram para ser curados do "mal do rei" pelo toque real. Mas em 1825, quando Carlos X ressuscitou o antigo cerimonial de coroação em Rheims, e foi relutantemente convencido a ressuscitar também a cerimônia de cura real, apenas 120 pessoas se apresentaram. Entre o último rei pré-revolucionário e 1825, a crença shakespeariana de que "há alguma divindade em torno de um rei" virtualmente desaparecera na França. Não há como discutir diante de tal descoberta.

O declínio de crenças religiosas tradicionais e a ascensão de crenças seculares foi um fenômeno similarmente investigado por meio da análise de testamentos e inscrições funerárias. Embora o dr. Johnson dissesse que ao escrever inscrições tumulares uma pessoa não se encontra em juramento, é ainda mais verdadeiro que ela está mais propensa a expressar suas reais concepções religiosas em tal contexto que em outras oportunidades. E não apenas tais concepções. Vovelle ilustrou de modo muito atraente o declínio, na Provença do século XVIII, da crença em uma sociedade hierárquica estratificada mediante o cômputo da frequência da fórmula testamentária "a ser enterrado segundo sua classe e condição". Ela declina de modo regular e muito marcado ao longo do século. Mas — curiosamente — não de modo mais abrupto que, digamos, a invocação da Virgem Maria nos testamentos provençais.

Suponha-se que procuremos por outras maneiras de detectar mudanças na atitude diante da religião tradicional e decidamos passar do enterro para o batizado. Nos países católicos os santos fornecem o principal conjunto de nomes de batismo. Na verdade, isso apenas passa a ser predominante a partir do período da Contrarreforma, de sorte que esse indicador pode nos dizer também alguma coisa sobre a evangelização ou reevangelização das pessoas comuns no período da Reforma e da Contrarreforma. Mas nomes puramente seculares se tornam comuns em certos países no século XIX, e às vezes são nomes deliberadamente não cristão ou até anticristãos.

Um colega de Florença pediu a seus alunos que fizessem um pouquinho de pesquisa nas listas telefônicas toscanas para verificar a frequência de prenomes tomados de fontes deliberadamente seculares — da ópera e da literatura italianas (Espártaco, por exemplo). Constata-se que isso se correlaciona de modo particularmente efetivo com as áreas de antiga influência anarquista — mais que com as de influência socialista. Portanto, podemos inferir — o que também é provável em outros terrenos — que o anarquismo foi mais que um mero movimento político, e tendeu a ter algumas características de uma conversão ativa, uma mudança por inteiro no modo de vida de seus militantes. É possível que a história social e ideológica dos nomes próprios tenha sido investigada na Inglaterra (diferente da feita por aquele senhor que anualmente acompanha nomes nos anúncios do *Times*), mas, se foi, ainda não deparei com nenhum estudo dessa ordem. Desconfio que não haja nenhum, pelo menos realizado por historiadores.

Assim, com maior ou menor criatividade, aquilo que o poeta chamava de anais simples dos pobres — os meros registros de nascimento, casamento e morte, ou a eles associados — podem render quantidades surpreendentes de informação. E qualquer um pode tentar a sorte no jogo do historiador de descobrir maneiras não meramente de especular sobre quais cantos são entoados pelas sereias (Sir Thomas Browne), mas de fato descobrir alguns registros indiretos desses cantos. Uma boa parte da história dos movimentos populares é como vestígio do antigo arado. Poderia parecer extinto para sempre com os homens que aravam o campo muitos séculos atrás. Mas todo aerofotogrametrista sabe que, com certa luz e determinado ângulo de visão, ainda se podem ver as sombras de montes e sulcos há muito esquecidos.

Entretanto, a mera criatividade não nos leva muito longe. O que precisamos, tanto para dar sentido àquilo que os inarticulados pensavam, quanto para verificar ou desmentir nossas hipóteses a respeito, é de um quadro coerente, ou, se preferirem, de um modelo. Isso porque nosso problema não é tanto o de descobrir uma boa fonte. Mesmo a melhor das fontes — digamos, as fontes demográficas sobre nascimentos, casamentos e mortes — apenas esclarece certas áreas daquilo que as pessoas fizeram, sentiram e pensaram. O que normalmente devemos fazer é reunir uma ampla variedade de informações em geral fragmentárias: e para fazer isso precisamos, se me perdoam a expressão, construir nós mesmos o quebra-cabeça, ou seja, formular como tais informações *deveriam* se encaixar. É uma outra maneira de repetir o que já enfatizei, ou seja, que o historiador dos movimentos populares não pode ser um positivista antiquado. Deve, de certo modo, saber o que está procurando e, apenas se souber, poderá reconhecer se o que descobriu se encaixa ou não em sua hipótese; e se não se encaixa, tentar conceber outro modelo.

Como construímos nossos modelos? É claro que há um elemento — um tanto forte — de conhecimento, de experiência, de simplesmente possuir uma familiaridade bastante ampla e concreta com o objeto real. Isso nos capacita a eliminar hipóteses obviamente inúteis. Para dar um exemplo absurdo, um candidato africano à Academia Britânica de Londres respondeu certa vez a uma pergunta sobre a Revolução Industrial em Lancashire dizendo que a indústria algodoeira ali se desenvolveu porque Lancashire é um local muito adequado ao cultivo do algodão. Acontece que sabemos que não é e, por isso, achamos absurda a resposta, embora possa não parecer assim em Calabar. Mas existem muitas respostas igualmente absurdas e poderiam ser evitadas por informações igualmente elementares. Se acontecer de não sabermos, por exemplo, que no século XIX o termo "artesão" na Inglaterra era empregado quase exclusivamente para definir um trabalhador assalariado qualificado, e o termo "camponês" geralmente significava um trabalhador rural, poderíamos afirmar consideráveis disparates sobre a estrutura social britânica do século XIX. Esses disparates têm sido produzidos — os tradutores do continente insistem em traduzir o termo *journeyman* por *day-labourer** — e quem sabe quantas discussões sobre a sociedade do século XVII são invalidadas por nossa ignorância de qual era exatamente o significado ou significados comuns do termo *servant* ou *yeoman*.** Simplesmente existem coisas que devemos saber sobre o passado, motivo pelo qual muitos sociólogos resultam em maus historiadores: não se dispõem a perder tempo em descobri-las.

---

* Respectivamente, "artífice qualificado assalariado" ou "jornaleiro", e "diarista". (N. T.)

** De fato, ambos os termos possuem hoje significados diversos conforme o contexto. Assim, *servant* tanto pode ser um "funcionário" como um "empregado doméstico". E *yeoman* possui uma gama ainda maior, desde "pequeno proprietário rural", passando por "membro da Guarda Real" e até, em terminologia de navegação, o "escrevente" de bordo. (N. T.)

Também precisamos de imaginação — de preferência associada com informações — a fim de evitar o maior perigo do historiador, o anacronismo. Praticamente todas as abordagens populares da sexualidade vitoriana padecem de uma deficiência em compreender que nossas atitudes sexuais não são as mesmas que as de pessoas de outros períodos. É evidentemente equivocado supor que os vitorianos — a totalidade, exceto uma pequena minoria e um tanto atípica — tivessem as mesmas atitudes que nós diante do sexo, só que as reprimiam ou ocultavam. Mas é positivamente difícil fazer o esforço de imaginação para compreender isso, ainda mais porque o sexo parece ser algo claramente inalterável e todos nós nos consideramos peritos no assunto.

Mas não basta apenas conhecimento e imaginação. O que precisamos construir, ou reconstruir, teoricamente falando, é um *sistema* de comportamento ou pensamento coerente, de preferência consistente — e um sistema que possa ser, em certos sentidos, inferido uma vez que conheçamos as premissas, parâmetros e tarefas básicos da situação, mas antes que saibamos muito sobre essa situação. Gostaria de dar um exemplo. Quando comunidades de camponeses índios no Peru ocuparam a terra que se sentiam no direito de ocupar, notadamente no início dos anos 1960, quase invariavelmente procediam de uma maneira altamente padronizada: a comunidade toda se reuniria, com esposas, filhos, gado e implementos ao acompanhamento de tambores, cornetas e outros instrumentos musicais. Em dado momento — geralmente de madrugada — todos atravessariam a linha, derrubariam as cercas, avançariam até o limite do território do qual se julgavam donos, começariam imediatamente a construir pequenas cabanas o mais próximo possível do novo limite e passariam a pastorear o gado e a cavar a terra. Curiosamente, outras ocupações de terra por camponeses em diferentes épocas e locais — no Sul da Itália, por exemplo — assumem exatamente a mesma forma. Por quê? Em outras palavras, em que bases faz sentido esse comportamento altamente padronizado e que obviamente não é determinado pela cultura?

293

Suponha-se que digamos: em primeiro lugar, a ocupação tem de ser coletiva, (a) porque a terra pertence à comunidade e (b) porque todos os membros da comunidade devem estar envolvidos em minimizar a retaliação e em evitar que a comunidade seja perturbada por discussões entre os que expõem seus pescoços e aqueles que não o fazem. Ora, afinal de contas, estão desobedecendo à lei e, a menos que haja uma revolução vitoriosa, certamente serão punidos — mesmo que suas demandas sejam de fato atendidas. Podemos verificar isso? Bem, existe considerável evidência de apoio quanto à importância de minimizar a retaliação. Assim, nos levantes camponeses no Japão antes da restauração Meiji, muitas aldeias foram convencionalmente "coagidas" a aderir ao levante, significando que suas autoridades aldeãs eram dotadas de amparo oficial para participação. Lefebvre levantou questões similares sobre as aldeias francesas em 1789. Se todos podem dizer "Sinto muito, mas não tive outra escolha senão aderir", é provável que as autoridades, por sua vez, disponham de uma desculpa oficial para limitar a punição que se sentem obrigadas a impor pela rebelião. Isso porque naturalmente precisam viver com os camponeses tal como os camponeses precisam viver com elas. O fato de que uma parte comanda e a outra é subalterna não significa que os governantes não precisam levar em conta os governados.

Muito bem. Então, qual a maneira mais conhecida de mobilizar a comunidade inteira? É a *fiesta* aldeã ou seu equivalente — a combinação entre ritual coletivo e diversão coletiva. Obviamente, uma ocupação de terra é ambas as coisas: destina-se a ser um assunto muito sério e cerimonial, exigindo terra que pertence à aldeia, mas provavelmente também é a coisa mais animadora que aconteceu na aldeia durante um longo período. Portanto, é natural que deva haver um elemento de festa aldeã em relação ao levante. Daí a música — que também serve para mobilizar e arregimentar pessoas. Podemos verificar isso? Bem, de tempos em tempos, dispomos de evidência de mobilizações camponesas desse tipo — especialmente dos jovens — vestindo suas melhores roupas de domingo; e certamente dispomos de evidências, em regiões de forte ingestão de bebidas, de que se está esvaziando determinado número de garrafas.

Por que invadem de madrugada? Provavelmente por sólidas razões militares — apanhar o outro lado desprevenido e dar a si mesmos pelo menos alguma luz diurna com a qual se estabelecer. Mas por que se estabelecem com cabanas, animais e implementos, em vez de apenas esperar para repelir os proprietários ou a polícia? Na verdade, quase nunca tentam repelir seriamente a polícia ou o exército, sob o justificado motivo de que sabem muito bem que não podem, sendo tão fracos. Os camponeses são mais realistas que muitos rebeldes de ultraesquerda. Sabem perfeitamente quem irá matar quem, no caso de ocorrência de um confronto. E, o que é mais importante, sabem quem não pode fugir. Sabem que as revoluções podem acontecer, mas também sabem que seu sucesso não depende deles em sua aldeia específica. Portanto, as ocupações de terra normalmente se dão via uma tentativa. Geralmente há algo na situação política que vazou para as aldeias e as convenceu de que os tempos estão mudando: a estratégia normal de passividade talvez possa ser substituída por atividade. Se estiverem certos, ninguém virá expulsá-los da terra. Se estiverem errados, o sensato é se retirar e esperar pelo próximo momento oportuno. Porém, apesar disso, devem não só protestar direito à terra mas realmente viver e *trabalhar* a terra, porque seu direito a ela não é como o direito burguês de propriedade, mas se assemelha mais ao direito de propriedade lockeano no Estado natural: depende de se misturar o próprio trabalho aos recursos da natureza. Podemos verificar isso? Bem, sim, sabemos bastante sobre a crença camponesa, na Rússia do século XIX, no chamado "princípio do trabalho". E de fato podemos ver o argumento na prática: no Cilento, ao sul de Nápoles, antes da revolução de 1848, "todo Natal os camponeses saíam para as terras cuja posse reclamavam a fim de realizar trabalhos agrícolas, buscando assim manter o princípio ideal de posse de seus direitos". Se não se trabalha a terra, não se pode possuí-la com justiça.

Eu poderia apresentar outros exemplos. Na verdade, tenho tentado esse tipo de construção — que, confesso, acho que aprendi com os antropólogos sociais — em relação a outros problemas: no problema do banditismo social, por exemplo, outro fenômeno que se presta a esse tipo de análise, já que é altamente padronizado.

Isso implica três passos analíticos: primeiro, temos que identificar aquilo que os médicos chamariam de síndrome — a saber, todos os "sintomas" ou peças do quebra-cabeça que precisam ser encaixadas, ou, pelo menos, uma parte suficiente delas com que continuar. Segundo, temos que construir um modelo que dê sentido a todas essas formas de comportamento, ou seja, descobrir um conjunto de suposições que tornariam a combinação desses diferentes tipos de comportamento coerentes entre si segundo algum esquema racional. Terceiro, devemos então descobrir se há evidência independente que confirme esses palpites.

Então, a parte mais ardilosa é a primeira, já que ela repousa em uma mistura entre o conhecimento prévio do historiador, suas teorias sobre a sociedade, por vezes sua premonição, instinto ou introspecção, e geralmente ele não tem claro em sua cabeça como fazer sua seleção inicial. Pelo menos eu não tenho, mesmo se me empenho muito em estar consciente do que estou fazendo. Em que bases, por exemplo, alguém seleciona uma diversidade de fenômenos sociais díspares, geralmente tratados como curiosos rodapés à história, e os agrupa como membros de uma família de "rebelião primitiva" — daquilo que se poderia chamar de política pré-política: banditismo, tumultos urbanos, certos tipos de sociedades secretas, certos tipos de seitas milenaristas e outras e assim por diante? Quando fiz isso pela primeira vez eu realmente não sabia. Por que percebo, entre as tantas outras coisas que poderia perceber (algumas das quais obviamente deixo de perceber), o significado das roupas nos movimentos camponeses; roupas como símbolo da luta de classes, como na hostilidade siciliana entre os "bonés" e os "chapéus", ou nos levantes camponeses bolivianos nos quais os índios, ao ocupar as cidades, obrigam a população da cidade a tirar as calças e vestir traje camponês (ou seja, indígena)? Roupas como símbolos da própria rebelião, como quando os trabalhadores rurais de 1830 vestiram as melhores roupas de domingo para marchar até os nobres com suas demandas, indicando assim que não se encontravam no estado normal de opressão que é igual a trabalho, mas no estado de liberdade que é igual a feriado e diversão? (Lembre-se que mesmo no início do movimento trabalhista os conceitos de greve e feriado não se encontram nitidamente separados: os mineiros "brincam" quando estão em greve, e os planos chartistas para uma greve geral em 1839 eram planos para um "Feriado Nacional".) Não sei, e essa ignorância é perigosa, pois pode não me deixar perceber que introduzo minhas próprias suposições contemporâneas no modelo, ou que omito algo importante.

A segunda fase da análise também é manhosa, já que podemos meramente estar impondo uma construção arbitrária aos fatos. No entanto, na medida em que o modelo seja capaz de ser testado — ao contrário de muitos modelos maravilhosos, como, por exemplo, uma série de modelos estruturalistas — isso não é muito dificultoso. Mais problemático é certa imprecisão sobre aquilo que se está tentando demonstrar. Ora, supor que determinado tipo de comportamento faz sentido com base em determinadas suposições não é pretender que ele seja sensato, que seja racionalmente justificável. O grande perigo desse procedimento — e o perigo ao qual sucumbiram muitos antropólogos de campo — é nivelar todo comportamento como igualmente "racional". Alguns deles o são. O comportamento, por exemplo, do bom soldado Schweik, que, naturalmente, havia sido atestado como um idiota de *bona fide* pelas autoridades militares, era tudo menos idiota. Sem dúvida era a forma mais efetiva de autodefesa para alguém em sua posição. De vez em quando, ao estudar o comportamento político de camponeses em um estado de opressão, descobrimos o valor prático da estupidez e uma recusa em aceitar inovações: a grande vantagem dos camponeses é que existem muitas coisas que simplesmente não é possível obrigá-los a fazer, e em geral o que melhor convém ao campesinato é nenhuma mudança. (Mas é claro que não devemos nos esquecer de que muitos desses camponeses não estão simplesmente se fazendo de rudes, eles realmente *são* rudes.) Às vezes o comportamento era racional sob certas circunstâncias, mas não o é mais sob circunstâncias alteradas. Mas há também muitas espécies de comportamento que não são de modo algum racionais, no sentido de serem meios eficazes de obter fins práticos definíveis, mas são meramente compreensíveis. É obviamente o caso com o renascimento de crenças em astrologia, bruxaria, diversas religiões marginais e crenças irracionais no Ocidente atual, ou com certas formas de comportamento violento, tais como — para dar o exemplo mais comum — a loucura que toma conta de tanta gente quando entra em um carro. O historiador dos movimentos populares não abdica, ou pelo menos não deveria abdicar, de seu juízo.

Qual o objetivo de todos esses exercícios? Não é simplesmente descobrir o passado mas *explicá-lo*, e, ao fazer isso, fornecer um elo com o presente. Em história há uma enorme tentação de simplesmente descobrir o que até agora era desconhecido, e aproveitar o que descobrirmos. E uma vez que tão grande parte das vidas e, ainda mais, dos pensamentos das pessoas comuns esteve totalmente desconhecida, essa tentação é ainda maior na história dos movimentos populares, tanto mais porque muitos de nós nos identificamos com os homens e mulheres desconhecidos — as mulheres mais desconhecidas ainda — do passado. Não desejo desencorajar isso. Mas a curiosidade, sensibilidade e os prazeres do antiquariato não bastam. A melhor história dos movimentos populares constitui uma leitura maravilhosa, mas isso é tudo. O que desejamos saber é *por que*, bem como *o quê*. Descobrir que, no século XVII, nas aldeias puritanas em Somerset, ou nos sindicatos vitorianos de assistência aos pobres em Wiltshire, as garotas com filhos ilegítimos não eram tratadas como pecadoras ou como "indignas" se tivessem motivos genuínos para acreditar que o pai da criança tencionava se casar com elas, é interessante e fornece matéria para reflexão. Mas o que realmente queremos saber é por que tais crenças eram mantidas, como se encaixavam no restante do sistema de valores dessas comunidades (ou da sociedade mais ampla da qual faziam parte), e por que mudaram ou não mudaram.

O elo com o presente também é óbvio, pois o processo de compreendê-lo tem muito em comum com o processo de compreender o passado, não obstante o fato de que compreender como o passado se converteu no presente nos ajuda a compreender o presente, e provavelmente algo do futuro. Muita coisa acerca do comportamento das pessoas de *todas as classes* hoje é, de fato, tão desconhecida e não documentada quanto o foi grande parte da vida das pessoas comuns no passado. Sociólogos e outros cientistas que acompanham o desenrolar da vida cotidiana estão constantemente no rastro de sua presa. E mesmo quando estamos atentos ao que estamos fazendo enquanto membros de nossa sociedade e de nosso tempo, podemos não estar atentos ao papel que nossos atos e crenças desempenham na criação da imagem daquilo que todos desejaríamos encarar como um cosmos social ordenado — mesmo aqueles que se consideram fora dele — ou na expressão de nossa tentativa de chegar a um acordo com essas mudanças. Grande parte do que é escrito, dito e desempenhado hoje quanto às relações familiares claramente pertence mais ao domínio dos sintomas que ao domínio do diagnóstico.

E tal como no passado uma de nossas tarefas é descobrir as vidas e pensamentos das pessoas comuns e resgatá-las daquilo que Edward Thompson chama de "enorme condescendência da posteridade", assim, no presente, nosso problema é também o de desnudar as suposições igualmente presunçosas daqueles que pensam saber o que são os fatos e as soluções, e que procuram impô-las às pessoas. Devemos descobrir o que as pessoas realmente desejam de uma sociedade boa ou mesmo de uma sociedade tolerável e, o que não é absolutamente a mesma coisa — porque realmente podem não saber —, o que *precisam* de tal sociedade. Isso não é fácil, em parte porque é difícil descartar suposições dominantes acerca de como a sociedade deve funcionar, algumas das quais (como as mais liberais) são guias de muito pouca valia, e em parte porque não sabemos realmente o que faz uma sociedade funcionar na vida real: mesmo uma sociedade ruim e injusta. Até agora no século XX, todos os países que conheço fracassaram em resolver, por meio de planejamento deliberado, um problema que, durante vários séculos, não parecia colocar grandes dificuldades para a humanidade, ou seja, como construir uma cidade funcional que também seja uma comunidade humana. Isso deve nos fazer parar para refletir.

Os historiadores dos movimentos populares passam grande parte de seu tempo descobrindo como as sociedades funcionam e quando não funcionam, e também como mudam. Não podem deixar de fazer isso, uma vez que seu objeto, as pessoas comuns, constituem a maioria de qualquer sociedade. Partem com a enorme vantagem de saber que são em grande medida ignorantes, seja dos fatos, seja das respostas a seus problemas. Também possuem a vantagem substancial dos historiadores sobre cientistas sociais que se voltam para a história, de saber o quão pouco sabemos do passado, o quanto é importante descobrir e qual a dificuldade do trabalho necessário para tal fim em uma disciplina especializada. Dispõem ainda de uma terceira vantagem. Sabem que aquilo que as pessoas queriam e necessitavam nem sempre foi aquilo que seus superiores, ou aqueles que eram mais espertos e mais influentes, achavam que deveriam querer. São pretensões bastante modestas para o nosso mister. Mas a modéstia não é uma virtude desprezível. É importante nos lembrarmos de vez em quando que não sabemos todas as respostas sobre a sociedade e que o processo de descobri-las não é simples. Talvez aqueles que hoje planejam e administram a sociedade não se disponham a ouvir. Aqueles que desejam mudá-la e, em última análise, planejar seu desenvolvimento, também deveriam ouvir. Se algum deles o fizer, isso em parte se dará graças ao trabalho de historiadores como George Rudé.

17. A CURIOSA HISTÓRIA DA EUROPA

Esta é a versão de uma conferência sobre a Europa e sua história, apresentada na Alemanha sob os auspícios da Fischer Taschenbuch Verlag, que lançou sua nova série Europäische Geschichte *por ocasião do congresso anual de historiadores alemães (Munique, 1996). Uma versão da conferência em alemão foi publicada por* Die Zeit *em 4 de outubro de 1996. A versão (mais extensa) é publicada aqui pela primeira vez.*

Podem os continentes ter uma história enquanto continentes? Convém não confundir política, história e geografia, principalmente no caso dos contornos nas páginas dos atlas, que não são unidades geográficas naturais, mas apenas nomes humanos para partes da massa terrestre global. Além disso, desde o início, ou seja, já na Antiguidade, quando os continentes do Velho Mundo foram pela primeira vez batizados, estava claro que esses nomes pretendiam mais que um mero significado geográfico.

Considere-se a Ásia. Desde 1980, se não me engano, o censo dos EUA concedeu a seus habitantes a opção de se denominarem "asiático-americanos", uma classificação feita provavelmente por analogia com "afro-americanos", termo pelo qual os negros norte-americanos preferem ser chamados. Presume-se que um asiático-americano seja um americano nascido na Ásia ou descendente de asiáticos. Mas qual o sentido de classificar imigrantes da Turquia sob o mesmo título que os do Camboja, Coreia, Filipinas ou Paquistão, sem falar no território indiscutivelmente asiático de Israel, embora seus habitantes não gostem de ser lembrados desse fato? Na prática, esses grupos não têm nada em comum.

Se olharmos mais de perto para a categoria "asiático", ela nos diz mais sobre nós que sobre mapas. Ela lança alguma luz, por exemplo, sobre as atitudes norte-americanas em relação aos setores da humanidade originários das regiões outrora conhecidas como o "Leste" ou o "Oriente". Observadores ocidentais, e mais tarde conquistadores, governantes, colonizadores e empreendedores, procuraram um denominador comum para populações que eram claramente incapazes de enfrentá-los, mas que também claramente pertenciam a antigas culturas e entidades políticas dignas de respeito ou, pelo menos, de serem levadas a sério pelos padrões dos séculos XVIII e XIX. Não eram, nos termos então correntes, "selvagens" ou "bárbaras", mas pertenciam a uma categoria diferente, ou seja, a dos "orientais", cujas características como tal explicavam, entre outras coisas, sua inferioridade em relação ao Ocidente. O importante livro *Orientalismo*, do palestino Edward Said, captou de modo excelente o estilo típico da arrogância europeia com relação ao "Oriente", ainda que subestime bastante a complexidade das atitudes ocidentais nesse campo.[1]

Por outro lado, "asiático" tem hoje um segundo significado, geograficamente mais restrito. Quando Lee Kwan Yew, de Cingapura, anuncia um "caminho asiático" e um "modelo econômico asiático", um tema recebido com alegria por especialistas e ideólogos ocidentais do gerenciamento, não estamos diante da Ásia como um todo, mas dos efeitos econômicos da herança geograficamente localizada de Confúcio. Em suma, estamos continuando o antigo debate, inaugurado por Marx e desenvolvido por Max Weber, da influência de determinadas religiões e ideologias no desenvolvimento econômico. O protestantismo costumava ser o que abastecia o motor do capitalismo. Hoje, Calvino é *out* e Confúcio é *in*, tanto porque as virtudes protestantes não são muito identificáveis no capitalismo ocidental, quanto porque os triunfos econômicos da Ásia oriental ocorreram em países marcados pela herança confuciana — China, Japão, Coreia, Taiwan, Hong Kong, Cingapura, Vietnã — ou geridos por uma diáspora empresarial chinesa.

Acontece que a Ásia hoje contém as sedes de todas as principais devoções mundiais, com exceção do cristianismo e inclusão do que resta do comunismo, mas as regiões de cultura não confucionista do continente são insignificantes para a moda corrente no debate weberiano. Não pertencem a *essa* Ásia.

Tampouco pertence, é claro, o prolongamento ocidental da Ásia conhecido como Europa. Em termos geográficos, como todos sabem, a Europa não tem fronteiras orientais, e o continente, portanto, existe *exclusivamente* como um constructo intelectual. Mesmo a linha divisória cartográfica dos atlas escolares tradicionais — os montes Urais, o rio Ural, o mar Cáspio, o Cáucaso, evocados com muito mais facilidade na mnemônica alemã que em outras línguas — baseia-se em uma decisão política. Como recentemente nos lembrou Bronislaw Geremek,[2] quando V. Tatishchev indicou, no século XVIII, os montes Urais como divisores entre a Europa e a Ásia, conscientemente desejava romper com o estereótipo que atribuía à Ásia o Estado de Moscou e seus herdeiros. "Foi necessária a decisão de um geógrafo e historiador, e a aceitação de uma convenção." Naturalmente, qualquer que fosse o papel dos Urais, a fronteira original entre a Europa (isto é, os helenos) e os povos definidos pelos helenos como "bárbaros" corria através das estepes ao norte do mar Negro. A Rússia meridional foi parte da Europa por muito mais tempo que muitas regiões hoje automaticamente nela incluídas, mas cuja classificação geográfica era discutida pelos geógrafos mesmo no final do século XIX, como, por exemplo, a Islândia e Spitsbergen.

O fato de que a Europa seja naturalmente um constructo não significa que não existisse ou não exista. Sempre houve uma Europa, desde que os antigos gregos lhe deram um nome. Só que se trata de um conceito mutável, divisível e flexível, embora talvez não tão elástico quanto "Mitteleuropa", o exemplo clássico de programas políticos disfarçados de geografia. A única parte da Europa que figura em *todos* os mapas da Europa Central é a área da atual República Tcheca e suas regiões adjacentes; mas algumas regiões se estendem ao longo de todo o continente menos a península Ibérica. No entanto, a elasticidade do conceito "Europa" não é tanto geográfica — para fins práticos, todos os atlas aceitam a linha dos Urais — quanto política e ideológica. Durante a Guerra Fria, o campo da "história europeia" nos EUA abrangia principalmente a Europa ocidental. A partir de 1989 o campo foi estendido até a Europa central e oriental, já que "a geografia política e econômica da Europa está mudando".[3]

O conceito original de Europa se apoiava em um duplo confronto: a defesa militar dos gregos contra o avanço de um império oriental nas guerras persas, e o encontro entre a "civilização" grega e os "bárbaros" citas nas estepes do Sul da Rússia. À luz da história subsequente, encaramos isso como um processo de confronto e diferenciação, mas seria igualmente fácil interpretá-lo como simbiose e sincretismo. De fato, como nos lembra Neal Ascherson em seu magnífico *Black Sea*,[4] na linha de *Iranians and Greeks in Southern Russia*, de Rostovtzeff, isso gerou "civilizações mistas, muito curiosas e interessantes", nessa região de interseção entre influências asiáticas, gregas e ocidentais movendo-se a jusante do Danúbio.

Seria igualmente lógico considerar toda a civilização mediterrânea da Antiguidade clássica como sincrética. Afinal, ela importou seu roteiro e, mais tarde, sua ideologia imperial e religião estatal, do Oriente Próximo e Médio. Na verdade, a atual divisão entre Europa, Ásia e África não tem nenhum sentido — pelo menos nenhum sentido correspondente ao presente — numa região na qual os gregos viveram e prosperaram igualmente nos três continentes. (Apenas em nosso século trágico foram finalmente expulsos do Egito, Ásia Menor e região pôntica.) Que significado poderia ter tido no apogeu do Império Romano indiviso, alegremente tricontinental e disposto a assimilar tudo de útil que viesse de qualquer parte?

As migrações e invasões oriundas das regiões de povos bárbaros não eram novidade. Foram enfrentadas por todos os impérios no cinturão da civilização que ia desde a Ásia oriental no rumo oeste até o Mediterrâneo oriental. Entretanto, o colapso do Império Romano deixou o Mediterrâneo ocidental, e um pouco mais tarde o Mediterrâneo oriental, sem nenhum império e monarcas capazes de lidar com elas. A partir desse ponto em diante, é possível visualizarmos a história da região entre o Cáucaso e Gibraltar como um milênio de lutas contra conquistadores de leste, norte e sul — de Átila a Suleiman, o Magnífico, ou mesmo até o segundo cerco de Viena em 1683.

Não admira que a ideologia que constituiu o cerne da "ideia europeia", a partir de Napoleão, passando pelo movimento pan-europeu dos anos 1920 e Goebbels, até a Comunidade Econômica Europeia — ou seja, um conceito de Europa que deliberadamente *exclui* partes do continente geográfico — goste de recorrer a Carlos Magno. Esse Grande Carlos reinou sobre a única parte do continente europeu que, pelo menos desde a ascensão do Islã, *não* havia sido alcançada pelos invasores, e portanto poderia clamar ser a "vanguarda e salvação do Ocidente" contra o Oriente — para citar as palavras do presidente Karl Renner em 1945, em louvor da propalada "missão histórica" de seu país.[5] Uma vez que o próprio Carlos Magno foi um conquistador que avançou suas fronteiras contra os sarracenos e os bárbaros orientais, poder-se-ia até dizer, para empregar o jargão da Guerra Fria, que ele avançou da "contenção" para o "rechaço".

Por certo, naqueles séculos ninguém além de um círculo minúsculo de clérigos de formação clássica pensava em termos de "Europa". A primeira contraofensiva genuína do Ocidente contra sarracenos e bárbaros foi conduzida não em nome do *regnum Europaeum* dos panegiristas carolíngios, mas em nome da cristandade (romana): tal como as cruzadas de sudeste e sudoeste contra o Islã, cruzadas de nordeste contra os gentios do Báltico. Mesmo quando os europeus iniciaram sua conquista real do planeta no século XVI, a ideologia cruzadista da *reconquista* espanhola é facilmente reconhecível na ideologia dos *conquistadores* do Novo Mundo. Somente depois do século XVII é que os europeus reconheceram a si mesmos mais como um continente que como uma fé. No momento em que foram capazes de desafiar o poderio dos principais impérios orientais ao final daquele século, a conversão de infiéis à verdadeira fé não poderia mais competir ideologicamente com o livro-caixa. A superioridade econômica e militar agora reforçava a crença de que os europeus eram superiores a todos os demais, não como portadores de uma civilização de modernidade, mas coletivamente como tipo humano.

A "Europa" esteve na defensiva durante um milênio. Agora, por meio milênio, ela conquistava o mundo. Ambas as observações impossibilitam apartar a história europeia da história mundial. O que por muito tempo fora óbvio aos historiadores econômicos, arqueólogos e outros pesquisadores da trama passada da vida cotidiana (*Alltagsgeschichte*), agora deve ser de aceitação geral. Mesmo a simples ideia de uma história da Europa cartograficamente definida apenas se tornou possível com a ascensão do Islã, que divorciou permanentemente as margens meridionais e orientais do Mediterrâneo de suas margens setentrionais. Que historiador da Antiguidade clássica insistiria em escrever a história apenas das províncias mediterrâneas setentrionais do Império Romano, exceto por capricho ou ideologia?

Porém, separar a Europa do resto do mundo é menos perigoso que a prática de excluir partes do continente geográfico de algum conceito ideológico de "Europa". Os últimos cinquenta anos deveriam ter nos ensinado que essas redefinições do continente não pertencem à história, mas à política e à ideologia. Até o fim da Guerra Fria isso era inteiramente óbvio. Após a Segunda Guerra Mundial, a Europa, para os norte-americanos, significava "a fronteira oriental do que veio a ser chamado de 'civilização ocidental'".[6] A "Europa" parava nas margens da região controlada pela URSS, e era definida pelo não comunismo, ou anticomunismo, de seus governos. Naturalmente foi feita a tentativa de dar um conteúdo positivo a esse remanescente, mediante sua descrição, por exemplo, como zona de democracia e liberdade. Porém, isso parecia implausível mesmo para a Comunidade Econômica Europeia antes da metade dos anos 1970, quando desapareceram os regimes patentemente autoritários da Europa meridional — Espanha, Portugal, os coronéis gregos — e a Grã-Bretanha, indiscutivelmente democrática mas duvidosamente "europeia", finalmente passou a fazer parte dela. Hoje, é ainda mais óbvio que não funcionarão as definições programáticas da Europa. A URSS, cuja existência cimentou a "Europa" em conjunto, não existe mais, embora a diversidade de regimes entre Gibraltar e Vladivostok não esteja oculta pelo fato de que todos, sem exceção, declaram sua lealdade à democracia e ao livre mercado.

Procurar uma "Europa" programática única, portanto, resulta em debates intermináveis sobre os problemas até agora não resolvidos, e talvez insolúveis, de como ampliar a União Europeia, ou seja, como converter um continente, que ao longo de sua história tem sido econômica, política e culturalmente heterogêneo, em uma única entidade mais ou menos homogênea. Nunca houve uma Europa *única*. A diferença não pode ser eliminada de nossa história. Isso sempre foi assim, mesmo quando a ideologia preferia vestir a "Europa" numa roupagem mais religiosa que geográfica. Por certo a Europa foi o continente específico da cristandade, pelo menos entre a ascensão do Islã e a conquista do Novo Mundo. Entretanto, mal haviam sido convertidos os últimos pagãos quando se evidenciou que pelo menos duas variedades de cristianismo nada fraternas se enfrentavam no território europeu, e a Reforma do século XVI adicionava diversas outras. Para alguns (como se sabe, quase sempre da Polônia e Croácia), a fronteira entre a Cristandade Romana e Ortodoxa é "ainda hoje, uma das mais permanentes separações culturais do planeta".[7] Mesmo hoje, a Irlanda do Norte demonstra que a antiga tradição de guerra religiosa sangrenta intraeuropeia não está morta. A cristandade é uma parte da história europeia que não pode ser erradicada, mas não tem sido uma força unificadora maior que outros conceitos ainda mais tipicamente europeus, como, por exemplo, "nação" e "socialismo".

A tradição que não considera a Europa como um continente mas como um clube, cuja filiação está aberta apenas a candidatos garantidos como convenientes pelo conselho do clube, é quase tão antiga quanto o nome "Europa". Até onde vai a "Europa" depende naturalmente da posição adotada. Como todos sabem, para Metternich, a "Ásia" começava na saída leste de Viena, uma visão ainda adotada ao fim do século XIX em uma série de artigos voltados contra os húngaros "bárbaro-asiáticos" no *Reichspost* de Viena. Para os habitantes de Budapeste, a fronteira da verdadeira Europa passava claramente entre os húngaros e os croatas; para o presidente Tudjman, ela passa, com igual clareza, entre croatas e sérvios. Sem dúvida, os orgulhosos romenos se consideram europeus na essência e parisienses no espírito, exilados entre eslavos atrasados, muito embora Gregor von Rezzori, escritor austríaco nascido na Bukowina, os descrevesse como "magrebinos", ou seja, "africanos".

A verdadeira distinção, dessa forma, não é de ordem geográfica; mas tampouco é necessariamente ideológica. Ela separa a superioridade sentida da inferioridade imputada, conforme definida por aqueles que se consideram "melhores", ou seja, pertencendo normalmente a uma classe intelectual, cultural ou mesmo biológica mais elevada que a de seus vizinhos. A distinção não é necessariamente étnica. Na Europa, como em outros lugares, a fronteira universalmente mais reconhecida entre civilização e barbárie passa entre os ricos e os pobres, em outras palavras, entre os que têm acesso aos luxos, educação e o mundo exterior, e o resto. Consequentemente, a divisão mais óbvia desse tipo passa através de e não entre sociedades, isto é, basicamente entre a cidade e o campo. Os camponeses são indiscutivelmente europeus — quem era mais indígena que eles? —, mas com que frequência os românticos cultos, os folcloristas e cientistas sociais do século XIX, mesmo quando muitas vezes admiravam ou até idealizavam seu sistema de valores arcaico, os tratavam como uma "sobrevivência" de algum estágio cultural anterior, e consequentemente mais primitivo, preservado até o presente em virtude de seu atraso e isolamento? Não era o povo da cidade mas as pessoas do campo que pertenciam aos novos museus etnográficos inaugurados pela gente instruída, em diversas cidades da Europa oriental entre 1888 e 1905 (como em

Varsóvia, Sarajevo, Helsinki, Praga, Lemberg/Lwiw, Belgrado, São Petersburgo e Cracóvia).

Não obstante, quase sempre a linha corre entre povos e Estados. Em todo país da Europa havia aqueles que olhavam enviesado para vizinhos bárbaros de alguma fronteira, ou pelo menos para populações atrasadas em termos técnicos ou intelectuais. O declive econômico em nosso continente costuma descer para leste ou para o sudeste a partir da Île de France e Champagne, tornando assim mais fácil classificar vizinhos indesejáveis como "asiáticos", notadamente os russos. Porém, não nos esqueçamos do declive do norte para o sul, que dizia aos espanhóis que eles "realmente" pertenciam mais à África que à Europa, uma visão partilhada pelos habitantes do norte da Itália quando olhavam, superiores, para seus compatriotas ao sul de Roma. Apenas os bárbaros do norte, que devastaram a Europa nos séculos X e XI, tendo atrás de si somente o gelo do Ártico, não poderiam ser atribuídos a nenhum outro continente. Em todo caso, eles se tornaram os ricos e pacíficos escandinavos, e seu barbarismo sobrevive apenas na mitologia sanguinária de Wagner e do nacionalismo alemão.

No entanto, os picos da civilização europeia cujos sopés levavam a outros continentes não poderiam ter sido descobertos até que a Europa como um todo tivesse cessado de pertencer ao reino bárbaro. Isso porque, mesmo no final do século XIV, estudiosos oriundos da região da alta cultura, como o grande Ibn Khaldun, haviam mostrado pouco interesse na Europa cristã. "Deus sabe o que lá acontece", observou ele, dois séculos depois de Sa'id ibn Akhmad, cádi de Toledo, que estava convencido de que nada havia a aprender com os bárbaros do Norte. Pareciam mais feras que homens.[8] Naqueles séculos, o declive cultural evidentemente corria na direção contrária.

Mas reside precisamente aí o paradoxo da história europeia. Essas verdadeiras reviravoltas ou interrupções históricas são sua característica específica. Ao longo de sua longa história, o cinturão de culturas avançadas que se estendia da Ásia oriental até o Egito não passou por nenhuma recaída duradoura na barbárie, a despeito de todas as invasões, conquistas e convulsões. Ibn Khaldun via a história como um eterno duelo entre os nômades pastoris e a civilização sedentária — mas nesse conflito eterno os nômades, ainda que por vezes vitoriosos, continuavam a ser os desafiantes e não os vencedores. A China sob os mongóis e os manchus, a Pérsia, devastada por todo tipo de invasões de conquista a partir da Ásia central, continuavam a ser marcos de alta cultura em suas regiões. Assim também o Egito e a Mesopotâmia, fosse sob os faraós e os babilônios, gregos, romanos, árabes ou turcos. Invadidos durante um milênio pelos povos da estepe e do deserto, todos os grandes impérios do Velho Mundo sobreviveram, com uma única exceção. Somente o Império Romano foi permanentemente destruído.

Sem esse colapso da continuidade cultural, que se fez sentir mesmo no nível modesto da horticultura e do cultivo de flores,[9] uma "Renascença" — isto é, uma tentativa de retorno, após mil anos, a uma herança cultural e técnica esquecida, mas supostamente superior — não teria sido nem necessária nem concebível. Quem, na China, precisava voltar aos clássicos que todo candidato tinha de memorizar para os exames oficiais, realizados indefectivelmente todo ano, desde muito antes da era cristã? A convicção errônea dos filósofos ocidentais, inclusive de Marx, de que apenas se poderia encontrar uma dinâmica do desenvolvimento histórico na Europa, mas não na Ásia ou na África, deveu-se, pelo menos em parte, a essa diferença entre a continuidade das outras culturas letradas e urbanas e a descontinuidade na história do Ocidente.

Mas isso apenas em parte, pois, a partir do final do século XV, a história do mundo tornou-se indiscutivelmente eurocêntrica, e assim permaneceu até o século XX. *Tudo* o que distingue o mundo de hoje do dos imperadores Ming e Mughal e dos mamelucos originou-se na Europa — seja em ciência e tecnologia, na economia, na ideologia e na política, ou nas instituições e práticas da vida pública e privada. Mesmo o conceito do "mundo" como um sistema de comunicações humanas abrangendo todo o planeta não poderia existir antes da conquista europeia do hemisfério ocidental e do surgimento de uma economia capitalista mundial. É isso que fixa a situação da Europa na história mundial, o que define os problemas da história europeia e, na verdade, o que torna necessária uma história específica da Europa.

Mas é isso também que torna a história da Europa tão peculiar. Seu objeto não é um espaço geográfico ou um coletivo humano, mas um processo. Se a Europa não tivesse se transformado e com isso transformado o mundo, não haveria nenhuma história única e coerente da Europa, pois a "Europa" não teria existido mais que o "Sudeste asiático" existiu como conceito e história (pelo menos antes da era dos impérios europeus). E de fato uma "Europa" consciente de si como tal, e mais ou menos coincidente com o continente geográfico, apenas surge na época da história moderna. Apenas pôde surgir quando a Europa não mais podia ser definida defensivamente como "Cristandade" contra os turcos e, inversamente, quando os conflitos religiosos entre as convicções cristãs recuaram diante da secularização da política estatal e da cultura da ciência e erudição modernas. Consequentemente, a partir da mesma época no século XVII, a "Europa" nova e autoconsciente aparece sob três formas.

Primeiro, ela surgiu como um sistema estatal internacional, no qual as políticas estrangeiras dos Estados deviam ser determinadas por "interesses" permanentes, definidos como tais por uma "razão de Estado" mantida à parte da convicção religiosa. No curso do século XVIII a Europa adquiriu efetivamente sua moderna definição cartográfica, à medida que o sistema assumia a forma de uma oligarquia *de facto* daquilo que mais tarde passou a ser chamado de "potências", das quais a Rússia era parte integrante. A Europa era definida pelas relações entre as "grandes potências" que, até o século XX, eram exclusivamente europeias. Mas esse sistema estatal deixou de existir.

Em segundo lugar, "Europa" consistia em uma nova comunidade possível de estudiosos ou intelectuais engajados, atravessando fronteiras, línguas, lealdades a Estados, obrigações ou convicções pessoais na construção de um edifício coletivo, ou seja, essa *Wissenschaft* moderna que abarca a amplitude total da atividade intelectual, ciência e erudição. "Ciência" nesse sentido surgiu na região de cultura europeia e, até o início do século XX, permaneceu virtualmente confinada à área geográfica entre Kazan e Dublin — como se sabe, com lacunas em partes do continente no Sudeste e Sudoeste. Aquilo que se tornou a "aldeia global" na qual hoje vivemos, ou pelo menos passamos parte de nossas vidas, era então a "aldeia europeia". Mas hoje a aldeia global engoliu a europeia.

Em terceiro lugar, "Europa", principalmente no curso do século XIX, surgiu como um modelo em grande parte urbano de educação, cultura e ideologia, embora, desde o início, o modelo fosse visto como exportável para comunidades ultramarinas de colonos europeus. Qualquer mapa-múndi das universidades, óperas e museus e bibliotecas de acesso público existente no século XIX rapidamente definirá a questão. Mas também o fará um mapa que mostre a distribuição das ideologias oitocentistas da origem europeia. A social-democracia como movimento político e (a partir da Primeira Guerra Mundial) de sustentação do Estado foi e continua a ser integralmente europeia, tal como o foi a Segunda Internacional (marxista-social--democrata) — mas não o comunismo marxista da Terceira Internacional após 1917. O nacionalismo do século XIX, especialmente em suas formas linguísticas, é difícil de encontrar fora da Europa, mesmo hoje, embora certas variedades com uma coloração basicamente confessional ou racial infelizmente pareçam estar penetrando em outras partes do Velho Mundo nas últimas décadas. Essas ideias podem ser remontadas ao Iluminismo do século XVIII. No máximo é nele que encontramos a herança intelectual mais duradoura e especificamente europeia.

Entretanto, todas essas características da história europeia não são primárias mas secundárias. Não há Europa historicamente homogênea, e aqueles que a procuram estão na pista errada. Seja como for que definirmos "Europa", sua diversidade

— a ascensão e a queda, a coexistência, a interação dialética de seus componentes — é fundamental para sua existência. Sem ela, é impossível compreender e explicar os desenvolvimentos que levaram à criação e controle do mundo moderno por processos que chegaram à maturidade na Europa e em nenhum outro lugar. Perguntar como o Ocidente se desligou do Oriente, como e por que o capitalismo e a sociedade moderna passaram a se desenvolver plenamente apenas na Europa, é fazer as perguntas fundamentais da história europeia. Sem elas, não haveria nenhuma necessidade da história desse continente como distinto dos demais.

Mas exatamente essas perguntas nos levam de volta à terra de ninguém entre a história e a ideologia ou, mais precisamente, entre a história e o viés cultural. Ora, os historiadores devem abandonar o velho hábito de procurar fatores específicos, apenas encontrados na Europa, que fazem nossa cultura qualitativamente diferente e portanto superior a outras — por exemplo, a racionalidade única, o pensamento europeu, a tradição cristã, esse ou aquele item específico herdado da Antiguidade clássica, tal como o direito romano de propriedade. Em primeiro lugar, não somos mais superiores, como parecíamos ser quando todos os campeões mundiais de xadrez, jogo indiscutivelmente oriental, eram, sem exceção, ocidentais. Em segundo lugar, sabemos hoje que não há nada de especificamente "europeu" ou "ocidental" no *modus operandi* que, na Europa, levou ao capitalismo, às revoluções na ciência e na tecnologia e todo o resto. Em terceiro lugar, sabemos agora que devemos evitar as tentações do *post hoc, propter hoc*. Quando o Japão era a única sociedade industrial não ocidental, os historiadores vasculharam a história japonesa em busca de similaridades com a Europa — na estrutura do feudalismo japonês, por exemplo — que pudessem explicar a singularidade do desenvolvimento do Japão. Agora que existe uma multiplicidade de outras economias industriais não ocidentais bem-sucedidas, a inadequação dessas explicações salta aos olhos.

No entanto, a história da Europa permanece única. Como observou Marx, a história da humanidade é uma história de seu crescente controle sobre a natureza na qual e pela qual vivemos. Se pensarmos essa história como uma curva, será uma curva com duas nítidas viradas para cima. A primeira é a "revolução neolítica", do falecido V. Gordon Childe, que produziu a agricultura, a metalurgia, as cidades, classes e a escrita. A segunda é a revolução que gerou a ciência moderna, a tecnologia e a economia. Provavelmente a primeira ocorreu de modo independente, em graus variados, em diferentes partes do mundo. A segunda ocorreu apenas na Europa e, daí, durante alguns séculos, transformou a Europa no centro do mundo e alguns Estados europeus em senhores do planeta.

Essa era, "a era de Vasco da Gama", na frase do diplomata e historiador indiano Sardar Panikkar, está agora no fim. Não mais sabemos exatamente o que fazer com a história europeia em um mundo que não é mais eurocêntrico. Para citar John Gillis mais uma vez, "a Europa perdeu sua centralidade espacial e temporal".[10] Alguns tentam negar, equivocada e inutilmente, o papel específico desempenhado pela história europeia na do mundo. Outros se entrincheiram atrás "da mentalidade de 'Europa fortaleza' que parece estar emergindo" e é mais prontamente reconhecível do outro lado do Atlântico que aqui. Qual será a direção da história europeia? Ao final do primeiro século pós-europeu desde Colombo, nós, como historiadores, precisamos repensar seu futuro tanto como história regional quanto como parte da do planeta.

18. O PRESENTE COMO HISTÓRIA

Este capítulo, escrito quando eu estava prestes a publicar uma história do "breve século XX" (1914-91) [Era dos extremos — o breve século XX], *que quase coincide com meu tempo de vida, foi apresentado como Creighton Lecture na Universidade de Londres em 1993. O texto foi publicado pela universidade como folheto com o título*: O presente como história: escrevendo a história de nosso próprio tempo.

Já se disse que toda história é história contemporânea disfarçada. Como todos sabemos, existe algo de verdade nisso. O grande Theodor Mommsen escrevia sobre o Império Romano como um liberal alemão da safra de 48 refletia também sobre o novo Império alemão. Por trás de Júlio César, discernimos a sombra de Bismarck. O mesmo ainda é mais claramente verdadeiro em relação a Ronald Syme. Atrás de *seu* César está a sombra dos ditadores fascistas. Entretanto, uma coisa é escrever a história da Antiguidade clássica, ou das Cruzadas, ou da Inglaterra dos Tudor como filho do século XX, como todos os historiadores desses períodos devem fazer, e outra coisa bem diferente é escrevermos a história do próprio tempo em que vivemos. Os problemas e possibilidades de fazer isso são o objeto de minha conferência desta noite. Considerarei principalmente três desses problemas: o da própria data de nascimento do historiador ou, em termos mais gerais, o das gerações; os problemas de como nossa própria perspectiva do passado pode mudar enquanto procedimento histórico; e o de como escapar às suposições da época partilhadas pela maioria de nós.

Falo com vocês como alguém que, durante a maior parte de sua carreira como historiador essencialmente dedicado ao século XIX, deliberadamente se manteve afastado, pelo menos em seus escritos profissionais, embora não em seus escritos extracurriculares, do mundo pós-1914. Como as luzes da Europa de Sir Edward Grey, as minhas também se apagaram após Sarajevo — ou, como agora devemos aprender a chamá-la, a primeira crise de Sarajevo, a de 1914, sobre a qual o presidente Mitterrand tentou lembrar o mundo ao visitar aquela cidade em 28 de junho de 1992, aniversário do assassinato do arquiduque Francisco Ferdinando. Infelizmente, até onde sei, nem um só jornalista captou aquilo que, para todos os europeus instruídos de meu tempo, era uma referência óbvia.

Além disso, por diversas razões, eu mesmo me vi escrevendo por fim sobre a história do Curto Século XX — o período que começa em Sarajevo e (como agora podemos tristemente reconhecer) também termina em Sarajevo, ou melhor, com o colapso dos regimes socialistas da União Soviética e, consequentemente, da metade oriental da Europa. Foi o que me levou a refletir a respeito de escrever sobre a história de nosso próprio tempo, pois, como alguém nascido em 1917, minha vida virtualmente coincide com o período sobre o qual estou agora tentando escrever.

Entretanto, a mera expressão "nosso próprio tempo" desvia-se de uma questão importante. Ela supõe que uma experiência individual de vida também seja uma experiência coletiva. Em certo sentido, isso é obviamente verdade, ainda que paradoxal. Se a maioria de nós reconhece os principais marcos da história mundial ou nacional em nosso tempo de vida, não é porque todos passamos por eles, muito embora alguns de nós possam de fato tê-lo feito ou mesmo ter percebido na época que eram marcos. É por isso que aceitamos o consenso de que são marcos. Mas como se forma tal consenso? Será ele tão geral quanto supomos, a partir de nosso ponto de vista britânico ou europeu ou ocidental? É provável que não existam mais que meia dúzia de datas que são marcos simultâneos nas distintas histórias de *todas* as regiões do mundo. O de 1914 não está entre eles, embora o fim da Segunda Guerra Mundial e a Grande

Depressão de 1929-33 provavelmente estejam. Existem outros que, embora não sejam particularmente proeminentes nessa ou naquela história nacional, teriam de ser incluídos simplesmente devido a suas repercussões mundiais. A Revolução de Outubro é um desses eventos. Na medida em que há semelhante consenso, até que ponto ele é permanente, até que ponto está sujeito a mudança, erosão, transformação e como ou por quê? Tentarei examinar algumas dessas questões mais adiante.

Porém, se deixamos de lado esse quadro da história contemporânea que é construído para nós e no qual encaixamos nossas próprias experiências, essas experiências continuam sendo nossas. Todo historiador tem seu próprio tempo de vida, um poleiro particular a partir do qual sondar o mundo. Talvez ele seja comum a outros em uma situação comparável, mas entre os 6 bilhões de seres humanos do fim do século XX, esses grupos de pares são estatisticamente insignificantes. Meu próprio poleiro é constituído, entre outros materiais, de uma infância na Viena dos anos 1920, os anos da ascensão de Hiller em Berlim, que determinaram minhas posições políticas e meu interesse pela história, e a Inglaterra, e especificamente a Cambridge dos anos 1930, que confirmaram ambos. Sei que, provavelmente em grande parte devido a essas coisas, meu ângulo de visão é diferente do de outros historiadores que partilham ou partilharam de minha marca de interpretação da história e trabalharam no mesmo campo — digamos, a história do trabalho no século XIX —, até quando chegávamos às mesmas conclusões acerca dos mesmos problemas. A seu próprio modo, cada um dos outros historiadores com certo gosto por uma introspecção analítica provavelmente possui a mesma impressão. E quando não escrevemos sobre a Antiguidade clássica ou o século XIX, mas sobre nosso próprio tempo, é inevitável que a experiência pessoal desses tempos modele a maneira como os vemos, e até a maneira como avaliamos a evidência à qual todos nós, não obstante nossas opiniões, devemos recorrer e apresentar. Se fôssemos escrever sobre a Segunda Guerra Mundial, na qual servi como militar sem nenhuma distinção, que nunca disparou um tiro por raiva, devo em algum sentido ver as coisas de modo diferente de meus amigos, cuja experiência de guerra foi diferente — da do falecido E. P. Thompson, por exemplo, que serviu como comandante de tanques na campanha da Itália, ou da do africanista Basil Davidson, que combateu com os guerrilheiros na Voivodina e na Ligúria.

Se isso é assim para historiadores da mesma idade e antecedentes, a diferença entre gerações é suficiente para dividir profundamente os seres humanos. Quando digo a meus alunos nos Estados Unidos que consigo me lembrar do dia em Berlim em que Hitler se tornou chanceler da Alemanha, olham para mim como se tivesse dito que estava presente no Teatro Ford quando o presidente Lincoln foi assassinado em 1865. Ambos os eventos são igualmente pré-históricos para eles. Mas para mim 30 de janeiro de 1933 é parte do passado que ainda é parte de meu presente. O aluno que voltava da escola para casa com sua irmã naquele dia e viu a manchete no jornal ainda está em algum lugar em mim. Ainda posso ver a cena, como num sonho.

Essas divisões de idade também se aplicam aos historiadores. O debate sobre o recente livro de John Charmley, *Churchill, the End of Glory: A Political Biography* [Churchill, o fim da glória: uma biografia política], ilustrou isso de modo impressionante. A discussão não gira em torno dos fatos, sequer dos fatos dos antecedentes muito fracos de Churchill em termos de discernimento político e estratégico. Durante muito tempo esses não foram seriamente discutidos. Tampouco gira apenas em torno de se saber se Neville Chamberlain tinha mais razão que os que desejavam resistir à Alemanha de Hitler. Gira também em torno da *experiência* de passar os anos 1940 na Inglaterra, que homens da idade do dr. Charmley não podem ter tido. Bem poucos daqueles que tiveram a sorte de viver aquele momento extraordinário de nossa história duvidavam na época, ou duvidam agora, que Churchill verbalizasse o que a maioria do povo inglês — não, o que *o* povo inglês — então sentia. Certamente eu não duvidava disso na época, um sapador em uma unidade bastante operária tentando construir algumas defesas visivelmente inadequadas contra a invasão no litoral de East Anglia. O que me motivava na época era a premissa automática, irrefletida, absoluta, de meus colegas do Regimento 560 de Engenharia de Campo, de que continuaríamos combatendo. Não que *tivéssemos* de seguir ou *optássemos* por seguir, ou seguíssemos nossos líderes, mas a opção de *não* continuar simplesmente não era considerada. Sem dúvida, era a atitude reflexa de homens demasiado ignorantes e estouvados para reconhecer a situação desesperada em que a Grã-Bretanha se encontrava após a derrota da França, e que era óbvia até para um jovem intelectual deslocado, que contava apenas com as informações jornalísticas de Norfolk. Entretanto, mesmo na época ficou claro para mim que havia uma grandeza inadvertida em torno do momento, quer o chamemos ou não de "melhor momento da Grã-Bretanha". "C'était magnifique — et c'était la guerre": e Churchill colocou isso em palavras. Mas, então, eu estava lá.

Isso não quer dizer que Charmley, o biógrafo de Neville Chamberlain, não esteja certo em retomar a defesa dos apaziguadores — uma coisa muito cômoda para um historiador que está em seus trinta anos, mas quase impossível de ser considerada, e muito menos de ser feita, por historiadores da geração da guerra. Os apaziguadores *tinham* uma razão, cuja força não foi reconhecida pelos jovens antifascistas dos anos 1930, porque nossos fins não eram os de Chamberlain e Halifax. Em seus próprios termos, que também eram os de Churchill — a preservação do Império Britânico —, tinham uma razão melhor que a de Churchill, exceto em um ponto. Como seu grande contemporâneo Charles de Gaulle, sabia que a perda do senso de dignidade, orgulho e autorrespeito de um povo podia ser pior que a perda de guerras e impérios. Podemos constatar isso quando olhamos a Grã-Bretanha hoje.

No entanto, como nossa geração sabe sem precisar consultar arquivos, os apaziguadores estavam enganados, e dessa vez Churchill estava certo ao reconhecer que não era possível um acordo com Hitler. Em termos de política racional fazia sentido, na suposição de que a Alemanha de Hitler era uma "grande potência" como outra qualquer, jogando o jogo pelas regras testadas e cínicas da política de poder, como até Mussolini fazia. Mas não era. Nos anos 1930, quase todos acreditaram, em um momento ou outro, que tais acordos poderiam ser feitos, inclusive Stálin. A grandiosa aliança que acabou combatendo e derrotando o Eixo passou a existir não porque os resistentes venceram os apaziguadores, mas porque a agressão alemã *forçou* os futuros aliados a se juntar entre 1938 e o final de 1941. O que a Grã-Bretanha enfrentava em 1940-1 não era a escolha entre uma vontade cega de combater sem a menor chance aparente de vitória e a busca de uma paz de compromisso "em condições razoáveis", pois mesmo na época os antecedentes sugeriam que tal paz não era possível com a Alemanha de Hitler. O que se oferecia era, ou parecia ser, na melhor das hipóteses, uma versão ligeiramente mais digna da França de Pétain. Quaisquer que sejam as opiniões em contrário descobertas nos arquivos, fala por si mesmo o fato de que Churchill manteve consigo o governo. Poucos julgavam que uma paz seria mais que um eufemismo para a dominação nazista.

Não pretendo sugerir que apenas aqueles que conseguem se lembrar de 1940 são capazes de chegar a essa conclusão. Porém, para um jovem historiador chegar a ela é necessário um esforço da imaginação, uma disposição em suspender crenças baseadas em sua experiência própria de vida, e um considerável trabalho de pesquisa. Para nós, isso não é preciso. Naturalmente, tampouco desejo sugerir que a avaliação do dr. Charmley das consequências de se continuar combatendo em 1940 seja tão equivocada quanto sua avaliação da situação em 1940. As discussões sobre alternativas contrafactuais não podem ser resolvidas por evidência, já que a evidência diz respeito ao que aconteceu, e situações hipotéticas não aconteceram. Estas pertencem à política ou à ideologia, e não à história. Não acho que Charmley esteja certo, mas essa discussão não é pertinente a esta conferência.

Por favor, não me interpretem mal. Não estou simplesmente fazendo uma defesa dos velhos historiadores do século XX contra os jovens. Comecei minha carreira como jovem historiador entrevistando sobreviventes da Sociedade Fabiana pré-1914 a respeito de seu tempo, e a primeira lição que aprendi foi que nem mesmo valia a pena entrevistá-los, a menos que eu tivesse descoberto mais sobre o tema da entrevista do que poderiam se lembrar. A segunda lição foi que, no tocante a fatos verificáveis de modo independente, sua memória tendia a se enganar. A terceira lição foi que era inútil levá-los a mudar de ideia, já que esta havia se formado e fixado muito tempo antes. Historiadores que se encontram em seus vinte ou trinta anos sem dúvida dispõem dessa experiência imobilizada em suas idosas fontes, que devem, em princípio, incluir historiadores que são também cidadãos um tanto veteranos. Apesar disso, possuímos certas vantagens. Uma das principais, para aqueles que se dispõem a escrever a história do século XX, é o mero fato de saber, sem esforço especial, *o quanto as coisas mudaram*. Os últimos trinta ou quarenta anos constituem a era mais revolucionária da história escrita. Jamais o mundo, ou seja, a vida dos homens e mulheres que vivem no planeta, foi transformado de modo tão profundo, dramático e extraordinário em tão breve período. Isso é difícil de ser captado intuitivamente por gerações que não viram como era antes. Um ex-membro do bando do bandido Giuliano, da Sicília, que após vinte anos de prisão voltou a sua cidade natal próxima de Palermo, contou-me certa vez, perdido e desorientado: "Onde outrora havia vinhedos, agora existem *palazzi*". (Ele se referia aos blocos de apartamentos dos conjuntos imobiliários.) De fato, ele tinha razão. A zona rural em que nascera tornara-se irreconhecível.

Aqueles que têm idade o bastante para se lembrar não se fiam nessas mudanças. *Sabem*, como muitos jovens historiadores não conseguem saber sem um esforço especial, que "o passado é outro país. Lá eles fazem as coisas de modo diferente". Isso pode ter uma relação direta com nosso juízo tanto sobre o passado quanto sobre o presente. Como alguém que viveu a ascensão de Hitler na Alemanha, por exemplo, sei que a velha esquina onde os nazistas se encontravam assistia a um comportamento bem diferente do que os neonazistas apresentam hoje. Por um lado, duvido que no início dos anos 1930 tenha se registrado algum caso de uma casa judia invadida e queimada com seus habitantes por jovens nazistas agindo sem ordens específicas, como agora frequentemente acontece com casas de turcos e de outros imigrantes. Os jovens que fazem isso podem usar os símbolos da era de Hitler, mas representam um fenômeno político diferente. Na medida em que o começo da compreensão histórica é uma apreciação da *alteridade* do passado, e o pior pecado dos historiadores é o anacronismo, dispomos de uma vantagem inerente para compensar nossas muitas desvantagens.

No entanto, quer atribuamos ou não à velhice vantagem sobre a juventude, em um aspecto a mudança nas gerações é visivelmente central tanto à escrita quanto à prática da história do século XX. Não há país em que o fim da geração política que teve experiência direta da Segunda Guerra Mundial não tenha marcado uma mudança importante, ainda que muitas vezes silenciosa, na política, bem como em sua perspectiva histórica sobre a guerra e — como é evidente tanto na França quanto na Itália — a Resistência. Em termos mais gerais, isso se aplica à memória de qualquer das grandes sublevações e traumas na vida nacional. Não acho que seja por acaso que uma história de Israel isenta da dominação da mitologia e polêmica nacionalistas não tenha surgido naquele país até meados dos anos 1980 — ou seja, quarenta anos após o estabelecimento do Estado, ou que a história irlandesa escrita pelos irlandeses não se emancipou realmente da herança tanto do mito feniano quanto do contramito sindicalista até os anos 1960.

Gostaria de voltar agora para a segunda de minhas observações, que é o reverso da primeira. Não diz respeito ao efeito da idade do historiador ou de sua perspectiva em relação ao século, mas ao efeito da passagem dos anos do século sobre a perspectiva do historiador, independentemente de sua idade.

Parto de uma conversa entre Harold Macmillan e o presidente Kennedy em 1961. Macmillam achava que os soviéticos "possuem uma economia exuberante e logo superarão a sociedade capitalista na corrida pela riqueza material". Por mais despropositada que pareça hoje a declaração, houve muita gente bem informada no fim dos anos 1950 que adotou, ou de algum modo não desqualificou, essa opinião, especialmente depois que os soviéticos demonstraram que haviam vencido os EUA em matéria de tecnologia espacial. Não teria sido absurdo para um historiador contemporâneo que escrevesse nos anos 1960 adotar tal opinião. Nossa sabedoria não consiste em que necessariamente compreendemos os mecanismos da economia soviética melhor que os economistas de 1961, mas que a passagem do tempo nos propiciou a arma final do historiador, a retrovisão. Depois de 1989, por exemplo, tornou-se comum entre muitos observadores, principalmente economistas com uma compreensão melhor da teoria do mercado que da realidade histórica, pensar a economia soviética e outras similares como um campo totalmente em ruínas, porque isso foi o que elas se tornaram após o colapso do bloco soviético e da União Soviética. De fato, embora até os anos 1980 claramente desconjuntadas e inferiores às economias capitalistas, tanto em tecnologia quanto na capacidade de prover bens e serviços a seus cidadãos, e lentamente se exaurindo, eram a seu próprio modo um sistema econômico funcional. Não estavam à beira do colapso. De fato, meu amigo Ernest Gellner, um crítico vitalício do comunismo, que passou um ano em Moscou no final dos anos 1980, recentemente sugeriu que, se a URSS pudesse ter se isolado totalmente do resto do mundo como uma espécie de pequeno planeta, quase com certeza seus habitantes teriam concordado que, no tempo de Brejnev, levavam uma vida melhor e mais cômoda que qualquer outra geração russa anterior.

O que está em questão aqui não é simplesmente a capacidade de predição do historiador ou de quem quer que seja. Poderia até valer a pena discutir por que tão poucos acontecimentos dramáticos da história do mundo nos últimos quarenta anos foram previstos ou sequer esperados. Eu até arriscaria dizer que a previsibilidade da história do século XX passou a ser nitidamente inferior a partir da Segunda Guerra Mundial. Após 1918, outra guerra mundial e até a depressão mundial eram previstas com bastante frequência. Mas, após a Segunda Guerra Mundial, será que os economistas previam os "trinta anos gloriosos" do grande surto de crescimento mundial? Não. Eles esperavam um declínio de pós-guerra. Predisseram o fim da Era de Ouro no início dos anos 1970? A OCDE previa crescimento contínuo e até acelerado de 5% ao ano. Será que previam as atuais dificuldades econômicas, suficientemente graves a ponto de quebrarem meio século de tabu quanto ao emprego da palavra "depressão"? Nem tanto. As predições foram e estão sendo feitas com base em modelos muito mais avançados que os disponíveis no período entre as guerras, e com base em uma utilização de dados enorme e sem precedentes, processados à velocidade da luz pelos equipamentos mais complexos e sofisticados. O feito dos previsores políticos — comparativamente amadores — não é melhor. Porém, não disponho aqui do tempo para considerar a natureza e as implicações metodológicas desses fracassos. A questão sobre a qual desejo me concentrar é a de que *até o passado registrado* muda à luz da história subsequente.

Darei um exemplo. Muito pouca gente negaria que, com o colapso do bloco soviético e da União Soviética, encerrou-se uma época na história do mundo, qualquer que seja a interpretação que dermos aos acontecimentos de 1989 a 1991. Foi virada uma página na história. O mero fato de que isso se deu é bastante para alterar a visão de todo historiador vivo do século XX, pois converte uma extensão do tempo em um período histórico com sua própria estrutura e coerência ou incoerência — "o curto século XX" como o chama meu amigo Ivan Berend. Quem quer que sejamos, não podemos deixar de encarar o século como um todo de modo diferente de como o teríamos feito antes que 1989-91 inserisse sua pontuação em seu fluxo. Seria absurdo dizer que agora podemos nos afastar dele, como podemos nos afastar do século XIX, mas pelo menos podemos vê-lo como um todo. Em uma palavra: a história do século XX escrita nos anos 1990 deve ser qualitativamente diferente de qualquer história do mesmo escrita antes.

Permitam-me ser ainda mais concreto. Quando pela primeira vez me pediram para escrever um livro sobre o século XX que completasse ou complementasse os três volumes que havia escrito sobre o século XIX, ou seja, há cerca de cinco anos, julguei que poderia encarar o Curto Século como uma espécie de díptico. Sua primeira metade — de 1914 até as consequências da Segunda Guerra Mundial — foi claramente uma era de catástrofe, na qual desabara todo aspecto da sociedade capitalista liberal do século XIX. Foi uma era de guerras mundiais, seguida de revoluções sociais e do colapso dos antigos impérios, da economia mundial próxima à falência, do colapso ou derrota das instituições democrático-liberais quase por toda parte. A segunda metade, do final dos anos 1940 em diante, foi o oposto exato: uma era em que, de um modo ou de outro, a sociedade capitalista liberal se reformou e restabeleceu para florescer como nunca antes. E o extraordinário, sem precedentes ou paralelos, desse Grande Salto Adiante da economia mundial no terceiro quartel do (longo) século XX me pareceu — e ainda me parece — o aspecto da paisagem do século XX que os observadores verão como fundamental no terceiro milênio. Mesmo na época, era possível ver o setor socialista do mundo não como uma alternativa econômica global ao capitalismo — ao início dos anos 1980 sua inferioridade era evidente —, mas como produto da era de catástrofe do capitalismo. Nos anos 1980, não mais parecia ser a alternativa global ao capitalismo, como havia parecido a muitos nos anos 1930. Embora seu futuro parecesse problemático, não parecia mais ser central. Além disso, todos estavam conscientes de que a Era de Ouro do Grande Salto Adiante da economia mundial havia chegado ao fim no início dos anos 1970. Os historiadores econômicos estão bem familiarizados com essas longas oscilações de vinte a trinta anos de surto de crescimento econômico, acompanhadas por um período muito mais problemático de cerca da mesma duração. Elas podem ser rastreadas pelo menos até o século XVIII, são mais conhecidas como ciclos de longa duração de Kondratiev e até agora são inteiramente inexplicáveis. Apesar disso, embora essas mudanças de ritmo global, por assim dizer, normalmente tenham tido consequências políticas e ideológicas muito significativas, ainda não parecem suficientemente dramáticas para perturbarem o quadro geral. Vocês devem se lembrar que o final dos anos 1980 foi um período de surto de crescimento substancial no mundo capitalista desenvolvido.

Em um prazo de um ou dois anos, tornou-se claramente necessário repensar esse formato binário do século XX. Por um lado, o mundo soviético desabou, com consequências econômicas imprevistas mas catastróficas. Por outro, ficou cada vez mais evidente que a própria economia mundial do Ocidente estava conhecendo sua mais severa dificuldade desde os anos 1930. No início dos anos 1990, até o Japão ficou oscilante, e os economistas outra vez começaram a se preocupar mais com o desemprego em massa que com a inflação, como o haviam feito nos pré-históricos dias dos anos 1940. Governos de todos os formatos e dimensões, embora agora aconselhados por exércitos de economistas maiores do que nunca, mais uma vez se viram sem saber o que fazer, ou desamparados. O fantasma de Kondratiev, afinal, assustava novamente. Agora se revelava também que, embora os sistemas políticos orientais deixassem de existir, a estabilidade dos sistemas não comunistas, tanto no mundo desenvolvido quanto no Terceiro Mundo, não mais estava garantida. Em suma, a história do Curto Século XX agora parecia muito mais um tríptico, ou um sanduíche: uma Era de Ouro relativamente curta separando dois períodos de crise importante. Ainda não sabemos o resultado do segundo deles. Isso terá de ser deixado para os historiadores do século XXI.

Quando apresentei meu primeiro esboço a meus editores, não via as coisas dessa maneira. Não poderia, embora um melhor historiador pudesse ter visto. Como sou, felizmente, um autor procrastinador, no momento em que comecei a escrever, eu vi. O que havia mudado não eram os fatos da história mundial depois de 1973, tais como eu os conhecia, mas a súbita conjunção de eventos tanto no Oriente quanto no Ocidente depois de 1989, que quase me obrigaram a ver os últimos vinte anos em uma nova perspectiva. Cito minha experiência não porque deseje persuadir vocês a ver o século também nessa perspectiva, mas apenas para demonstrar a diferença que viver dois ou três anos dramáticos pode fazer ao modo como um historiador considera o passado. Será que um historiador, escrevendo num período de cinquenta anos, verá o século XX sob essa luz? Quem sabe? Não importa se eu me preocupo. Mas é quase certo que ele estará menos à mercê de movimentos de prazo relativamente curto do clima histórico, conforme experimentados por aqueles que os vivem. É essa a dificuldade do historiador de seu próprio tempo.

Gostaria agora de voltar ao terceiro problema de se escrever a história do século XX. Ele afeta aos historiadores de todas as gerações e infelizmente está menos sujeito a rápida revisão à luz dos acontecimentos históricos, embora felizmente não esteja imune à erosão da mudança histórica. Ele me traz de volta à questão do consenso histórico que mencionei anteriormente. Refiro-me ao padrão geral de nossas ideias sobre nosso tempo, que se impõe por si mesmo a nossa observação. Vivemos em um século de guerras religiosas, e isso afetou a todos nós, inclusive os historiadores. Não é apenas a retórica dos políticos que trata os acontecimentos do século como uma batalha entre o Bem e o Mal, Cristo e o Anticristo. A *Historikerstreit* dos alemães, ou "Batalha dos Historiadores" dos anos 1980 não se travou sobre saber se o período nazista devia ser visto como parte da história alemã, em lugar de um estranho pesadelo entre parênteses na mesma. Não houve desacordo real a esse respeito. Tratava-se de saber se alguma atitude histórica diante da Alemanha nazista, que não a total condenação, não corria o risco de reabilitar um sistema extremamente infame ou, pelo menos, de atenuar seus crimes. Em um nível mais baixo, muitos de nós ainda consideramos o comportamento do tipo de jovens que se tornam desordeiros futebolistas mais chocante e assustador quando acompanhado por suásticas e tatuagens da SS — e, inversamente, as subculturas que deliberadamente adotam essas modas o fazem como uma declaração de repúdio total dos padrões convencionais de uma sociedade que encara esses símbolos — literalmente — como as marcas do inferno. A força desses sentimentos é tal que, enquanto estou dizendo essas frases, estou incomodamente ciente de que ainda hoje podem ser interpretadas por alguns como um sinal de "moderação com o nazismo" e, portanto, exigirem algum tipo de desmentido.

O perigo das guerras religiosas é que continuamos a ver o mundo em termos de jogos de soma zero, de divisões binárias mutuamente incompatíveis, mesmo quando as guerras estão terminadas. Setenta e tantos anos de conflito ideológico mundial quase tornaram segunda natureza dividir as economias do mundo em socialistas e capitalistas, economias de base estatal e de base privada, e a ver uma escolha ou/ou entre as duas. Se considerarmos o conflito entre as duas como normal, os anos 1930 e 1940, quando o capitalismo liberal e o comunismo stalinista se encontraram numa causa comum contra o perigo da Alemanha nazista, parecerão anômalos. Eles ainda assim me parecem, embora claramente fossem, em certo sentido, a articulação central da história do século XX. Ora, foi o sacrifício da URSS e ao mesmo tempo as ideias de planejamento e gestão macroeconômicos lá aplicadas pela primeira vez que salvaram o capitalismo liberal e ajudaram a reconstituí-lo. Foi o medo salutar da revolução que propiciou grande parte do incentivo para se fazer isso.

Mas parecerão essas décadas centrais do século tão anômalas ao historiador de 2093, que, olhando para trás, observará que de fato as declarações mútuas de hostilidade entre capitalismo e socialismo jamais resultaram em guerra real entre eles, embora países socialistas tenham lançado operações militares uns contra os outros e o mesmo tenham feito países não socialistas?

Se o famoso observador marciano imaginário olhasse para o nosso mundo, será que realmente optaria por fazer semelhante divisão binária? O marciano classificaria as economias sociais e políticas dos EUA, Coreia do Sul, Áustria, Brasil, Cingapura e Irlanda sob o mesmo título? A economia da URSS, que desabou sob a tensão da reforma, se encaixaria no mesmo escaninho que a da China, que claramente não desabou? Se nos colocarmos na posição de semelhante observador, não teríamos nenhuma dificuldade em encontrar uma dúzia de outros padrões nos quais as estruturas econômicas dos países do mundo podem se encaixar com mais facilidade que em um binário leito de Procusto. Mas estamos mais uma vez à mercê do tempo. Se hoje é possível pelo menos abandonar o padrão dos opostos binários mutuamente exclusivos, ainda não se tem nenhuma clareza sobre qual das alternativas concebíveis pode ser substituída de modo mais proveitoso. Mais uma vez, devemos deixar que o século XXI tome suas próprias decisões.

Pouco tenho a dizer sobre a limitação mais óbvia do historiador contemporâneo, ou seja, a inacessibilidade de certas fontes, porque isso me parece estar entre o menor de seus problemas. Claro que todos podemos pensar em casos onde tais fontes são essenciais. Grande parte da história da Segunda Guerra Mundial teve de ser incompleta ou mesmo equivocada até que, nos anos 1970, foi permitido escrever sobre o famoso estabelecimento de decifração de código em Bletchley. Entretanto, nesse aspecto, o historiador de seu próprio tempo não está em pior, mas em melhor situação que o historiador do século XVI. Pelo menos sabemos o que poderia ser, e em muitos casos mais cedo ou mais tarde será, disponível, ao passo que as lacunas no registro passado são, quase com certeza, permanentes. Em todo caso, o problema fundamental para o historiador contemporâneo em nosso tempo infinitamente burocratizado, documentado e inquiridor é mais um excesso incontrolável de fontes primárias que uma escassez das mesmas. Hoje, mesmo o último grande continente de arquivos, os registros públicos do bloco soviético, foi aberto à investigação. Inadequação de fontes é a última coisa de que podemos nos queixar.

Talvez vocês se sintam aliviados de que, ao final de uma conferência dedicada às dificuldades de escrevermos a história de nosso próprio tempo, eu pareça terminar com essa nota de modesto encorajamento. Vocês podem achar que isso quase não compensa o ceticismo de meus comentários anteriores. Mas não gostaria de ser mal interpretado. Falo como alguém que atualmente tenta escrever sobre a história de seu próprio tempo e não como alguém que tenta mostrar o quanto é impossível fazer isso. Porém, a experiência fundamental de todos que viveram grande parte desse século é erro e surpresa. O que aconteceu foi, quase sempre, totalmente inesperado. Todos nós nos equivocamos mais de uma vez em nossas avaliações e expectativas. Alguns se viram agradavelmente surpreendidos pelo curso dos acontecimentos, mas provavelmente foi maior o número dos que se decepcionaram, um desapontamento muitas vezes agudizado por esperança anterior, ou mesmo, como em 1989, por euforia. Independentemente de nossa reação, a descoberta de que nos enganamos, de que não podemos ter entendido adequadamente, deve ser o ponto de partida de nossas reflexões sobre a história de nosso tempo.

Existem casos — talvez o meu esteja entre eles — em que essa descoberta pode ser particularmente proveitosa. Grande parte de minha vida, talvez a maior parte de minha vida consciente, foi dedicada a uma esperança que foi claramente desapontada, e para uma causa que evidentemente fracassou: o comunismo iniciado pela Revolução de Outubro. Mas nada como a derrota para aguçar a mente do historiador. Gostaria de concluir com uma passagem de um velho amigo de convicções muito diferentes, que empregou essa observação para explicar o feito de toda uma série de inovadores históricos, de Heródoto e Tucídides até Marx e Weber. Eis o que escreve o professor Reinhart Koselleck:

> O historiador do lado vencedor facilmente se inclina a interpretar o sucesso de curto prazo em termos de uma teleologia *ex post* de longo prazo. Isso não acontece com os derrotados. Sua experiência básica é que tudo aconteceu diferente do esperado ou planejado [...] Eles têm uma necessidade maior de explicar por que outra coisa ocorreu e não aquilo que achavam que aconteceria. Isso pode estimu-

lar a busca de causas de médio e longo prazo que expliquem a [...] surpresa [...] gerando percepções mais duradouras e, consequentemente, de maior poder explicativo. No curto prazo, a história pode ser feita pelos vencedores. No longo prazo, os ganhos em compreensão histórica têm advindo dos derrotados.

É válido o que Koselleck diz, ainda que ele exagere. (Para lhe ser justo, devo acrescentar que, conhecendo a historiografia alemã de ambos os períodos pós-guerra, ele não sugere que a experiência de derrota *por si só* seja suficiente para garantir uma boa história.) Entretanto, se ele está certo, mesmo que em parte, o fim deste milênio deve inspirar muita história boa e inovadora. Isso porque, à medida que o século termina, o mundo está mais cheio de pensadores derrotados preocupados com uma variedade muito ampla de insígnias ideológicas que de pensadores triunfantes — principalmente entre aqueles com idade suficiente para terem longas memórias.

Vamos ver se ele tem razão.

19. PODEMOS ESCREVER A HISTÓRIA DA REVOLUÇÃO RUSSA?

Este texto, aqui publicado pela primeira vez, foi apresentado como "Isaac Deutscher Lecture" em Londres, em 3 de dezembro de 1996. Seu objetivo é discutir, entre outros temas, o problema da história contrafactual ("e se...").

Escolhi meu tema como um tributo a Isaac Deutscher, cuja obra mais permanente é um clássico na história da Revolução Russa, ou seja, sua biografia de Trótski. Assim, a resposta imediata a essa pergunta do título é, obviamente, sim.

Mas isso deixa em aberto a questão mais ampla: podemos *algum dia* escrever a história definitiva de alguma coisa — não apenas a história conforme vista hoje, ou em 1945 —, inclusive, é claro, da Revolução Russa? Nesse caso, em um sentido óbvio a resposta é não, a despeito do fato de que há uma realidade histórica objetiva, que os historiadores investigam, para estabelecer, entre outras coisas, a diferença entre fato e ficção. Somos livres para crer que Hitler fugiu dos russos e se refugiou no Paraguai, mas não foi assim. Todavia, cada geração faz suas próprias perguntas novas sobre o passado. E todas continuarão a fazer isso. Lembremos também que na história do mundo moderno estamos lidando com uma acumulação quase infinita de registros públicos e privados. Não há jeito nem mesmo de imaginar o que os futuros historiadores procurarão e descobrirão neles que nós não havíamos pensado. Os arquivos revolucionários franceses mantiveram os historiadores ocupados durante duzentos anos, e não há nenhum indício de que os retornos estejam decrescendo. Mal estamos começando a escalar o himalaia de documentação dos arquivos soviéticos. Portanto, não é possível uma história definitiva. No entanto, a história como atividade séria é possível porque os historiadores podem concordar sobre o que estão falando, sobre quais questões estão discutindo e até sobre boa parte das respostas para reduzir suas diferenças o bastante para o debate significativo.

No campo da história russa do século XX, durante muito tempo, isso foi quase impossível. Agora, o fim da União Soviética inevitavelmente alterou o modo como todos os historiadores encaram a Revolução Russa, porque agora são capazes ou, de fato, obrigados a vê-la numa perspectiva diferente, como um biógrafo de uma pessoa morta, em contraste com o de uma pessoa viva. É claro que levará muito tempo até que as paixões daqueles que escrevem a história da URSS se reduzam à temperatura morna daqueles que hoje escrevem a história da Reforma Protestante, que costumava ser um assunto de grande rancor entre estudiosos católicos e protestantes, ou daqueles que escrevem sobre a Revolução de 1688 fora dos distritos de Derry de Martin McGuiness e Bushmills do reverendo Ian Paisley, terra daquilo que uma vez me foi descrito por um ideológico bebedor irlandês como "um uísque protestante". Na ex-URSS e sucessores dos Estados socialistas, a história da Revolução Russa ainda é escrita nesse espírito, motivo pelo qual nada além de novas fontes para história, embora não para boa história, tenda a vir de lá. Mesmo do lado de fora, a maioria de nós ainda é emocionalmente muito próxima e parcial para considerar a Guerra Fria entre capitalismo e comunismo — uma vez que os dois sistemas jamais combateram um contra o outro no campo de batalha — com os mesmos olhos com que consideramos a Guerra dos Trinta Anos.

Há ainda outra coisa. Podemos fazer um juízo da revolução que deu início à URSS, mas não ainda do seu fim, e isso certamente afetará o juízo histórico. A catástrofe na qual mergulhou a gente comum da antiga URSS ao final do antigo sistema ainda não acabou. Penso que o salto súbito, revolucionário, do antigo sistema para o capitalismo que lhes foi imposto talvez tenha perturbado mais a economia que a Segunda Guerra Mundial e mais que a Revolução de Outubro, e a economia da região já levou mais tempo para se recuperar disso que nos anos 1920 e 1940. Nossa avaliação de todo o fenômeno soviético continua provisória. Não obstante, podemos agora começar a perguntar: sobre o que podem hoje legitimamente concordar os historiadores da Revolução Russa? Podemos alcançar um consenso sobre algumas perguntas que precisam ser feitas quanto à história da Revolução Russa, e sobre alguns de seus elementos que possam ser solidamente estabelecidos pelas regras da pesquisa e da evidência e que, portanto, sejam realmente indiscutíveis?

Um problema é que as mais complexas dessas questões residem fora do alcance habitual da prova e refutação, porque dizem respeito ao que poderia ter acontecido. Muito do que de fato aconteceu pode agora ser conhecido porque se dispõem de informações, embora durante praticamente toda a existência da URSS grande parte fosse inacessível, oculta atrás de arquivos trancados e barricadas de mentiras e meias verdades oficiais. É por isso que um volume enorme da literatura surgida naquele período agora terá de ser sucateada, apesar de sua engenhosidade na utilização de fontes fragmentárias e da plausibilidade de suas conjecturas. Simplesmente não precisaremos mais dela. *The Great Terror* [O grande terror], de Robert Conquest, por exemplo, desaparecerá como grande abordagem de seu tema, simplesmente porque as fontes dos arquivos encontram-se agora disponíveis, ainda que elas não eliminem toda discussão. Conquest será lido como um notável esforço pioneiro de avaliar o Terror de Stálin, mas um livro que inevitavelmente se tornará obsoleto enquanto abordagem dos fatos terríveis que tentou investigar. Em suma, acabará lido mais por aquilo que seu livro nos conta sobre a historiografia da era soviética que por aquilo que nos conta sobre sua história. Quando dados melhores ou mais completos se tornam disponíveis, devem tomar o lugar dos dados deficientes e incompletos. Por si só, isso transformará a historiografia da era soviética, mas não responderá, contudo, a todas as nossas perguntas, particularmente as concernentes ao período soviético inicial antes da burocratização plena do regime, quando o governo e o partido soviéticos de fato não sabiam muito do que estava acontecendo em seu território.

Por outro lado, os debates mais acalorados sobre a história russa do século XX não giram em torno do que aconteceu, mas do que poderia ter acontecido. Eis aqui algumas questões. Era inevitável uma revolução na Rússia? O czarismo podia ter se salvado? Estaria a Rússia a caminho de um regime capitalista liberal em 1913? Uma vez ocorrida a revolução, dispomos de um conjunto ainda mais explosivo de contrafactuais. E se Lênin não tivesse voltado para a Rússia? A Revolução de Outubro teria sido evitada? O que teria acontecido na Rússia se ela tivesse sido evitada? Mais centrais aos marxistas: o que levou os bolcheviques a decidirem tomar o poder com um programa de revolução socialista obviamente irrealista? Deviam ter tomado o poder? E se a revolução europeia — ou seja, a revolução alemã, na qual apostavam suas fichas — tivesse acontecido? Os bolcheviques poderiam perder a Guerra Civil? Mas não fosse a Guerra Civil, como teriam se desenvolvido o Partido Bolchevique e a política soviética? Vencendo-a, havia alternativas para o retorno a uma economia de mercado sob a NEP ("Nova Política Econômica")? O que poderia ter acontecido se Lênin tivesse continuado em plena atividade? A lista não tem fim, e apenas mencionei algumas das questões contrafactuais óbvias do período até a morte de Lênin. O objetivo desta conferência não é dar a minha resposta a essas perguntas, mas tentar colocar essas questões na perspectiva de um historiador em atividade.

Elas não podem ser respondidas com base na evidência sobre o que aconteceu porque giram em torno do que não aconteceu. Assim podemos dizer, para lá da dúvida relevante, que no outono de 1917 uma onda enorme de radicalização popular, da qual os bolcheviques foram os principais beneficiários, varreu para o lado o governo provisório, de sorte que, no momento da Revolução de Outubro, tratava-se menos de capturar o poder que recolhê-lo de onde havia caído. Dispomos de fortes evidências disso. A ideia de que Outubro não foi mais que uma espécie de golpe conspiratório simplesmente não conseguiria ser sustentada. Para reconhecer isso temos apenas de ler o relato, escrito *antes* da Revolução de Outubro pelo então correspondente do *Manchester Guardian*, Philips Price, após uma viagem de várias semanas pelas províncias do Volga. A propósito, não sei de nenhuma outra testemunha estrangeira, com bom conhecimento da Rússia e fluência na língua, que tenha feito semelhante viagem pelo coração da Rússia naquela época. "Os fanáticos maximalistas", escreveu, "que ainda sonham com uma revolução social por toda a Europa, segundo minhas observações nas províncias, recentemente adquiriram, ainda que amorfo, um imenso número de seguidores." No momento que o artigo, enviado de Yaroslav, chegava a Manchester, os bolcheviques haviam tomado o poder e, por isso, o jornal o publicou em dezembro de 1917 com a manchete "Como os maximalistas obtiveram o comando", mas na verdade havia sido enviado antes de outubro.

Mas, naturalmente, questões sobre alternativas não podem ser solucionadas dessa maneira — o que poderia ter acontecido, por exemplo, se os bolcheviques não tivessem decidido tomar o poder, ou tivessem se disposto a tomar o poder à frente de uma ampla coalizão com os demais partidos socialistas e social-revolucionários. Como poderíamos saber? Philips Price, por exemplo, no mesmo despacho, sugeria a possibilidade de que o enorme ódio da guerra, que, segundo ele imaginava, era o que organizara "a confusa massa social" da revolução (palavras suas), produziria "um Napoleão — um ditador da paz [...] que colocará um fim à guerra mesmo à custa de perdas territoriais para a Rússia e ao preço das liberdades políticas conquistadas pela Revolução". Sabemos que alguma coisa desse tipo aconteceu. Retrospectivamente, podemos notar que, na situação de 1917, ele certamente tinha razão de supor que, de um modo ou de outro, era inevitável que a Rússia logo saísse da guerra. Mas ele também supunha que logo que isso acontecesse a Revolução se dividiria em facções em luta que resultariam em sua derrota. Isso não aconteceu, mas, para um excelente observador contemporâneo, também parecia muito provável. Como não aconteceu, mesmo os historiadores não podem fazer mais que especulações a respeito.

Mas como exatamente especulamos? E qual o sentido de, pelo menos, algumas dessas especulações? A dificuldade reside em que há pelo menos três tipos diferentes de contrafactuais. Um deles, apesar de fascinante, é analiticamente inútil. Considere-se Lênin, ou a esse respeito, Stálin. Sem a presença pessoal desses homens singulares, a história da Revolução Russa certamente teria sido muito diferente. A despeito de uma série de evasivas gerais de ordem política e ideológica, os indivíduos nem sempre fazem tanta diferença assim na história. Os EUA, por exemplo, perderam de fato sete presidentes antes do final de seu mandato devido a assassinato ou outras circunstâncias desde 1865, mas, na perspectiva do século, isso não parece ter feito muita diferença ao perfil da história norte-americana. Por outro lado, às vezes os indivíduos realmente fazem diferença, como no caso de Lênin e Stálin — ou, nesse sentido, nos últimos anos da URSS. Um ex-diretor da CIA contou ao professor Fred Halliday em uma entrevista à BBC: "Acredito que, se Andropov fosse quinze anos mais novo quando tomou o poder em 1982, ainda teríamos conosco uma União Soviética, continuando a declinar economicamente, cada vez mais deficiente tecnicamente [...] mas ainda sobrevivente".[1] Não gosto de concordar com diretores da CIA, mas isso me parece totalmente plausível. Entretanto, após dizer isso, quase não há muito mais a ser dito. Pode-se analisar o tipo de situações históricas nas quais pessoas singulares podem representar uma drástica diferença, tanto positiva quanto negativamente. Talvez, como faz Alan Bullock em suas biografias paralelas de Hitler e Stálin, possamos investigar as maneiras como as mesmas se combinam para reforçar seu poder pessoal, como certamente fez Stálin, mas Lênin claramente não tentou fazer. Podemos estabelecer os limites daquilo que tais indivíduos dotados de poder interno absoluto podem alcançar, ou de que maneira suas metas e políticas não eram específicas a si mesmos enquanto indivíduos, mas essenciais a seu tempo, lugar e situação.

Pode-se afirmar, por exemplo, com total plausibilidade, que havia margem para mais ou menos rigidez no projeto de industrialização acelerada pelo planejamento estatal soviético, mas se a URSS se envolvesse em semelhante projeto na época, por maior que fosse o envolvimento genuíno a ele dedicado por milhões de pessoas,[2] iria exigir uma boa dose de coerção, mesmo se a URSS tivesse sido governada por alguém não tão implacável e cruel quanto Stálin. Ou então se pode afirmar, com Moshe Lewin, que mesmo o poder total não propiciaria a Stálin controle sobre a máquina burocrática em constante dilatação na qual a URSS necessariamente se convertia. Apenas o terror, o medo da morte para funcionários temporariamente onipotentes, poderia garantir que obedecessem ao autocrata e não o enredassem na teia de aranha burocrática. Ou, além disso, pode-se demonstrar que, dados antecedentes históricos determinados, mesmo o que fazem os autocratas obedece a velhos padrões. Tanto Stálin quanto Mao sabiam que eram os herdeiros de imperadores absolutos, e se conformaram, pelo menos até certo ponto, a seus predecessores imperiais — certamente tinham consciência de que seriam vistos a essa luz por seus súditos. Mas, quando se disse tudo isso e mais, ainda não se respondeu a questão das alternativas históricas. Tudo que se disse é: "as coisas teriam sido diferentes se Lênin não tivesse conseguido sair da Suíça até 1918", ou, no extremo, "as coisas teriam sido muito diferentes" ou "não muito diferentes". E não se pode ir mais longe, exceto na ficção.

Uma segunda série de contrafactuais é um pouco mais interessante, no mínimo porque de fato ajuda a história da Revolução Russa a remover os antolhos da polêmica ideológica. Tomemos o exemplo da queda do czarismo. Nenhum observador sério, mesmo antes de 1900, esperava que o czarismo sobrevivesse muito tempo no século XX. Uma revolução russa era universalmente prevista. O próprio Marx, em 1879, esperava "um grande desastre e não muito distante na Rússia; imagina-se que começará por reformas de cima para baixo que o velho edifício não será capaz de suportar e que levarão ao seu desabamento total",³ e o político britânico que relatou suas opiniões à filha da rainha Vitória achava essa visão "não despropositada". Retrospectivamente, parece inegável que as chances do czarismo, após sobreviver a sua primeira revolução em 1905, eram pequenas, e praticamente nulas bem antes da Grande Guerra; e não havia muitas pessoas na época que pensassem o contrário durante mais que um momento. Não precisamos nos incomodar muito com a teoria de que a Rússia czarista fazia progressos no sentido de se tornar uma próspera sociedade capitalista liberal quando a Primeira Guerra Mundial e os bolcheviques surgiram, como se do nada, e a arruinaram. Não fosse por necessidade do argumento antimarxista, essa teoria jamais teria sido levada a sério.

A propósito, nem mesmo os liberais afirmaram com confiança que uma Rússia liberal, democrático-parlamentar, era uma possibilidade muito grande *após* a queda do czar. Muitos deles gostariam de acreditar que não foi mais que um golpe leninista que cortou a garganta de uma promissora democracia liberal russa, mas eles o fazem sem convicção. Posso lembrar apenas, de passagem, que nas únicas eleições relativamente livres, realizadas logo após a Revolução de Outubro, para a Assembleia Constituinte, os liberais burgueses somaram 5% e os mencheviques 3%.

Por outro lado, os comunistas também dispõem de seus mitos sobre possibilidades diferentes de história. Minha geração, por exemplo, foi educada no conto da traição da Revolução Alemã de 1918 pelos líderes social-democratas moderados. Os Ebert e os Scheidemann abortaram a Revolução Alemã potencialmente socialista e proletária, a Rússia soviética continuou isolada — e o desenvolvimento lógico esperado por Marx e Engels não aconteceu, ou seja, uma revolução russa acendendo o pavio da revolução proletária em países menos obviamente despreparados para erigir uma economia socialista.

Ora, esse mito difere daquele sobre um czarismo liberal em um aspecto importante. Antes de 1917, nenhum observador realista esperava, durante mais que um único momento, que o czarismo sobrevivesse, e muito menos superasse seus problemas, mas em 1917-8, o roteiro de Marx e Engels parecia muito provável. Não culpo os revolucionários alemães e russos por terem essas esperanças no período de 1917 a 1919, embora eu tenha afirmado alhures que Lênin não deveria ter acreditado nisso até 1920. Durante algumas semanas ou mesmo meses no período de 1918 a 1919, poderia parecer provável uma expansão da Revolução Russa para a Alemanha.

Mas não era. Penso que hoje há um consenso histórico a esse respeito. A Primeira Guerra Mundial abalou profundamente todos os povos nela envolvidos, e as revoluções de 1917-8 foram, acima de tudo, revoltas contra aquele holocausto sem precedentes, principalmente nos países do lado que estava perdendo. Mas em certas áreas da Europa, e em nenhuma outra mais que na Rússia, foram mais que isso: foram revoluções sociais, rejeições populares do Estado, das classes dominantes e do *status quo*. Não acho que a Alemanha pertencesse ao setor revolucionário da Europa. Não acho que parecesse pelo menos provável uma revolução social na Alemanha em 1913. Ao contrário do czar, acredito que, não fosse pela guerra, a Alemanha do kaiser poderia ter solucionado seus problemas políticos. Isso não quer dizer que a guerra fosse um acaso inesperado e inevitável, mas essa é uma outra questão. Claro que os líderes social-democratas moderados desejavam impedir que a Revolução Alemã caísse nas mãos dos socialistas revolucionários, porque eles próprios não eram nem socialistas nem revolucionários. De fato, nem mesmo desejavam se livrar do imperador. Mas não é esse o ponto. Uma revolução de outubro na Alemanha, ou algo parecido, não era um risco sério e, portanto, não precisou ser traída.

Penso que Lênin estava enganado ao apostar suas fichas em uma revolução alemã, mas não acho que ele pudesse ter percebido isso em 1917 ou 1918. Simplesmente não parecia provável. É nisso que a retrospecção histórica difere da avaliação contemporânea das possibilidades. Se em política temos de tomar decisões, como Lênin teve, nós as tomamos conforme as percebemos — e para ele era natural percebê-las dessa maneira. Mas o passado aconteceu, a partida não pode ser jogada de novo e, por isso, podemos perceber as coisas com mais clareza. A Revolução Alemã não foi um partida perdida comparada ao ponto da jogada anterior do time. A Revolução Russa estava destinada a erigir o socialismo em um país atrasado e logo extremamente arruinado, embora eu ainda precise ser convencido por Orlando Figes, que afirma que em 1918 Lênin já havia desistido de pensar em uma revolução se expandindo para mais algum lugar da Europa. Ao contrário, desconfio que os arquivos irão mostrar que, por vários anos ainda, a liderança soviética, ainda que não preparada para colocar em risco sua base doméstica na Rússia, permanecia tão envolvida com a revolução internacional quanto Fidel Castro e Che Guevara o estiveram, e, se assim posso dizer, muitas vezes com tantas ilusões e a mesma ignorância que os cubanos sobre a situação no exterior.[4]

Tendo a pensar que Lênin teria desejado tumultuar o Palácio de Inverno mesmo se tivesse certeza que os bolcheviques seriam derrotados, naquilo que poderia ser chamado pelos irlandeses de princípio da "Ascensão da Páscoa": fornecer inspiração para o futuro, mesmo da forma como a derrotada Comuna de Paris havia feito. Todavia, tomar o poder e declarar um programa socialista apenas fazia sentido se os bolcheviques esperassem uma revolução europeia. Ninguém acreditava que a Rússia pudesse fazê-la por si mesma. Então, a Revolução de Outubro deveria ter sido feita? E se deveria, com que objetivos? Isso nos remete para o terceiro tipo de contrafactuais, que, na verdade, diz respeito a alternativas consideradas possíveis na época. De fato, a questão não era se alguém mais devia arrebatar o poder ao governo provisório de Kerensky. Esse já estava morto. Tampouco era a de quem deveria assumir, porque os bolcheviques eram os únicos em condições, isoladamente ou como parceiro dominante em uma aliança. A questão era *como*: se com ou sem uma insurreição planejada, antes, durante ou após o iminente Congresso dos Soviets, como parte de uma ampla coalizão ou não, e com que objetivo, dado que não se tinha a menor ideia se um governo bolchevique, ou um governo russo central, poderia sobreviver. E sobre essas questões havia discussões reais na época, não só entre bolcheviques e outros, mas entre os próprios bolcheviques.

Mas, lembrem-se: se hoje, como historiadores, achamos que Kamenev, por exemplo, estava certo, e não Lênin, não estamos realmente avaliando as chances de Kamenev convencer o Partido Bolchevique em outubro de 1917. Estamos dizendo: se nos encontrássemos nessa situação *hoje*, deveríamos adotar sua opinião. Estamos falando do jogo agora ou no futuro, não do jogo em 1917, cujo placar não pode mais ser alterado. E, mais uma vez, o que exatamente estamos dizendo, se decidirmos, retrospectivamente, que teria sido melhor, digamos, se os bolcheviques não tivessem se envolvido, com efeito, no governo de partido único? Estaremos sugerindo que um governo de coalizão teria sido realmente melhor para dar conta da situação desesperada da Rússia na época, ou no longo prazo — se tivesse havido um longo prazo? Ou estaremos simplesmente concordando com Gorbachev que teríamos preferido que a Revolução de Fevereiro evoluísse de maneira diferente? O fato de que teria sido melhor se da revolução tivesse brotado uma Rússia democrática é algo com que a maioria das pessoas concordaria. Mas é uma proposição sobre nossas ideias políticas e não sobre a história. Em 1917, outubro veio depois de fevereiro. A história deve partir do que aconteceu. O resto é especulação.

Mas neste ponto devemos deixar de lado a especulação e voltar para a situação concreta de uma Rússia em revolução. Grandes revoluções de massa que eclodem de baixo para cima — e a Rússia em 1917 talvez tenha sido o exemplo mais impressionante de uma revolução desse tipo na história — são, em certo sentido, "fenômenos naturais". São como terremotos e grandes enchentes, principalmente quando, como na Rússia, a superestrutura do Estado e instituições nacionais virtualmente se desintegram. Numa grande medida, são incontroláveis. Devemos parar de pensar a Revolução Russa em termos das metas e intenções dos bolcheviques e dos demais, de sua estratégia de longo prazo, e de outras críticas marxistas de sua prática. Por que, de fato, não caíram, ou não aceitaram a derrota, como poderiam muito simplesmente ter feito? Inicialmente, o novo regime não tinha poder nenhum — certamente nenhuma força armada significativa. A única vantagem real com que o novo governo soviético contava, além de Petrogrado e Moscou, era sua capacidade de articular o que o povo russo desejava ouvir. O que Lênin almejava — e, em última análise, ele conseguia impor sua vontade no partido — era irrelevante. Ele "poderia não ter nenhuma estratégia ou perspectiva além da escolha, dia após dia, entre as decisões necessárias para a sobrevivência imediata e aquelas que corriam o risco do desastre imediato. Quem poderia se permitir considerar as possíveis consequências de longo prazo de decisões que tinham de ser tomadas *agora*, caso contrário, a Revolução chegaria ao fim e não haveria nenhuma consequência ulterior a ser considerada?".[5] Nada estava predeterminado. A qualquer momento as coisas poderiam dar errado. Somente depois de 1921 o regime poderia contar com sua permanência, avaliar a situação assustadora à qual a Rússia havia se reduzido, ou começar a pensar em termos de anos, e não mais de meses ou mesmo de semanas. Nesse momento seu curso futuro estava mais ou menos determinado, e era muito diferente de tudo que os marxistas, inclusive Lênin, teriam imaginado para a Rússia antes da Revolução. Tanto a doutrina soviética ortodoxa quanto a teoria da conspiração anticomunista imaginavam a Revolução como controlada e dirigida de cima para baixo: Lênin não acreditava nisso.

Então, como a Revolução de Outubro passou a sobreviver? Em primeiro lugar — e aqui concordo inteiramente com Orlando Figes em seu excelente *A People's Tragedy*[6] — os bolcheviques venceram porque lutaram sob a bandeira vermelha e, conquanto enganosamente, em nome dos sovietes. Em última análise, os camponeses e operários russos preferiam apoiar os vermelhos contra os brancos, que, segundo pensavam, iriam confiscar a terra e trazer de volta o czar, a pequena nobreza e os chamados *boorzhooi* (burgueses). Os vermelhos defendiam a revolução desejada pela maioria dos russos. E, lembrem-se, a Revolução Russa foi feita pelas massas e, durante seus dez anos iniciais, seu destino foi determinado pelas massas russas — por aquilo que elas desejavam ou não apoiariam. O stalinismo colocou um fim nisso.

Em segundo lugar, os bolcheviques sobreviveram porque eram a única força potencial de governo nacional depois do czar. A alternativa em 1917 não era, e não poderia ser, entre uma Rússia democrática e uma ditatorial, mas entre Rússia e não Rússia. Aqui era essencial a estrutura leninista centralizada do Partido Bolchevique, uma instituição formada para a ação disciplinada e, portanto, *de facto* para a construção do Estado, embora a um custo maior para a liberdade que sob o czarismo. Mas: se não os bolcheviques, então, ninguém. De fato, uma das poucas realizações da Revolução Russa que não é negada nem mesmo por seus inimigos é que, ao contrário dos outros impérios multinacionais derrotados na Primeira Guerra Mundial, o dos Habsburgo e dos otomanos, a Rússia não se esfacelou. Foi salva como Estado multinacional bicontinental pela Revolução de Outubro. Constantemente subestimamos a simpatia que a Rússia soviética despertava, portanto, em russos apolíticos, e mesmo nos patriotas de direita, tanto durante quanto depois da Guerra Civil: de que outro modo poderíamos explicar o curioso retorno de um contingente pequeno mas influente de exilados russos, civis e militares, no período do Plano Quinquenal? (Mais tarde, alguns podem tê-lo lamentado.)

Em terceiro lugar, sobreviveram porque o apelo de sua causa não era meramente russo. As potências estrangeiras podem ter ficado desestimuladas a apoiar os diversos e mutuamente hostis exércitos brancos na Guerra Civil, por vários motivos — mas após o fim da Grande Guerra sabiam que não poderiam ter enviado grandes contingentes próprios para participar na guerra, muito menos contra o regime considerado por seus soldados como o da revolução dos trabalhadores. Além disso, depois da guerra, os bolcheviques retomaram o controle da Transcaucásia essencialmente porque a Turquia os via como uma força contra o imperialismo britânico e francês. Até a derrotada Alemanha, confiante em sua própria imunidade ao bolchevismo, estava preparada para chegar a um acordo com eles. Em todo caso, enquanto o Exército Vermelho derrotava a ofensiva polonesa em 1920 e avançava na direção de Varsóvia, o general Seeckt, do exército alemão, enviava Enver Pasha para a Rússia para sugerir algo surpreendentemente parecido com a partilha da Polônia prevista nas cláusulas secretas do tratado Molotov-Ribbentrop de 1939. A derrota do Exército Vermelho na entrada de Varsóvia colocou um fim em tais sugestões.

Mas o impacto internacional de Outubro me remete ao último ponto, que é também minha conclusão. A Revolução Russa tem realmente duas histórias entrelaçadas: seu impacto sobre a Rússia e seu impacto sobre o mundo. Não podemos confundir os dois. Sem o segundo, nada mais que uns poucos historiadores especializados teriam se interessado por ela. Fora dos EUA não há muitas pessoas que sabem sobre a Guerra Civil norte-americana alguma coisa além do fato de que ela é o cenário de *E o vento levou...* No entanto, foi a maior guerra entre 1815 e 1914 e, de longe, a maior da história dos EUA, e também pode merecer ser chamada de segunda revolução norte-americana. Teve e tem muito significado dentro dos EUA, mas bem pouco significado exterior, pois exerceu pouco efeito óbvio sobre o que aconteceu em outros países que não aqueles abaixo de suas fronteiras sulistas.

Por outro lado, tanto na história russa quanto na história mundial do século XX, a Revolução Russa é um fenômeno imponente — mas não o mesmo tipo de fenômeno. O que significou para os povos russos? Ela levou a Rússia ao pico de seu poder e prestígio internacionais — muito além de tudo alcançado sob os czares. Stálin certamente ocupa um lugar tão permanente e importante na história russa quanto Pedro, o Grande. A revolução modernizou grande parte de um país atrasado, mas, embora suas realizações tenham sido titânicas — principalmente a capacidade de derrotar a Alemanha na Segunda Guerra Mundial —, seu custo humano foi enorme, sua economia fechada estava fadada a se esgotar e seu sistema político, fadado a se esfacelar. Reconhecidamente, para a maioria de seus habitantes que consegue se lembrar, a velha era soviética certamente parece muito melhor que a situação pela qual os ex-soviéticos estão hoje passando, e continuarão a passar por um bom tempo. Mas ainda é muito cedo para fazer um balanço histórico.

Devemos deixar que os diversos povos socialistas e ex-socialistas façam sua própria avaliação do impacto da Revolução de Outubro em sua história.

Quanto ao resto do mundo — apenas a conhecemos em segunda mão. Como uma força para a libertação no antigo mundo colonial e, em toda a Europa, antes e durante a Segunda Guerra Mundial; como o inimigo supremo para os EUA e, de fato, para todos os regimes conservadores e capitalistas durante a maior parte do século, exceto entre 1933 e 1945; como um sistema profundamente (e compreensivelmente) detestado por liberais e democratas parlamentaristas, mas, ao mesmo tempo, reconhecido, a partir dos anos 1930, na esquerda do mundo industrial, como algo que assustava e obrigava os ricos a conceder alguma prioridade política aos interesses dos pobres. O terrível paradoxo da era soviética é que o Stálin vivenciado pelos povos soviéticos e o Stálin visto no exterior como força libertadora eram a mesma pessoa. E era o libertador para os primeiros porque, pelo menos em parte, era o tirano para os de fora.

Poderão os historiadores chegar a um consenso sobre semelhante personalidade e semelhante fenômeno? Não consigo imaginar como poderiam, até onde o futuro é previsível. Tal como a Revolução Francesa, a Revolução Russa continuará a dividir as opiniões.

20. BARBÁRIE: MANUAL DO USUÁRIO

Este ensaio foi apresentado como Conferência da Anistia no Sheldonian Theatre, Oxford, em 1994. Foi publicado na New Left Review, *206 (1994), pp. 44-54.*

Intitulei minha palestra como "Barbárie: manual do usuário" não porque deseje apresentar instruções sobre como ser bárbaro. Ninguém de nós, infelizmente, precisa disso. Barbárie não é algo como dança no gelo, uma técnica que precisa ser aprendida — pelo menos, não até que se deseje tornar-se torturador ou algum outro especialista em atividades desumanas. Trata-se antes de um subproduto da vida em determinado contexto social e histórico, algo que vem com o território, como diz Arthur Miller em *Morte de um caixeiro-viajante*. O termo "sabedoria das ruas" expressa muito melhor o que desejo dizer para sugerir a atual adaptação das pessoas à existência em uma sociedade desprovida das regras da civilização. Ao compreender esse termo, todos nos adaptamos à vida em uma sociedade que, pelos padrões de nossos avós ou pais — e até pelos padrões de nossa juventude, para os que têm a minha idade —, é incivilizada. Acostumamo-nos com ela. Não quero dizer que não conseguimos mais ficar chocados com esse ou aquele de seus exemplos. Ao contrário, ficar chocado periodicamente por algo invulgarmente terrível é parte da experiência. Ajuda a ocultar o quanto nos habituamos à normalidade daquilo que nossos pais — os meus com certeza — teriam considerado vida em condições desumanas. Meu manual do usuário, segundo espero, é um guia para compreender como isso aconteceu.

O argumento dessa apresentação é o de que, após cerca de 150 anos de declínio secular, a barbárie esteve em crescimento durante a maior parte do século XX, e não há nenhum indício de que esse crescimento esteja no fim. Nesse contexto, entendo que "barbárie" signifique duas coisas. Primeiro, a ruptura e colapso dos sistemas de regras e comportamento moral pelos quais *todas* as sociedades controlam as relações entre seus membros e, em menor extensão, entre seus membros e os de outras sociedades. Em segundo lugar, ou seja, mais especificamente, a reversão do que poderíamos chamar de projeto do Iluminismo do século XVIII, a saber, o estabelecimento de um sistema *universal* de tais regras e normas de comportamento moral, corporificado nas instituições dos Estados e dedicado ao progresso racional da humanidade: à Vida, Liberdade e Busca da Felicidade, à Igualdade, Liberdade e Fraternidade ou seja lá o que for. As duas coisas estão agora acontecendo e reforçam seus respectivos efeitos negativos em nossas vidas. A relação entre meu tema e a questão dos direitos humanos deve, portanto, ser óbvia.

Esclarecerei a primeira forma de barbarização, a que acontece quando desaparecem os controles tradicionais. Michael Ignatieff, em seu recente *Blood and Belonging*, observa a diferença entre os pistoleiros das guerrilhas curdas de 1993 e os dos postos da fronteira bósnia. Com muita perspicácia, ele percebe que na sociedade sem Estado do Curdistão todo menino que chega à adolescência recebe uma arma. Portar uma arma significa simplesmente que o rapaz deixou de ser uma criança e deve se comportar como homem. "O acento de significado na cultura da arma enfatiza assim responsabilidade, sobriedade, dever trágico." As armas são disparadas quando precisam ser disparadas. Por outro lado, a maioria dos europeus a partir de 1945, inclusive nos Bálcãs, viveu em sociedades onde o Estado desfrutava de um monopólio da violência legítima. Quando os Estados se esfacelaram, o mesmo ocorreu com esse monopólio. "Para alguns jovens europeus do sexo masculino, o caos resultante [desse colapso] [...] propiciava a oportunidade de ingressar em um paraíso erótico do tudo-é-permitido. Daí a cultura semissexual, semipornográfica da pistola nos postos da fronteira.

Para os jovens havia uma carga erótica irresistível em portar poder letal em suas mãos" e usá-lo para aterrorizar os indefesos.[1]

Desconfio que grande parte das atrocidades atualmente cometidas nas guerras civis de três continentes reflete esse tipo de ruptura, característica do mundo ao final do século XX. Mas pretendo dizer uma ou duas palavras sobre isso mais adiante.

Quanto à segunda forma de barbarização, desejo declarar um interesse. Creio que uma das poucas coisas que nos separam de uma queda acelerada nas trevas é o conjunto de valores herdados do Iluminismo do século XVIII. Não é uma concepção muito popular nesse momento, quando o Iluminismo pode ser descartado como algo que vai do superficial e intelectualmente ingênuo até uma conspiração de homens brancos mortos usando perucas para fornecer fundamento intelectual ao imperialismo ocidental. Pode ser ou não isso tudo, mas é também o único fundamento para todas as aspirações de erigir sociedades adequadas a *todos* os seres humanos que viverão em algum lugar desse planeta, e para a afirmação e defesa de seus direitos humanos como pessoas. Em todo caso, o progresso da civilidade ocorrido desde o século XVIII até o início do XX foi obtido preponderantemente ou em sua totalidade sob a influência do Iluminismo, por governos que ainda são chamados, em benefício dos estudantes de história, "absolutistas esclarecidos", por revolucionários e reformadores, liberais, socialistas e comunistas, todos pertencentes à mesma família intelectual. Não foi obtido por seus críticos. Esse período histórico, em que o progresso não era meramente imaginado como material e moral mas que o foi de fato, chegou ao fim. Todavia, o único critério que nos permite avaliar, em lugar de meramente registrar, o consequente descenso à barbárie é o velho racionalismo do Iluminismo.

Gostaria de ilustrar a amplitude do abismo entre o período anterior a 1914 e o nosso. Não me apoiarei no fato de que nós, que passamos por desumanidade maior, tendemos hoje a ficar menos chocados com as moderadas injustiças que envergonharam o século XIX. Um erro isolado da justiça na França (o caso Dreyfus), por exemplo, ou vinte manifestantes presos por uma noite pelo exército alemão em uma cidade da Alsácia (o incidente de Zabern em 1913). O que desejo lembrar a vocês são normas de conduta. Clausewitz, escrevendo após as Guerras Napoleônicas, pressupunha que as forças armadas dos Estados civilizados não executariam seus prisioneiros de guerra ou não devastariam países. As guerras mais recentes em que a Grã-Bretanha se envolveu, ou seja, a Guerra das Malvinas e a Guerra do Golfo, sugerem que isso não é mais pressuposto. Além disso, para citar a 11ª edição da *Enciclopédia Britânica*, "a guerra civilizada, dizem-nos os manuais, confina-se, na medida do possível, à incapacitação das forças armadas do inimigo; caso contrário, a guerra continuaria até que uma das partes fosse exterminada. 'É por um bom motivo'" — e aqui a *Britânica* cita Vattel, um advogado internacional do nobre Iluminismo do século XVIII — "'que essa prática passou a ser um costume nas nações da Europa'". Não é mais um costume das nações da Europa ou de nenhum outro lugar. Antes de 1914, a concepção de que a guerra devia se dar contra combatentes e não contra não combatentes era uma concepção comum a rebeldes e revolucionários. O programa do Narodnaya Volya, o grupo russo que assassinou o czar Alexandre II, afirmava explicitamente "que indivíduos e grupos alheios a sua luta contra o governo seriam tratados como neutros, sendo suas pessoas e propriedades invioláveis".[2] Aproximadamente na mesma época, Frederick Engels condenava os fenianos irlandeses (com quem estavam todas as suas simpatias) por colocarem uma bomba em Westminster Hall, arriscando assim a vida de inocentes ali presentes. Como um velho revolucionário com experiência em conflito armado, ele achava que a guerra deveria ser movida contra combatentes e não contra civis. Hoje, esse limite não é reconhecido por revolucionários e terroristas, como também não o é pelos governos que promovem guerras.

Sugiro então uma breve cronologia dessa escorregada pelo declive de barbarização. São quatro os seus estágios principais: a Primeira Guerra Mundial, o período de crise mundial desde o colapso de 1917-20 até o de 1944-7, as quatro décadas da era da Guerra Fria e, por último, o colapso geral da civilização conforme conhecemos sobre extensas áreas do mundo a partir dos anos 1980. Há uma óbvia continuidade entre os três primeiros estágios. Em cada um as lições anteriores de desumanidade do homem para com o homem foram aprendidas e se tornaram a base de novos avanços de barbárie. A mesma conexão linear não existe entre o terceiro e o quarto estágios. O colapso dos anos 1980 e 1990 não se deu graças às ações de agentes humanos de decisão que poderiam ser reconhecidas como bárbaras, como os projetos de Hitler e o terror de Stálin, lunáticas, como os argumentos justificando a corrida rumo à guerra nuclear, ou ambas, como a Revolução Cultural de Mao. O colapso ocorreu porque os agentes de decisão não sabem mais o que fazer quanto a um mundo que escapa ao seu ou ao nosso controle, e porque a transformação explosiva da sociedade e da economia a partir de 1950 produziu um colapso e ruptura sem precedentes nas regras que governam o comportamento em sociedades humanas. O terceiro e quarto estágios, portanto, superpõem-se e interagem. Hoje as sociedades humanas estão falindo, mas sob condições em que os padrões de conduta pública permanecem no nível a que foram reduzidos nos períodos anteriores de barbarização. Até agora não deram nenhum indício significativo de estarem novamente se elevando.

Existem diversas razões pelas quais a Primeira Guerra Mundial deu início à descida para a barbárie. Em primeiro lugar, inaugurou a era mais assassina até então registrada na história. Zbigniew Brzezinski estimou recentemente as "megamortes" entre 1914 e 1990 em 187 milhões, o que — ainda que especulativamente — pode servir como uma razoável ordem de magnitude. Calculo que isso corresponda a cerca de 9% da população mundial em 1914. Passamos a nos habituar ao morticínio. Em segundo lugar, os sacrifícios ilimitados que os governos impuseram a seus próprios homens quando os enviaram para o holocausto de Verdun e Ypres estabeleceram um precedente sinistro, no mínimo por imporem massacres ainda mais ilimitados ao inimigo. Em terceiro lugar, o conceito mesmo de uma guerra de mobilização nacional total esfacelou o pilar central da guerra civilizada, a distinção entre combatentes e não combatentes. Em quarto, a Primeira Guerra Mundial foi a primeira grande guerra, pelo menos na Europa, movida em condições políticas democráticas pela população como um todo ou com sua participação ativa. Infelizmente, as democracias raramente podem ser mobilizadas por guerras quando essas são vistas meramente como incidentes no jogo de poder internacional, como os antiquados ministérios das Relações Exteriores pareciam vê-las. Tampouco combatem nelas como corpos profissionais de soldados ou boxeadores, para quem a guerra é uma atividade que não requer ódio ao inimigo, na medida em que este combata pelas regras profissionais. As democracias, como mostra a experiência, requerem inimigos endemonizados. Como iria demonstrar a Guerra Fria, isso facilita a barbarização. Por fim, a Grande Guerra terminou em colapso social e político, revolução social e contrarrevolução em uma escala sem precedentes.

Essa era de colapso e revolução dominou os trinta anos que se seguiram a 1917. O século XX se tornou, entre outras coisas, uma era de guerras religiosas entre um liberalismo capitalista, na defensiva e em recuo até 1947, e o comunismo soviético e movimentos do tipo fascista, que também desejavam mutuamente se destruir. Na verdade, a única ameaça real ao capitalismo liberal em seus territórios centrais, afora seu próprio colapso após 1914, vinha da direita. Entre 1920 e a queda de Hitler, nenhum regime foi derrubado *em parte alguma* por revolução comunista ou socialista. Mas a ameaça comunista, voltada à propriedade e ao privilégio social, era mais assustadora. Não era uma situação que conduzisse ao retorno de valores civilizados. Muito pelo contrário, já que a guerra deixou para trás um depósito escuro de crueldade e violência, e um conjunto significativo de homens experientes em ambas e apegados a ambas. Muitos deles forneceram a força de trabalho para uma inovação, para a qual não encontro nenhum precedente real antes de 1914, a saber, esquadrões fortemente armados e de extermínio, semioficiais ou tolerados, que faziam o trabalho sujo que os governos ainda não estavam preparados para fazer oficialmente: *Freikorps*, *Black-and-Tans*, *squadristi*. Em todos os casos, a violência estava em ascensão. O enorme surto de assassinatos políticos após a guerra há muito foi notado, por exemplo, pelo historiador de Harvard, Franklin Ford. Além disso, não conheço precedente anterior a 1914 para os sangrentos combates de rua entre oponentes políticos organizados que se tornaram tão comuns tanto na Alemanha de Weimar quanto na Áustria no final dos anos 1920. E onde havia um precedente, era quase trivial. Os conflitos e batalhas de Belfast de 1921 mataram mais pessoas que as que foram mortas em todo o século XIX naquela tumultuosa cidade: 428 vidas. E no entanto os combatentes de esquina não eram necessariamente antigos soldados com um gosto pela guerra, ao passo que 57% da filiação inicial do Partido Fascista italiano o eram. Três quartos das tropas de choque nazista de 1933 eram jovens demais para terem estado na guerra. A guerra, os quase uniformes (as notórias camisas coloridas) e o porte de armas agora forneciam um modelo para o jovem pobre.

Já sugeri que a história depois de 1917 seria a das guerras religiosas. "Não há guerra verdadeira senão a guerra religiosa", escreveu um dos oficiais franceses pioneiros da barbárie da política francesa de contrainsurgência na Argélia dos anos 1950.[3] Entretanto, o que tornou mais brutal e desumana a crueldade naturalmente resultante das guerras religiosas foi que a causa do Bem (ou seja, a das grandes potências ocidentais) era defrontada pela causa do Mal, representada, com muita frequência, por povos cujo mero direito à humanidade plena era rejeitado. A revolução social, e principalmente a rebelião colonial, contestava o senso de uma superioridade *natural*, como se fosse uma superioridade divina ou cosmicamente sancionada de pessoas da cúpula em relação a pessoas da base em sociedades naturalmente desiguais, seja por nascimento ou realização. As guerras de classe, como nos lembrou a sra. Thatcher, normalmente são conduzidas com mais rancor por parte da cúpula que por parte da base. A própria ideia de que as pessoas cuja inferioridade perpétua é um dado da natureza, especialmente quando manifestada na cor da pele, pudessem pretender-se iguais a seus superiores naturais — para não dizer rebelar-se contra eles — era em si mesma ultrajante. Se isso era verdadeiro para a relação entre as classes superiores e inferiores, o era ainda mais para a relação entre as raças. Teria o general Dyer em 1919 ordenado a seus homens que atirassem numa multidão, matando 379 pessoas, se a multidão fosse inglesa, ou mesmo irlandesa, e não indiana, ou o local fosse Glasgow e não Amritsar? Quase com certeza, não. A barbárie da Alemanha nazista foi ainda maior contra russos, poloneses, judeus e outros povos considerados sub-humanos, que contra europeus ocidentais.

No entanto, a crueldade implícita nas relações entre aqueles que se supõem "naturalmente" superiores e seus inferiores supostamente "naturais" apenas acelerou a barbarização latente em todo confronto entre Deus e o Diabo. Nessas escaramuças apocalípticas apenas um resultado é possível: vitória total ou derrota total. Não se pode conceber nada pior que o triunfo do Diabo. Como dizia a frase da Guerra Fria, "Melhor morto que vermelho", que, em qualquer sentido literal, é uma afirmação absurda. Em semelhante luta, o fim necessariamente justificava *quaisquer* meios. Se a única maneira de derrotar o Diabo era por meios diabólicos, era isso que tínhamos que fazer. Caso contrário, por que teriam os mais moderados e civilizados cientistas ocidentais insistido com seus governos na construção da bomba atômica? Se o outro lado é diabólico, então, devemos supor que empregarão meios diabólicos, mesmo que no momento não estejam fazendo isso. Não estou dizendo que Einstein estivesse enganado ao considerar uma vitória de Hitler como o cúmulo do mal, mas apenas tentando esclarecer a lógica de tais confrontos, que necessariamente levaram à escalada mútua de barbárie. Isso é um tanto mais claro no caso da Guerra Fria. O argumento do famoso "Telegrama Extenso" de Kennan, de 1946, que forneceu a justificativa ideológica da Guerra Fria, não era diferente do que os diplomatas britânicos constantemente diziam sobre a Rússia em todo o século XIX: devemos contê-los, se necessário pela ameaça da força, ou eles avançarão sobre Constantinopla e sobre a fronteira indiana. Mas, durante o século XIX, o governo britânico raramente perdeu sua frieza quanto a isso. A diplomacia, o "grande jogo" entre agentes secretos, e mesmo a guerra ocasional, não eram confundidos com o apocalipse. Após a Revolução de Outubro, sim. Palmerston teria meneado a cabeça; penso que, no final, também o próprio Kennan.

É mais fácil perceber por que a civilização recuou entre o Tratado de Versalhes e a queda da bomba sobre Hiroshima. O fato de que a Segunda Guerra Mundial, ao contrário da Primeira, fosse combatida de um lado por beligerantes que rejeitavam especificamente os valores da civilização do século XIX e do Iluminismo, fala por si mesmo. Talvez precisemos explicar por que a civilização do século XIX não se recuperou da Primeira Guerra Mundial, como muitos esperavam que acontecesse. Mas sabemos que ela não o fez. Ingressou em uma era de catástrofes: guerras seguidas de revoluções sociais, fim de impérios, colapso da economia liberal mundial, o constante recuo dos governos constitucionais e democráticos, a ascensão do fascismo e nazismo. O recuo dessa civilização não é muito surpreendente, principalmente quando consideramos que o período terminou na maior de todas as escolas da barbárie, a Segunda Guerra Mundial. Por isso, passemos para a era de catástrofes e voltemo-nos para o que constitui um fenômeno deprimente e ao mesmo tempo curioso, ou seja, o avanço da barbárie no Ocidente após a Segunda Guerra Mundial. Muito longe de uma era de catástrofes, o terceiro quartel do século XX foi uma era de triunfo para um capitalismo liberal reformado e restaurado, pelo menos nos países centrais das "economias de mercado desenvolvidas". Ele produziu sólida estabilidade política e também prosperidade econômica sem precedentes. Não obstante, a barbarização prosseguiu. Como uma questão em pauta, tomemos o desagradável tema da tortura.

Como não é necessário dizer a vocês, em várias ocasiões a partir de 1782, a tortura foi formalmente eliminada do procedimento judicial nos países civilizados. Teoricamente, não era mais tolerada no aparelho coercitivo do Estado. O preconceito contra ela era tão forte que a tortura não voltou após a derrota da Revolução Francesa, que naturalmente a havia abolido. O afamado ou infame Vidocq, o ex-condenado convertido em chefe de polícia na Restauração, e modelo para Vautrin, o personagem de Balzac, era totalmente destituído de escrúpulos, mas não torturava. Pode-se imaginar que nos cantos da barbárie tradicional que resistia ao progresso moral — nas prisões militares, por exemplo, ou em instituições similares — ela não se extinguira totalmente, ou pelo menos não a sua memória. Ocorre-me que a forma básica de tortura aplicada pelos coronéis gregos no período de 1967-74 foi, com efeito, o velho *bastinado* turco — variações em torno de golpes nas solas dos pés —, muito embora nenhuma área da Grécia tivesse passado por administração turca por quase cinquenta anos. Podemos também supor que os métodos civilizados se retardassem onde os governos combatiam subversivos, como na Okhrana czarista.

O progresso principal da tortura entre as guerras deu-se em regimes comunistas e fascistas. O fascismo, sem compromissos com o Iluminismo, praticou-a plenamente. Os bolcheviques, como os jacobinos, aboliram formalmente os métodos empregados pela Okhrana, mas quase imediatamente fundaram a Cheka, que não reconhecia nenhum limite em sua luta em defesa da revolução. Entretanto, um telegrama circular de Stálin em 1939 sugere que após a Grande Guerra "a aplicação de métodos de pressão física na prática da NKVD [herdeira da Cheka]" não foi oficialmente legitimada até 1937, ou seja, foi legitimada como parte do Grande Terror stalinista. Com efeito, ela se tornou obrigatória em certos casos. Esses métodos seriam exportados para os satélites soviéticos europeus após 1945, mas podemos supor que nesses novos regimes havia policiais com experiência em tais atividades nos regimes de ocupação nazista.

Apesar disso, tendo a achar que a tortura no Ocidente não aprendeu muito com a tortura soviética ou não a imitou, embora as técnicas de manipulação mental possam ter se valido mais das técnicas chinesas daquilo que os jornalistas batizaram como "lavagem cerebral" quando depararam com ela durante a Guerra da Coreia. É quase certo que o modelo era a tortura fascista, particularmente conforme praticada na repressão alemã dos movimentos de resistência durante a Segunda Guerra Mundial. Contudo, não devemos subestimar a disposição de aprender até mesmo com os campos de concentração.

Como hoje sabemos, graças às revelações da administração Clinton, os EUA, desde o imediato pós-guerra até plenos anos 1970, envolveram-se em experimentos com radiação em seres humanos, selecionados entre aqueles avaliados como socialmente inferiores. Como as experiências nazistas, eram conduzidos ou pelo menos monitorados por médicos, profissão cujos membros, devo dizer com pesar, frequentemente se permitiram envolver na prática da tortura em todos os países. Pelo menos um dos médicos norte-americanos que acharam repugnantes tais experimentos protestou a seus superiores que parecia haver neles "um cheiro de Buchenwald". É seguro supor que não fosse o único a perceber a similaridade.

Gostaria de falar agora da Anistia, em benefício da qual essas palestras são realizadas. Essa organização, como sabem, foi fundada em 1961, basicamente para proteger prisioneiros políticos e outros presos por motivos de consciência. Surpresos, esses homens e mulheres descobriram que também tinham de lidar com o uso sistemático da tortura por governos — ou mal disfarçadas agências de governo — em países nos quais não esperavam encontrá-la. Talvez apenas o provincianismo anglo-saxão seja suficiente para explicar sua surpresa. O emprego da tortura pelo exército francês durante a guerra argelina de independência, entre 1954 e 1962, havia muito causara comoção política na França. Por isso, a Anistia teve de concentrar grande parte de seu esforço na tortura, e seu Relatório de 1975 sobre o assunto continua a ser fundamental.[4] Duas coisas em relação a esse fenômeno foram impressionantes. Em primeiro lugar, seu uso sistemático no Ocidente democrático era novidade, mesmo levando em conta o precedente ímpar do ferrão eletrificado de tanger gado, utilizado nas cadeias argentinas depois de 1930. O segundo fato impressionante era que o fenômeno era agora *puramente ocidental*, pelo menos na Europa, como observava o relatório da Anistia. "A tortura como prática stalinista sancionada pelo governo cessou. Com poucas exceções [...] nenhum relato de tortura na Europa oriental alcançou o mundo exterior na última década." Isso talvez seja menos surpreendente do que parece à primeira vista. Desde a batalha de vida ou morte da Guerra Civil russa, a tortura na URSS — em contraste com a brutalidade geral da vida penal russa — não havia servido para proteger a segurança do Estado. Servira a outros propósitos, tais como a construção de processos espetaculares e formas similares de encenação pública.

Ela declinou e caiu junto com o stalinismo. Por frágeis que se revelassem os sistemas comunistas, apenas um uso limitado, ou mesmo nominal, de coerção armada foi necessário para mantê-los de 1957 até 1989. Por outro lado, *é* mais surpreendente que o período que vai da metade dos anos 1950 até o final dos anos 1970 tenha sido a era clássica da tortura ocidental, alcançando seu pico na primeira metade dos anos 1970, quando floresceu simultaneamente na Europa mediterrânea, em diversos países da América Latina com antecedentes até então irrepreensíveis — Chile e Uruguai são exemplos claros —, na África do Sul e até na Irlanda do Norte, embora sem a aplicação de choque elétrico nos órgãos genitais. Devo acrescentar que a curva da tortura oficial no Ocidente caiu significativamente a partir de então, em parte, espera-se, devido aos esforços da Anistia. Apesar disso, a edição de 1992 do admirável *World Human Rights Guide* [Guia mundial dos direitos humanos] registrou tortura em 62 dentre os 104 países investigados, sendo que apenas quinze receberam um atestado de saúde totalmente limpo.

Como devemos explicar esse fenômeno deprimente? Por certo que não pela racionalização oficial da prática, conforme declarado pelo Comitê Compton, da Grã-Bretanha, que relatou com certa ambiguidade a situação na Irlanda do Norte em 1972. Falava de "informações que operacionalmente se necessitavam obter o mais rápido possível".⁵ Mas isso não era nenhuma explicação. Era meramente outra maneira de dizer que os governos haviam cedido à barbárie, ou seja, que não mais aceitavam a convenção de que prisioneiros de guerra não eram obrigados a dizer a seus captores mais que seu nome, patente e número, e que *não* se obteriam mais informações deles por meio de tortura, por mais urgente que fosse a necessidade operacional.

Sugiro que três fatores estejam envolvidos. A barbarização ocidental pós-1945 ocorreu contra o pano de fundo das loucuras da Guerra Fria, período que um dia será de compreensão tão difícil aos historiadores quanto a moda das bruxas dos séculos XV e XVI. Não preciso dizer mais nada além de ressaltar que a suposição extraordinária de que apenas a prontidão de lançar o holocausto nuclear diante de uma notícia de última hora preservaria o mundo ocidental da imediata derrubada pela tirania totalitária era em si suficiente para solapar todos os padrões aceitos de civilidade. Além disso, está claro que a tortura ocidental se desenvolveu inicialmente, em uma escala significativa, como parte da tentativa espúria de uma potência colonial, ou, em todo caso, das forças armadas francesas, de preservar seu império na Indochina e na África setentrional. Nada tendeu mais a barbarizar que a repressão de raças inferiores pelas forças de um Estado que havia recentemente passado pela repressão da Alemanha nazista e seus colaboradores. Talvez seja significativo que, seguindo o exemplo francês, a tortura sistemática pareça depois ter sido basicamente conduzida mais pelos militares que pela polícia.

Nos anos 1960, após a Revolução Cubana e a radicalização estudantil, um terceiro elemento entrou na situação. Foi a ascensão dos novos movimentos insurrecionais e terroristas que em sua essência eram tentativas de grupos voluntários de minorias de criar situações revolucionárias mediante atos de vontade. A estratégia básica desses grupos era a polarização. Seja demonstrando que o regime inimigo não estava mais no controle, seja — onde a situação era menos favorável — provocando sua repressão geral, esperavam levar as massas até então passivas a apoiar os rebeldes. Ambas as variantes eram perigosas. A segunda era um convite aberto a uma espécie de escalada mútua de terror e contraterror. Era preciso um governo muito equilibrado para resistir; mesmo os ingleses na Irlanda do Norte não mantiveram sua calma nos primeiros anos. Diversos regimes, principalmente militares, não resistiram. Quase não é preciso acrescentar que, em um concurso de barbárie comparativa, as forças do Estado tendiam a vencer — e venceram.

Mas um clima sinistro de irrealidade pairava sobre essas guerras subterrâneas. Exceto nas batalhas remanescentes de libertação colonial, e talvez na América Central, os combates eram travados em função de objetivos menores do que cada um dos lados pretendia. A revolução socialista das várias brigadas terroristas de esquerda não estava na agenda. Suas chances reais de derrotar e derrubar regimes existentes por meio de insurreição eram insignificantes, e sabiam disso. O que os reacionários realmente temiam não eram estudantes com armas, mas movimentos de massa que, como Allende no Chile e os peronistas na Argentina, pudessem vencer as eleições, coisa que os pistoleiros não podiam. O exemplo da Itália demonstra que a política rotineira podia seguir quase como antes, mesmo em presença da maior dessas forças insurrecionais da Europa, as Brigadas Vermelhas. As principais conquistas dos neoinsurrecionários foi, então, permitir que o nível geral de força e violência fosse incrementado em alguns graus. Os anos 1970 deixaram para trás tortura, assassinato e terror no ex-democrático Chile, onde seu objetivo não era proteger um regime militar que não corria nenhum risco de derrubada, mas ensinar humildade aos pobres e instalar um sistema econômico de livre-mercado a salvo da oposição política e dos sindicatos. No Brasil relativamente pacífico, e não uma cultura naturalmente sangrenta como a da Colômbia ou México, deixaram atrás de si uma herança de esquadrões da morte, varrendo as ruas para liquidar "antissociais" e as crianças abandonadas nas calçadas. Deixaram para trás, quase em toda parte no Ocidente, doutrinas de "contrainsurgência" que posso resumir nas palavras de um dos autores que pesquisaram esses textos: "Insatisfação sempre há, mas a resistência apenas tem uma chance de sucesso contra um regime liberal-democrático, ou um sistema autoritário antiquado, ineficaz".[6] Em suma, a moral dos anos 1970 foi a de que a barbárie é mais eficaz que a civilização. Ela foi permanentemente enfraquecida pelos limites da civilização.

Voltemos por fim ao período presente. As guerras religiosas em sua forma característica do século XX estão mais ou menos encerradas, muito embora tenham deixado atrás de si um substrato de barbárie pública. Podemos nos ver retornando a guerras religiosas no sentido antigo, mas deixemos de lado essa ilustração adicional do recuo da civilização. A convulsão atual de conflitos nacionalistas e guerras civis não deve ser considerada como um fenômeno ideológico, e muito menos como ressurgimento de forças primordiais há muito reprimidas pelo comunismo ou universalismo ocidental, ou como quer que seja chamado pelo jargão corrente de uso próprio dos militantes da política de identidade. Em minha opinião é uma resposta a um duplo colapso: o da ordem política conforme representada por Estados em funcionamento — *todo* Estado efetivo que se sustenta previne-se contra a queda na anarquia hobbesiana — e o esfacelamento de velhas estruturas de relações sociais sobre uma área enorme do planeta — *toda* estrutura que se sustenta previne-se contra a *anomia* durkheimiana.

Acredito que os horrores das guerras civis atuais sejam consequência desse duplo colapso. Não são um retorno a selvagerias arcaicas, por mais longas que possam ser as memórias ancestrais nas montanhas da Herzegovina e Krajina. As comunidades bósnias não estavam isentas de cortar reciprocamente suas gargantas pela *force majeure* de uma ditadura comunista. Viviam juntas pacificamente e, pelo menos entre os cerca de 50% da população urbana iugoslava, casavam-se entre si em um grau inconcebível em sociedades realmente segregadas como Ulster ou nas comunidades raciais dos EUA. Se o Estado britânico tivesse abdicado em Ulster como fez o Estado iugoslavo, teríamos bem mais que cerca de 3 mil mortos em um quarto de século. Além disso, como muito bem revelou Michael Ignatieff, as atrocidades dessa guerra estão em grande parte envolvidas em uma forma tipicamente contemporânea das "classes perigosas", ou seja, rapazes desenraizados entre a puberdade e o casamento, para os quais não existem mais regras e limites de comportamento aceitos ou efetivos: nem mesmo as regras aceitas de violência em uma sociedade tradicional de combatentes machos.

E é claro que isso é o que vincula o colapso explosivo da ordem social na periferia de nosso sistema mundial à sedimentação mais lenta nos núcleos centrais da sociedade desenvolvida. Em ambas as regiões, coisas indizíveis são feitas por pessoas que não mais dispõem de guias sociais para a ação. A velha e tradicional Inglaterra, tão sepultada pela sra. Thatcher, confiava na força enorme do costume e da convenção. Não se fez o que "deve ser" feito, mas o que *foi* feito: como diz a expressão, "a coisa certa". Mas não sabemos mais o que é "a coisa certa", há apenas "a coisa própria a cada um".

Sob tais circunstâncias de desintegração social e política, devemos esperar, em todo caso, um declínio na civilidade e um crescimento na barbárie. Entretanto, o que torna as coisas piores, o que sem dúvida as tornará piores no futuro, é o constante desmantelamento das defesas que a civilização do Iluminismo havia erigido contra a barbárie, e que tentei esboçar nesta palestra. O pior é que passamos a nos habituar ao desumano. Aprendemos a tolerar o intolerável.

Guerra total e Guerra Fria fizeram em nós uma lavagem cerebral para aceitarmos a barbaridade. Pior ainda: fizeram a barbaridade parecer insignificante, comparada a questões mais importantes como ganhar dinheiro. Gostaria de concluir com o caso de um dos últimos avanços da civilização do século XIX, a saber, o banimento da guerra química e biológica — armas essencialmente voltadas ao terror, pois seu valor operacional real é baixo. Mediante acordo virtualmente universal foram banidas após a Primeira Guerra Mundial nos termos do Protocolo de Genebra, de 1925, previsto para entrar em vigor em 1928. O banimento foi mantido ao longo da Segunda Guerra

Mundial, exceto, naturalmente, na Etiópia. Em 1987, foi insolente e provocativamente rasgado por Saddam Hussein, que matou vários milhares de seus cidadãos com bombas de gás venenoso. Quem protestou? Apenas o velho "exército de prontidão dos bons", e nem mesmo todos eles — como sabem aqueles dentre nós que na época tentaram colher assinaturas. Por que tão pouca indignação? Em parte, porque fazia muito tempo que a rejeição absoluta de tais armas desumanas fora silenciosamente abandonada. Havia sido reduzida a um compromisso em não ser o primeiro a usar tais armas, mas, evidentemente, se o outro lado as usasse... Mais de quarenta países, liderados pelos EUA, assumiram essa posição na resolução de 1969 da ONU contra a guerra química. A oposição à guerra biológica continuou forte. Esse recurso seria totalmente eliminado nos termos de um acordo de 1972: mas não o das armas químicas. Poder-se-ia dizer que o gás venenoso havia sido discretamente domesticado. Os países pobres agora o viam simplesmente como um contragolpe possível às armas nucleares. Todavia, era terrível. E, no entanto — devo lembrar —, o governo britânico e outros governos do mundo democrático e liberal, longe de protestarem, mantiveram-se calados e fizeram o máximo para manter seus cidadãos no escuro, à medida que incentivavam seus empresários a vender mais armas para Saddam, inclusive o equipamento para envenenar com gás os seus cidadãos. Não se indignaram até que Saddam fez algo genuinamente insuportável. Não preciso lembrar a vocês o que ele fez: atacou os campos de petróleo que os EUA consideravam vitais.

21. NÃO BASTA A HISTÓRIA DE IDENTIDADE

Este ensaio, que debate o relativismo de certas modas intelectuais correntes ("pós-modernas"), foi escrito para um número especial sobre história, editado por meu amigo, o professor François Bédarida, veterano diretor do Institut pour l'Histoire du Temps Présent, de Paris, para o periódico Diogenes, *42/4 (1994), sob o título: "O historiador entre a busca do universal e busca da identidade".*

I

Deve ser melhor começar essa discussão sobre a sina do historiador com uma experiência concreta. No início do verão de 1944, quando o exército alemão se retirava para o Norte da Itália a fim de estabelecer um front mais defensável contra o avanço das forças aliadas ao longo da chamada Linha Gótica nos Apeninos, suas unidades realizaram uma série de massacres, normalmente justificados como retaliações contra atividade local "bandida" (isto é, guerrilheira). Cinquenta anos depois, alguns desses massacres aldeões na província de Arezzo, até então relegados para as memórias dos sobreviventes das aldeias e dos historiadores locais da Resistência, propiciaram o ensejo para uma conferência internacional sobre a memória dos massacres alemães na Segunda Guerra Mundial.

A conferência reuniu não apenas historiadores e cientistas sociais de vários países da Europa oriental e ocidental e dos EUA, mas também sobreviventes locais, antigos combatentes da Resistência e outras partes interessadas. Nenhum tema poderia ser menos puramente "acadêmico", mesmo cinquenta anos depois que 175 homens foram separados de suas mulheres e filhos em Civitella della Chiana, fuzilados e despejados nos crematόrios de sua aldeia. Por isso, não admira que a conferência ocorresse em uma rara atmosfera de tensão e incômodo. Todos sabiam que estavam em jogo questões políticas e até existenciais de grande premência. Nenhum historiador presente podia deixar de refletir sobre a relação entre a história e o presente. Afinal, apenas algumas semanas antes, a Itália havia eleito o primeiro governo desde 1943 a incluir fascistas, e dedicado tanto ao anticomunismo quanto à proposição de que a resistência de 1943-5 não havia sido um movimento de libertação nacional e que, em todo caso, pertencia a um passado remoto irrelevante ao presente, devendo ser esquecido.

Todos estavam incomodados. Os sobreviventes dos tempos da Resistência e do massacre estavam incomodados diante da revelação de coisas que, como sabiam todos os compatriotas, era melhor deixar caladas. Como poderia a vida rural, senão por um acordo tácito em enterrar os conflitos do passado, ter retornado a algum tipo de "normalidade" após 1945? (Um historiador norte-americano escreveu um ensaio perspicaz sobre esse mecanismo de silêncio seletivo na aldeia ístria de sua mulher croata.) Os antigos guerrilheiros e, de fato, a opinião pública na região profundamente esquerdista da Toscana, estavam incomodados por viverem um momento em que a República italiana rejeitava a tradição da Resistência contra Hitler e Mussolini, que (com razão) consideravam fundamento da mesma. Os historiadores orais, jovens e presumivelmente esquerdistas em sua maioria, que haviam entrevistado ou reentrevistado os aldeões na preparação da conferência, estavam chocados por descobrirem que os habitantes, pelo menos em uma aldeia muito católica, não culpavam tanto os alemães pelo massacre quanto os jovens locais que haviam se juntado aos guerrilheiros e, segundo achavam, haviam irresponsavelmente levado seus lares ao desastre.

Outros historiadores tinham seus próprios motivos de incômodo. Os historiadores alemães presentes estavam sensivelmente assustados por aquilo que seus pais ou avós haviam feito ou deixado de fazer em 1944. Praticamente todos os historiadores não italianos, e diversos italianos, nunca tinham ouvido falar nos massacres, em cuja memória a conferência foi organizada: um lembrete perturbador quanto à pura arbitrariedade da sobrevivência e da memória históricas. Por que algumas experiências haviam se tornado parte de uma memória histórica mais ampla, enquanto tantas outras não? Os participantes russos não faziam segredo de sua convicção de que concentrar os estudos nas atrocidades nazistas era um meio de desviar a atenção dos horrores stalinistas. Os especialistas na história da Segunda Guerra Mundial, independentemente de seus antecedentes nacionais, não podiam evitar a questão de saber, cinquenta anos após o evento, se aqueles massacres de inocentes — representando, segundo se dizia, mais de 1% da população total da província de Arezzo — eram um preço justificável a ser pago pelo embaraço militar relativamente menor de um regimento alemão que, em todo caso, estava planejando se retirar da área em uma questão de dias ou, no máximo, semanas.

O tema mesmo da conferência, a atrocidade, não tinha condições de ser considerado com imparcialidade. Acertadamente, a atenção não se limitou à micro-história local, mas se alargou para considerar as atrocidades maiores do genocídio, estudadas por alguns importantes historiadores também presentes, e o problema mais amplo de como essas coisas são, ou podem ser, lembradas. Entretanto, como estávamos na *piazza* reconstruída de uma aldeia outrora destruída, ouvindo uma elaborada narrativa comemorativa que os sobreviventes e os filhos dos mortos haviam construído em torno daquele dia terrível de 1944, como não conseguimos perceber que nosso tipo de história não era apenas incompatível com a deles, mas, em certos sentidos, destrutivo da mesma? Qual a natureza da comunicação entre o historiador que entregou ao prefeito da aldeia a transcrição do inquérito sobre o massacre, realizado pelo exército inglês poucos dias depois de sua ocorrência, e o prefeito que a recebeu? Para um, era uma fonte primária de arquivo; para o outro, um reforço do discurso comemorativo da aldeia, que nós, historiadores, facilmente reconhecíamos como parcialmente mitológico. Entretanto, essa narrativa memorial era um modo de acertar contas com um trauma tão profundo para Civitella della Chiana quanto o Holocausto para a totalidade do povo judeu. Seria a nossa história, destinada à comunicação universal do que podia ser testado pela evidência e a lógica, relevante à sua comemoração, que, por natureza, não pertencia a ninguém além de si mesmos? Eram memórias que, conforme ficamos sabendo, os aldeões, durante décadas, haviam guardado para si mesmos por esse motivo, recusando-se, com uma cautela que não compartilhávamos, a investigar os detalhes de um massacre em uma aldeia vizinha porque esse não era seu passado mas o de seus vizinhos. Seria possível comparar nossa história com a sua?

Em suma, nenhuma ocasião poderia ter dramatizado melhor o contraste entre a universalidade e a identidade na história, e o confronto dos historiadores tanto com o passado quanto com o presente.

Apesar disso, esse mesmo confronto demonstrava que para os historiadores a universalidade necessariamente prevalecia sobre a identidade. Por acaso, pelo menos um historiador presente representava ambas em sua própria pessoa. O organizador da conferência havia estado pessoalmente na *piazza* de Civitella, criança ainda e com sua mãe, quando os alemães arrastaram e assassinaram seu pai. Ele ainda era parte da aldeia, onde passava o verão na velha casa da família. Ninguém estava em condições de negar que, para ele, bem como para todos os seus discípulos, o massacre trazia lembranças e significados que não podia trazer para o restante de nós, ou que ele até mesmo leria os registros dos arquivos de modo diferente de um pesquisador que não tivesse participado da experiência. Entretanto, como historiador, assistia à narrativa memorial que a aldeia havia elaborado por si mesma exatamente da mesma maneira que os historiadores que não dispunham desse envolvimento pessoal, ou seja, aplicando as normas e critérios de nossa disciplina. Pelos seus padrões e pelos nossos — pelos critérios universalmente aceitos da disciplina — a narrativa aldeã tinha de ser cotejada com as fontes, e por esses padrões não era história, ainda que a formação dessa memória aldeã, sua institucionalização e suas mudanças no curso dos últimos cinquenta anos fossem parte da história. Era, em si mesma, um tema para investigação histórica pelos mesmos métodos com que o foram os eventos de junho de 1944 com os quais ela havia tentado acertar contas. Apenas nesse aspecto a "cultura da identidade [de Civitella]" era relevante à história do massacre realizada pelos historiadores. Em todos os demais aspectos, era irrelevante.

Em resumo, quanto às questões com que podem lidar a pesquisa histórica e a reação teórica, não havia e não pode haver nenhuma diferença substancial entre estudiosos para quem os problemas de identidade de Civitella eram insignificantes ou sem interesse, e um historiador para quem esses problemas eram existencialmente centrais. Todos os historiadores presentes esperavam concordar quanto à formulação das questões sobre as atrocidades nazistas, embora não se esperasse necessariamente que concordassem sobre as mesmas. Todos concordavam quanto aos procedimentos para responder a tais questões, quanto à natureza da possível evidência que permitiria que fossem respondidas — na medida em que as respostas dependessem de evidência — e quanto à comparabilidade de eventos experimentados pelos participantes como únicos e incomunicáveis. Inversamente, os que não se dispunham a submeter sua experiência, ou a de sua comunidade, a tais procedimentos, ou que se recusavam a aceitar os resultados desses testes, estavam fora da disciplina da história, por mais que os historiadores respeitassem suas razões e sentimentos. De fato, entre os historiadores presentes houve um impressionante consenso sobre questões de substância. Esse consenso contrastava marcadamente com o caos de emoções variadas e conflitantes que agitavam os participantes.

II

O problema para os historiadores profissionais é que seu objeto tem importantes funções sociais e políticas. Essas funções dependem de seu trabalho — quem mais descobre e registra o passado além dos historiadores? —, mas ao mesmo tempo estão em conflito com seus padrões profissionais. Essa dualidade está no cerne de nosso objeto. Os fundadores da *Revue Historique* tinham consciência disso quando declararam, no *avant-propos* de seu primeiro número que "Estudar o passado da França, que será nosso interesse principal, é hoje uma questão de importância nacional. Isso nos possibilitará restabelecer a nosso país a unidade e força moral de que necessita".[1]

É claro que nada estava mais longe de suas mentes confiantes e positivistas que servir sua nação de outro modo que não pela busca da verdade. No entanto, os não acadêmicos que necessitam e consomem a mercadoria que os historiadores produzem, e que constituem o seu mercado mais amplo e politicamente decisivo, não se incomodam com a nítida distinção entre os "procedimentos estritamente científicos" e as "construções retóricas" que era tão fundamental para os fundadores da *Revue*. Seu critério do que é "boa história" é a "história que é boa para nós" — "nosso país", "nossa causa", ou simplesmente "nossa satisfação emocional". Quer gostem disso ou não, os historiadores profissionais produzem a matéria-prima para o uso ou abuso dos não profissionais.

Que a história esteja indissoluvelmente ligada à política contemporânea — como continua a demonstrar a historiografia da Revolução Francesa — provavelmente não é hoje uma dificuldade importante, pois os debates dos historiadores, pelo menos em países de liberdade intelectual, são conduzidos dentro das normas da disciplina. Além disso, muitos dos debates mais carregados de conteúdo ideológico entre historiadores profissionais referem-se a questões sobre as quais os não historiadores menos sabem e se importam. No entanto, todos os seres humanos, coletividades e instituições necessitam de um passado, mas apenas ocasionalmente o passado é revelado pela pesquisa histórica. O exemplo-padrão de uma cultura de identidade, que se ancora no passado por meio de mitos disfarçados de história, é o nacionalismo. Ernest Renan observou há mais de um século, "Esquecer, ou mesmo interpretar mal a história, é um fator essencial na formação de uma nação, motivo pelo qual o progresso dos estudos históricos muitas vezes é um risco para a nacionalidade". As nações são entidades historicamente novas fingindo terem existido durante muito tempo. É inevitável que a versão nacionalista de sua história consista de anacronismo, omissão, descontextualização e, em casos extremos, mentiras. Em um grau menor, isso é verdade para todas as formas de história de identidade, antigas ou recentes.

No passado pré-acadêmico, havia pouca coisa a impedir a mera invenção histórica, tal como a falsificação de manuscritos históricos (como na Boêmia), a redação de um épico nacional escocês, antigo e convenientemente glorioso (como o "Ossian" de James Macpherson), ou a produção de uma peça totalmente inventada de teatro público simulando a representação de antigos rituais bárdicos, como no País de Gales. (Isso ainda constitui o clímax do *National Eisteddfod* anual, ou festival cultural daquele pequeno país.) Nos casos em que essas invenções têm que ser submetidas aos testes de uma grande e sólida comunidade acadêmica, isso não é mais possível. Grande parte da erudição histórica primitiva consistia da refutação de tais invenções e da desconstrução dos mitos por elas gerados. O grande medievalista inglês, J. Horace Round, fez sua reputação por uma série de impiedosas dissecações dos pedigrees de famílias nobres britânicas cuja pretensão de descendência dos invasores normandos demonstrou ser espúria. Os testes não são necessariamente apenas históricos. O "sudário de Turim", para citar um exemplo recente de uma relíquia sagrada do tipo que fez as fortunas de centros medievais de peregrinação, não conseguiu resistir ao teste de datação por carbono-B a que teve de ser submetido.

A história como ficção, contudo, recebeu um reforço acadêmico de uma esfera inesperada: o "crescente ceticismo concernente ao projeto iluminista de racionalidade".[2] A moda do que é conhecido (pelo menos no discurso acadêmico anglo-saxão) pelo vago termo "pós-modernismo" felizmente não ganhou tanto terreno entre os historiadores quanto entre teóricos da literatura e da cultura e antropólogos sociais, mesmo nos EUA, mas é relevante à questão em pauta, já que lança dúvida sobre a distinção entre fato e ficção, realidade objetiva e discurso conceitual. É profundamente relativista. Se não há nenhuma distinção clara entre o que é verdadeiro e o que sentimos ser verdadeiro, então minha própria construção da realidade é tão boa quanto a sua ou a de outrem, pois "o discurso é o produtor desse mundo, não o espelho".[3] Para citar o mesmo autor, o objetivo da etnografia é produzir um texto cooperativamente desenvolvido, no qual nem sujeito, nem autor, nem leitor, de fato ninguém, tem direito exclusivo de "transcendência sinóptica".[4] Se, "no discurso histórico como no literário, mesmo a linguagem supostamente descritiva *constitui* aquilo que ela descreve",[5] então nenhuma narrativa entre as muitas possíveis pode ser considerada como privilegiada. Não é por acaso que essas concepções atraíram particularmente aqueles que se veem como representantes de coletividades ou ambientes marginalizados pela cultura hegemônica de algum grupo (homens heterossexuais brancos de classe média, por exemplo, de formação ocidental) cuja pretensão de superioridade contestam. Mas isso está errado.

Sem entrar no debate teórico sobre essas questões, é essencial que os historiadores defendam o fundamento de sua disciplina: a supremacia da evidência. Se os seus textos são ficções, como o são em certo sentido, constituindo-se de composições literárias, a matéria-prima dessas ficções são fatos verificáveis. O fato de que os fornos nazistas tenham existido ou não pode ser estabelecido por meio de evidências. Uma vez que isso foi assim estabelecido, os que negam sua existência não estão escrevendo história, quaisquer que sejam suas técnicas narrativas. Se um romance deve tratar do retorno de Napoleão de Santa Helena em vida, ele poderia ser literatura mas não conseguiria ser

371

história. Se a história é uma arte imaginativa, é uma arte que não inventa mas organiza *objets trouvés*. A distinção pode parecer pedante e trivial ao não historiador, principalmente aquele que utiliza material histórico para seus próprios fins. O que importa à plateia teatral que não haja nenhum registro histórico de uma Lady Macbeth instando seu marido a matar o rei Duncan, ou de bruxas prevendo que Macbeth seria rei da Escócia, o que de fato aconteceu no período de 1040-57? O que importava aos fundadores (pan-africanos) dos Estados pós-coloniais da África ocidental, que deram a seus países nomes de impérios africanos medievais, o fato de que esses nomes não possuíssem nenhuma ligação óbvia com os territórios atuais de Gana ou do Mali? Não era mais importante lembrar aos africanos subsaarianos, após gerações de colonialismo, que eles possuíam uma tradição de Estados independentes e poderosos em alguma parte de seu continente, ainda que não exatamente no interior de Acra?

De fato, a insistência dos historiadores, mais uma vez nas palavras do primeiro número da *Revue Historique*, em "procedimentos estritamente científicos, onde cada declaração é acompanhada de provas, fontes de referência e citações",[6] é às vezes pedante e trivial, principalmente agora que isso não participa mais de uma fé na possibilidade de uma verdade científica definitiva, positivista, que lhe conferia uma certa grandeza simplória. No entanto, os procedimentos do tribunal de justiça, que insistem na supremacia da evidência com a mesma força que os pesquisadores históricos, e muitas vezes quase da mesma maneira, demonstram que a diferença entre fato histórico e falsidade não é ideológica. É crucial para muitos fins práticos da vida cotidiana, no mínimo porque dela dependem a vida e a morte, ou — o que é quantitativamente mais importante — o dinheiro. Quando uma pessoa inocente é julgada por assassinato, e deseja provar sua inocência, aquilo de que se necessita não são as técnicas do teórico "pós-moderno", mas as do antiquado historiador.

Além disso, a verificabilidade histórica de afirmações políticas ou ideológicas pode ser de importância vital, se a historicidade for a base essencial de tais afirmações. Isso é verdadeiro não só para pretensões territoriais de Estados ou comunidades, que em geral são históricas. A campanha antimuçulmana [em 1992] movida pelo partido integrista hindu, BJP, que levou ao massacre em grande escala na Índia, era justificada por alegações históricas. A cidade de Ayodhya era tida como local de nascimento do divino Rama. Por esse motivo, a construção de uma mesquita em terreno sagrado hindu, supostamente pelo conquistador mongol Babur, em tal local sagrado era um insulto muçulmano à religião hindu e uma violação histórica. Tinha de ser destruído e substituído por um templo hindu. (A mesquita foi realmente derrubada por uma enorme multidão de fanáticos hindus, mobilizados para esse fim pelo BJP em 1992.) Como era de esperar, os líderes do partido declararam que "tais questões não podem ser solucionadas por veredicto judicial", já que não existia base histórica para a afirmação. Os historiadores indianos conseguiram demonstrar que ninguém havia considerado Ayodhya como local de nascimento de Rama antes do século XIX e que os imperadores mongóis não faziam nenhuma associação específica com a mesquita, embora considerações legais mostrassem que o direito hindu ao local era duvidoso. A tensão específica entre as comunidades religiosas era realmente recente. Era uma bomba-relógio cujo disparador foi acionado em 1949, quando, em consequência da partilha da Índia e da criação do Paquistão, havia sido fabricado um "milagre das imagens" que apareciam na mesquita.[7]

Insistir na supremacia da evidência e na importância central da distinção entre fato histórico verificável e ficção é apenas uma das maneiras de exercer a responsabilidade do historiador e, como a atual fabricação histórica não é o que era antigamente, talvez não seja a mais importante. Ler os desejos do presente no passado ou, em termos técnicos, anacronismo, é a técnica mais comum e conveniente de criar uma história que satisfaça as necessidades do que Benedict Anderson chamou "comunidades imaginadas" ou coletivos, que não são, de modo algum, apenas nacionais.[8]

Durante muito tempo, a desconstrução de mitos políticos ou sociais disfarçados como história foi parte das obrigações profissionais do historiador, independentemente de suas simpatias. Os historiadores da Grã-Bretanha, segundo se espera, são mais comprometidos que ninguém com a liberdade britânica, mas isso não os impede de criticar essa mitologia. Toda criança outrora aprendia na escola que a Magna Carta era o fundamento das liberdades britânicas, mas desde a monografia de McKechnie, de 1914, todo estudante universitário de história da Grã-Bretanha passou a ter de aprender que o documento extorquido do rei João pelos barões, em 1215, não pretendia ser uma declaração de supremacia parlamentar e direitos iguais para ingleses nascidos livres, muito embora passasse a ser encarado como tal na retórica política britânica bem mais tarde. A crítica cética do anacronismo histórico provavelmente é hoje a principal maneira pela qual os historiadores podem demonstrar sua responsabilidade pública. Hoje, seu papel público mais importante, principalmente nos diversos Estados fundados ou reconstituídos a partir da Segunda Guerra Mundial, é praticar seu ofício de forma a constituir *pour la nationalité* (e para todas as demais ideologias de identidade coletiva) *un danger*.

Isso é extremamente óbvio em situações nas quais os conflitos internacionais se apoiam em discussões históricas, como na presente fase da sempre explosiva questão macedônica. Tudo nesse ponto incendiário — envolvendo quatro países e a União Europeia e podendo uma vez mais desencadear uma guerra nos Bálcãs — é histórico. A história ostensiva brandida pelas principais partes na contenda é antiga, pois tanto a Macedônia quanto a Grécia (que recusa aos demais Estados independentes até o direito de usar o nome) afirmam ser herdeiras de Alexandre, o Grande. A verdadeira história é relativamente contemporânea, pois a disputa atual entre a Grécia e seus vizinhos decorre da divisão da Macedônia após as Guerras dos Bálcãs de 1912 entre Grécia, Sérvia e Bulgária. Toda essa área havia pertencido anteriormente ao Império otomano. Os gregos acabaram ficando com a maior parte dela. Quais Estados sucessores têm direito a quais partes do território indefinido mas enorme da Macedônia pré-1913 (pois o Império otomano não usava o nome) foi uma questão sempre discutida em termos acadêmicos, na maioria etnográficos e linguísticos. O caso grego, atualmente o mais sonoro, apoia-se em grande parte em história anacronística porque os argumentos étnicos e linguísticos tendem mais a favorecer os reclamantes eslavos e, talvez, albaneses. Não é muito mais convincente que o argumento de que a França tem direito à Itália porque Júlio César foi o conquistador da Gália. Um historiador que aponte para isso não está necessariamente movido por preconceito contra os gregos ou em favor dos eslavos, embora atualmente possa ser mais popular em Skopje que em Atenas. Se o mesmo historiador destacar que a maioria da população da maior cidade da Macedônia (indivisa), Salônica, não era identificável nem como grega nem como eslava, mas, quase com certeza, como muçulmana ou judia, será igualmente impopular entre os fanáticos nacionalistas dos três países.

Entretanto, casos como esse também sugerem as limitações da função do historiador como destruidor de mitos. Em primeiro lugar, a força de sua crítica é negativa. Karl Popper nos ensinou que o teste de falsificação pode tornar insustentável uma teoria, mas em si mesmo não substitui uma teoria melhor. Em segundo lugar, podemos demolir um mito apenas na medida em que se apoie em proposições cujo erro possa ser demonstrado. É da natureza dos mitos históricos, principalmente os nacionalistas, que normalmente apenas algumas de suas proposições podem ser assim desacreditadas. O ritual nacional israelense construído em torno da sede de Masada não depende da verdade historicamente verificável da lenda patriótica aprendida por escolares israelenses e visitantes estrangeiros, e, consequentemente, não é seriamente afetada pelo ceticismo justificável de historiadores que se especializam na história da Palestina romana. Além disso, mesmo onde se pode aplicar o teste, quando a evidência está ausente, é defeituosa, conflitante ou circunstancial, ele não pode refutar convincentemente nem uma proposição altamente implausível. A evidência pode mostrar conclusivamente, contra aqueles que o negam, que o genocídio nazista dos judeus aconteceu, mas, embora nenhum historiador sério duvide que Hitler desejasse a "Solução Final", ela não pode demonstrar que ele deu uma ordem específica nesse sentido. Dado o modo de operação de Hitler, semelhante ordem escrita é improvável, e não se encontrou nenhuma. Assim, conquanto não seja difícil rejeitar as teses de M. Faurisson, não podemos, sem uma elaborada discussão, rejeitar o argumento levantado por David Irving, como fazem muitos especialistas na área.

A terceira limitação na função dos historiadores como eliminador de mitos é ainda mais óbvia. No curto prazo, estão impotentes contra os que optam por acreditar no mito histórico, principalmente se sustentam poder político, o que, em muitos países, e especificamente nos numerosos Estados novos, envolve controle sobre o que ainda é o canal mais importante para comunicar informações históricas, as escolas. E convém nunca esquecer que a história — principalmente a história nacional — ocupa um lugar importante em todos os sistemas conhecidos de educação pública. A crítica dos historiadores indianos aos mitos históricos do fanatismo hindu pode convencer seus colegas da academia, mas não os fanáticos do partido BJP. Os historiadores croatas e sérvios que resistem à imposição de uma lenda nacionalista à história de seus Estados tiveram menos influência que os nacionalistas de longo curso das diásporas croatas e sérvias, movidos por mitologia nacionalista imune à crítica histórica.

III

Essas limitações não diminuem a responsabilidade pública do historiador, que repousa, acima de tudo, no fato, já notado acima, de que os historiadores são produtores básicos da matéria-prima que é convertida em propaganda e mitologia. Devemos estar cientes de que isso é assim, particularmente em uma época em que estão desaparecendo as maneiras alternativas de preservar o passado — tradição oral, memória familiar, tudo que depende da efetiva comunicação intergeracional em desintegração nas sociedades modernas. Em todo caso, a história de grandes coletividades, nacionais ou não, não se apoiou na memória popular, mas naquilo que os historiadores, cronistas ou antiquários escreveram sobre o passado, diretamente ou mediante livros escolares, naquilo que os professores ensinaram a seus alunos a partir desses livros escolares, na forma como escritores de ficção, produtores de filmes ou programadores de televisão e vídeo transformaram seu material. Mesmo o *Hamlet* de Shakespeare, em diversas passagens, derivou da obra de um historiador, o cronista dinamarquês Saxo Grammaticus. É absolutamente essencial que os historiadores sempre se lembrem disso. As safras que cultivamos em nossos campos podem terminar como alguma versão do ópio do povo.

Naturalmente é verdade que a inseparabilidade da historiografia em relação à ideologia e política correntes — toda história, como dizia Croce, é história contemporânea — abre as portas para o mau uso da história. Os historiadores não ficam nem podem ficar do lado de fora de seu objeto como observadores objetivos e analistas *sub specie aeternitatis*. Todos nós estamos mergulhados nas suposições de nosso tempo e lugar, mesmo quando praticamos algo tão apartado das paixões públicas atuais quanto a edição de textos antigos. Muitos de nós, como o fundador da *Revue Historique*, estamos felizes de produzir obra que possa ser utilizada por nosso povo ou causa. Sem dúvida seremos tentados a interpretar nossas descobertas do modo mais favorável à causa. Podemos ser tentados a nos abster de investigar tópicos que tendam a lançar luz desfavorável sobre ela. Não admira que os historiadores hostis ao comunismo se inclinassem bem mais a pesquisar o trabalho forçado na URSS que os historiadores simpatizantes da mesma. Podemos mesmo ser tentados a permanecer calados sobre a evidência desfavorável, se acaso a descobrirmos, embora dificilmente com uma boa consciência científica. Afinal, nenhuma linha clara divide a *suppressio veri* da *suggestio falsi*. O que não podemos fazer, sem deixar de ser historiadores, é abandonar os critérios de nossa profissão. Não podemos dizer aquilo que podemos demonstrar como inverídico. Nisso inevitavelmente diferimos daqueles cujo discurso não é tão restringido.

Porém, o principal perigo não reside na tentação de mentir, o que, afinal de contas, não pode sobreviver facilmente ao escrutínio de outros historiadores em uma comunidade acadêmica livre, embora a pressão e a autoridade políticas forneçam uma sustentação para a inverdade, mesmo em certos Estados constitucionais. O perigo reside na tentação de isolar a história de uma parte da humanidade — a do próprio historiador, por nascimento ou escolha — de seu contexto mais amplo.

As pressões internas e externas para assim fazer podem ser grandes. Nossas paixões e interesses podem nos compelir nessa direção. Todo judeu, por exemplo, qualquer que seja sua ocupação, instintivamente aceita a força da questão com que, durante muitos séculos ameaçadores, membros de nossa comunidade minoritária se defrontaram com todo e qualquer evento no mundo mais amplo: "Isso é bom para os judeus? Isso é mau para os judeus?". Em tempos de discriminação ou perseguição ela fornecia orientação — embora não necessariamente a melhor — para o comportamento público ou privado, uma estratégia em todos os níveis para um povo disperso. No entanto, ela não pode e não deve orientar um historiador judeu, mesmo um historiador que escreva a história de seu próprio povo. Os historiadores, conquanto microcósmicos, devem se posicionar em favor do universalismo, não por fidelidade a um ideal ao qual muitos de nós permanecemos vinculados, mas porque essa é a condição necessária para o entendimento da história da humanidade, inclusive a de qualquer fração específica da humanidade. Pois todas as coletividades humanas são e foram necessariamente parte de um mundo mais amplo e mais complexo. Uma história que seja destinada apenas para judeus (ou afro-americanos, ou gregos, ou mulheres, ou proletários, ou homossexuais) não pode ser boa história, embora possa ser uma história confortadora para aqueles que a praticam.

Infelizmente, como demonstra a situação em áreas enormes do mundo no final de nosso milênio, a história ruim não é história inofensiva. Ela é perigosa. As frases digitadas em teclados aparentemente inócuos podem ser sentenças de morte.

22. INTRODUÇÃO AO MANIFESTO COMUNISTA

Este ensaio foi escrito como introdução para uma nova edição do Manifesto Comunista, *de Karl Marx e Friedrich Engels, por ocasião do 150º aniversário da publicação daquele notável planfleto.*

I

Na primavera de 1847, Karl Marx e Friedrich Engels concordaram em ingressar na chamada Liga dos Justos (*Bund der Gerechten*), uma cria da antiga Liga dos Fora da Lei (*Bund der Geächteten*), uma sociedade secreta revolucionária, fundada em Paris na década de 1830 por artífices alemães em sua maioria alfaiates e carpinteiros — sob influência dos revolucionários franceses e ainda composta principalmente por artesãos radicais expatriados. A Liga, levada por seu "comunismo crítico", ofereceu-se para publicar um *Manifesto* elaborado por Marx e Engels como documento político da mesma, e também para modernizar sua organização no sentido proposto pelos dois autores. Ela seria assim reorganizada efetivamente no verão de 1847, mudando seu nome para Liga dos Comunistas (*Bund der Kommunisten*), dedicada ao objetivo da "derrubada da burguesia, governo do proletariado e eliminação da velha sociedade que se baseia na contradição de classe (*Klassengegensätzen*), e ao estabelecimento de uma nova sociedade sem classes ou propriedade privada". O segundo congresso da Liga, também realizado em Londres em novembro-dezembro de 1847, aprovou formalmente os objetivos e os novos estatutos e convidou Marx e Engels a elaborar o novo *Manifesto* expondo as metas e políticas da Liga.

Tanto Marx como Engels prepararam minutas, e o documento evidentemente reflete as visões de ambos, mas é quase certo que o texto final foi redigido por Marx — após uma séria cobrança da Executiva, pois Marx, tanto naquela época como posteriormente, achava difícil completar seus textos exceto sob a pressão de um prazo rígido. A virtual ausência de versões preliminares tende a sugerir que o manifesto foi redigido rapidamente.[1] O documento final, de 23 páginas, intitulado *Manifesto do Partido Comunista* (a partir de 1872 mais amplamente conhecido como *Manifesto Comunista*) foi "publicado em fevereiro de 1848", impresso na sede da Associação Educacional dos Trabalhadores (mais conhecida como *Communistischer Arbeiterbildungsverein*, que sobreviveu até 1914), à rua Liverpool, 46, Londres.

Em 1998 comemoramos o sesquicentenário da publicação desse pequeno panfleto que é, quase com certeza e de longe, o escrito político individual mais influente desde a *Declaração dos Direitos do Homem e do Cidadão*, da Revolução Francesa. Por casualidade, ele ganhou as ruas uma semana ou duas antes da eclosão das revoluções de 1848, que, como um incêndio florestal, se alastraram de Paris para todo o continente europeu. Embora sua perspectiva fosse claramente internacional — a primeira edição anunciava, ainda que com expectativas equivocadas, a iminente publicação do *Manifesto* em inglês, francês, italiano, holandês e dinamarquês —, seu impacto inicial se deu exclusivamente na Alemanha. Ainda que a Liga Comunista fosse pequena, ela desempenhou um papel de certa relevância na revolução alemã, principalmente devido ao jornal *Neue Rheinische Zeitung* (1848-9), editado por Marx. A primeira edição do *Manifesto* foi reimpressa três vezes em poucos meses, publicada em fascículos no *Deutsche Londoner Zeitung*, e repaginada e corrigida em abril ou maio de 1848 em trinta páginas, mas desapareceu com o fracasso das revoluções de 1848. No momento em que Marx se estabeleceu em seu exílio vitalício na Inglaterra, em 1849, tornava-se bastante remota para ele a ideia de que valesse a pena reeditar a seção III do *Manifesto* ("Socialistische und kommunistische Literatur") no último número de sua revista londrina *Neue Rheinische Zeitung, politisch-ökonomis-*

che Revue (novembro de 1850), que provavelmente tinha raros leitores.

Na década de 1850 e início da de 1860, ninguém vaticinaria um futuro brilhante para o texto. Uma pequena edição particular foi publicada em Londres por um editor alemão no exílio, provavelmente em 1864, e outra similar em Berlim em 1866, na verdade a primeira a ser publicada na Alemanha. Entre 1848 e 1868, parece não ter havido traduções, exceto por uma versão em sueco, provavelmente publicada no final de 1848, e uma versão em inglês em 1850, apenas relevante na história bibliográfica do *Manifesto* porque a tradutora parece ter consultado Marx, ou mais provavelmente Engels (já que ela morava em Lancashire). Ambas as versões desapareceram sem deixar pistas. Até meados da década de 1860 praticamente não se publicou nada do que Marx escrevera anteriormente.

A primazia de Marx na Associação Internacional dos Trabalhadores (a chamada "Primeira Internacional", 1864-72) e o surgimento na Alemanha de dois partidos operários importantes, ambos fundados por ex-membros da Liga Comunista, que o tinham em alta estima, levaram a um renascimento do interesse pelo *Manifesto*, bem como por seus outros escritos. Particularmente sua defesa eloquente da Comuna de Paris de 1871 (conhecida popularmente como *A guerra civil na França*) conferiu-lhe considerável notoriedade na imprensa como um líder perigoso da subversão internacional, temido pelos governos. Mais especificamente, o julgamento por traição dos líderes da social-democracia alemã, Wilhelm Liebknecht, August Bebel e Adolf Hepner, em março de 1872, resultou em inesperada publicidade para o documento. A acusação incluiu texto do *Manifesto* como peça de evidência e propiciou assim aos social-democratas sua primeira oportunidade de publicá-lo legalmente, e com uma grande tiragem, como parte dos procedimentos legais. Como se evidenciasse que um documento publicado antes da revolução de 1848 poderia necessitar de certa atualização e comentários explicativos, Marx e Engels produziram o primeiro de uma série de prefácios que desde então passaram a acompanhar as novas edições do *Manifesto*.[2] Por motivos legais, o prefácio não pôde ser amplamente distribuído na época, mas, de fato, a edição de 1872 (baseada na edição de 1866) tornou-se a base de todas as edições posteriores. Enquanto isso, entre 1871 e 1873 pelo menos nove edições do *Manifesto* surgiram em seis línguas diferentes.

Nos quarenta anos seguintes, o *Manifesto* conquistou o mundo, levado pela ascensão dos novos partidos trabalhistas (socialistas), nos quais aumentou rapidamente a influência marxista na década de 1880. Nenhum desses partidos optou por ser conhecido como um partido comunista até os bolcheviques russos voltarem ao nome original após a Revolução de Outubro, mas o título *Manifesto do Partido Comunista* permaneceu inalterado. Mesmo antes da Revolução Russa de 1917, havia sido publicado em várias centenas de edições em cerca de trinta idiomas, inclusive três em japonês e uma em chinês. Apesar disso, sua principal área de influência estava no cinturão central da Europa, estendendo-se da França, no oeste, até a Rússia, no leste. Não admira que o maior número de edições estivesse em língua russa (setenta), além de outras 35 nos idiomas do Império czarista — onze em polonês, sete em iídiche, seis em finlandês, cinco em ucraniano, quatro em georgiano e duas em armênio. Houve 55 edições em alemão, além de outras nove em húngaro e oito em tcheco para o Império dos Habsburgo (mas apenas três em croata, uma em eslovaco e outra em esloveno), 34 em inglês (abarcando também os Estados Unidos, onde a primeira tradução surgiu em 1871), 26 em francês e onze em italiano — a primeira somente em 1889.[3] Seu impacto no Sudoeste da Europa foi pequeno — seis edições em espanhol (incluindo-se as latino-americanas), uma em português. Seu impacto foi similar no Sudeste da Europa (sete edições em búlgaro, quatro em sérvio, quatro em romeno, e uma única edição em ladino, presumivelmente publicada em Salônica). O Norte da Europa foi moderadamente bem representado, com seis edições em dinamarquês, cinco em sueco e duas em norueguês.[4]

Essa distribuição geográfica desigual não refletia apenas o

desenvolvimento desigual do movimento socialista e da influência de Marx comparada à de outras ideologias revolucionárias como, por exemplo, a do anarquismo. Serve também para lembrar-nos que não havia nenhuma correlação forte entre o tamanho e o poder dos partidos social-democrata e trabalhista e a circulação do *Manifesto*. Assim, até 1905, o Partido Social-Democrata alemão (PSD), com suas centenas de milhares de filiados e milhões de eleitores, publicou novas edições do *Manifesto* em tiragens inferiores a 2 mil ou 3 mil exemplares. O *Erfurt Programme* do partido, em 1891, foi publicado numa tiragem de 120 mil exemplares, ao passo que ele não deve ter publicado mais que 16 mil exemplares do *Manifesto* nos onze anos que vão de 1895 a 1905, ano em que a circulação de seu periódico teórico, *Die Neue Zeit*, era de 6400 exemplares.[5] O filiado mediano de um partido marxista social-democrata de massa não precisava passar por exames teóricos. Inversamente, as setenta edições russas pré-revolucionárias representavam uma combinação de organizações, na maior parte do tempo ilegais, cuja filiação total não deve ter ultrapassado mais que alguns milhares. Similarmente, as 34 edições inglesas eram publicadas pelas e para as seitas marxistas dispersas pelo mundo anglo-saxão, operando no flanco esquerdo dos partidos trabalhistas e socialistas existentes. Era nesse ambiente que "a clareza de um camarada podia ser invariavelmente medida pelo número de páginas que marcava no Manifesto".[6] Em suma, os leitores do *Manifesto*, embora pertencessem aos novos partidos e movimentos trabalhistas socialistas, quase com certeza não eram uma amostra representativa de sua filiação. Eram homens e mulheres com um interesse específico pela teoria subjacente a tais movimentos. É provável que ainda seja esse o caso.

Essa situação se alterou após a Revolução de Outubro, pelo menos nos partidos comunistas. Ao contrário dos partidos de massa da Segunda Internacional (1889-1914), os da Terceira (1919-43) esperavam que todos os seus filiados compreendessem a teoria marxista ou pelo menos demonstrassem algum conhecimento dela. Desaparecia a dicotomia entre líderes políticos efetivos sem interesse em escrever livros e "teóricos" como Karl Kautsky, conhecidos e respeitados como tal mas não como responsáveis por decisões políticas práticas. Depois de Lênin não se esperava que os líderes fossem teóricos importantes, já que todas as decisões políticas eram justificadas com base na análise marxista ou, o que era mais frequente, fazendo-se referência à autoridade textual dos "clássicos", Marx, Engels, Lênin e, a seu devido tempo, Stálin. A publicação e a distribuição generalizada dos textos de Marx e Engels, portanto, tornaram-se muito mais fundamentais para o movimento do que no tempo da Segunda Internacional. Essas publicações incluíam, por exemplo, uma série de escritos menores, provavelmente inaugurados na Alemanha pelos *Elementarbücher des Kommunismus* durante a República de Weimar, compêndios de leituras devidamente selecionadas, tais como a valiosa *Selected Correspondence of Marx and Engels*, as Obras Escolhidas de Marx e Engels em dois e, mais tarde, três volumes, e a preparação das Obras Reunidas ("Gesamtausgabe"). Todas as edições eram respaldadas pelos recursos — para esses fins, ilimitados — do Partido Comunista Soviético, e geralmente impressas na União Soviética em uma multiplicidade de idiomas estrangeiros. O *Manifesto Comunista* se beneficiou dessa nova situação de três modos. Sua circulação sem dúvida aumentou. A edição barata publicada em 1932 pelas editoras oficiais dos partidos comunistas norte-americanos e britânicos, em "centenas de milhares" de exemplares, foi definida como "provavelmente a maior edição de massas já publicada em inglês".[7] Seu título não era mais uma sobrevivência histórica, mas agora o vinculava diretamente à política vigente. Uma vez que agora um Estado importante se dizia representante da ideologia marxista, reforçava-se a posição do *Manifesto* como texto de ciência política e, consequentemente, ele passava a fazer parte do programa de ensino das universidades, fadado a expandir-se rapidamente após a Segunda Guerra Mundial, quando o marxismo de leitores intelectuais iria encontrar seu público mais entusiasta nas décadas de 1960 e 1970.

A URSS emergiu da Segunda Guerra Mundial como uma das

duas superpotências mundiais, liderando uma enorme região de Estados e possessões comunistas. Os partidos comunistas ocidentais (com a exceção notável do alemão) saíram dela mais fortes do que jamais foram ou tenderam a ser. Embora a Guerra Fria tivesse começado, quando de seu centenário o *Manifesto* não era mais publicado apenas por editores comunistas ou marxistas, mas, em tiragens enormes, por editoras despolitizadas com introduções escritas por acadêmicos de renome. Em suma, ele não era mais apenas um documento marxista clássico, mas se tornara um clássico político *tout court*.

Hoje ele continua a ser um clássico, mesmo após o fim do comunismo soviético e o declínio dos partidos e movimentos marxistas em diversos países do mundo. Em Estados sem censura, com certeza quase todos com acesso a uma boa livraria, e certamente todos com acesso a uma boa biblioteca, podem ter acesso a ele. Dessa forma, o objetivo de uma nova edição em seu sesquicentenário não é tanto o de tornar acessível essa admirável obra-prima, e muito menos o de revisitar um século de debates doutrinários acerca da interpretação "correta" desse documento fundamental do marxismo. É o de lembrar-nos que o *Manifesto* ainda tem muito a dizer ao mundo às vésperas do século XXI.

II. O QUE ELE TEM A DIZER-NOS?

Trata-se naturalmente de um documento escrito para um momento particular na história. Parte dele se tornou obsoleto quase imediatamente: por exemplo a tática recomendada para os comunistas na Alemanha, que, de fato, não foi aplicada por eles durante a revolução de 1848 e suas sequelas. Uma outra parte se tornou obsoleta quando se ampliou o tempo que separa os leitores da época de sua redação. Há muito tempo Guizot e Metternich saíram de governos importantes e entraram para os livros de história, e o czar (embora não o papa) não existe mais. Quanto à discussão da "Literatura Socialista e Comunista", Marx e Engels já admitiam em 1872 que naquela época ela já estava ultrapassada.

Para entrar mais diretamente no assunto: com a defasagem temporal, a linguagem do *Manifesto* não era mais a de seus leitores. Muito se utilizou, por exemplo, a frase de que o avanço da sociedade burguesa havia retirado "uma parte considerável da população rural da idiotice da vida rural". Mas embora não haja dúvida de que Marx naquele momento partilhava do desprezo costumeiro do citadino para com o ambiente camponês, bem como da ignorância em relação ao mesmo, a frase alemã real e analiticamente mais interessante ("dem Idiotismus des Landlebens entrissen") não se referia a "estupidez", mas aos "horizontes estreitos", ou ao "isolamento da sociedade mais ampla" no qual viviam as pessoas do meio rural. Ela fazia eco ao sentido original do termo grego "idiotes", do qual derivou o significado corrente de "idiota" ou "idiotice", a saber "uma pessoa preocupada apenas com seus próprios assuntos particulares e não com os da comunidade mais ampla". No curso das décadas posteriores a 1840, e em movimentos cujos membros, ao contrário de Marx, não possuíam educação clássica, o sentido original se evaporou ou foi mal interpretado.

Isso é ainda mais evidente no vocabulário político do *Manifesto*. Termos como "Stand" ("classe política"), "Demokratie" ("democracia") ou "Nação/nacional", possuem pouca aplicação à política do final do século XX ou não mais possuem o significado que possuíam no discurso político ou filosófico da década de 1840. Para dar um exemplo óbvio, o "Partido Comunista" a que se referia o título de seu manifesto nada tinha a ver com os partidos da moderna política democrática ou os "partidos de vanguarda" do comunismo leninista, para não falar nos partidos estatais de tipo soviético e chinês. Nenhum desses ainda existia. "Partido" ainda significava essencialmente uma tendência ou corrente de opinião ou política, embora Marx e Engels reconhecessem que, quando essa corrente encontrava expressão em movimentos de classe, desenvolvia algum tipo de organização ("diese Organisation der Proletarier zur Klasse, und damit zur politischen Partei"). Daí a distinção da parte IV, entre os "partidos operários já constituídos [...] os chartistas na Inglaterra e reformistas agrários na América do Norte" e os outros que ainda não estavam assim constituídos.[8] Como o texto esclarece, o Partido Comunista de Marx e Engels nessa etapa não era nenhum tipo de organização, nem tentava criar uma, e muito menos uma organização com um programa específico distinto das outras organizações.[9] Aliás, a entidade concreta em cujo nome o *Manifesto* foi redigido, a Liga Comunista, nem sequer é mencionada no mesmo.

Além disso, é claro que o *Manifesto* não apenas foi escrito numa situação histórica particular e a ela referido, como também representava uma fase — relativamente imatura — do desenvolvimento do pensamento de Marx. Isso é mais evidente em seus aspectos econômicos. Embora Marx tivesse começado a estudar seriamente a economia política a partir de 1843, só passou a desenvolver seriamente a análise econômica exposta no *Capital* quando chegou para o exílio na Inglaterra, após a revolução de 1848, e teve acesso aos tesouros da Biblioteca do Museu Britânico no verão de 1850. Assim, a distinção entre a venda do proletariado de seu *trabalho* para o capitalista, e a venda de sua *força de trabalho*, essencial à teoria de Marx da mais-valia e da exploração, ainda não fora feita claramente no *Manifesto*. Da mesma forma, o Marx maduro não assume a concepção de que o preço da mercadoria "trabalho" era o seu custo de produção, isto é, o custo do mínimo fisiológico para manter vivo o trabalhador. Em suma, Marx escreveu o *Manifesto* menos como economista marxiano que como comunista ricardiano.

Entretanto, embora Marx e Engels lembrassem aos leitores que o *Manifesto* era um documento histórico em muitos aspectos ultrapassado, eles também promoveram e assistiram à publicação do texto de 1848, com emendas e esclarecimentos de pouca importância.[10] Reconheciam que ele continuava a ser uma proposição importante da análise que distinguia seu comunismo de todos os demais projetos de criação de uma sociedade melhor. Em essência, essa análise era histórica. Seu cerne era a demonstração do desenvolvimento histórico das sociedades, especificamente da sociedade burguesa, que substituía suas predecessoras, revolucionava o mundo e, por sua vez, criava necessariamente as condições para sua inevitável suplantação. Ao contrário da economia marxiana, a "concepção materialista da história" subjacente a essa análise já havia encontrado sua formulação madura na metade da década de 1840 e continuou substancialmente inalterada nos anos seguintes.[11] Nesse aspecto, o *Manifesto* já era um documento definidor do marxismo. Ele corporificava a visão histórica, embora seu contorno geral precisasse ser preenchido mediante análise mais completa.

III

Qual o impacto que o *Manifesto* provocará no leitor que o estiver lendo pela primeira vez em 1998? O novo leitor dificilmente deixará de sentir-se arrebatado pela convicção apaixonada, a condensação, a força estilística e intelectual desse admirável panfleto. Ele está escrito, como se num único surto criativo, em frases lapidares que quase naturalmente se transformam nos memoráveis aforismos que ficaram conhecidos muito além do mundo do debate político: da abertura, com a frase "um espectro amedronta a Europa — o espectro do comunismo", até a frase final, "os proletários nada têm a perder além de suas cadeias. Têm um mundo a conquistar".[12] Igualmente incomum na literatura alemã do século XIX, o texto é escrito em parágrafos curtos, apodíticos, basicamente de uma a cinco linhas, e em apenas cinco dentre mais de duzentos casos com quinze linhas ou mais. Seja o que for além disso, *O Manifesto Comunista* como retórica política possui uma força quase bíblica. Em suma, é impossível negar seu poder de persuasão enquanto literatura.[13]

Contudo, o que sem dúvida também impressionará o leitor contemporâneo é o notável diagnóstico do *Manifesto* quanto ao caráter e ao impacto revolucionários da "sociedade burguesa".

Não se trata simplesmente de que Marx reconhecia e proclamava — para surpresa de muitos que mais tarde defenderiam o capitalismo contra a ameaça vermelha — as realizações e o dinamismo extraordinários de uma sociedade que detestava. É que o mundo transformado pelo capitalismo que ele descrevia em 1848, em passagens de eloquência obscura e lacônica, é reconhecidamente o mundo no qual vivemos 150 anos depois. Curiosamente, o otimismo totalmente irrealista, em termos políticos, de dois revolucionários de 28 e trinta anos, demonstrou constituir a força mais duradoura do *Manifesto*. Isso porque o "espectro do comunismo" ainda assustava realmente os políticos, e embora a Europa passasse por um grande período de crise econômica e social e estivesse prestes a convulsionar-se na maior revolução em âmbito continental de sua história, não havia claramente nenhuma base adequada para a convicção do *Manifesto* de que o momento para a derrubada do capitalismo estava se aproximando ("a revolução burguesa na Alemanha pode ser só o prelúdio de uma revolução proletária imediatamente subsequente"). Muito pelo contrário. Como agora sabemos, o capitalismo estava equilibrado para sua primeira era de avanço global triunfante.

Dois elementos conferem ao *Manifesto* sua força. O primeiro é sua visão, mesmo no início da marcha triunfal do capitalismo, de que esse modo de produção não era permanente, estável, "o fim da história", mas uma fase temporária na história da humanidade, e, como suas predecessoras, uma fase destinada a ser substituída por outro tipo de sociedade (a menos que afundasse "na ruína comum das classes em contenda", frase do *Manifesto* que não foi muito notada). O segundo é seu reconhecimento das tendências históricas necessárias *de longo prazo* do desenvolvimento capitalista. O potencial revolucionário da economia capitalista já era evidente — Marx e Engels não postulavam ser os únicos a reconhecer o fato. Desde a Revolução Francesa algumas tendências por eles observadas claramente exercem efeito significativo — por exemplo, o declínio de "províncias independentes ou dotadas apenas de laços frouxos, com interesses, leis, governos e sistemas de tributação distintos" diante de Estados-nações "com um só governo, código de leis, interesse de classe nacional, fronteira e tarifa aduaneira". Não obstante, no final da década de 1840 o que a burguesia alcançara era consideravelmente mais modesto do que os milagres a ela atribuídos no *Manifesto*. Afinal de contas, em 1850 o mundo não produziu mais do que 71 mil toneladas de aço (quase 70% na Inglaterra) e construíra menos de 38 mil quilômetros de vias férreas (dois terços destes na Inglaterra e Estados Unidos). Os historiadores não tiveram nenhuma dificuldade em demonstrar que, até mesmo na Inglaterra, a revolução industrial (um termo especificamente empregado por Engels de 1844 em diante)[14] quase não criara um país industrial, ou até mesmo um país predominantemente urbano, antes da década de 1850. Marx e Engels descreveram não o mundo conforme já transformado pelo capitalismo em 1848, mas previram como o mundo estava logicamente fadado a ser transformado por ele.

Vivemos hoje num mundo no qual essa transformação em grande parte já ocorreu, embora os leitores do *Manifesto* no terceiro milênio do calendário ocidental indubitavelmente irão observar que ela avançou ainda mais depois de 1998. Em determinados sentidos, podemos ver até com mais clareza a força das previsões do *Manifesto* do que as gerações passadas que nos separam de sua publicação, pois antes da revolução nos transportes e comunicações ocorrida depois da Segunda Guerra Mundial havia limites à globalização da produção, à "transmissão de um caráter cosmopolita à produção e ao consumo em todos os países". Até a década de 1970, a industrialização permaneceu preponderantemente limitada a suas regiões de origem. Algumas escolas marxistas poderiam até argumentar que o capitalismo, ao menos em sua forma imperialista, longe de "obrigar todas as nações, sob pena de extinção, a adotar o modo burguês de produção", estava, por seu próprio caráter, perpetuando ou mesmo criando "subdesenvolvimento" no chamado Terceiro Mundo. Enquanto um terço do gênero humano vivia em economias do tipo comunista soviético, parecia que o capitalismo jamais conseguiria compelir todas as nações "a tornarem-se burguesas". Que ele não "criaria um mundo segundo sua própria imagem". Além disso, antes dos anos 1960 o anúncio do *Manifesto*, de que o capitalismo provocava a destruição da família, parecia não ter se verificado, mesmo nos países ocidentais avançados onde hoje algo em torno de metade das crianças é gerada ou educada por mães solteiras, e metade de todos os domicílios em cidades grandes é ocupada por pessoas solteiras.

Em suma, o que em 1848 teria parecido a um leitor desengajado retórica revolucionária ou, na melhor das hipóteses, previsão plausível, pode ser lido hoje como uma caracterização concisa do capitalismo no final do século XX. De que outro documento da década de 1840 se pode dizer o mesmo?

IV

Porém, se ao término do milênio devemos ficar impressionados com a agudez da visão do *Manifesto* sobre o então futuro remoto de um capitalismo vastamente globalizado, o fracasso de outra de suas previsões é igualmente impressionante. É agora evidente que a burguesia não produziu "acima de tudo, seus próprios coveiros" no proletariado. "Sua queda e a vitória do proletariado" não se demonstraram "igualmente inevitáveis". O contraste entre as duas metades da análise do *Manifesto* em sua seção sobre "Burgueses e proletários", após 150 anos, precisa ser mais explicada do que no momento de seu centenário.

O problema não reside na visão de Marx e Engels de um capitalismo que necessariamente transformou a maioria das pessoas que ganham a vida nessa economia em homens e mulheres que dependem para seu sustento de se empregar em troca de ordenados ou salários. Sem dúvida, ele tendia a fazer isso, embora hoje as rendas de alguns que tecnicamente são empregados assalariados, como os executivos de companhias, dificilmente possam ser ditas proletárias. Tampouco reside essencialmente em sua convicção de que a maioria dessa população trabalhadora consistiria de uma mão de obra *industrial*. Enquanto a Grã-Bretanha permaneceu bastante excepcional como um país onde os trabalhadores manuais assalariados formavam a maioria absoluta da população, o desenvolvimento da produção industrial requeria insumos volumosos e crescentes de mão de obra manual durante bem mais de um século depois do *Manifesto*. Indiscutivelmente não é mais esse o caso na moderna produção *high-tech* capital-intensiva, um desenvolvimento não considerado no *Manifesto*, embora, de fato, em seus estudos econômicos mais maduros, o próprio Marx considerasse o possível desenvolvimento de uma economia que utilizaria cada vez menos mão de obra, pelo menos em uma era pós-capitalista.[15] Até mesmo nas velhas economias industriais do capitalismo, a porcentagem de pessoas empregadas no setor fabril permaneceu estável até os anos 1970, com exceção dos Estados Unidos, onde o declínio começou um pouco mais cedo. Na verdade, com raras exceções — como Grã-Bretanha, Bélgica e Estados Unidos —, em 1970 os trabalhadores industriais provavelmente constituíam, mais do que nunca antes, a maior fração da população ocupada total do mundo industrial e em industrialização.

Em todo caso, a derrubada do capitalismo considerada pelo *Manifesto* não se baseava na transformação prévia da *maioria* da população ocupada em proletários, mas na suposição de que a situação do proletariado na economia capitalista era tal que, uma vez organizada como movimento de classe necessariamente político, poderia assumir a liderança e congregar a sua volta o descontentamento de outras classes, e assim adquirir poder político como "o movimento independente da imensa maioria no interesse da imensa maioria". Assim, o proletariado iria "ascender como classe governante da nação [...] constituir *a* nação".[16]

Considerando-se que o capitalismo não foi derrubado, estamos em condições de refutar essa previsão. Entretanto, por totalmente inverossímil que parecesse em 1848, a política da maioria dos países capitalistas europeus seria transformada pela ascensão de movimentos políticos organizados com base na classe operária com consciência de classe, que mal tinha começado a aparecer fora da Grã-Bretanha. Os partidos trabalhistas e socialistas que surgiram em muitos países do mundo "desenvolvido" na década de 1880 tornaram-se partidos de massa em Estados dotados dos direitos democráticos que eles tanto haviam lutado para efetivar. Durante e depois da Primeira Guerra Mundial, enquanto um ramo dos "partidos proletários" seguia a via revolucionária dos bolcheviques, outro ramo se convertia nos pilares de sustentação de um capitalismo democratizado. O ramo bolchevique não possui mais tanta importância na Europa, e os partidos desse tipo foram assimilados à social-democracia. A social-democracia, conforme entendida no tempo de Bebel ou mesmo de Clemente Attlee, vem desenvolvendo uma ação de retaguarda nos anos 1990. Porém, quando escrevo estas linhas (1997), os descendentes dos partidos social-democratas da Segunda Internacional, às vezes sob seus nomes originais, são todos partidos governistas nos Estados europeus, exceto em dois (Espanha e Alemanha), para cujos governos no passado forneceram quadros, sendo provável que voltem a fazê-lo.

Em suma, o que está errado não é a previsão do *Manifesto* sobre o papel central dos movimentos políticos baseados na classe operária (e por vezes ainda portando especificamente o nome da classe, como nos partidos trabalhistas britânico, holandês, norueguês e australásio), mas a proposição de que "de todas as classes que enfrentam a burguesia hoje, só o proletariado é uma classe realmente revolucionária" cujo destino inevitável, implícito na natureza e desenvolvimento do capitalismo, é derrubar a burguesia: "Sua queda e a vitória do proletariado são igualmente inevitáveis".

Mesmo nos famosos "anos 40 da fome", o mecanismo que iria assegurar isso, ou seja, a pauperização inevitável dos trabalhadores,[17] não era totalmente convincente; exceto na suposição, implausível mesmo naquela época, de que o capitalismo estava em sua crise final e prestes a ser *imediatamente* derrubado. Era um mecanismo ambíguo. Além do efeito da pauperização sobre o movimento operário, ele demonstrava que a burguesia era "incapaz de governar porque é incompetente para garantir uma existência ao escravo em sua escravidão, porque não pode evitar que ele se degrade a ponto de ela ter de alimentá-lo em vez de ser por ele alimentada". Longe de prover o lucro que abastecia a máquina do capitalismo, a mão de obra agora o drenava. Mas, dado o enorme potencial econômico do capitalismo, exposto de modo tão dramático no próprio *Manifesto*, por que seria inevitável que o capitalismo não pudesse prover um sustento, ainda que miserável, para a maioria de sua classe trabalhadora, ou, alternativamente, que não pudesse fornecer um sistema de bem-estar social? O "pauperismo [no sentido estrito, ver nota 17] se desenvolve ainda mais rapidamente do que a população e a riqueza"?[18] Se o capitalismo tinha uma vida longa diante de si — como ficou óbvio logo depois de 1848 —, não era necessário que isso acontecesse, e realmente não aconteceu.

A visão do *Manifesto* sobre o desenvolvimento histórico da "sociedade burguesa", que inclui a classe operária por ela gerada, não levava *necessariamente* à conclusão de que o proletariado derrubaria o capitalismo e, ao assim fazer, abriria o caminho para o desenvolvimento do comunismo, porque visão e conclusão não derivavam da mesma análise. A meta do comunismo, adotada antes de Marx tornar-se "marxista", não foi deduzida da análise da natureza e desenvolvimento do capitalismo, mas de um argumento filosófico, na verdade escatológico, sobre a natureza e o destino humanos. A ideia — fundamental para Marx dali em diante — de que o proletariado era uma classe que não poderia libertar-se sem com isso libertar a sociedade como um todo, primeiro aparece como "uma dedução filosófica em lugar de um produto da observação".[19] Como afirmou George Lichtheim: "o proletariado faz sua primeira aparição nos escritos de Marx como a força social necessária para realizar as metas da filosofia alemã" tal como Marx a via em 1843-4.[20]

A "possibilidade *positiva* da emancipação alemã", escreveu ele na *Introdução a uma crítica da filosofia do direito de Hegel*, "reside na formação de uma classe com *cadeias radicais*... uma classe que é a dissolução de todas as classes, uma esfera da sociedade que tem um caráter universal porque seus sofrimentos são universais, e que não clama nenhum *direito particular* porque a injustiça cometida contra ela não é uma *injustiça particular*, mas injustiça *como tal* [...] Essa dissolução da sociedade enquanto classe particular é o *proletariado* [...] A emancipação dos alemães é a emancipação do *ser humano*. A *filosofia* é a cabeça dessa emancipação, e o *proletariado* seu coração. A filosofia não pode realizar-se sem abolir o proletariado, e o proletariado não pode ser abolido sem que a filosofia seja feita realidade".[21]

Nesse momento Marx sabia pouca coisa sobre o proletariado além de que "ele está passando a existir na Alemanha apenas como resultado do crescente desenvolvimento industrial", e era justamente esse o seu potencial como força libertadora já que, ao contrário das massas pobres da sociedade tradicional, ele era o fruto de uma *"dissolução drástica* da sociedade" e, portanto, por sua existência, proclama(va) a *"dissolução da ordem mundial até agora existente"*. Marx sabia ainda menos sobre os movimentos operários, embora bastante sobre a história da Revolução Francesa. Em Engels ele encontrou um parceiro que trouxe para a parceria o conceito de "Revolução Industrial", uma compreensão da dinâmica da economia capitalista conforme existente de fato na Inglaterra e os rudimentos de uma análise econômica,[22] que o levaram a prever uma revolução social futura, a ser feita por uma classe operária concreta, sobre a qual conhecia bastante, vivendo e trabalhando na Inglaterra no início da década de 1840. As abordagens de Marx e Engels do "proletariado" e do comunismo complementaram-se entre si. O mesmo aconteceu com a concepção de luta de classes como motor da história: no caso de Marx, derivada em grande parte do estudo do período revolucionário francês; no caso de Engels, da experiência de movimentos sociais na Inglaterra pós-napoleônica. Não admira que os dois se achassem (nas palavras de Engels) "de acordo em todos os campos teóricos".[23] Engels deu a Marx os elementos de um modelo que demonstrava a natureza flutuante e autodesestabilizante das operações da economia capitalista — notadamente o esboço de uma teoria das crises econômicas[24] — e material empírico sobre a ascensão do movimento da classe operária inglesa e o papel revolucionário que ela poderia desempenhar na Inglaterra.

Na década de 1840, a conclusão de que a sociedade estava à véspera da revolução não era implausível. Tampouco a predição de que a classe operária, ainda que imatura, iria liderá-la. Afinal de contas, no prazo de algumas semanas após a publicação do *Manifesto*, um movimento dos trabalhadores de Paris derrubou a monarquia francesa e sinalizou a revolução para metade da Europa. Apesar disso, a tendência do desenvolvimento capitalista de gerar um proletariado essencialmente *revolucionário* não poderia ser deduzida da análise da natureza do desenvolvimento capitalista. Ela era uma consequência possível desse desenvolvimento, mas não poderia ser demonstrada como a única possível. Menos ainda seria possível demonstrar que uma derrubada bem-sucedida do capitalismo pelo proletariado abriria necessariamente o caminho para o desenvolvimento comunista. (O *Manifesto* apenas afirma que isso iniciaria um processo de mudança muito gradual.)[25] A visão de Marx, de um proletariado cuja essência mesma o destinava a emancipar toda a humanidade e a eliminar a sociedade de classes pela derrubada do capitalismo, representa uma esperança interpretada em sua análise do capitalismo, mas não uma conclusão necessariamente imposta por essa análise.

O que a análise do capitalismo feita pelo *Manifesto* poderia indubitavelmente produzir, especialmente quando complementada pela análise de Marx sobre a concentração econômica, apenas sugerida em 1848, é uma conclusão mais geral e menos específica sobre as forças autodestrutivas embutidas no desenvolvimento capitalista. Deve-se alcançar um ponto — e em 1998 não só marxistas aceitarão isso — em que "as relações burguesas de produção e troca, as relações burguesas de propriedade, a sociedade burguesa moderna, que conjurou tais meios gigantescos de produção e troca, é como o feiticeiro que deixa de ter o poder de controlar os poderes do submundo que conclamou [...] As relações burguesas tornaram-se muito estreitas para abarcar a riqueza por elas criada".

Não é descabido concluir que as "contradições" inerentes a um sistema de mercado baseado em "nenhum outro nexo entre os seres humanos além do egoísmo descarado, além do insensível 'pagamento em dinheiro', um sistema de exploração e acumulação infinita" jamais poderão ser superadas; que, em algum ponto de uma série de transformações e reestruturações, o desenvolvimento desse sistema essencialmente autodesestabilizante levará a um estado de coisas que já não poderá ser descrito como capitalismo. Ou, para citar o Marx posterior, quando a "centralização dos meios de produção e a socialização da mão de obra alcançarem por fim um ponto em que se tornam incompatíveis com seu revestimento capitalista", e esse "revestimento seja feito em pedaços".[26] O nome pelo qual o estado de coisas subsequente é definido é irrelevante. Porém — como demonstram os efeitos da explosão econômica mundial sobre o meio ambiente mundial — necessariamente terá que marcar uma clara guinada para longe da apropriação privada e rumo à administração social numa escala global.

É extremamente improvável que tal "sociedade pós-capitalista" corresponda aos modelos tradicionais de socialismo, e menos ainda aos socialismos "realmente existentes" da era soviética. Que formas ela poderia assumir, e até onde encarnaria os valores humanistas do comunismo de Marx e Engels, dependeria da ação política pela qual essa mudança ocorresse, pois essa ação, como afirma o *Manifesto*, é fundamental à conformação da mudança histórica.

V

Na visão marxiana, como quer que descrevamos o momento histórico em que "o revestimento é feito em pedaços", a política será um elemento essencial. O *Manifesto* foi lido principalmente como um documento de inevitabilidade histórica, e realmente sua força derivou em grande parte da confiança que dava a seus leitores de que o capitalismo estava inevitavelmente fadado a ser enterrado por seus coveiros, e que agora e em nenhuma outra era anterior na história haviam surgido as condições para a emancipação. Entretanto, ao contrário de suposições muito difundidas, na medida em que o *Manifesto* acredita que a mudança histórica é processada por homens que fazem sua própria história, ele não é um documento determinista. Os sepulcros precisam ser cavados direta ou indiretamente pela ação humana.

De fato, é possível uma leitura determinista do argumento. Sugeriu-se que Engels tendia para ela de modo mais claro do que Marx, com consequências importantes para o desenvolvimento da teoria marxista e para o movimento operário marxista depois da morte de Marx. Porém, conquanto os próprios rascunhos anteriores de Engels tenham sido citados como evidência,[27] na verdade isso não pode ser lido no *Manifesto*. Quando ele deixa o campo da análise histórica e entra no presente, é um documento de escolhas, mais de possibilidades políticas que de probabilidades, para não falar em certezas. Entre "agora" e o tempo, impossível de prever, em que, "no curso do desenvolvimento" haveria "uma associação na qual o desenvolvimento livre de cada um é a condição do desenvolvimento livre de todos", estende-se o domínio da ação política.

A mudança histórica mediante a práxis social, mediante a ação coletiva, está no seu cerne. O *Manifesto* vê o desenvolvimento do proletariado como a "organização dos proletários em uma classe e consequentemente em um partido político". A "conquista de poder político pelo proletariado" ("a vitória da democracia") é "o primeiro passo na revolução" dos trabalhadores, e o futuro da sociedade se articula nas ações políticas subsequentes do novo regime (o modo como "o proletariado usará sua supremacia política"). O compromisso com a *política* é o que historicamente distinguiu o socialismo marxiano dos anarquistas, dos sucessores daqueles socialistas cuja rejeição de toda ação política é especificamente condenada pelo *Manifesto*. Até mesmo antes de Lênin, a teoria marxiana não dizia apenas "o que a história nos mostra que acontecerá", mas também "o que deve ser feito". Sabidamente, a experiência soviética do século XX nos ensinou que poderia ser melhor não fazer "o que deve ser feito" sob condições históricas que virtualmente punham o sucesso fora do alcance. Mas essa lição também poderia ter sido aprendida da consideração das implicações do *Manifesto Comunista*.

Por outro lado, porém, o *Manifesto* — e essa não é a menor de suas notáveis qualidades — é um documento que levava em conta o fracasso. Esperava que o resultado do desenvolvimento capitalista fosse "uma reconstituição revolucionária da sociedade em geral" mas, como já vimos, não excluía a alternativa: "ruína comum". Muitos anos depois, outro marxiano reformulou a frase como a escolha entre socialismo e barbárie. Qual deles prevalecerá é uma pergunta que devemos deixar para o século XXI responder.

NOTAS

PREFÁCIO [pp. 7-12]

1. Joyce Appleby, Lynn Hunt e Margaret Jacob, *Telling the Truth about History* (Nova York, 1994).
2. Citado em Charles Issawi (ed. e trad.), *An Arab Philosophy of History: Selections from the Prolegomena of Ibn Khaldun of Tunis (1332-1406)* (Londres, 1950), pp. 26-7.

2. O SENTIDO DO PASSADO [pp. 25-43]

1. Sou grato à esplêndida biografia *Zapata*, escrita por John Womack (Nova York, 1969), onde encontrei detalhes sobre o movimento de Morelos.
2. Essas aspirações pseudo-históricas não devem ser confundidas com as tentativas de restabelecer regimes historicamente remotos de sociedades tradicionais, que quase com certeza levam isso ao pé da letra: os levantes camponeses peruanos até os anos 1920, por exemplo, que por vezes visaram restabelecer o Império inca, os movimentos chineses, registrados pela última vez na metade do século XX, para restaurar a dinastia Ming. Para os camponeses peruanos, os incas, de fato, *não* eram historicamente remotos. Eram "ontem", separados do presente apenas por sucessão imediatamente condensada de gerações camponesas repetindo-se na realização daquilo que seus antepassados haviam feito na medida que assim o permitissem os deuses e os espanhóis. Aplicar a cronologia aos mesmos é introduzir anacronismo.
3. Valeria a pena analisar dessa maneira o estilo de argumentação dos regimes revolucionários após o triunfo de suas revoluções. Poderia esclarecer a aparente indestrutibilidade de "sobrevivências burguesas" ou teses como as da intensificação da luta de classes muito tempo depois da revolução.
4. Claro que se admitirmos que "aquilo em que se estiver se tornando é correto", ou pelo menos inevitável, podemos aceitar os resultados da extrapolação com ou sem aprovação, mas isso não elimina o problema.
5. Ver, por exemplo, Alan B. Cobban, "Medieval Student Power", *Past and Present*, 53 (novembro de 1971), pp. 22-66.
6. A ênfase dada pela popularização histórica russa à primazia dos inventores russos durante os últimos anos de Stálin, excessiva a ponto de provocar

escárnio no exterior, ocultava na verdade as conquistas no geral extraordinárias do pensamento científico e tecnológico russo do século XIX.

7. A magia numérica que parece ser um subproduto natural pelo menos das cronologias escritas, mesmo em sociedades bastante sofisticadas, talvez mereça ser investigada: ainda hoje os historiadores acham difícil fugir à unidade "século" ou outras unidades arbitrárias de datação.

3. O QUE A HISTÓRIA TEM A DIZER-NOS SOBRE A SOCIEDADE CONTEMPORÂNEA? [pp. 44-60]

1. *Times Literary Supplement*, 16 de março de 1984.

6. DA HISTÓRIA SOCIAL À HISTÓRIA DA SOCIEDADE [pp. 106-35]

1. Ver os comentários de A. J. C. Rueter em *IX Congrès International des Sciences Historiques* (Paris, 1950), vol. 1, p. 298.

2. George Unwin, *Studies in Economic History* (Londres, 1927), pp. xxiii, 33-9.

3. J. H. Clapham, *A Concise Economic History of Britain* (Cambridge, 1949), introdução.

4. Duas citações do mesmo documento (Economic and Social Studies Conference Board, *Social Aspects of Economic Development*, Istambul, 1964) podem ilustrar as motivações divergentes por trás dessa nova preocupação. A do presidente turco da assembleia: "O desenvolvimento ou crescimento econômico nas áreas economicamente atrasadas é uma das questões mais importantes enfrentadas atualmente pelo mundo [...] Os países pobres fizeram dessa questão do desenvolvimento um elevado ideal. O desenvolvimento econômico para eles está associado à independência política e a um sentido de soberania". A de Daniel Lerner: "Uma década de experiência global com mudança social e desenvolvimento econômico jaz atrás de nós. A década foi repleta de esforços, em toda parte do mundo, para induzir o desenvolvimento econômico sem produzir caos cultural; para acelerar o crescimento econômico sem perturbar o equilíbrio societário; para promover a mobilidade econômica sem subverter a estabilidade política" (pp. xxiii, 1).

5. A queixa de sir John Hicks é típica: "Minha 'teoria da história' [...] estará consideravelmente mais próxima do tipo de coisa intentado por Marx [...]. Muitos [daqueles que acreditam que as ideias possam ser usadas pelos historiadores para ordenar seu material, de sorte que o curso geral da história possa ser devidamente traçado] [...] utilizariam as categorias marxistas, ou alguma versão modificada das mesmas; uma vez que se dispõe de pouca coisa no sentido de uma versão alternativa, não é de admirar que o façam. Apesar disso, é

extraordinário que cem anos depois de *Das Kapital*, após um século durante o qual ocorreram enormes progressos na ciência social, tão pouca coisa mais tenha surgido": *A Theory of Economic History* (Londres, Oxford e Nova York, 1969), pp. 2-3.

6. Dessa forma, a amostragem de Marc Ferro dos telegramas e resoluções enviados a Petrogrado nas primeiras semanas da Revolução de Fevereiro de 1917 é claramente o equivalente a um levantamento retrospectivo de opinião pública. É de se duvidar que pudesse ter sido pensada sem o prévio desenvolvimento da pesquisa de opinião para fins não históricos. M. Ferro, *La Révolution de 1917* (Paris, 1967).

7. Na conferência sobre Novas Tendências em História, Princeton, Nova Jersey, maio de 1968.

8. Não acham que pertencem à história os artifícios para introduzir nas sociedades um sentido de "complexidade crescente". Podem, naturalmente, ser legítimos.

9. P. Baran, *The Political Economy of Growth* (Nova York, 1957), cap. 2.

10. Para uma versão em inglês desse importante artigo, ver *Social Science Information* 9 (fevereiro de 1970), pp. 145-74.

11. Cf. "Numa visão mais ampla da história urbana está em jogo a possibilidade de considerar como central ao estudo da mudança social o processo societário de urbanização. Devem-se fazer esforços no sentido de conceituar a urbanização de modo a representar efetivamente a mudança social": Eric Lampard em Oscar Handlin e John Burchard (eds.), *The Historians and the City* (Cambridge, Mass., 1963), p. 233.

12. Sobre as possíveis divergências entre realidade e classificação, ver as discussões sobre as complexas hierarquias sociorraciais da América Latina colonial: Magnus Mörner, "The History of Race Relations in Latin America", em L. Foner e E. D. Genovese (eds.), *Slavery in the New World* (Englewood Cliffs, 1969), p. 221.

13. Ver A. Prost, "Vocabulaire et typologie des familles politiques", *Cahiers de Lexicologie*, 14 (1969).

14. T. Shanin, "The Peasantry as a Political Factor", *Sociological Review* 14 (1966), p. 17.

15. A. Dupront, "Problèmes et méthodes d'une histoire de la psychologie collective", *Annales: Economies, Sociétés, Civilisations* 16 (janeiro-fevereiro de 1961), pp. 3-11.

16. Por "encaixar" quero dizer estabelecer uma ligação sistemática entre componentes diferentes, e por vezes aparentemente desvinculados, de uma mesma síndrome — as crenças da burguesia liberal clássica do século XIX, por exemplo, tanto na liberdade individual quanto em uma estrutura familiar patriarcal.

17. Aguardamos ansiosamente o momento em que a Revolução Russa propiciará aos historiadores oportunidades comparáveis para o século XX.

18. R. Braun, *Industrialisierung und Volksleben* (Erlenbach e Zurique, 1960); *Sozialer und kultureller Wandel in einem ländlichen Industriegebiet* [...] *im 19. und 20. Jahrhundert* (Erlenbach e Zurique, 1965); J. O. Foster, *Class Struggle and the Industrial Revolution* (Londres, 1974).

19. Eric Stokes, que está fazendo isso, tem consciência de estar aplicando resultados de pesquisa da história africana: E. Stokes, "Traditional Resistance Movements and Afro-Asian Nationalism: The Context of the 1857 Mutiny--Rebellion in India", *Past and Present*, 48 (agosto de 1970), pp. 100-17.

20. Centre Formation, Nation-Building and Cultural Diversity: Report on a Symposium Organized by UNESCO (cópia de versão preliminar, s/d). O simpósio foi realizado de 28 de agosto a 1º de setembro de 1968.

21. Embora o capitalismo tenha se desenvolvido como um sistema global de interações econômicas, as unidades concretas de seu desenvolvimento têm sido determinadas unidades territoriais e políticas — economias inglesa, francesa, alemã, norte-americana — talvez devido a acidente histórico mas também (a questão continua em aberto) ao papel necessário do Estado no desenvolvimento econômico, mesmo na era do mais puro liberalismo econômico.

7. HISTORIADORES E ECONOMISTAS: I [pp. 136-56]

1. Joseph A. Schumpeter, *History of Economic Analysis* (Nova York, 1954), pp. 836-7.

2. R. W. Fogel, "Scientific History and Traditional History", em R. W. Fogel e G. R. Elton, *Which Road to the Past?* (New Haven e Londres, 1983), p. 68.

3. A. G. Hopkins, resenhando T. B. Birnberg e A. Resnick, *Colonial Development: An Econometric Study* (Londres, 1976), em *Economic Journal*, 87 (junho de 1977), p. 351.

4. Ver Hans Medick, *Naturzustand und Naturgeschichte der bürgerlichen Gesellschaft* (Göttingen, 1973), p. 264.

5. J. R. Hicks, resenhando J. K. Whitaker (ed.), *The Early Economic Writings of Alfred Marshall (1867-1890)*, em *Economic Journal*, 86 (junho de 1976), pp. 368-9.

6. E. von Böhm-Bawerk, "The Historical vs the Deductive Method in Political Economy", *Annals of the American Academy of Political and Social Science*, 1 (1980), p. 267.

7. Joseph A. Schumpeter, *Das Wesen und der Hauptinhalt der theoretischen Nationalökonomie* (Leipzig, 1908), p. 578. Ver também seu *Economic Doctrine and Method: An Historical Sketch* (Londres, 1954), p. 189.

8. H. W. Macrosty, *The Trust Movement in British Industry* (Londres, 1907).

9. Schumpeter, *History of Economic Analysis*, p. 10.

10. Fogel and Elton, *Which Road to the Past?*, p. 38.

8. HISTORIADORES E ECONOMISTAS: II [pp. 157-77]

1. J. R. Hicks, *A Theory of Economic History* (Londres, Oxford e Nova York, 1969), p. 167.

2. Elaborada em R. Fogel e S. Engermann, *Time on the Cross* (Londres, 1974).

3. M. Lévy-Leboyer, "La 'New Economic History'", *Annales: Economies, Sociétés, Civilisations*, 24 (1969), p. 1062.

4. Joel Mokyr, "The Industrial Revolution and the New Economic History", em Joel Mokyr (ed.), *The Economics of the Industrial Revolution* (Londres, 1985), p. 2.

5. Ibid., pp. 39-40. O assunto é discutido mais extensamente em "Editor's Introduction: The New Economic History and the Industrial Revolution", em J. Mokyr (ed.), *The British Industrial Revolution: An Economic Perspective* (Boulder, San Francisco e Oxford, 1993), pp. 118-30, esp. 126-8.

6. Jon Elster, *Logic and Society: Contradictions and Possible Worlds* (Chichester e Nova York, 1978), pp. 175-221.

7. Ibid., p. 204.

8. Robert Fogel, *Railroads and American Economic Growth* (Baltimore, 1964).

9. Hicks, *Theory of Economic History*, p. 1.

10. Mokyr, *The Economics of the Industrial Revolution*, p. 7.

11. Id., *The British Industrial Revolution*, p. 11.

12. Id., *The Economics of the Industrial Revolution*, p. 6.

13. Paul Bairoch, *The Economic Development of the Third World since 1900* (Londres, 1975), p. 196.

14. Alan Milward, "Strategies for Development in Agriculture: The Nineteenth-Century European Experience", em T. C. Smout (ed.), *The Search for Wealth and Stability: Essays in Social and Economic History Presented to M. W. Flinn* (Londres, 1979).

15. Ver E. J. Hobsbawm, "Capitalisme et agriculture: les réformateurs Ecossais au XVIIIᵉ siècle", *Annales: Economies, Sociétés, Civilisations*, 33 (maio--junho de 1978), pp. 580-601.

16. Maurice Dobb, *Studies in the Development of Capitalism* (Londres, 1946), p. 32.

17. Hicks, *Theory of Economic History*, p. 2.

18. Hla Myint, "Vent for Surplus", em John Eatwell, Murray Milgate e Peter Newman (eds.), *The New Palgrave: A Dictionary of Economics* (Londres, 1987), vol. 4, pp. 802-4.

19. Witold Kula, *Théorie économique du système féodal: pour un modèle de l'économie polonaise 16ᶜ-18ᶜ siècles* (Paris e Haia, 1970).
20. Abraham Rotstein, "Karl Polanyi's Concept of Non-Market Trade", *Journal of Economic History*, 30 (1970), p. 123.

9. ENGAJAMENTO [pp. 178-99]

1. Como, por exemplo, no artigo "Parteilichkeit" em G. Klaus e M. Buhr, *Philosophisches Wöterbuch* (Leipzig, 1964).
2. Sem entrar em discussões filosóficas, todo historiador está familiarizado com declarações sobre o passado que ora podem ser demonstradas como "verdadeiras" ora como "falsas", tais como "Napoleão nasceu em 1769" ou "a França venceu a Batalha de Waterloo".
3. *Leviathan*, cap. XI: "Pois não duvido, mas se tivesse sido uma coisa contrária ao direito de dominação de um homem, ou ao interesse de homens que possuem domínio, *que os três ângulos de um triângulo devam ser iguais a dois ângulos de um quadrado*, essa doutrina deveria ter sido, se não questionada, ainda que pela queima de todos os livros de geometria, eliminada, na medida em que disso fosse capaz aquele a quem isso interessasse".
4. J. A. Moore, "Creationism in California", *Daedalus* (verão de 1974), pp. 173-90.
5. Cf. a posterior rejeição de Zhdanov ao argumento de que questões técnicas e especializadas fossem discutidas em periódicos especializados e não em *Bolshevik* (A. Zhdanov, *Sur la littérature, la philosophie et la musique* (Paris, 1950), pp. 57-8).
6. Isso é particularmente delicado onde as ortodoxias da "política científica" são cindidas por cismas e heresias, tal como, notadamente, no movimento trotskista.
7. Isso foi bem definido como "uma redução imediata não só da ciência à ideologia, mas da própria ideologia a um instrumento de propaganda e justificativa insignificante de posições políticas fortuitas, razão pela qual as mudanças mais abruptas na política foram, em cada caso, legitimadas por argumentos pseudoteóricos e apresentadas como congruentes com o marxismo mais ortodoxo". S. Timparano, "Considerations on Materialism", *New Left Review*, 85 (maio-junho de 1974), p. 6.
8. Como se sabe, os exemplos mais ostentosos de tal pseudoerudição, como os forjados manuscritos de Königinhof entre os tchecos, Ossian, ou a invenção do pseudodruidismo entre os galeses, ocorreram antes que a moderna erudição histórica tivesse tornado inconvincentes essas ficções patrióticas. Porém, os nacionalistas tchecos, no geral, não agradeceram a T. G. Masaryk por demonstrar que eram ficções.
9. Cf. N. Pastore, *The Nature-Nurture Controversy* (Nova York, 1949).

Aliás, Karl Pearson havia anteriormente mostrado algum interesse pelo marxismo, confirmando assim seu interesse nas ideologias políticas.

10. Cf. N. J. Block e Gerald Dworkin (eds.), *The IQ Controversy* (Nova York, 1976), e a resenha desse livro feita por P. B. Medawar na *New York Review of Books*.

11. A importância dessa atividade "interdisciplinar" não é aqui negada, embora às vezes tenda a ser pouco mais que uma maneira conveniente de demarcar um novo "campo" profissional no qual se possa fazer carreira e reputação e mobilizar subsídios financeiros. Não está ainda muito claro como opera essa fertilização interdisciplinar. Porém, é seguro afirmar que nas ciências sociais não é fácil separá-la do compromisso ideológico ou político não acadêmico: cf. o caso do campo da "sociobiologia", em acelerado desenvolvimento.

12. Sobre Crick, ver R. Olby, "Francis Crick, D. N. A., and the Central Dogma", *Daedalus* (outono de 1970), pp. 940, 943. O fato de não ser atualmente aceita a teoria de Hoyle da "criação constante", cujas motivações são em grande parte antirreligiosas, não diminui a importância de sua intervenção nas modernas discussões sobre cosmogonia. Não é objetivo do presente ensaio demonstrar que o engajamento científico sempre produz as respostas corretas. O importante, a meu ver, é que, acertando ou não, ele pode fazer avançar o debate científico.

13. Sobre dúvidas anteriores quanto aos estudos de Burt — manifestadas antes que o professor J. Tizard tivesse demonstrado que quase com certeza ele trapaceara — ver L. J. Kamin, "Heredity, Intelligence, Politics and Psychology", em Block e Dworkin (eds.), *The IQ Controversy*, pp. 242-50. Não podemos considerar aqui tentativas mais recentes de reabilitá-lo.

14. Cf. G. T. Marx e J. L. Wood, "Strands of Theory and Research in Collective Behaviour", *Annual Review of Sociology* 1 (1975), pp. 363-428.

15. L. Thurow, "Economics 1977", *Daedalus* (outono de 1977), pp. 83-5.

16. T. C. Barker, "The Beginnings of the Economic History Society", *Economic History Review*, 30/1 (1977), p. 2; N. B. Harte, "Trends in Publications on the Economic and Social History of Great Britain and Ireland 1925-1974", *Daedalus* (outono de 1977), p. 24.

17. K. O. May, "Growth and Quality of the Mathematical Literature", *Isis*, 59 (1969), p. 363; Anthony, East, Slater, "The Growth of the Literature of Physics", *Reports on Progress in Physics*, 32 (1969), pp. 764-5.

10. O QUE OS HISTORIADORES DEVEM A KARL MARX?
[pp. 200-20]

1. Arnaldo Momigliano, "One Hundred Years after Ranke", em *Studies in Historiography* (Londres, 1966).

2. *Encyclopaedia Britannica*, 11ª ed. (Londres, 1910), verbete "History".
3. *Enciclopedia Italiana* (Roma, 1936), verbete "Storiografia".
4. De fato, durante vários anos após 1950, articularam uma contraofensiva muito bem-sucedida, encorajada pelo ambiente favorável da Guerra Fria, mas talvez também pela incapacidade dos inovadores em consolidar seu avanço inesperadamente rápido.
5. Cf. George Lichtheim, *Marxism in Modern France* (Londres, 1966).
6. *Times Literary Supplement*, 15 de fevereiro de 1968.
7. J. Bonar, *Philosophy and Political Economy* (Londres, 1893), p. 367.
8. Essas observações dariam origem a uma das primeiras penetrações daquilo que sem dúvida é uma influência marxista na historiografia ortodoxa, ou seja, o famoso tema sobre o qual Sombart, Weber, Troeltsch e outros iriam interpretar variações. O debate está ainda longe de ter se esgotado.
9. Deve-se concordar com L. Althusser que sua discussão dos níveis "superestruturais" ficou muito mais esquematizada e inconclusa que a discussão da "base".
10. Quase não é necessário dizer que a "base" não consiste de tecnologia ou economia, mas da "totalidade dessas relações de produção", isto é, a organização social em seu sentido mais amplo quando aplicada a um dado nível das forças materiais de produção.
11. É óbvio que o emprego desse termo não implica nenhuma similaridade com o processo de evolução biológica.
12. Existem razões históricas para essa rebelião contra o aspecto "evolutivo" do marxismo, como, por exemplo, a rejeição — por motivos políticos — das ortodoxias kautskianas, mas não estamos aqui preocupados com elas.
13. Marx a Engels, 7 de agosto de 1866. Marx e Engels, *Collected Works*, vol. 42 (Londres, 1987), p. 304.
14. No sentido em que Lévi-Strauss fala de sistemas de parentesco (ou outros dispositivos sociais) como um "conjunto coordenado, cuja função é garantir a permanência do grupo social": Sol Tax (ed.), *Anthropology Today* (1962), p. 343.
15. "Permanece verdadeiro [...] mesmo para uma versão devidamente revitalizada da análise funcional, que sua forma explicativa é um tanto limitada; em particular, ela não oferece uma explicação sobre por que determinado item i, e não um equivalente funcional do mesmo, ocorre em um sistema s": Carl Hempel, em L. Gross (ed.), *Symposium on Social Theory* (1959).
16. Como diz Lévi-Strauss, falando dos modelos de parentesco, "se nenhum fator externo estivesse afetando esse mecanismo, ele atuaria indefinidamente, e a estrutura social permaneceria estática. Não é esse o caso, contudo; daí a necessidade de introduzir novos elementos no modelo teórico para dar conta das mudanças diacrônicas da estrutura": em Tax (ed.), *Social Anthropology*, p. 343.
17. "Il est clair, toutefois, que c'est la nature de ce concept de 'combinai-

son' qui fonde l'affirmation [...] que le marxisme *n'est pas un historicisme*: puisque le concept marxiste de l'histoire repose sur le principe de la variation des formes de cette 'combinaison'" [Está claro, todavia, que é a natureza desse conceito de "combinação" que funda a afirmação [...] de que o marxismo *não é um historicismo*: já que o conceito marxista da história repousa no princípio da variação das formas dessa "combinação"]. Cf. L. Althusser, *Lire le Capital*, vol. 2 (Paris, 1965), p. 153.

18. R. Bastide (ed.), *Sens et usage du terme structure dans les sciences sociales et humaines* (Paris, 1962), p. 143.

19. "On voit par là que certains rapports de production supposent comme condition de leur propre existence, l'existence d'une *superstructure* juridico-politique et idéologique, et pourquoi cette superstructure est nécessairement *spécifique* [...] On voit aussi que certains autres rapports de production n'appellent pas de superstructure politique, mais seulement une superstructure idéologique (les sociétés sans classes). On voit enfin que la nature des rapports de production considérés, non seulement appelle ou n'appelle pas telle ou telle forme de superstructure, mais fixe également *le degré d'efficace* délégué à tel ou tel niveau de la totalité sociale" [Percebe-se então que certas relações de produção supõem como condição de sua própria existência a existência de uma *superestrutura* jurídico-política e ideológica, e por que essa superestrutura é necessariamente *específica* [...] Percebe-se também que certas outras relações de produção não carecem de superestrutura política, mas somente de uma superestrutura ideológica (as sociedades sem classes). Percebe-se, enfim, que a natureza das relações de produção consideradas não somente carece ou não carece dessa ou daquela forma de superestrutura, mas igualmente fixa o *grau de eficácia* delegado a esse ou aquele nível da totalidade social]: Althusser, *Lire le Capital*, p. 153.

20. Naturalmente essas podem ser descritas, se considerarmos isso útil, como diferentes combinações de um dado número de elementos.

21. Pode-se acrescentar que é duvidoso que possam ser simplesmente classificadas como "conflitos", embora, na medida em que concentremos nossa atenção nos sistemas sociais como sistemas de relações entre pessoas, normalmente se possa esperar que assumam a forma de conflito entre indivíduos e grupos ou, mais metaforicamente, entre sistemas de valores, papéis e assim por diante.

22. Saber se o Estado é a única instituição dotada dessa função foi uma questão que muito preocupou marxistas como Gramsci, mas não é necessário abordá-la aqui.

23. G. Lichtheim (*Marxism*, Londres, 1961, p. 152) acertadamente destaca que o antagonismo de classe desempenha apenas um papel secundário no modelo de Marx para o esfacelamento da antiga sociedade romana. A concepção de que isso se deu em função de "revoltas escravas" não tem nenhuma base em Marx.

24. Como afirmou Worsley, resumindo obra ao longo dessas linhas, "a mudança no interior de um sistema ou deve se acumular no sentido da mudança estrutural do sistema, ou ser por ele resolvida em algum tipo de mecanismo catártico": "The Analysis of Rebellion and Revolution in Modern British Social Anthropology", *Science and Society*, 25/1 (1961), p. 37. A ritualização nas relações sociais faz sentido como uma encenação simbólica de tensões que, caso contrário, poderiam ser intoleráveis.

25. Cf. a grande quantidade de pesquisas e discussões sobre sociedades orientais, derivada de um reduzido número de páginas em Marx, das quais algumas das mais importantes — as contidas nos *Grundrisse* — apenas se tornaram disponíveis há quinze anos.

26. No campo da pré-história, por exemplo, a obra do falecido V. Gordon Childe, talvez o pensamento histórico mais original nos países de língua inglesa a aplicar o marxismo ao passado.

27. Compare-se, por exemplo, a abordagem do dr. Eric Williams em *Capitalism and Slavery* (Londres, 1964), uma obra pioneira, preciosa e esclarecedora, e a do professor Eugene Genovese, quanto ao problema de sociedades escravas americanas e da abolição da escravidão.

28. Isso é particularmente óbvio em campos como o da teoria do crescimento econômico aplicada a sociedades específicas, e as teorias da "modernização" na ciência política e na sociologia.

29. A discussão do impacto político do desenvolvimento capitalista em sociedades pré-industriais e, em termos mais gerais, da "pré-história" dos movimentos e revoluções sociais modernos é um bom exemplo.

11. MARX E A HISTÓRIA [pp. 221-39]

1. J. R. Hicks, *A Theory of Economic History* (Londres, Oxford e Nova York, 1969), p. 3.
2. Citado de Karl Marx, *Capital* (Harmondsworth, 1976), vol. 1, p. 513.
3. Karl Marx e Friedrich Engels, *The German Ideology*, em *Collected Works* (Londres, 1976), p. 24 (tradução modificada).
4. Ibid., p. 37.
5. Ibid., p. 53.
6. Eric R. Wolf, *Europe and the People without History* (Berkeley, 1983), p. 74.
7. Ibid., p. 75.
8. Marx e Engels, *German Ideology*, p. 37.
9. Wolf, *Europe*, pp. 91-2.
10. Ibid., p. 389.
11. Maurice Bloch, *Marxism and Anthropology* (Oxford, 1983), p. 172.

14. A VOLTA DA NARRATIVA [pp. 260-7]

1. Lawrence Stone, "The Revival of Narrative: Reflections on a New Old History", *Past and Present*, 85 (novembro de 1979), pp. 3-24.
2. Arnaldo Momigliano, "A Hundred Years after Ranke", em seus *Studies in Historiography* (Londres, 1966), pp. 108-9.
3. Fernand Braudel, *La Méditerranée et le monde méditerranéen à l'époque de Philippe II* (Paris, 1960); Emmanuel le Roy Ladurie, *Le Carnaval de Romans* (Paris, 1979); Emmanuel le Roy Ladurie, *Les Paysans du Languedoc*, 2 vols. (Paris, 1966), vol. 1, pp. 394-9, 505-6.
4. Christopher Hill, "The Norman Yoke", em John Saville (ed.), *Democracy and the Labour Movement: Essays in Honour of Dona Torr* (Londres, 1954), reed. em Christopher Hill, *Puritanism and Revolution: Studies in Interpretation of the English Revolution of the Seventeenth Century* (Londres, 1958), pp. 50-122.
5. Stone, "Revival", pp. 3, 4.
6. Fernand Braudel, "Une Parfaite Réussite", resenhando Claude Manceron, *La Révolution qui lève, 1785-1787* (Paris, 1979), em *L'Histoire* 21 (1980), pp. 108-9.
7. Stone, "Revival", p. 19.
8. Ibid., p. 13.
9. Ibid., p. 20.
10. Theodore Zeldin, *France, 1848-1945*, 2 vols. (Oxford, 1973-7), trad. como *Histoire des passions françaises* (Paris, 1978); Richard Cobb, *Death in Paris* (Oxford, 1978).
11. Braudel, "Une Parfaite Réussite", p. 109.
12. Stone, "Revival", pp. 7-8.
13. J. le Goff, "Is Politics Still the Backbone of History?", em Felix Gilbert e Stephen R. Graubard (eds.), *Historical Studies Today* (Nova York, 1972), p. 340.
14. Clifford Geertz, "Deep Play: Notes on the Balinese Cock-Fight", em seu livro *The Interpretation of Cultures* (Nova York, 1973).
15. Carlo Ginzburg, *Il formaggio ed i vermi* (Turim, 1976); Carlo Ginzburg, *I benandanti: ricerche sulla stregoneria e sui culti agrari tra Cinquecento e Seicento* (Turim, 1966).
16. Maurice Agulhon, *La République au village* (Paris, 1970).
17. Le Roy Ladurie, *Les Paysans du Languedoc*; Emmanuel le Roy Ladurie, *Montaillou, village occitan de 1294 à 1324* (Paris, 1976), trad. por B. Bray como *Montaillou: Cathars and Catholics in a French Village, 1294-1324* (Londres, 1978); Georges Duby, *Le dimanche de Bouvines, 27 juillet 1214* (Paris, 1973); E. P. Thompson, *The Making of the English Working Class* (Londres, 1963); E. P. Thompson, *Whigs and Hunters* (Londres, 1975).
18. Stone, "Revival", p. 23.
19. Ibid., p. 4.

15. PÓS-MODERNISMO NA FLORESTA [pp. 268-79]

1. Miguel Barnet (ed.), *The Autobiography of a Runaway Slave* (Nova York, 1968). O título do original era *Cimarrón* (Havana, 1967).
2. Richard Price (ed.), *Maroon Societies: Rebel Slave Communities in the Americas* (Baltimore, 1979); Eugene D. Genovese, *From Rebellion to Revolution: Afro-American Slave Revolts in the Making of the Modern World* (Baton Rouge, 1979).
3. Richard Price, *First Time: The Historical Vision of an Afro-American People* (Baltimore, 1983).
4. Price, *Maroon Societies*, p. 12n.
5. As citações são de uma sessão de lamentações de pós-modernos, "Critique and Reflexivity in Anthropology", *Critique of Anthropology*, 9/3 (inverno de 1989), pp. 82, 86.
6. Ibid., p. 83.
7. George E. Marcus, "Imagining the Whole: Ethnography's Contemporary Efforts to Situate Itself", *Critique of Anthropology*, 9/3 (inverno de 1989), p. 7.
8. Entretanto, o autor deve ser parabenizado por evitar, deliberadamente, referências a Barthes, Bakhtin, Derrida, Foucault *et al.*

17. A CURIOSA HISTÓRIA DA EUROPA [pp. 301-14]

1. Edward Said, *Orientalism* (Londres, 1978). [*Orientalismo* (Companhia das Letras, 2007)]
2. Bronislaw Geremek, em *Europa-aber wo liegen seine Grenzen?*, 104º Bergedorfer Gesprächskreis, 10 e 11 de julho de 1995 (Hamburgo, 1996), p. 9.
3. John R. Gillis, "The Future of European History", *Perspectives: American Historical Association Newsletter*, 34/4 (abril de 1996), p. 4.
4. Neil Ascherson, *Black Sea* (Londres, 1995).
5. Citado em Gernot Heiss e Konrad Paul Liessmann (eds.), *Das Millennium: Essays zu Tausend Jahren Österreich* (Viena, 1996), p. 14.
6. Gillis, "Future of European History", p. 5.
7. Geremek, *Europa*, p. 9.
8. M. E. Yapp, "Europe in the Turkish Mirror", *Past and Present*, 137 (novembro de 1992), p. 139.
9. Jack Goody, *The Culture of Flowers* (Cambridge, 1993), pp. 73-4.
10. Gillis, "Future of European History", p. 5.

19. PODEMOS ESCREVER A HISTÓRIA DA REVOLUÇÃO RUSSA? [pp. 332-46]

1. Fred Halliday, *From Potsdam to Perestroika: Conversations with Cold Warriors* (Londres, 1995).
2. Conforme demonstrado, por exemplo, em Jochen Hellbeck (ed.), *Tagebuch aus Moskau 1931-1939* (Munique, 1996), um exemplo precioso dos registros não oficiais de russos comuns — diários íntimos e assim por diante — que passaram a ser disponíveis depois de Gorbachev.
3. Karl Marx e Friedrich Engels, *Collected Works* (Londres, 1976), vol. 24, p. 581.
4. Ver o relato de Richard Gott, "Guevara in the Congo", *New Left Review*, 220 (dezembro de 1996), pp. 3-35.
5. Eric Hobsbawm, *The Age of Extremes* (Londres, 1994), p. 64. [*A era dos extremos* (Companhia das Letras, 1995).]
6. Orlando Figes, *A People's Tragedy: The Russian Revolution 1891-1924* (Londres, 1996).

20. BARBÁRIE: MANUAL DO USUÁRIO [pp. 347-63]

1. Michael Ignatieff, *Blood and Belonging: Journeys into the New Nationalism* (Londres, 1993), pp. 140-1.
2. Wolfgang J. Mommsen e Gerhard Hirschfeld, *Sozialprotest, Gewalt, Terror* (Stuttgart, 1982), p. 56.
3. Walter Laqueur, *Guerrilla: A Historical and Critical Study* (Londres, 1977), p. 374.
4. Anistia Internacional, *Report on Torture* (Londres, 1975).
5. Ibid., p. 108.
6. Laqueur, *Guerrilla*, p. 377.

21. NÃO BASTA A HISTÓRIA DE IDENTIDADE [pp. 364-79]

1. G. Monod e G. Fagniez, "Avant-propos", em *Revue Historique*, 1/1 (1876), p. 4.
2. Michael Smith, "Postmodernism, Urban Ethnography, and the New Social Space of Ethnic Identity", em *Theory and Society*, 21 (agosto de 1992), p. 493.
3. Stephen A. Tyler, *The Unspeakable* (Madison, 1987), p. 171.
4. Id., "Post-Modern Ethnography: From Document of the Occult to Occult Document", em James Clifford e George Marcus (eds.), *Writing Culture: The Poetics and Politics of Ethnography* (Nova York, 1986), pp. 126, 129.

5. Smith, "Postmodernism", p. 499.
6. Monod e Fagniez, "Avant-propos", p. 2.
7. Romila Thapar, "The Politics of Religious Communities", em *Seminar* 365 (janeiro de 1990), pp. 27-32.
8. Benedict Anderson, *Imagined Communities*: *Reflections on the Origin and Spread of Nationalism* (ed. rev., Londres, 1991).

22. INTRODUÇÃO AO MANIFESTO COMUNISTA [pp. 380-400]

1. Apenas dois itens desse material foram descobertos: um plano para a Seção III e uma página manuscrita. Karl Marx e Frederick Engels, *Collected Works*, vol. 6, pp. 576-7.

2. A saber, durante a vida dos fundadores: 1) Prefácio à (segunda) edição alemã, 1872; 2) Prefácio à (segunda) edição russa, 1882 — a primeira tradução russa, de Bakunin, havia surgido em 1869, compreensivelmente sem a bênção de Marx e Engels; 3) Prefácio à (terceira) edição alemã, 1883; 4) Prefácio à edição inglesa, 1888; 5) Prefácio à (quarta) edição alemã, 1890; 6) Prefácio à edição polonesa, 1892 e 7) Prefácio "Aos leitores italianos" (1893).

3. Paolo Favilli, *Storia del marxismo italiano. Dalle origini alla grande guerra* (Milão, 1996, pp. 252-4).

4. Baseio-me no utilíssimo livro de Bert Andréas, *Le Manifeste Communiste de Marx et Engels. Histoire et bibliographie 1848-1918* (Milão, 1963).

5. Dados dos relatórios anuais da *Parteitage* do PDS. Contudo, não são apresentados dados numéricos sobre publicações teóricas para os anos de 1899 e 1900.

6. Robert R. LaMonte, "The New Intelectuals", em *New Review* II, 1914, citado em Paul Buhle, *Marxism in the USA*: *From 1870 to the Present Day* (Londres, 1987, p. 56).

7. Hal Draper, *The Annotated Communist Manifesto* (Center for Socialist History, Berkeley, CA, 1984, ISBN 0-916695-01-8, p. 64).

8. O original alemão começa essa seção discutindo "das Verhältniss der Kommunisten zu den bereits konstituierten Arbeiterparteien... also den Chartisten" etc. A tradução oficial para o inglês, de 1887, revista por Engels, atenua o contraste.

9. "Os comunistas não constituem um partido distinto, oposto a outros partidos da classe operária... Não estabelecem nenhum princípio sectário próprio, mediante o qual modelar e moldar o movimento proletário" (parte II).

10. A mais conhecida dessas emendas, sublinhada por Lênin, foi a observação, no Prefácio de 1872, de que a Comuna de Paris havia demonstrado "que a classe operária não pode simplesmente apropriar-se do aparelho de Estado já dado e submetê-lo a seus próprios objetivos". Após a morte de Marx, Engels acrescentou a nota de rodapé modificando a primeira frase da seção I para

excluir as sociedades pré-históricas do escopo universal da luta de classes. Contudo, nem Marx nem Engels deram-se ao trabalho de comentar ou modificar as passagens econômicas do documento. É duvidoso que Marx e Engels considerassem realmente uma "Umarbeitung oder Ergänzung" mais completa do *Manifesto* (Prefácio à edição alemã de 1883), mas não que a morte de Marx tivesse impossibilitado semelhante revisão.

11. Compare-se a passagem na seção II do *Manifesto* ("De fato é necessária uma intuição profunda para compreender que as ideias, opiniões e concepções das pessoas, em uma palavra, a consciência humana, se transformam com as mudanças nas condições de sua vida material, suas relações sociais e existência social") com a passagem correspondente no *Prefácio à Crítica da economia política* ("Não é a consciência dos homens que determina sua existência, mas, ao contrário, é sua existência social que determina sua consciência").

12. Embora seja a versão inglesa aprovada por Engels, não é uma tradução rigorosamente correta do texto original: "Mögen die herrschenden Klassen vor einer kommunistischen Revolution zittern. Die Proletarier haben nichts *in ihr* ("nela", isto é, "na revolução", grifo meu) zu verlieren als ihre Ketten".

13. Para uma análise estilística, ver S. S. Prawer, *Karl Marx and World Literature* (Oxford, Nova York, Melbourne, 1978), pp. 148-9. As traduções do *Manifesto* por mim conhecidas não possuem a força literária do texto alemão original.

14. Em "Die Lage Englands. Das 18. Jahrhundert" (Marx-Engels, *Werke* I, pp. 566-8).

15. Ver, por exemplo, a discussão sobre "Fixed Capital and the Development of the Productive Resources of Society" nos manuscritos de 1857-8, *Coll. Works*, vol. 29 (Londres, 1987), pp. 80-99.

16. A frase em alemão, "sich zur nationalen Klasse erheben", possuía conotações hegelianas que foram modificadas pela tradução inglesa autorizada por Engels, provavelmente porque ele achava que a frase não seria compreendida pelos leitores da década de 1880.

17. Pauperismo não deve ser lido como sinônimo de "pobreza". As palavras alemãs, emprestadas do uso inglês, são "Pauper", "uma pessoa destituída... mantida pela caridade ou por algum fundo público" (*Chambers' Twentieth Century Dictionary*) e "Pauperismus" (pauperismo: "condição de ser indigente", ibid.).

18. Paradoxalmente, algo parecido ao argumento marxiano de 1848 é hoje amplamente utilizado por capitalistas e governos adeptos do livre mercado para demonstrar que as economias de Estados cujo PNB continua a duplicar a intervalos de algumas décadas irão à falência se não abolirem os sistemas de distribuição da renda (Estados do bem-estar social etc.) instituídos em períodos de maior pobreza, por meio dos quais os que ganham sustentam os que não conseguem ganhar.

19. Leszek Kolakowski, *Main Currents of Marxism*, vol. 1, *The Founders* (Oxford, 1978), p. 130.

20. George Lichtheim, *Marxism* (Londres, 1964), p. 45.

21. Karl Marx e Frederick Engels, *Collected Works*, vol. 3, pp. 186-7. Nesta passagem, preferi em geral a tradução em Lichtheim, loc. cit. A palavra alemã traduzida por ele como "classe" é *Stand*, o que hoje gera equívocos.

22. Publicada como *Outlines of a Critique of Political Economy* em 1844 (*Coll. Works*, vol. 3, pp. 418-3).

23. "On the History of the Communist League" (*Coll. Works*, vol. 26 [Londres, 1990], p. 318).

24. "Outlines of a Critique" (*Coll. Works*, vol. 3, pp. 433 ss.). Essa teoria parece ter derivado de escritores radicais ingleses, notadamente John Wade, *History of the Middle and Working Classes* (Londres, 1835), a quem Engels se refere nesse contexto.

25. Isso é ainda mais claro a partir das formulações de Engels naquelas que são, com efeito, duas versões preliminares do *Manifesto*, "Draft of a Communist Confession of Faith" (*Coll. Works*, vol. 6, p. 102) e "Principles of Communism", ibid., p. 350.

26. De "Historical Tendency of Capitalist Accumulation", em *Capital*, vol. I (*Coll. Works*, vol. 35, p. 750).

27. George Lichtheim, *Marxism*, pp. 58-60.

ÍNDICE REMISSIVO

acadêmica(s): história, 200-1, 219, 280; instituições, Boston, 198
acadêmicos, 196
Acra, 372
Acton, lord, 91, 96; *Cambridge Modern History*, 202
advocacia, historiadores e, 187-8
aerofotogrametria, 291
Afeganistão, 83
África, 33, 83, 304-5, 309-0; campesinato, 102; escravos vindo da, 269; estudos, 132; história, 247, 286-7; Ocidental, 372; pan-africanos, 372; ritos, 276; setentrional, 359; subsaarianos, 372
África do Sul, 358
agricultura, 116, 161, 170
Agulhon, Maurice, 256, 266
Akhmad, Sa'id ibn, 309
Alabi's World (Price), 268-79
Alasca, 213
Albânia, 14, 20, 375
Alcorão, 46
Alemanha, 33, 320-1: administradores e executivos, 146; derrota na Grande Guerra, 345; divisão (1945), 70; divisão entre oriental e ocidental, 98, 186; economia, 16, 142-7; escola de Bielefeld, 237; exército, 350, 364; filosofia e ideologia, 225; história, historiadores, 94, 103, 108, 150, 172, 208, 237, 327, 331, 365; *Historikerstreit* ("Batalha dos Historiadores"), 327; Império, 191, 315, 340; Kaiser, 340; Ocidental, 94; *Ordensburgen* da Nacional-Socialista, 33; Partido Social-Democrata, 191, 339-40; professores, 193-4; refugiados, 82; República Democrática (RDA), 186; República Federal, 186; revolução (1918), 335, 339-41; teóricos, 144; Weimar, 95, 353; *ver também* Primeira Guerra Mundial, Segunda Guerra Mundial
Alexandre, o Grande, 20, 374
Alfredo, rei, 39
aliança liberal-social-democrata, 288
alimentos, 54
Allende, Salvador, 360
Alpes, 15
Althusser, Louis, 214-5
América: índios, 26, 46, 174, 241, 242, 246-7, 276; pré-colombiana, 247; *ver também* Estados Unidos e nomes de países específicos
América Central, 360
América Latina, 151, 171, 247: marxismo, 205; tortura, 357-8; *ver também* por nomes de países
American Historical Review, 91
Amin, Samir, 233
amish, 28
Amritsar, 354
anacronismo, 20, 50, 293, 370, 374-5
anarquismo, 74, 290, 361

Ancara, 19
Anderson, Benedict, 373
Andropov, Yuri, 337
anglo-saxões, 107, 138, 188, 192, 357, 371; Inglaterra, 120; livres, 32
Angoulême, 285
Anistia, Relatório (sobre tortura) de 1975, 357-8
Annales: d' *'histoire Economique et Sociale*, 94, 107; *Économies, Sociétés, Civilisations*, 109, 250-9; escola dos, 205, 256
anti-imperialismo, 269
anti-intelectual, história esquerdista, 263
antropologia, 78, 81, 110, 115-6, 123, 128, 214, 216, 240, 256-7, 269, 270-5, 286, 296
Aodhya, mesquita em, 20, 373
apaziguamento, 319-20
Apeninos, Linha Gótica, 364
Apocalipse, Livro do, 124
Arezzo, província de, massacres, 364-6
Argélia, guerra de independência (1954-62), 357
Argentina, 186, 358, 360
armênios, 19
artesãos, 292
Ascherson, Neal, *Black Sea*, 304
Ásia, asiáticos, 301-4, 309; campesinato, 102; comércio russo de peles, 246; marxismo, 205; Menor, 304; modelo econômico, 302; modo de produção, 230; oriental, 247, 302, 304, 309; Sudeste, 247, 311
asiático-americanos, 301
Asquith, Herbert, 281
Associação Internacional de História Econômica, congressos, 252
astronomia, 179-80
Atenas, 375

Átila, 305
Austrália, aborígines, 159
Áustria, 65, 82, 103, 142-5, 328, 353; presidente Karl Renner, 305

Babur (conquistador mongol), 20, 373
Bacon, Francis, 225
Bagehot, Walter, *Física e Política*, 35
Bairoch, Paul, 170
Bálcãs, 17, 21, 348, 374
Báltico, 14, 305
Balzac, Honoré de, 356
Baran, Paul, 116
barbárie, 304, 308-10, 347-63
bárbaros, 119, 212, 302-4
Bar Kokhba, 41
Barthes, Roland, 87
Bavária, 170
BBC, World Service da, 83
Bédarida, François, 364
Begin, Menachen, 48
Belfast, batalhas de, 353
Belgrado, 15, 309
Below, George von, 92
bem-estar social, Estado do, 56-7
Berend, Ivan, 324
Berlim, 318
Beveridge, William, 149
Bíblia, 41, 46
Bielefeld, escola de historiadores alemães, 237
Bielo-Rússia, 14
Bismarck, Otto von, 315
Black Sea (Neal), 304
Bletchley, estabelecimento de decifração de código, 329
Bloch, Ernst, 84
Bloch, J., 227
Bloch, Marc, 111, 221, 251, 283, 289; e Lucien Febvre, 108, 250-1, 255; *Feudal Society*, 120, 134
Blood and Belonging (Ignatieff), 348

Boadiceia, 39
Boêmia, comunidades operárias da, 248
bolchevique(s), 16, 73-5, 335-6, 339, 341-3, 356, 383, 394; governo dos, 342; liderança dos, 73; Partido, 335, 342, 344; revolução, 75
Bolívia, 296
Bósnia, 348, 361
Boston, 198
Bouvines, batalha de, 266
Brasil, 119, 268, 328, 360
Braudel, Fernand, 111, 117, 205, 222, 237, 250-4, 261, 263, 265; *Annales: Économies, Sociétés, Civilisations*, 109, 205, 250-1; *Civilização material, economia e capitalismo*, 222; "História e longa duração", 117
Braun, Rudolf, 132
Brecht, Bertolt, 280
Brejnev, Leonid, 323
Browne, sir Thomas, 291
Brzezinski, Zbigniew, 351
Buchenwald, 357
Buckle, Henry, 204
Budapeste, 13, 15, 308
Bulgária, 14, 374
Bullock, Alan, 337
Burckhardt, 64, 70, 73
burguês, 72, 118, 295, 391
Burke, Peter, 250-3, 255-7
Burt, Cyril, 196
Butler, Samuel, 40

caçadores-coletores, 101, 159, 233, 247
Calabar, 292
Camboja, 301
Cambridge, 143, 152, 317; história moderna, 91; Universidade de, 91, 99, 136, 138-9, 221, 251, 287

Cambridge Modern History (Acton), 202
camponeses, 28-30, 55, 116, 125, 135, 166, 170, 173, 217, 240-1, 248, 258, 266, 282, 288-9, 293, 294-6, 298, 343
Camponeses (Wolf), 240
Canadá, 82
capitalismo, 17, 37, 84, 94, 101-2, 117, 146, 150-1, 154, 160, 174-6, 182, 208, 222-4, 230-1, 233-6, 242, 244-6, 248, 302, 313, 325, 333, 352, 390-5, 397-8; de livre mercado, 17, 154; financeiro, 149; liberal, 328, 352, 355
capitalista(s): economia, 390; economia de mercado, 146; produção, 53; regimes, 335
caribenhos, bucaneiros, 268
Carlos Magno, 305
Carlos X, coroação em Rheims, 289
carolíngios, panegiristas, 305
Castro, Fidel, 341
catedral, construção de, 165
catolicismo, 102, 119, 184, 266, 290, 333, 365
Cáucaso, 303, 305
Censo da Produção (1907), 149
César, Júlio, 315
Chamberlain, Joseph, 77
Chamberlain, Neville, 163, 318-9
Chapman, Sidney, 148
Charmley, John, 318-20; *Churchill, the End of Glory: A Political Biography*, 318
chartistas, 195, 283, 297, 388
Chayanov, A. V., 174
Cheka, 356
Chernovtsy; , 14
Childe, V. Gordon, 134, 314
Chile, 358, 360
China, 21, 51, 117, 160, 230, 282, 302, 310, 329; antiga, 117; con-

419

trato colonial de mão de obra, 161; dinastia T'ang, 51; tortura, 356
Churchill, the End of Glory: A Political Biography [Churchill, o fim da glória: uma biografia política] (Charmley), 318
Churchill, Winston, 32, 78, 318-20
CIA, 337
cidades, problemas técnicos, sociais e políticos, 124
ciência, 180-2, 188-9, 238; da sociedade, 112; e política, 184; e socialismo, 184; tecnologia, 34, 310, 314
ciências naturais, 169, 191-2, 194-5, 201, 204, 210
cientistas, 92, 103
Cilento, Itália, 295
Cingapura, 302, 328
Cisleitânia, 14
Civilização material, economia e capitalismo (Braudel), 222
civilizações, 200, 245, 304, 306, 308, 310
Civitella della Chiana, 364, 367-8
Clapham, J. H., 108, 139, 149
classe: conflito, 215-7; dominante, política da, 281; e grupos sociais, 108, 122, 124-5; trabalhadora, 61, 125, 248, 283, 395
Clausewitz, Karl von, 350
Cleópatra, 163-4
Clinton, presidente Bill, 357
cliometria, 139, 162-5, 167-9, 177
Cobb, Richard, 258, 263, 285
Cohen, G. A., 229
coletivismo, 149, 159, 197
Colômbia, 78, 360
Colombo, Cristóvão, 51, 314
colônias, 25, 77, 132, 269, 274
Comércio, Ministério do, 149
comércio, "teoria da produtividade" do, 173

Commons, John R., 148
Comparative Studies in Society and History [Estudos comparativos sobre sociedade e história], 109, 241
Comte, Auguste, 69, 93, 204
comunismo, 36, 65, 174, 227, 303, 306, 312, 323, 328, 330, 333, 352, 361, 377, 380, 386-90, 395-6, 398; *Manifesto Comunista*, 206, 381, 385, 389, 400; Partido Comunista, 195, 221, 252, 385, 387-8
Confúcio, 302
Conquest, Robert, *The Great Terror*, 334
Constantinopla, 355
constitucionais e democráticos, 355
construção nacional, 133
Coreia, 301-2, 357
Coreia do Sul, 328
Coulanges, Numa Denis Fustel de, 111
Cracóvia, 309
criação: e desenvolvimento, 41; relato bíblico, 9
Crick, Francis, 195
criminalidade, 131
Cristandade, 119, 305, 307, 311
critérios empíricos, 201
Croácia, 14, 21, 307
cronologia, 38, 40-2, 79, 175, 350
Cross, R. A., 71
Cruzadas, 166, 208, 305, 315
Cuba, 82-3, 269, 341, 359
culturas, 116, 130, 233, 241, 271, 274, 277, 302, 309
Cunningham, William, 143
curdos, 348
Curto Século XX, 316, 324, 326
czares, czarismo, 72, 76, 288, 335, 338, 356, 383, 386; Alexandre II, 350; queda dos, 338

czarista: Chernovtsky, 14; Okhrana, 356; polícia, 288; Rússia, 339

Dacre, lord (Hugh Trevor-Roper), 69, 254
Danelaw, 20
Dante Alighieri, 284
Danúbio, 304
Darwin, Charles, 68, 188, 195, 212
darwinismo, 204
Daumard, Adeline, 125
Davidson, Basil, 318
De Gaulle, Charles, 319
Delfos, Oráculo de, 64
democracia parlamentar, 17
democracias, 16, 282, 306-7, 312, 339, 352
democrático-liberais, instituições, 325
demografia e parentesco, 120, 122-3, 125, 229, 233, 244-6, 272, 275
Descartes, René, 87, 208, 224-5
Detroit, 119
Deutscher, Isaac, 332
Diaz, Porfírio, 30
Dinamarca, 20
direito, 20, 87
Disraeli, Benjamin, 97
Dobb, Maurice, 152, 171; *Estudos sobre o desenvolvimento do capitalismo*, 254
Dopsch, Alfons, 108
Dreyfus, caso, 349
drusos, 47
Dublin, 284, 312
Duby, Georges, 266, 278; Bouvines, batalha de, 266
Dupront, Alphonse, 128
Durkheim, 93
Dyer, general, 354

Ebert, Friedrich, 339
École Pratique, 250

econometria, 80, 139, 147, 162, 197, 198
Economic History Society, 109
econômico/economia, 159; agentes de decisão política, 193; desenvolvimentos dos tecnocientíficos, 102; escola austríaca, 142; excedente, 116; história, 94, 107-9, 131, 139-42, 157, 174, 252; história e social, 198; mecanismos, 152; movimentos, 121; nacional, 144; teoria, 144, 169
economistas, 92, 94, 110, 112, 115, 136
Édipo, 66
educação, 153
Egito, 304, 309-10
Einstein, Albert, 155, 354
elisabetana, aristocracia, 125-6
Elon, Amos, 22
Elster, Jon, 163
emprego, 55, 56
Enciclopédia Britânica, 93, 350
Enciclopédia Internacional das Ciências Sociais (1968), 195
Enciclopedia Italiana, 204
engajamento, 178-98
Engels, Friedrich, 206, 212, 218-9, 222, 224-7, 237, 339-40, 350, 380, 382, 385, 387-92, 396, 398--9; *Origem da família*, 217
English Historical Review, 91
Enver Pasha, 345
E o vento levou (Mitchell), 345
Erik Allardt, 133
escandinavos, 309
escravidão, 120, 125, 135, 161, 195, 245, 395
eslavos, 308, 375
Eslováquia, 14, 17
Eslovênia, 14
espaço-tempo curvo, 155

421

Espanha, 307; cidadãos, 59; conquista, 28; espanhóis, 309; procissões da Páscoa, 41; reconquistada, 305
Espártaco, 39, 290
esquimós, 52, 213
Estados Unidos, 59, 209, 211, 248, 328; Agência Federal de Pesquisas Econômicas dos Estados Unidos, 149; arsenal nuclear, 82; ciências sociais, 83; Congresso, 45; dissertações de doutorado, 141; economia, 16, 141-4, 149, 164, 197; escravidão, 135, 161, 195; governo, 50; Guerra Civil, 345; história, 139, 161, 337, 345; institucionalismo, 146; médicos, 357; partido comunista, 195; potência mundial, 77; presidente, 70; sectários, 28
Estrasburgo, 94
Estudos sobre o desenvolvimento do capitalismo (Dobb), 254
Etiópia, 363
etnográficos(as): fontes, 274; museus, 308
eurocentrismo, 242, 310, 314
Europa: aldeia global, 312; capitalismo, 150; central e oriental, 13-7, *ver também* Mitteleuropa; civilização e barbárie, 308; comércio e conquista, 247; Comunidade Econômica Europeia, 305-6; definição cartográfica, 311; dinamismo econômico e cultural, 15; educação, cultura e ideologia, 312; estudiosos, 311; expansão, 247; fronteiras orientais, 303; herança intelectual, 312; heterogeneidade, 307; história, 18, 301-14; meridional, regimes autoritários, 306; revoluções, 75; satélites soviéticos, 356; sistema estatal internacional, 311; União Europeia, 307, 374; unidade, 32, 305-7, 312
Europe 1880-1945 (Roberts), 95
Europe and the peoples without history [Europa e os povos sem história, A] (Wolf), 232-3
Europe in the Nineteenth and Twentieth Centuries (Grant e Temperley), 95
Evans-Pritchard, E., 257
evolução, 210-1, 242; biológica, 212, 235

fabianos, 149, 321
Falkland, ilhas (Malvinas), 186, 350
Farr, dr. William, 61
fascismo, 355-6
Faurisson, M., 376
Febvre, Lucien, 108, 250-1, 253
Ferdinando, arquiduque Francisco, 316
Ferro, Marc, 289
fertilidade, 80
feudalismo, 224, 230, 234, 313
Feudal Society [Sociedade feudal] (Bloch), 120, 134
Figes, Orlando, 341, 343
Filipe II, 261
Filipinas, imigrantes das, 301
filosofia, 44, 87, 89, 142, 199, 224, 226, 395-6
Financial Times, 103
Finlândia, 103
First Time: The Historical Vision of an Afro-American People [Primeira vez: a visão histórica de um povo afro-americano] (Price), 270
Física e Política (Bagehot), 35
Fogel, professor Robert, 139, 153, 162, 195; *Railroads and American Economic Growth*, 164
fontes, 113-4, 243-4, 273, 277, 284-7

forças produtivas, 229
Ford, Franklin, 353
Ford, Henry, 16
"Formação de centros, construção nacional e diversidade cultural", 133
Foster, John, 132
França, 11, 15, 93-4, 157, 205, 237, 252-4, 258, 285, 289, 320, 322, 349, 357, 369, 375, 383: aldeias, 265, 294, 319; camponeses de Auvergnat, 166; capítulo 13, *passim*, 264; caso Dreyfus, 349; ciências sociais, 250; classe dominante, 283; derrota da, 319; estação espacial, 273; exército, 357; história, 89, 93, 250, 254, 264, capítulo 13 *passim, ver também Annales* e por nomes de historiadores franceses; historiadores, 205; ideias marxistas, 204-5; imperialismo, 345; intelectuais, 237; Partido Comunista, 252; Partido Socialista, 187; Pétain, marecham Philippe, 320; *philosophes*, 95; política de contrainsurgência na Argélia, 353; Resistência, 322
Frank, A. Gunder, 245
Freud, Sigmund, 258
Friedman, Milton, 158, 192
From Rebellion to Revolution [Da rebelião à revolução] (Genovese), 269
futurologia, 85

Galbraith, J. K., "O novo Estado Industrial", 151
Gales: lenda de Madoc, 261; *National Eisteddfod*, 370; neodruidas, 33
Galiani, Ferdinando, 193
galo, briga balinesa de, 265
Galton, Francis, 191

Geertz, Clifford, 265
Geldwirtschaft, 215
Gellner, Ernest, 54, 323
Gemeinschaft-Gesellschaft, 116
genealogia, 11, 33, 38, 41
Genebra, Protocolo de (1925), 362
Genovese, professor Eugene, 195; *From Rebellion to Revolution*, 269
geólogos, 265
gerações, 287, 315, 318, 321-2, 327, 372, 391
Geremek, Bronislaw, 303
Geschichte der Lage der Arbeiter unter dem Kapitalismus [História da situação dos trabalhadores sob o capitalismo] (Kuczynski), 126
Gesell, Silvio, 137
Ghana, 33
Gibbon, Edward, 88
Gilbert, Felix, 106
Gillis, John R., 314
Ginzburg, Carlo, 265
Girard, L., 127
Giuliano (bandido siciliano), 321
Gladstone, William, 97
Glass, David, 61, 79, 81
global: economia, 154-5; livre mercado, sistema de livre, 154
Gluckman, Max, 217, 257
Goebbels, Joseph, 305
Gorbachev, Mikhail, 342
Goubert, Pierre, 265
governos e economistas, 144-8, 190
Grã-Bretanha, 82; antropólogos sociais, 214; Comitê Compton, 358; economia, 103, 141-2, 168; economistas, 148, 198; empreendedores, 169; estrutura social, 292; estudiosos, 148; exército, 366; famílias nobres, 370; fim do século XX, 229; historiadores, 254, 374; história e o periódico *Annales*, 250-9, 265;

história francesa, 250; imperialismo, 345; monarquia, 50; Revolução Industrial, 112, 129, 132, 165, 175, 292, 396; sistema político, 32; sociedade e cultura, 68
Grammaticus, Saxo, 377
Gramsci, Antonio, 256
Grande Depressão, 16, 150, 248, 316
Grande Enciclopédia Soviética, 184
Grande Guerra *ver* Primeira Guerra Mundial
Grande medo, O (Lefebvre), 129, 256, 283
Grant e Temperley, *Europe in the Nineteenth and Twentieth Centuries*, 95
Graubard, Stephen R., 106
Great Terror, The [O grande terror] (Conquest), 334
gregos, 119, 187, 304, 307, 310, 356, 374-5, 378; antigos, 21, 303; civilização, 304; coronéis, 307
Guerra: biológica, 362-3; de Troia, 19; do Golfo, 350; dos Trinta Anos, 208, 333; Fria, 49, 83, 101, 186, 304, 306, 333, 351-2, 354, 359, 362, 386; química, 362
guerras civis, 131, 335, 344-5, 349, 358, 361
Guerras Napoleônicas, 136, 350
Guevara, Che, 341
Guiana, 269

Habsburgo, Império, 288, 344, 383
Hagen, Everett, 113
Haldane, J. B. S., 192
Halifax, lord, 319
Halliday, professor Fred, 337
Hamlet (Shakespeare), 377
Hanak, Peter, 288
Han, sociedades, 119
Harrod-Domar, modelo, 172

Hayek, Friedrich von, 146
hebraico, 22
Hegel, Georg, 87
Helsinki, 309
Heródoto, 330
Herzegovina, 361
Hicks, Sir John, 113, 143, 157, 172, 177, 221; *Theory of Economic History*, 221
Hidden Frontier, The [Fronteira oculta, A] (Wolf), 241
Hilberg, Raul, 22
Hilferding, 150
Hill, Christopher, 256, 261
Hilton, Rodney, 252
Himalaia, 332
hindus, 20, 373; *ver também* Índia
história: biográfica, 261; comparativa, 117, 228; conjetural, 117, 164, 332; continental, 390; contrafactual, 71, 104, 164, 332; escrita, 280; narrativa, 260-7; oral, 286-7, 377; urbana, 123-5, 300
historiadores medievais, 277
história e historiadores: e economistas, capítulo 7, 8 *passim*; responsabilidade dos, capítulos 1, 21 *passim*
historicismo, 36, 37
historiografia, 22, 50, 86, 94, 100, 130, 202-5, 207-8, 218-20, 236-7, 251, 260, 263, 283, 331, 334, 369, 377
Historische Zeitschrift, 91, 93
Hitler, Adolf, 9, 22, 59, 65, 163, 179, 318-22, 337, 351-2, 354, 365, 376
Hobbes, Thomas, 180, 225; anarquia, 361
Hobson, J. A., 137
Hoffmann, Stanley, 115
holandeses, "pós-donos", 273
Holmes, Sherlock, 284
Holocausto, 340, 351, 359, 367

Homo sapiens, 96
Honduras, 59
Hong Kong, 302
Hoyle, sir Fred, 195
Hudson, Companhia da Baía de, 174
humano(s), humana(s): atividades, 102, 107; ciências, 199, 201-2; direitos, 348-9, 358; evolução, 52, 158, 234-5; grupos, 179, 212, 241; história, evolução, 212; sociedades, 52, 62, 81, 92, 98, 108, 117, 202-3, 231, 241, 351
Hungria, 14
Hussein, Saddam, 363
Huxley, Thomas, 188

Ibérica, península, 304
Idade Média, 255, 277; senhores feudais ocidentais, 233
identidade, 14, 21-2, 185, 270, 273, 275, 361, 364, 367-8, 370, 374
ideologia, 265, 280, 302, 304-7, 312, 313, 374, 384; e política, 310, 320, 377
Ignatieff, Michael, 348, 362; *Blood and Belonging*, 348
Iluminismo, 203, 278, 283, 312, 348-50, 355, 356
imperadores mongóis, 20, 373
imperialismo, 78, 100, 149-50, 153, 345, 349
Império Britânico, 319
incas, 245
Índia, 27, 132, 222, 247, 373; campanha antimuçulmana, 373; contrato de mão de obra colonial, 161; estrutura de castas, 247; fronteira, 355; historiadores, 314, 373, 376; partido integrista hindu (BJP), 373, 376; partilha, 373; universidades, 20
Índico, ilhas do oceano, 100
Indochina, 359
industrial(ais): economias, 313, 393; países, 101, 158, 211, 391; produção, 120
industrialização, 47, 80, 122, 132, 151, 170, 207, 230, 245, 338, 391, 393
Indus, vale do, 18
Informação, Ministério da, 288
Inglaterra: classe operária, 125; dos Tudor, 315; jacobina, 264; língua, 107; radicais, 33; revoluções, 236; *ver também* Grã-Bretanha
inovação, 26-7, 30, 47
institucionalização, 368
IRA, 19, 317
Iranians and Greeks in Southern Russia (Rostovtzeff), 304
Iraque, 59
Irlanda, 328; Ascensão da Páscoa, 341; do Norte, 23, 58, 307, 358, 360; fenianos, 23, 350; fome, 80; história, 23, 341; Revolução (1916-21), 283
Irving, David, 376
Islamabad, 19
Islã/muçulmanos, 119, 241, 305-7
Islândia, 303
Israel, 22-3, 33, 301, 322; história, 322; ministro da Educação, 22; rito nacional, 375
Itália, 15, 229, 237, 293, 309, 318, 322, 360, 364, 375; Brigadas Vermelhas, 360; camponeses calabreses, 166; exército alemão, 364; Partido Fascista, 353; República, 365; Resistência, 322, 364
Iugoslávia, 14; população, 361; professores, 187

jacobinos, 356
Jamaica, 268
Japão, 21, 57, 159, 302, 313, 326; dé-

cada de 1860, 102; guerra na China, 21; levante camponês, 294; Tokugawa, 51
Jaurès, Jean, 187, 205
Jerusalém, 48, 84
Joana d'Arc, 39
João, rei, 374
Johnson, dr., 87, 290
Johnson, Harry, 151
judeus, 22, 65, 78, 354, 376, 378; *ver também* Holocausto, Israel
Jumblatt, Kamal, 47

Kaliningrado, 186
Kamenev, Lev B., 342
Kant, Immanuel, 87-8
Kautsky, Karl, 73, 150, 207, 385
Kazan, 312
Kekulé, Friedrich August, 115
Kennan, George, 354-5
Kennedy, John F., 322
Kerensky, Alexandre, 341
keynesianos, 221
Keynes, John Maynard, 137, 157, 165, 192; *Teoria Geral*, 192, 198
Khaldun, Ibn, 242, 309-10; *Prolegômenos à história universal*, 104
Khomeini, Aiatolá, 18
Kondratiev, ciclos de longa duração de, 49, 58, 79, 155, 325-6
Koselleck, Reinhart, 330
Kosovo, batalha de, 20
Krajina, montanhas, 361
Kroeber, Alfred L., 78
Kuczynski, Jürgen, *Geschichte der Lage der Arbeiter unter dem Kapitalismus*, 126
Kuhn, Thomas, 194
Kula, Witold, 288; *Théorie économique du système féodal*, 173
Kuznets, Simon, 168

Labriola, Antonio, 206

Labrousse, Ernest, 251
Ladurie, E. le Roy, 125, 128, 261, 266; *Le Carnaval de Romans*, 261; *Les paysans du Languedoc*, 261, 266; *Montaillou*, 266
Lamprecht, Karl, 92, 204
Languedoc, camponeses do, 125
Lattimore, Owen, 134
Lausanne, 143
Leavis, F. R., 87
Lefebvre, Georges, 111, 205, 251, 294; e Jean Jaurès, 205; *O grande medo*, 129, 256, 283
Le Goff, Jacques, 265
Lênin, V. I., 288, 335, 337-8, 340-1, 342, 385, 400
Leontiev, Vassily V., 147
Lévi-Strauss, 115, 214-5, 228
Lévy-Bruhl, Lucien, 257
Lewin, Moshe, 338
Lewis, Arthur, 173
Líbano, 47
Lincoln, presidente Abraham, 318
literária, crítica, 44, 87
Liubliana, 15
Llewellyn-Smith, Hubert, 149
Locke, John, 225; direito de propriedade, 295
London School of Economics, 61, 149
Londres, 15
Lopez, Robert S., 165
luddismo, 34
Luís XV, 40
Luís XVI, 289
Luxemburgo, Rosa, 150
lysenkoítas, 190

Macbeth (Shakespeare), 372
Macedônia, 14, 20-1, 374-5
Macmillan, Harold, 281, 322
Macpherson, James, 370
Madagáscar, 100

Magna Carta, 36, 374
Maitland, F. W., 278
Malthus, Thomas, 80, 193
mamelucos, 310
Manceron, Claude, 261
Manchester Guardian, 336
manufatura, 139, 161, 208
Mao Tsé-Tung, 103, 338, 351; Revolução Cultural, 351
Maquiavel, Nicolau, 50
maronitas, 47
Maroon Societies (Price), 269
Marrocos, 169
Marshall, Alfred, 136, 138-9, 143, 148, 150, 152; *Industry and Trade*, 150; *Principles of Economics*, 138
Marshall Lecturer, 137-50
marxizante, história, 113, 128
Marx, Karl, 37, 53, 55, 65-6, 68, 70, 81, 84, 103, 108, 116, 127, 137-8, 142, 146, 154, 158, 160, 171-3, 176-7, 204, 207-8, 380-4, 385, 387-8, 390-3, 395-9; *A história diplomática secreta do século XVIII*, 222; capítulos 10-2 passim; dualidade do termo classe, 126; e F. Engels, 225-6, 237, 339-40, 380, 382, 390-2, 398; *Grundrisse*, 218; historiadores, 200-20, 221-39; *Lutas de classes na França*, 222; *O 18 Brumário de Luís Bonaparte*, 127, 208, 222, 227; *O Capital*, 208, 212, 223-4, 388; *Para a crítica da economia política*, 215, 227
marxistas, marxismo, 39, 64, 70-2, 85, 93, 98, 108, 113-4, 134, 141-2, 144, 146, 150, 184-5, 190-1, 199, 202-3, 207-14, 218-23, 248, 251-4, 262, 283, 312, 335, capítulos 10-2 *passim*; Fragestellung, 235

Masada, 41, 375
Masaryk, Thomas, 23
Massachusetts, Instituto de Tecnologia de, 197
massacres, 351, 364-6, 373
material empírico, 153
Maxwell, James Clerk, 86
McKechnie, W. S., 374
McKinley, president William, 56
Mecklenburg, 170
Mediterrâneo, 234, 261, 304-6; Europa, tortura, 356
Meiji, restauração, 294
Melbourne, lord, 281
mencheviques, 73, 339
Mendel, Gregório, 86
Menger, Carl, 142, 144
Mesopotâmia, 310
Methodenstreit, 142
metodologia, 103, 117, 122, 143, 153, 287
Meuvret, Jean, 254
México, 30-1, 360
Michelet, Jules, 283
1066 and All That [1066 e aquela coisa toda], 91
Miller, Arthur: *Morte de um caixeiro-viajante*, 347
Milward, Alan, 170
Ming, dinastia, 310
Mises, Ludwig von, 146, 152
"Mitteleuropa", 303; *ver também* Europa, central e oriental
Mitterrand, presidente, 316
modernização, 27, 36, 85, 110, 122, 132
Mohenjo Daro, civilização, 19
Mokyr, Joel, 162
Molière, Jean Baptiste Poquelin, 259
Molotov-Ribbentrop, tratado, 345
Momigliano, Arnaldo, 202-3, 261
Mommsen, Theodor, 315
Montesquieu, Charles-Louis de Secondat, 103

Montpellier, 285
morávios, missionários, 271, 274, 276, 278-9
Morelos (México), 30
More, Thomas, 39, 207, 217
Morishima, Michio, 153
mórmons, 90, 189
Moscou, 303, 323, 343
mouros, 41
movimentos nacionalistas, 33, 190
movimentos populares, história dos, 256, 280, 282-7, 291, 298, 300, capítulo 16 *passim*
muçulmanos, 20, 373; *ver também* Islã
mulheres, história das, 106, 168, 179, 275, 298, 321
mundial: economia, 49, 58, 137, 150, 164, 175, 325-6; "Era de Ouro" da economia, 151, 324, 326; excedentes alimentares, 170; história, 310; população, 243
Munique, 59
Munkacs, 14
Mussolini, Benito, 320, 365
Myint, Hla, 173
Myrdal, Gunnar, 136

nacionalismo e história, 18-22, 46, 133
nacional-socialismo, 179; *ver também* Hitler
nações, 92
Nações Unidas, 15, 242; Comissão Econômica Integrada para a América Latina (Cepal), 151; resolução contra a guerra química (1969), 363
Napoleão I (Bonaparte), 32, 76, 103, 305, 336, 371
Napoleão, Luís, 262
narrativa aldeã, 368
Naturalwirtschaft, 215
nazistas, 322, 357, 371; Alemanha, 16, 327-8, 354, 359; atrocidades, 366, 368; genocídio dos judeus, 22, 366, 376; neonazistas, 322; tropas de choque, 353
Negro, mar, 303
neoclássica, economia, 115, 145, 147, 161
Newton, sir Isaac, 86-7
NKVD, 356
Nobel, de economia, 136, 139
nomes próprios, 291
normando, jugo, 32-3, 261
normandos, invasores, 370
Northcote, Sir Stafford, 71
North, Dudley, 225
nouveaux riches, 40
Nova Guiné, 118
Nova História Econômica, 163
"Novo Estado Industrial, O" (Galbraith), 151
Novo Mundo, 268; conquistadores, 305

O'Casey, Sean, 284
OCDE, 324
ocidental(ais): atitudes, 302; capitalistas, 40, 230; casamento e padrões familiares, 102; centros de historiografia, 261; democracia, 16; Estados, 186; Europa, tortura, 358; europeus, 354; feudalismo, 233; filósofos, 310; historiadores, 262; historiografia marxista, 219; imperialismo, 349; impérios, 306; intelectuais, 260; mundo, 271, 325; religiões, 271; sistemas políticos, 326; tortura, 357-9; universalismo, 361; universidades, 19, 93
Ocidente, 326, 355-6, 358, 360
Oldham, 132
Omaha, 84
opinião, pesquisas de, 288

Oriente, 302, 304-5, 313, 326
Oriente Médio, 78; judeus, 78
Oriente Próximo, 304
Origem da família (Engels), 217
otomano, Império, 375
Otomano, Império, 374-5
OVNIs, 82
owenista, "Galerias da Ciência", 195
Oxford, economistas de, 149

Países Baixos, 15
Paisley, rev. Ian, 333
Palmerston, lord, 355
pan-europeu, movimento, 305
Panikkar, Sardar, 314
Paquistão, 18-9, 301, 373
Paraguai, 332
parentesco, 120, 122-3, 125, 229, 233, 244-6, 272, 275; *ver também* demografia e parentesco
Paris, 15, 94, 200, 341, 364, 380-2, 397
Pascal, Blaise, 163
passado, presente e futuro, 25, 42, 44, 62, 68, 140
Past and Present, 25, 94, 253-4, 260
pauperização, 182-3, 394
Pearson, Karl, 191
Peasant Wars of the Twentieth Century [Guerras camponesas do século XX] (Wolf), 240
Pedro, o Grande, 345
People's Tragedy, A (Figes), 343
peronistas, Argentina, 360
Pérsia, 310
Peru, 46, 293
Petrogrado, 74, 343
Piltdown, falsificações de, 182
"pior das hipóteses", 82-3
Pirenne, Henri, 108
pistola, cultura da, 348
planícies, índios das, 247
Platão, 87

Plekhanov, George V., 227
pobreza, cultura da, 128
Podkarpatska Rus, 14
Polanyi, Karl, 174
política(s), político(s): análise, 184, 187; assassinatos, 353; compromisso, 187, 192, 194-5, 399; contemporânea, 242; engajamento, 199; história, 202-3, 260, 265; movimentos, 46, 185, 394; ordem social, 362
Polônia, 251, 288, 307, 345
Pomian, K., 252
Ponto, região do, 305
Popper, Karl, 375
Portugal, 307
positivismo, 148, 182, 201, 203-4, 210, 218, 272, 284
pós-modernismo, 8, 371; capítulo 15 *passim*, 268
Postan, Michael, 237, 251
Praga, 15-6, 32, 309
práticas sexuais, 51
predições, *passim*, 61-86; históricas, 63
Presley, Elvis, 19
previsões *ver* predições
Príamo de Troia, rei, 19
Price, Philips, *Manchester Guardian*, 336
Price, Richard: *Alabi's World*, 268, 270, 274, 278-9; *First Time: The Historical Vision of an Afro-American People*, 270; *Maroon Societies*, 269
Primeira Guerra Mundial, 14, 147, 192, 288, 312, 339-40, 344, 350--2, 355, 362, 394
Procusto, 329
produção: alimentos, 54; capitalista, 66; Censo da Produção (1907), 149; forças materiais, 216; industrial, 393; modo asiático de,

230, 237, 244; modos de (MP), 225, 228-9, 231, 232, 234, 243, 390; social, 108, 116, 120, 152
propaganda e mitologia, 376
Protestante, Reforma, 333
protestantismo, 94, 208, 224, 302
Provença, 290
Providência, 140

quantitativa, história, 260
Quesnay, 193
quilombolas, capítulo 15 *passim*

Radcliffe-Brown, A. R., 110
Railroads and American Economic Growth [As ferrovias e o crescimento econômico norte-americano] (Fogel), 164
Rama (deus), 20, 373
Rand Corporation, 64
Ranke, Leopold von, 96, 200, 202
Rathenau, Walter, 16
Reagan, presidente Ronald, 17, 48, 56
redistribuição social, 55-6
Reforma, 32, 208, 290, 307, 333
Regimento 560 de Engenharia de Campo, 319
relações, sistema de, 69
relativismo, 273, 364
religião, 290; conflitos, 20, 307, 311, 352, 373; fundamentalismo, 18; guerras, 10, 327-8, 352-3, 361; história política, 202; institucional, 35
Renan, Ernest, 47, 370
Renner, Karl, 305
Revel, Jacques, 255
Revolução Francesa, 130, 205, 236, 261, 283, 285, 289, 346, 356, 369, 381, 390, 396
Revolução Industrial, 16, 112, 129, 131-2, 165, 168, 175, 292, 391, 396
Revolução Iraniana, 70

revoluções, 47, 99, 129, 281-2, 295, 328; partidos, 217; predições, 85
Révue d'Histoire E. & S., 107
Révue Historique, 91, 369, 372, 377
Rezzori, Gregor von, 308
Ricardo, David, 173, 193
Riqueza das nações (Smith), 142, 198
Robbins, Lionel, 152, 159
Roberts, John, *Europe 1880-1945*, 95
Rokkan, Stein, 133
romanos(as), 41; direito de propriedade, 295; Igreja Católica, 102; Império, 88, 304-6, 310, 315; monarcas, 20; Palestina, 375; sociedades, 119
Romênia, 14, 308, 383
Rostovtzeff, Mikhail, 108; *Iranians and Greeks in Southern Russia*, 304
Rostow, W. W., 113; Etapas de Crescimento Econômico, 113, 211
Round, J. Horace, 370
Rousseau, Jean-Jacques, 88, 95
Royal Society, 61
Rudé, George, 280, 300
Ruritânia, 188
Rússia, 73-4, 289, 295, 303-4, 311, 335-6, 339-45, 354, 383; Assembleia Constituinte, 339; democracia liberal, 339; exércitos brancos, 344; Exército Vermelho, 343, 345; guerra civil, 131, 335, 344, 358; história, 76, 333, 335, 345; mencheviques, 339; meridional, 303; mísseis, 50, 81; Narodnaya Volya, 350; NEP (Nova Política Econômica), 335; Palácio de Inverno, 341; Plano Quinquenal, 344; Revolução, 71-2, 76, 131, 175, 332-4, 337-42, 344-6, 383; Revolução de Fevereiro, 289, 342; Revolução de Outubro, 73, 317, 330,

334-6, 339-41, 343-4, 346, 355, 383-4; russos, 309; *ver também* União Soviética

Sahlins, Marshall, 55
Said, Edward, *Orientalismo*, 302
Salisbury, lord, 281
Salônica, 375, 383
Salt Lake, mórmons de, 90
Samuelson, Paul A., 152, 170, 173
Santiago, 151
Sarajevo, 309, 316
Saramaka, 270-1, 274-9
Sardenha, 159-60
sarracenos, 305
Scaevola, Mucius, 41
Scheidemann, Philip, 339
Schliemann, Heinrich, 19
Schlözer, August Ludwig von, 162
Schmidt, Conrad, 227
Schmoller, Gustav von, 143, 148, 150
Schoenefeld, 186
Schulze-Gaevernitz, Gerhard von, 148, 150
Schumpeter, Joseph A., 84, 138, 144-5, 147, 150, 153-4, 172, 176-7
Schweik, o bom soldado, 297
Seeckt, general, 345
Segunda Guerra Mundial, 14, 16, 31, 107, 147, 149, 150, 191, 203, 205, 209, 260, 283, 306, 316-7, 322-5, 329, 333, 345-6, 355, 357, 362, 364, 366, 374, 385, 391
Sérvia, 374
sérvios, 20, 308, 376
Shakers, 213
Shakespeare, William, 87, 112, 284, 377; *Hamlet*, 272; *Macbeth*, 40, 372
Shanin, Theodore, 127
Sharon, Ariel, 48
Shultz, secretário de Estado, 48
sionismo, 41, 46; *ver também* Israel, Masada

Sísifo, 72
Sittengeschichte, 107
Skopje, 15, 375
Smelser, Neil, 113
Smith, Adam, 55, 138, 142, 173, 193, 223; *Riqueza das nações*, 142, 198
social(ais): animais, 96, 115, 124, 209, 257, 269, 296; ciências, 79, 86, 89, 95, 108, 111, 140, 194, 202, 204, 208, 219; cientistas, 110, 219, 300, 308, 364; conflito, 130; democracia, 394; história, 26, 106-34, 262; movimentos, 107, 122, 217; mudança, 28, 63, 76, 102, 124; produção, 116; redistribuição, 55, 160; relação, 259; relações de produção, 215, 227; revoluções, 281, 353; sistemas, 236, 243
socialistas, regimes, 66, 316
sociedades: contemporâneas, 50, 58; e economia, 351; história das, 106-34; não europeias, 245, 247; teoria das, 210-1
sociedade tradicional, 29, 34-5, 38, 41-2, 46, 57, 96, 211, 362, 396; capítulo 12 *passim*
sociologia, 97-8, 109, 113-6, 131-3, 142, 193, 197, 199, 203-4, 218
Somália, 80
Sombart, Werner, 137
Somerset, 298
Sorbonne, 127
Spencer, Herbert, 204
Spitsbergen, 303
Stálin, Josef, 17, 32, 320, 334, 337-8, 345-6, 351, 356, 385
Stammler, R., 206
Starkenburg, H., 227
Stolypin, Peter A., 72
Stone, Lawrence, 125, 260-7
Suécia, 103, 119
sufrágio masculino, 282

431

Suíça, 338
Suleiman, o Magnífico, 305
Suriname, saramakas do, 268-1, 278
Sweezy-Dobb, debate, 254
Syme, Ronald, 315

Taine, Hippolyte, 204
Taiwan, 302
Tatishchev, V., 303
Tawney, R. H., 109, 137
Tcheca, República, 15-6, 23, 303
tecnologia, 81, 229, 232; ciência, 34, 310, 314; espacial, 323
Tegel, 186
"Temps de Quichotte, Le" (Vilar), 253
Teoria geral (Keynes), 192, 198
teorias estruturais-funcionais, 211
teóricos, 371, 385
Terceira Guerra Mundial, 50
termos comtianos, 37
terra, ocupações de, 293, 295
território nacional, 33, 307-9
Thatcher, Margaret, 66, 70, 353, 362
Théorie économique du système féodal [Teoria econômica do sistema feudal] (Kula), 173
Theory of Economic History (Hics), 221
Thompson, Edward P., 125-6, 129, 257-8, 266, 299, 318; *A formação da classe operária inglesa*, 266; *Senhores e caçadores*, 266
Thompson, J. W., 108
Thünen, Johann Heinrich von, 144
Thurow, Lester, 197
Tilly, Charles, 113; *Vendée*, 113
Times Literary Supplement, 205
tirolesas, comunidades, 241
Tisbury, Wiltshire, 287
Tocqueville, Alexis de, 64
tortura, 278, 355-60
Toscana, 365

Transcaucásia, 344
Trevelyan, G. M., *English Social History*, 107
Trevor-Roper, Hugh *ver* Dacre, lord
tributário, modo, 233, 244-5
Trieste, 14
Troeltsch, Ernst, 94
Trótski, Leon D., 332
Tucídides, 50
Tudjman, presidente, 21, 308
tumultos, 130-1, 216, 296
Turim, sudário de, 370
Turquia, 14, 301, 344; bastinado, 356

Ucrânia, 14
Ulter *ver* Irlanda do Norte
UNESCO, 200
União Soviética, 10, 13, 16-7, 58, 75, 77, 174, 184, 190, 306-7, 316, 323-4, 328, 333-4, 337-8, 358, 377, 385; arquivos, 332; colapso, 59, 316, 323-4, 352; comunismo, 352, 386; Congresso da, 341; desenvolvimento, 76; doutrina da, 343; economia, 323; governo, 343; planejamento estatal, 338; plano de 1925, 147; política, 335; tortura, 356, 358
universidades, 12, 19-21, 38, 60, 87, 93, 312
Unwin, George, 108
Urais, montes, 14, 303, 304
urbanização, 80, 124, 170
Uruguai, 358
utopia, 37, 46, 84

Varsóvia, 13, 309, 345
"Vasco da Gama", era de, 314
Vattel (advogado), 350
Velho Mundo, 245, 271, 301
Vercingetórix, 39

Verdun, 351
Verein für Sozialpolitik, 149
Versalhes, Tratado de, 355
Vico, Giambattista, 68
Vidocq, 356
Viena, 15, 65, 143, 248, 305, 308, 317; judeus, 65; *Reichspost*, 308; segundo cerco (1863), 305
Vierteljahrschrift für Sozial u. Wirtschaftsgeschichte, 107
Vietnã, 302
Vilar, Pierre, "Le Temps de Quichotte", 253
Virgem Maria, 290
Vitória, rainha, 51; filha da, 339
Volga, províncias do, 336
Voltaire, François Aronet, 95, 278
Vovelle, Michel, 255, 290

Wagner, Richard, 148, 309
Wallace, A. R., 195
Wallerstein, Immanuel, 245, 250, 253
Walras, Marie Esprit Léon, 146
Washington, 48
Waterloo, Batalha de, 103, 163
Watership Down, 97
Webb, Sidney e Beatrice, 191
Weber, Max, 68, 93-4, 137, 235, 245, 302, 330
Weinberg, Steven, 155
Westminster Hall, 350
Wicksell, Knut, 146
Williams, Raymond, 256
Wilson, presidente, 16
Winstanley, Gerard, 39
Wissenschaft, 180, 312
wittgensteinianos, 221
Wolf, Eric; *Camponeses*, 240; *Europe and the People without History*, 248; *Hidden Frontier, The*, 241; *Peasant Wars of the Twentieth Century*, 240
World Human Rights Guide [Guia mundial dos direitos humanos], 358

Xenofonte, *Anabasis*, 97

Yaroslav, 336
Ypres, 351

Zabern, incidente de, exército alemão, 350
Zagreb, Universidade do, 21
Zapata, Emiliano, 30
Zeldin, Theodore, 263
Zhdanov, A., 143
Zurique, 132, 163
Zvonimir, o Grande, 21

Eric Hobsbawm nasceu em Alexandria, em 1917, e foi educado na Áustria, na Alemanha e na Inglaterra. Recebeu seu título de doutor *honoris causa* de universidades de diversos países. Lecionou até se aposentar no Birkbeck College da Universidade de Londres e posteriormente na New School for Social Research, em Nova York. Morreu em 2012, aos 95 anos.

COMPANHIA DE BOLSO

Jorge AMADO
  Capitães da Areia
  Mar morto
Carlos Drummond de ANDRADE
  Sentimento do mundo
Hannah ARENDT
  Homens em tempos sombrios
  Origens do totalitarismo
Philippe ARIÈS, Roger CHARTIER (Orgs.)
  História da vida privada 3 — Da Renascença ao Século das Luzes
Karen ARMSTRONG
  Em nome de Deus
  Uma história de Deus
  Jerusalém
Paul AUSTER
  O caderno vermelho
Ishmael BEAH
  Muito longe de casa
Jurek BECKER
  Jakob, o mentiroso
Marshall BERMAN
  Tudo que é sólido desmancha no ar
Jean-Claude BERNARDET
  Cinema brasileiro: propostas para uma história
Harold BLOOM
  Abaixo as verdades sagradas
David Eliot BRODY, Arnold R. BRODY
  As sete maiores descobertas científicas da história
Bill BUFORD
  Entre os vândalos
Jacob BURCKHARDT
  A cultura do Renascimento na Itália
Peter BURKE
  Cultura popular na Idade Moderna
Italo CALVINO
  Os amores difíceis
  O barão nas árvores
  O cavaleiro inexistente
  Fábulas italianas
  Um general na biblioteca
  Os nossos antepassados
  Por que ler os clássicos
  O visconde partido ao meio
Elias CANETTI
  A consciência das palavras
  O jogo dos olhos
  A língua absolvida
  Uma luz em meu ouvido
Bernardo CARVALHO
  Nove noites
Jorge G. CASTAÑEDA
  Che Guevara: a vida em vermelho
Ruy CASTRO
  Chega de saudade
  Mau humor
Louis-Ferdinand CÉLINE
  Viagem ao fim da noite
Sidney CHALHOUB
  Visões da liberdade
Jung CHANG
  Cisnes selvagens
John CHEEVER
  A crônica dos Wapshot
Catherine CLÉMENT
  A viagem de Théo
J. M. COETZEE
  Infância
  Juventude
Joseph CONRAD
  Coração das trevas
  Nostromo
Mia COUTO
  Terra sonâmbula
Alfred W. CROSBY
  Imperialismo ecológico
Robert DARNTON
  O beijo de Lamourette
Charles DARWIN
  A expressão das emoções no homem e nos animais
Jean DELUMEAU
  História do medo no Ocidente
Georges DUBY
  Damas do século XII
  História da vida privada 2 — Da Europa feudal à Renascença (Org.)
  Idade Média, idade dos homens
Mário FAUSTINO
  O homem e sua hora
Meyer FRIEDMAN,
Gerald W. FRIEDLAND
  As dez maiores descobertas da medicina
Jostein GAARDER
  O dia do Curinga
  Maya
  Vita brevis
Jostein GAARDER, Victor HELLERN,
Henry NOTAKER
  O livro das religiões

Fernando GABEIRA
- *O que é isso, companheiro?*

Luiz Alfredo GARCIA-ROZA
- *O silêncio da chuva*

Eduardo GIANNETTI
- *Auto-engano*
- *Vícios privados, benefícios públicos?*

Edward GIBBON
- *Declínio e queda do Império Romano*

Carlo GINZBURG
- *Os andarilhos do bem*
- *História noturna*
- *O queijo e os vermes*

Marcelo GLEISER
- *A dança do Universo*
- *O fim da Terra e do Céu*

Tomás Antônio GONZAGA
- *Cartas chilenas*

Philip GOUREVITCH
- *Gostaríamos de informá-lo de que amanhã seremos mortos com nossas famílias*

Milton HATOUM
- *A cidade ilhada*
- *Cinzas do Norte*
- *Dois irmãos*
- *Relato de um certo Oriente*
- *Um solitário à espreita*

Patricia HIGHSMITH
- *Ripley debaixo d'água*
- *O talentoso Ripley*

Eric HOBSBAWM
- *O novo século*
- *Sobre história*

Albert HOURANI
- *Uma história dos povos árabes*

Henry JAMES
- *Os espólios de Poynton*
- *Retrato de uma senhora*

P. D. JAMES
- *Uma certa justiça*

Ismail KADARÉ
- *Abril despedaçado*

Franz KAFKA
- *O castelo*
- *O processo*

John KEEGAN
- *Uma história da guerra*

Amyr KLINK
- *Cem dias entre céu e mar*

Jon KRAKAUER
- *No ar rarefeito*

Milan KUNDERA
- *A arte do romance*
- *A brincadeira*
- *A identidade*
- *A ignorância*
- *A insustentável leveza do ser*
- *A lentidão*
- *O livro do riso e do esquecimento*
- *Risíveis amores*
- *A valsa dos adeuses*
- *A vida está em outro lugar*

Danuza LEÃO
- *Na sala com Danuza*

Primo LEVI
- *A trégua*

Alan LIGHTMAN
- *Sonhos de Einstein*

Gilles LIPOVETSKY
- *O império do efêmero*

Claudio MAGRIS
- *Danúbio*

Naguib MAHFOUZ
- *Noites das mil e uma noites*

Norman MAILER (JORNALISMO LITERÁRIO)
- *A luta*

Janet MALCOLM (JORNALISMO LITERÁRIO)
- *O jornalista e o assassino*
- *A mulher calada*

Javier MARÍAS
- *Coração tão branco*

Ian McEWAN
- *O jardim de cimento*
- *Sábado*

Heitor MEGALE (Org.)
- *A demanda do Santo Graal*

Evaldo Cabral de MELLO
- *O negócio do Brasil*
- *O nome e o sangue*

Luiz Alberto MENDES
- *Memórias de um sobrevivente*

Jack MILES
- *Deus: uma biografia*

Vinicius de MORAES
- *Antologia poética*
- *Livro de sonetos*
- *Nova antologia poética*
- *Orfeu da Conceição*

Fernando MORAIS
- *Olga*

Toni MORRISON
- *Jazz*

V. S. NAIPAUL
- *Uma casa para o sr. Biswas*

Friedrich NIETZSCHE
Além do bem e do mal
Ecce homo
A gaia ciência
Genealogia da moral
Humano, demasiado humano
O nascimento da tragédia
Adauto NOVAES (Org.)
Ética
Os sentidos da paixão
Michael ONDAATJE
O paciente inglês
Malika OUFKIR, Michèle FITOUSSI
Eu, Malika Oufkir, prisioneira do rei
Amós OZ
A caixa-preta
O mesmo mar
José Paulo PAES (Org.)
Poesia erótica em tradução
Orhan PAMUK
Meu nome é Vermelho
Georges PEREC
A vida: modo de usar
Michelle PERROT (Org.)
*História da vida privada 4 — Da Revolução
  Francesa à Primeira Guerra*
Fernando PESSOA
Livro do desassossego
Poesia completa de Alberto Caeiro
Poesia completa de Álvaro de Campos
Poesia completa de Ricardo Reis
Ricardo PIGLIA
Respiração artificial
Décio PIGNATARI (Org.)
Retrato do amor quando jovem
Edgar Allan POE
Histórias extraordinárias
Antoine PROST, Gérard VINCENT (Orgs.)
*História da vida privada 5 — Da Primeira
  Guerra a nossos dias*
David REMNICK (JORNALISMO LITERÁRIO)
O rei do mundo
Darcy RIBEIRO
Confissões
O povo brasileiro
Edward RICE
Sir Richard Francis Burton
João do RIO
A alma encantadora das ruas

Philip ROTH
Adeus, Columbus
O avesso da vida
Casei com um comunista
O complexo de Portnoy
Complô contra a América
A marca humana
Pastoral americana
Elizabeth ROUDINESCO
Jacques Lacan
Arundhati ROY
O deus das pequenas coisas
Murilo RUBIÃO
Murilo Rubião — Obra completa
Salman RUSHDIE
Haroun e o Mar de histórias
Oriente, Ocidente
O último suspiro do mouro
Os versos satânicos
Oliver SACKS
Um antropólogo em Marte
Enxaqueca
Tio Tungstênio
Vendo vozes
Carl SAGAN
Bilhões e bilhões
Contato
O mundo assombrado pelos demônios
Edward W. SAID
Cultura e imperialismo
Orientalismo
José SARAMAGO
O Evangelho segundo Jesus Cristo
História do cerco de Lisboa
O homem duplicado
A jangada de pedra
Arthur SCHNITZLER
Breve romance de sonho
Moacyr SCLIAR
O centauro no jardim
A majestade do Xingu
A mulher que escreveu a Bíblia
Amartya SEN
Desenvolvimento como liberdade
Dava SOBEL
Longitude
Susan SONTAG
Doença como metáfora / AIDS e suas metáforas
A vontade radical
Jean STAROBINSKI
Jean-Jacques Rousseau
I. F. STONE
O julgamento de Sócrates

Keith THOMAS
O homem e o mundo natural
Drauzio VARELLA
Estação Carandiru
John UPDIKE
As bruxas de Eastwick
Caetano VELOSO
Verdade tropical
Erico VERISSIMO
Caminhos cruzados
Clarissa
Incidente em Antares
Paul VEYNE (Org.)
História da vida privada 1 — Do Império Romano ao ano mil

XINRAN
As boas mulheres da China
Ian WATT
A ascensão do romance
Raymond WILLIAMS
O campo e a cidade
Edmund WILSON
Os manuscritos do mar Morto
Rumo à estação Finlândia
Edward O. WILSON
Diversidade da vida
Simon WINCHESTER
O professor e o louco

1ª edição Companhia das Letras [1998] 7 reimpressões
2ª edição Companhia das Letras [2006] 5 reimpressões
1ª edição Companhia de Bolso [2013] 6 reimpressões

Esta obra foi composta pela Verba Editorial em Janson Text e impressa em ofsete pela Gráfica Bartira sobre papel Pólen Soft da Suzano S.A. para a Editora Schwarcz em setembro de 2023

A marca FSC® é a garantia de que a madeira utilizada na fabricação do papel deste livro provém de florestas que foram gerenciadas de maneira ambientalmente correta, socialmente justa e economicamente viável, além de outras fontes de origem controlada.